国家示范性高等职业院校课程改革教材

Qiaoliang Xiabu Jiegou Shigong

桥梁下部结构施工

（道路桥梁工程技术专业用）

于忠涛　桑海军　主编
朱芳芳　主审

人民交通出版社

内 容 提 要

本书是国家示范性高等职业院校课程改革教材。全书共设置六个学习情境,以任务驱动的方式把学习内容和工作过程进行整合。这六个学习情境是:识读审核施工图纸,原材料试验及混凝土配合比设计,高程及线形放样,桥梁基础施工,墩台施工,基础、墩台质量检验与评定。

图书在版编目(CIP)数据

桥梁下部结构施工/于忠涛,桑海军主编. —北京:人民交通出版社,2010.3

ISBN 978-7-114-08051-7

Ⅰ.桥... Ⅱ.①于...②桑... Ⅲ.桥梁结构:下部结构-工程施工 Ⅳ.U443 U445

中国版本图书馆 CIP 数据核字 (2009) 第 216752 号

国家示范性高等职业院校课程改革教材

书　　名:**桥梁下部结构施工**(道路桥梁工程技术专业用)

著 作 者:于忠涛　桑海军

责任编辑:周往莲

出版发行:人民交通出版社

地　　址:(100011) 北京市朝阳区安定门外外馆斜街 3 号

网　　址:http://www.ccpress.com.cn

销售电话:(010) 59757973

总 经 销:人民交通出版社发行部

经　　销:各地新华书店

印　　刷:北京鑫正大印刷有限公司

开　　本:787×1092　1/16

印　　张:17

字　　数:416 千

版　　次:2010 年 3 月　第 1 版

印　　次:2014 年 6 月　第 4 次印刷

书　　号:ISBN 978-7-114-08051-7

定　　价:50.00 元

道路桥梁工程技术专业课程改革教材
编审委员会

序　言

教育部《关于全面提高高等职业教育教学质量的若干意见》(教高[2006]16号)明确指出:“高等职业教育作为高等教育发展中的一个类型,肩负着培养面向生产、建设、服务和管理第一线需要的高技能人才的使命”。探索类型发展道路、构建高技能人才培养模式、开发特色教学资源,是高职院校的历史责任。

2006年,辽宁省交通高等专科学校进入国家首批高等职业教育示范院校建设行列,道路桥梁工程技术专业是重点建设专业之一。几年来,该专业团队积极在“类型”概念下探索高等职业教育教学资源建设模式和“高技能人才”培养规格及培养模式。通过对公路建设工程整个过程各阶段的职业岗位和典型工作任务的调研、分析、论证,确定了面向施工一线的道路桥梁工程技术专业高技能人才的专业能力规格,即工程勘察与初步道桥设计、工程概算与招投标、材料试验与检测、道桥工程施工与组织、质量验收与评定“五项能力”规格,并结合北方地域气候特点,构建了教学安排与施工季节相结合,教学内容与施工过程相结合,校内实训与企业顶岗实习相结合的“三个结合”人才培养模式。针对“五项能力”,按照“三个结合”,着眼于实际操作、技术跟踪、综合素质,系统开展课程体系、课程内容改革,并进行相应的教学资源建设,力图通过“在学习中工作,在工作中学习”的教学过程,实现高技能人才的培养目标。

本次出版的系列教材,是专业课程改革和教学资源建设的阶段性成果,是国家示范性建设成果的组成部分,也是全体专业教师、一线工程技术人员共同的智慧结晶和劳动成果。

在教材的开发过程中,得到教育部、国家示范性高等职业院校建设工作协作委员会、辽宁省教育厅等各级领导和诸多专家的关心指导,得到众多企业、行业及兄弟院校的大力支持,在此一并致以崇高的谢意!

由于开发时间短,教学检验尚不充分,错误和不当之处难免,敬请专家、同行指教!

道路桥梁工程技术专业教材开发组

二○○九年四月

前　　言

《桥梁下部结构施工》是高职高专院校道路桥梁工程技术专业的重要专业技术课。本书以国家和交通运输部颁发的最新技术标准、规范和试验规程为依据，以职业岗位工作目标为切入点，紧紧围绕桥梁下部结构施工过程来编写。在编写过程中，注重理论联系实际，强化实用性和可操作性，重点突出行业岗位对从业人员知识结构和职业能力的要求，充分体现高等职业教育的特点。

需要说明的是，教师在具体授课时，应根据授课对象的不同，依据大纲的要求选择相关内容进行讲授。

本书共分6个学习情境，分别是：识读审核施工图纸，原材料试验及混凝土配合比设计，高程及线形放样，桥梁基础施工，墩台施工，基础、墩台质量检验与评定。

本书学习情境1、学习情境2、学习情境6由辽宁省交通高等专科学校于忠涛编写；学习情境3、学习情境4、学习情境5由辽宁省交通高等专科学校桑海军编写。全书由于忠涛、桑海军主编，于忠涛负责全书统稿工作，辽宁省交通高等专科学校朱芳芳担任主审。

在本书编写过程中，参考和引用了大量有关文献资料，在此对原作者顺致谢意。

由于时间仓促，水平有限，书中内容难免存在缺点和错误，敬请读者批评指正。

编　者

2009年6月

目　录

学习情境 1

识读审核施工图纸

情境导入

桥梁下部结构包括墩、台和基础。墩、台决定着桥跨结构在平面上和高程上的位置,并将荷载传递给基础,基础再将荷载传递给地基。桥台使桥梁与路堤相连接,并承受桥头填土的水平土压力,起着挡土墙的作用。桥墩则将相邻两孔的桥跨连接起来。基础即桥梁(其他建筑物)中与地基接触的那部分构造物。

从其作用来看,基础承受上部结构和墩、台作用的全部荷载,并将其传递、扩散到地基土中。它的强度与稳定性是整个桥梁正常使用和安全稳定的根本保证。桥梁下部结构施工顺序是先基础后墩台,施工前的第一项工作是识读审核施工图纸。

学习目标

【知识目标】 具备识图能力,掌握各种类型基础及墩台的构造和原理,能够看懂桥梁基础及墩台施工图纸,并能审核图纸及工程量是否准确。

【能力目标】 正确审核桥梁基础及墩台施工图纸,准确计算钢筋、混凝土等工程数量。

认识地基与基础

地基是承受结构作用的土体、岩体。基础是将结构所承受的各种作用传递到地基上的结构组成部分。作为整个桥梁的载体,地基承受基础传来的荷载。为了保证结构物安全和正常使用,地基和基础必须有足够的强度、稳定性;变形也应在容许范围之内。

对于浅基础而言,从地基的层次和位置看,它有持力层和下卧层之分,如图 1-1-1 所示。持力层即直接承受基础作用的地层。下卧层位于持力层以下,处于被压缩或可能被剪损的一定深度内的土层。

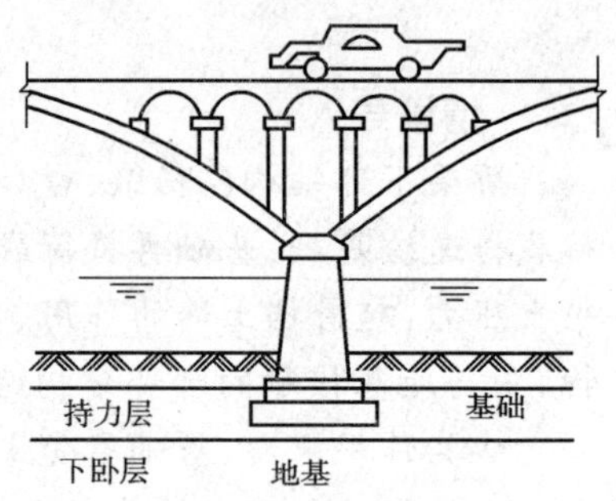

图 1-1-1　地基与基础

结构物是一个整体,上下部结构和地基是共同工作、互相影响的。地基的任何变化都必然引起上下部结构的相应位移,上下部结构的力学特征也必然关系到地基的强度和稳定条件。要保证建筑物的质量,首先必须保证有可靠的地基与基础,否则,整个建筑物就可能遭到损坏或影响正常使用。从实践来看,建筑工程质量事故往往是地基与基础的失稳、破坏造成的,究其原因也是多方面的。一方面从客观上看,地基和基础属于隐蔽工程,施工条件差,并且一旦出现问题,很难发现,也很难处理、修复;另一方面,地基与基础在地下或水下,往往导致主观上的轻视;再者,地基和基础所占造价比重较大。因此,要求充分重视地基和基础的设计、施工质量,严格执行部颁公路桥涵设计、施工技术规范、标准。

地基可分为天然地基和人工地基。直接修筑基础的天然地层称为天然地基;如天然地层土质过于软弱或有不良的工程地质问题,则需要经过人工加固或处理后才能修筑基础,这种地基称为人工地基。在一般情况下,应尽量采用天然地基。

基础的类型,可按基础的刚度、埋置深度、构造形式及施工方法来分类。目的在于了解各种类型基础的特点,以便在设计时,根据具体情况合理地加以选用。

1. 按基础的刚度分类

按受力后基础的变形情况,分为刚性基础和柔性基础,如图 1-1-2 所示。受力后,不发生挠曲变形的基础称为刚性基础,一般可用抗弯拉强度较差的圬工材料(如浆砌块石、片石混凝土等)做成。这种基础不需要钢材,造价较低,但圬土体积较大,且支承面积受一定限制[图 1-1-2a)]。容许发生较大挠曲变形的基础称为柔性基础或弹性基础,通常须用钢筋混凝土做成。由于钢筋可以承受较大的弯拉应力和剪应力,所以当地基承载力较小时,采用这种基础可以有较大的支承面积[图 1-1-2b)]。在桥梁工程中,一般情况下,多数采用刚性基础。

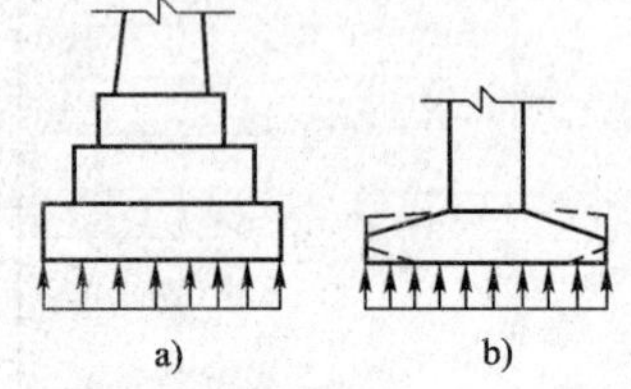

图　1-1-2

a)刚性基础;b)柔性基础

2. 按基础的埋置深度分类

按埋置深度分为浅基础(5m 以内)和深基础两种。

当浅层地基承载力较大时,可采用埋深较小的浅基础。浅基础施工方便,通常用明挖法从地面开挖基坑后,直接在基坑底面砌筑、浇筑基础,是桥梁基础的首选方案。如果浅层土质不良,需将基础埋置于较深的良好土层上,这种基础称为深基础。深基础设计和施工较复杂,但具有良好的适应性和抗震性,因此,现在高等级公路上也普遍应用,常见的形式有沉井、管柱和桩基础。

3. 按基础的构造形式分类

对桥梁基础来说,按构造形式可归纳为实体式和桩柱式两类。当整个基础都由圬工材料筑成时,称为实体式基础,其特点是基础整体性好,自重较大,所以对地基承载力要求也较高,如图 1-1-3a)所示。由多根基桩或小型管桩组成,并用承台联结成为整体的基础,称为桩柱式基础,如图 1-1-3b)所示。这种基础较实体式基础圬工体积小,自重较轻,对地基强度的要求相对较低,桩柱本身一般要用钢筋混凝土制成。

a)　　b)

图　1-1-3

a)实体式基础;b)桩柱式基础

4. 按基础的施工方法分类

按施工方法可分为明挖法、沉井、沉箱、沉桩、沉管灌注桩、就地钻(挖)孔灌注桩等。明挖法最为简单,但只适用于浅基础。其他方法均用于深基础。

5. 按基础的材料分类

目前我国公路构造物基础大多采用混凝土或钢筋混凝土结构,少部分采用钢结构。在石料丰富地区,按照因地制宜、就地取材的原则,也常用砌石基础。只有在特殊情况下(如抢修、林区便桥),才采用临时的木结构。

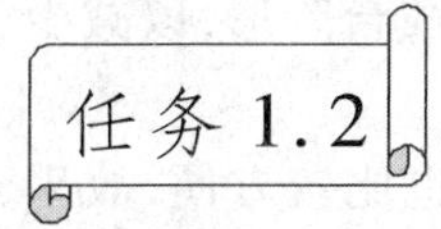

认识刚性浅基础

在建筑物的设计和施工中,地基和基础占有很重要的地位,它对建筑物的安全使用和工程造价有着很大的影响,因此,正确选择地基基础的类型十分重要。在选择地基基础类型时,主要考虑两个方面的因素:一是建筑物的性质(包括它的用途、重要性、结构形式、荷载性质和荷载大小等);二是地基的地质情况(包括土层的分布、土的性质和地下水等)。

如果地基内部是良好的土层或者上部有较厚的良好土层,能承受基础传来的全部荷载时,一般将基础直接做在天然土层上,这种地基叫做天然地基。在天然地基上,基础的埋置深度 h(无冲刷时从河底或地面至基础底面的距离;有冲刷时从最大冲刷线——包括河床自然演变冲刷、设计洪水位的一般冲刷深度及构造物阻水引起局部冲刷深度至基础底面的距离)小于5m 的基础称为浅基础。

浅基础由于埋入土层较浅,在计算中基础的侧面摩擦力不必考虑,施工方法也较简单,故在条件适宜时应是首先考虑采用的基础形式。

1.2.1 刚性浅基础的构造

桥梁墩台的体积一般比较庞大,故其基础常用大块实体基础形式,采用块石或混凝土等圬工材料做成。基础平面形状常为矩形,基础平面尺寸一般均较墩、台底面扩大,每边扩大的尺寸最小为0.2~0.50m,视土质、基础厚度、埋置深度及施工方法而定。当基础底面为满足地基强度要求需要扩大时,则基础将超出墩(台)身外,这样在地基反力σ作用下,基础的悬出部分将受挠曲产生拉应力,如图1-2-1a)所示。由于一般基础所用的圬工材料,其抗压强度大,而抗拉强度很小,为防止基础的悬出段因受挠曲开裂破坏,其悬出段长度应控制在一定范围内,这种基础则称为刚性基础。

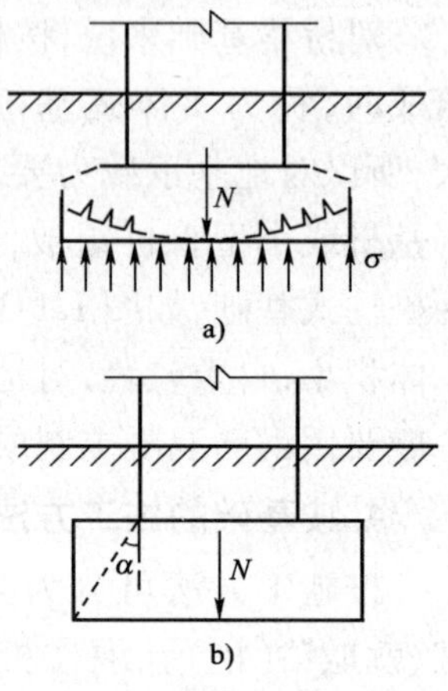

图1-2-1 基础挠曲变形

刚性基础的悬出段长度,通常用压力分布角α来控制。α角是自墩(台)身底的边缘与基底边缘的连线和竖直线间的夹角,如图1-2-1b)所示,使$\alpha \leqslant \alpha_{max}$,其中$\alpha_{max}$称为刚性角,刚性角$\alpha_{max}$与基础圬工材料的强度有关。

根据《桥梁设计常用数据手册》,常用基础材料的刚性角α_{max}值可按下面提供的数据取用:砖、片石、块石、粗料石砌体,当用M5以下砂浆砌筑时$\alpha_{max} \leqslant 30°$;砖、片石、块石、粗料石砌体,当用M5以上砂浆砌筑时$\alpha_{max} \leqslant 35°$;混凝土浇筑时,$\alpha_{max} \leqslant 40° \sim 45°$。

因此,在设计刚性基础底面尺寸时,凡满足$\alpha \leqslant \alpha_{max}$条件,即可认为基础刚度很大,它在荷载作用下的挠曲变形很小,不会受拉开裂破坏,基础本身强度可得到充分保证,可不予验算。若$\alpha > \alpha_{max}$时,则不是刚性基础,一般称为柔性基础,应验算基础的弯曲拉应力和剪应力强度,并设置必要的钢筋。

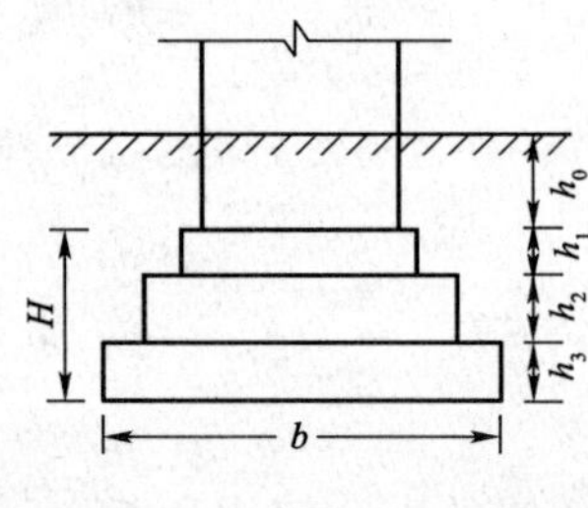

图1-2-2 台阶扩大基础

当基础较厚时,可在纵横两个剖面上,都砌筑成台阶形,以减少基础自重,节省材料,如图1-2-2所示。

台阶形基础由于可节省材料,施工立模砌筑也比较方便,故采用较多。对于桥梁墩台基础,当基础高度H较大时,一般可分为2~3级等高的台阶,每一台阶高度$h_i = 1 \sim 1.5$m,小桥有时可减为0.6m;台阶宽度c_i通常可取与襟边c_1相同,即$c_i = c_1$。襟边c_1是指在基础顶面较所支撑的墩台身底面外形轮廓大出一个距离,其作用是考虑到基础施工时工作条件较差,定位尺寸可能有所偏差,留有襟边后可作调整余地;另外也便于墩台施工时作为模板支架的支撑点。因此襟边大小须视施工情况而定,一般可取0.2~1.0m。基础顶面一般置于地面或最大冲刷线以下不小于0.15m,这样有利于保护基础,且防止加大冲刷。

基础尺寸的拟定是基础设计中重要内容之一,拟定尺寸恰当,可以减少重复的计算工作。刚性浅基础的尺寸拟定包括基础的高度、平面尺寸和立面尺寸。

基础高度,一般要考虑墩台身结构形式、荷载大小、基础材料等来确定。具体做法:首先根据基础埋置深度的要求,确定基底高程;再按照水中基础顶面不高于最低水位,在季节性河流或旱地上的墩台基础顶面,不高出地面,则可定出基顶高程。那么,基础顶、底高程之差,即为基础高度$H = h - h_0$。在一般情况下,大、中桥墩、台基础的高度为1.0~2.0m左右。

基础的平面尺寸，应根据墩、台身底面形状而确定。虽然墩、台身底面形状以圆端形居多，但考虑到施工的方便，基础平面仍采用矩形。基础底面长、宽尺寸与基础高度关系如下：

$$
\begin{aligned}
a &= l + 2H\tan\alpha \leqslant l + 2H\tan\alpha_{max} \\
b &= d + 2H\tan\alpha \leqslant d + 2H\tan\alpha_{max}
\end{aligned}
\tag{1-2-1}
$$

式中：a——基础长度（横桥向）（m）；

b——基础宽度（顺桥向）（m）；

l——墩、台身底截面长度（m）；

d——墩、台身底截面宽度（m）；

H——基础高度（m）；

α——墩、台底面边缘至基础底边缘的连线与垂线的夹角；

α_{max}——基础材料的刚性角。

基础的立面形式应力求简单，主要考虑既便于施工，又能节省圬工材料，一般做成矩形或台阶形（图1-2-3）。在确定基础立面尺寸时，只需定出两方面的尺寸：一是确定襟边宽和台阶宽度（两者宜取同宽，即 $c_i = c_1$），墩、台基础的襟边最小值为0.2～0.5m；二是基础台阶厚度 h_i，当基础较厚时（超过1m），可将基础做成台阶形，每层台阶厚度通常为 h_i =1.0～1.5m，各台阶宜做成等厚。

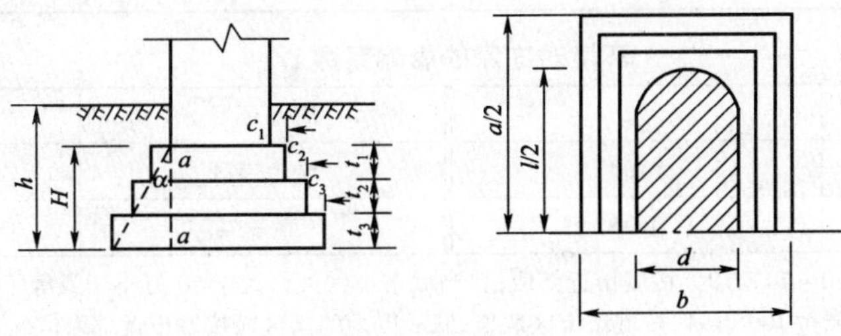

图1-2-3　扩大基础立面、平面图

1.2.2　识读审核刚性浅基础施工图纸

一、审核基础埋置深度

桥涵墩台基础（不包括桩基础）基底埋置深度应符合下列规定：

（1）当墩台基底设置在不冻胀土层中时，基底埋深可不受冻深的限制。

（2）上部为外超静定结构的桥涵基础，其地基为冻胀土层时，应将基底埋入冻结线以下不小于0.25m。

（3）当墩台基础设置在季节性冻胀土层中时，基底的最小埋置深度可按下列公式计算：

$$d_{min} = z_d - h_{max} \tag{1-2-2}$$

$$z_d = \psi_{zs}\psi_{zw}\psi_{ze}\psi_{zg}\psi_{zf}z_0 \tag{1-2-3}$$

式中：d_{min}——基底最小埋置深度（m）；

z_d——设计冻深（m）；

z_0——标准冻深（m），无实测资料时，可按《公路桥涵地基与基础设计规范》（以下简称《规范》）（JTG D63—2007）采用；

ψ_{zs}——土的类别对冻深的影响系数,按表 1-2-1 查取;

ψ_{zw}——土的冻胀性对冻深的影响系数,按表 1-2-2 查取;

ψ_{ze}——环境对冻深的影响系数,按表 1-2-3 查取;

ψ_{zg}——地形坡向对冻深的影响系数,按表 1-2-4 查取;

ψ_{zf}——基础对冻深的影响系数,取 $\psi_{zf}=1.1$;

h_{max}——基础底面下容许最大冻层厚度(m),按表 1-2-5 查取。

土的类别对冻深的影响系数 ψ_{zs} 表 1-2-1

土的类别	ψ_{zs}	土的类别	ψ_{zs}
黏性土	1.00	中砂、粗砂、砾砂	1.30
细砂、粉砂、粉土	1.20	碎石土	1.40

土的冻胀性对冻深的影响系数 ψ_{zw} 表 1-2-2

冻胀性	ψ_{zw}	冻胀性	ψ_{zw}
不冻胀	1.00	强冻胀	0.85
弱冻胀	0.95	特强冻胀	0.80
冻胀	0.90	极强冻胀	0.75

环境对冻深的影响系数 ψ_{ze} 表 1-2-3

周围环境	ψ_{ze}	周围环境	ψ_{ze}
村、镇、旷野	1.00	城市市区	0.90
城市近郊	0.95	—	—

注:当城市市区人口为(20~50)万时,按城市近郊取值;当城市市区人口大于 50 万小于或等于 100 万时,按城市市区取值;当城市市区人口超过 100 万时,按城市市区取值,5km 以内的郊区应按城市近郊取值。

地形坡向对冻深的影响系数 ψ_{zg} 表 1-2-4

地形坡向	平坦	阳坡	阴坡
ψ_{zg}	1.0	0.9	1.1

不同冻胀土类别在基础底面下容许最大冻层厚度 h_{max} 表 1-2-5

冻胀土类别	弱冻胀	冻胀	强冻胀	特强冻胀	极强冻胀
h_{max}	$0.38\ z_0$	$0.28\ z_0$	$0.15\ z_0$	$0.08\ z_0$	0

注:z_0——标准冻深(m)。季节性冻胀土分类见《公路桥涵地基与基础设计规范》(JTG D63—2007)附录表 H.0.2。

(4)涵洞基础设置在季节性冻土地基上时,出入口和自两端洞口向内各 2~6m 范围内(或可采用不小于 2m 的一段涵节长度)涵身基底的埋置深度可按式(1-2-2)计算确定。涵洞中间部分的基础埋深,可根据地区经验确定。严寒地区,当涵洞中间部分基础的埋深与洞口埋深相差较大时,其连接处应设置过渡段。冻结较深地区,也可采用将基底至冻结线处的地基土换填为粗颗粒土(包括碎石土、砾砂、粗砂、中砂,但其中粉黏粒含量不应大于 15%,或粒径小于 0.1mm的颗粒不应大于 25%)的措施。

(5)涵洞基础,在无冲刷处(岩石地基除外),应设在地面或河床底以下埋深不小于 1m 处;如有冲刷,基底埋深应在局部冲刷线以下不小于 1m;如河床上有铺砌层时,基础底面宜设置在铺砌层顶面以下不小于 1m。

(6)非岩石河床桥梁墩台基底埋深安全值，可按表1-2-6确定。

基底埋深安全值(m) 表1-2-6

桥梁类别 \ 总冲刷深度(m)	0	5	10	15	20
大桥、中桥、小桥(不铺砌)	1.5	2.0	2.5	3.0	3.5
特大桥	2.0	2.5	3.0	3.5	4.0

注：1. 总冲刷深度为自河床面算起的河床自然演变冲刷、一般冲刷与局部冲刷深度之和。

2. 表列数值为墩台基底埋入总冲刷深度以下的最小值；若对设计流量、水位和原始断面资料无把握或不能获得河床演变准确资料时，其值宜适当加大。

3. 若桥位上下游有已建桥梁，应调查已建桥梁的特大洪水冲刷情况，新建桥墩台基础埋置深度不宜小于已建桥梁的冲刷深度且酌加必要的安全值。

(7)岩石河床墩台基底最小埋置深度可参考《公路工程水文勘测设计规范》(JTG C30—2003)附录C确定。

(8)位于河槽的桥台，当其最大冲刷深度小于桥墩总冲刷深度时，桥台基底的埋深应与桥墩基底相同；当桥台位于河滩时，对河槽摆动不稳定河流，桥台基底高程应与桥墩基底高程相同；在稳定河流上，桥台基底高程可按照桥台冲刷结果确定。

墩台基础顶面高程宜根据桥位情况、施工难易程度、美观与整体协调综合确定。

二、验算地基与基础

设计桥梁墩台基础时，应考虑在修建和使用期间可能发生的各项作用效应，并对地基进行验算。

当桥台台背填土的高度在5m以上时，应考虑台背填土对桥台基底或桩端平面处的附加竖向压应力[参见《规范》(JTG D63—2007)附录J]。对软土或软弱地基，如相邻墩台的距离小于5m时，应考虑邻近墩台对软土或软弱地基所引起的附加竖向压应力。

对于桥台基础，当台背地基土质不良时，应验算桥台与路堤可能一起滑动的稳定性。

1. 地基承载力的确定

(1)地基承载力的验算，应以修正后的地基承载力容许值$[f_a]$控制。该值系在地基原位测试或《规范》(JTG D63—2007)给出的各类岩土承载力基本容许值$[f_{a0}]$的基础上，经修正后而得。

(2)地基承载力容许值应按以下原则确定：

①地基承载力基本容许值应首先考虑由载荷试验或其他原位测试取得，其值不应大于地基极限承载力的1/2；对中小桥、涵洞，当受现场条件限制，或载荷试验和原位测试确有困难时，也可按照下面第3条有关规定采用。

②地基承载力基本容许值尚应根据基底埋深、基础宽度及地基土的类别进行修正。

③其他特殊性岩土地基承载力基本容许值可参照各地区经验或相应的标准确定。

(3)地基承载力基本容许值$[f_{a0}]$可根据岩土类别、状态及其物理力学特性指标按表1-2-7～表1-2-13选用。

①一般岩石地基可根据强度等级、节理按表1-2-7确定承载力基本容许值$[f_{a0}]$。对于复杂岩层(如溶洞、断层、软弱夹层、易溶岩石、软化岩石等)应按各项因素综合确定。

岩石地基承载力基本容许值[f_{a0}] 表 1-2-7

$[f_{a0}]$(kPa) 节理发育程度 / 坚硬程度	节理不发育	节理发育	节理很发育
坚硬岩、较硬岩	>3 000	3 000 ~ 2 000	2 000 ~ 1 500
较软岩	3 000 ~ 1 500	1 500 ~ 1 000	1 000 ~ 800
软岩	1 200 ~ 1 000	1 000 ~ 800	800 ~ 500
极软岩	500 ~ 400	400 ~ 300	300 ~ 200

②碎石土地基可根据其类别和密实程度按表 1-2-8 确定承载力基本容许值[f_{a0}]。

碎石土地基承载力基本容许值[f_{a0}] 表 1-2-8

$[f_{a0}]$(kPa) 密实程度 / 土名	密实	中密	稍密	松散
卵石	1 200 ~ 1 000	1 000 ~ 650	650 ~ 500	500 ~ 300
碎石	1 000 ~ 800	800 ~ 550	550 ~ 400	400 ~ 200
圆砾	800 ~ 600	600 ~ 400	400 ~ 300	300 ~ 200
角砾	700 ~ 500	500 ~ 400	400 ~ 300	300 ~ 200

注:1. 由硬质岩组成,填充砂土者取高值;由软质岩组成,填充黏性土者取低值。

2. 半胶结的碎石土,可按密实的同类土的[f_{a0}]值提高 10% ~30%。

3. 松散的碎石土在天然河床中很少遇见,需特别注意鉴定。

4. 漂石、块石的[f_{a0}]值,可参照卵石、碎石适当提高。

③砂土地基可根据土的密实度和水位情况按表 1-2-9 确定承载力基本容许值[f_{a0}]。

砂土地基承载力基本容许值[f_{a0}] 表 1-2-9

土名	$[f_{a0}]$(kPa) 密实度 / 水位情况	密实	中密	稍密	松散
砾砂、粗砂	与湿度无关	550	430	370	200
中砂	与湿度无关	450	370	330	150
细砂	水上	350	270	230	100
	水下	300	210	190	—
粉砂	水上	300	210	190	—
	水下	200	110	90	—

④粉土地基可根据土的天然孔隙比 e 和天然含水率 w(%)按表 1-2-10 确定承载力基本容许值[f_{a0}]。

粉土地基承载力基本容许值[f_{a0}] 表 1-2-10

$[f_{a0}]$(kPa) w(%) / e	10	15	20	25	30	35
0.5	400	380	355	—	—	—
0.6	300	290	280	270	—	—
0.7	250	235	225	215	205	—
0.8	200	190	180	170	165	—
0.9	160	150	145	140	130	125

⑤老黏性土地基可根据压缩模量 E_s 按表 1-2-11 确定承载力基本容许值$[f_{a0}]$。

老黏性土地基承载力基本容许值$[f_{a0}]$ 表 1-2-11

E_s(MPa)	10	15	20	25	30	35	40
$[f_{a0}]$(kPa)	380	430	470	510	550	580	620

注:当老黏性土 $E_s<10$MPa 时,承载力基本容许值$[f_{a0}]$按一般黏性土(表 1-2-12)确定。

⑥一般黏性土可根据液性指数 I_L 和天然孔隙比 e 按表 1-2-12 确定地基承载力基本容许值$[f_{a0}]$。

一般黏性土地基承载力基本容许值$[f_{a0}]$ 表 1-2-12

e \ $[f_{a0}]$(kPa) \ I_L	0	0.1	0.2	0.3	0.4	0.5	0.6	0.7	0.8	0.9	1.0	1.1	1.2
0.5	450	440	430	420	400	380	350	310	270	240	220	—	—
0.6	420	410	400	380	360	340	310	280	250	220	200	180	—
0.7	400	370	350	330	310	290	270	240	220	190	170	160	150
0.8	380	330	300	280	260	240	230	210	180	160	150	140	130
0.9	320	280	260	240	220	210	190	180	160	140	130	120	100
1.0	250	230	220	210	190	170	160	150	140	120	110	—	—
1.1	—	—	160	150	140	130	120	110	100	90	—	—	—

注:1. 土中含有粒径大于 2mm 的颗粒质量超过总质量 30% 以上者,$[f_{a0}]$可适当提高。

2. 当 $e<0.5$ 时,取 $e=0.5$;当 $I_L<0$ 时,取 $I_L=0$。此外,超过表列范围的一般黏性土,$[f_{a0}]=57.22E_s^{0.57}$。

⑦新近沉积黏性土地基可根据液性指数 I_L 和天然孔隙比 e 按表 1-2-13 确定承载力基本容许值$[f_{a0}]$。

新近沉积黏性土地基承载力基本容许值$[f_{a0}]$ 表 1-2-13

e \ $[f_{a0}]$(kPa) \ I_L	≤0.25	0.75	1.25
≤0.8	140	120	100
0.9	130	110	90
1.0	120	100	80
1.1	110	90	—

(4)修正后的地基承载力容许值$[f_a]$按式(1-2-4)确定。当基础位于水中不透水地层上时,$[f_a]$按平均常水位至一般冲刷线的水深每米再增大 10kPa。

$$[f_a]=[f_{a0}]+k_1\gamma_1(b-2)+k_2\gamma_2(h-3) \tag{1-2-4}$$

式中:$[f_a]$——修正后的地基承载力容许值(kPa);

b——基础底面的最小边宽(m),当 $b<2$m 时,取 $b=2$m;当 $b>10$m 时,取 $b=10$m;

h——基底埋置深度(m),自天然地面起算,有水流冲刷时自一般冲刷线起算;当 $h<3$m 时,取 $h=3$m;当 $h/b>4$ 时,取 $h=4b$;

k_1、k_2——基底宽度、深度修正系数,根据基底持力层土的类别按表 1-2-14 确定;

γ_1——基底持力层土的天然重度(kN/m^3),若持力层在水面以下且为透水者,应取浮重度；

γ_2——基底以上土层的加权平均重度（kN/m^3），换算时若持力层在水面以下，且不透水时，不论基底以上土的透水性质如何，一律取饱和重度；当透水时，水中部分土层则应取浮重度。

地基土承载力宽度、深度修正系数 k_1、k_2 表 1-2-14

土类	黏性土				粉土	砂土						碎石土					
系数	老黏性土	一般黏性土		新近沉积黏性土	—	粉砂		细砂		中砂		砾砂、粗砂		碎石、圆砾、角砾		卵石	
		$I_L \geq 0.5$	$I_L < 0.5$		—	中密	密实	中密	密实	中密	密实	中密	密实	中密	密实	中密	密实
k_1	0	0	0	0	0	1.0	1.2	1.5	2.0	2.0	3.0	3.0	4.0	3.0	4.0	3.0	4.0
k_2	2.5	1.5	2.5	1.0	1.5	2.0	2.5	3.0	4.0	4.0	5.5	5.0	6.0	5.0	6.0	6.0	10.0

注：1. 对于稍密和松散状态的砂、碎石土，k_1、k_2 值可采用表列中密值的50%。

2. 强风化和全风化的岩石，可参照所风化成的相应土类取值，其他状态下的岩石不修正。

（5）软土地基承载力容许值$[f_a]$按下列规定确定：

①软土地基承载力基本容许值$[f_{a0}]$应由载荷试验或其他原位测试取得。载荷试验和原位测试确有困难时，对于中小桥、涵洞基底未经处理的软土地基承载力容许值$[f_a]$可采用以下两种方法确定。

a. 根据原状土天然含水率 w，按表 1-2-15 确定软土地基承载力基本容许值$[f_{a0}]$，然后按式（1-2-5）计算修正后的地基承载力容许值$[f_a]$：

$$[f_a] = [f_{a0}] + \gamma_2 h \tag{1-2-5}$$

式中，γ_2、h 的意义同式（1-2-4）。

软土地基承载力基本容许值$[f_{a0}]$ 表 1-2-15

天然含水率 w（%）	36	40	45	50	55	65	75
$[f_{a0}]$（kPa）	100	90	80	70	60	50	40

b. 根据原状土强度指标确定软土地基承载力容许值$[f_a]$：

$$[f_a] = \frac{5.14}{m} k_p C_u + \gamma_2 h \tag{1-2-6}$$

$$k_p = \left(1 + 0.2\frac{b}{l}\right)\left(1 - \frac{0.4H}{blC_u}\right) \tag{1-2-7}$$

式中：m——抗力修正系数，可视软土灵敏度及基础长宽比等因素选用 1.5～2.5；

C_u——地基土不排水抗剪强度标准值（kPa）；

k_p——系数；

H——由作用（标准值）引起的水平力（kN）；

b——基础宽度（m），有偏心作用时，取 $b-2e_b$；

l——垂直于 b 边的基础长度（m），有偏心作用时，取 $l-2e_l$；

e_b、e_l——偏心作用在宽度和长度方向的偏心距。

②经排水固结方法处理的软土地基，其承载力基本容许值$[f_{a0}]$应通过载荷试验或其他原位测试方法确定；经复合地基方法处理的软土地基，其承载力基本容许值应通过载荷试验确

定;然后按式(1-2-5)计算修正后的软土地基地基承载力容许值$[f_a]$。

(6)地基承载力容许值$[f_a]$应根据地基受荷阶段及受荷情况,乘以下列规定的抗力系数γ_R。

①使用阶段:

a. 当地基承受作用短期效应组合或作用效应偶然组合时,可取$\gamma_R=1.25$;但对承载力容许值$[f_a]$小于150 kPa的地基,应取$\gamma_R=1.0$。

b. 当地基承受的作用短期效应组合仅包括结构自重、预加力、土重、土侧压力、汽车和人群效应时,应取$\gamma_R=1.0$。

c. 当基础建于经多年压实未遭破坏的旧桥基(岩石旧桥基除外)上时,不论地基承受的作用情况如何,抗力系数均可取$\gamma_R=1.5$;对$[f_a]$小于150 kPa的地基可取$\gamma_R=1.25$。

d. 基础建于岩石旧桥基上,应取$\gamma_R=1.0$。

②施工阶段:

a. 地基在施工荷载作用下,可取$\gamma_R=1.25$。

b. 当墩台施工期间承受单向推力时,可取$\gamma_R=1.5$。

2. 验算地基承载力

基础底面岩土的承载力,当不考虑嵌固作用时,可按下式验算:

(1)当基底只承受轴心荷载时:

$$p=\frac{N}{A}\leqslant[f_a] \tag{1-2-8}$$

式中:p——基底平均压应力;

N——由《规范》(JTG D63—2007)第1.0.8条规定的作用短期效应组合在基底产生的竖向力;

A——基础底面面积。

(2)当基底单向偏心受压,承受竖向力N和弯矩M共同作用时,除满足上式外,尚应符合下列条件:

$$p_{max}=\frac{N}{A}+\frac{M}{W}\leqslant\gamma_R[f_a] \tag{1-2-9}$$

式中:p_{max}——基底最大压应力;

M——由《规范》第1.0.8条规定的作用短期效应组合产生于墩台的水平力和竖向力对基底重心轴的弯矩;

W——基础底面偏心方向边缘弹性抵抗矩。

(3)当基底双向偏心受压,承受竖向力N和绕x轴弯矩M_x与绕y轴弯矩M_y共同作用时,除满足本条第1款外,尚应符合下列条件:

$$p_{max}=\frac{N}{A}+\frac{M_x}{W_x}+\frac{M_y}{W_y}\leqslant\gamma_R[f_a] \tag{1-2-10}$$

式中:M_x、M_y——作用于基底的水平力和竖向力绕x轴、y轴的对基底的弯矩;

W_x、W_y——基础底面偏心方向边缘绕x轴、y轴的弹性抵抗矩。

(4)当设置在基岩上的基底承受单向偏心荷载,其偏心距e_0超过核心半径时,可仅按受压区计算基底最大压应力(不考虑基底承受拉力),见图1-2-4。基底为矩形截面的最大压应力p_{max}按下列公式计算:

$$p_{max} = \frac{2N}{3da} = \frac{2N}{3\left(\frac{b}{2} - e_0\right)a} \quad (1\text{-}2\text{-}11)$$

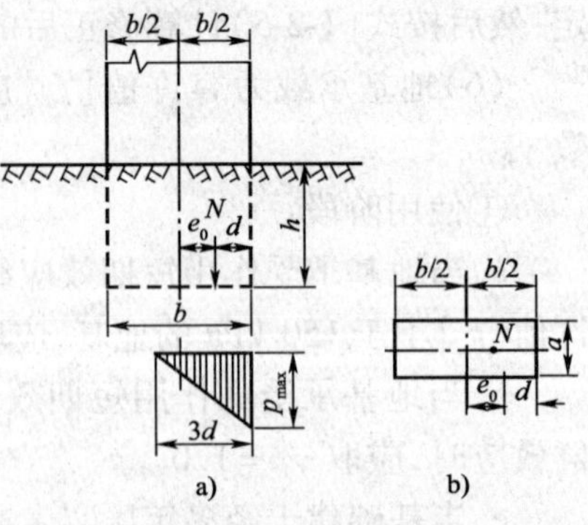

图 1-2-4 基岩上矩形截面基底单向偏心受压应力重分布图

a)基础立面;b)基础平面

式中:b——偏心方向基础底面的边长;

a——垂直于 b 边基础底面的边长;

d——N 力作用点至基底受压边缘的距离;

e_0——N 作用点距截面重心的距离。

(5)当设置在基岩上的墩台基底承受双向偏心压应力且按规范式(1-2-12)、式(1-2-13)计算的 $e_0/\rho>1.0$(ρ 为核心半径)时,可仅按受压区计算基底压应力(不考虑基底承受拉应力),墩台基底最大压应力可按《规范》(JTG D63—2007)附录 K 确定。

(6)桥涵墩台应验算作用于基底的合力偏心距。

①桥涵墩台基底的合力偏心距容许值[e_0]应符合表 1-2-16 的规定。

墩台基底的合力偏心距容许值[e_0] 表 1-2-16

作用情况	地基条件	合力偏心距	备注
墩台仅承受永久作用标准值效应组合	非岩石地基	桥墩[e_0]$\leqslant 0.1\rho$	拱桥、刚构桥墩台,其合力作用点应尽量保持在基底重心附近
		桥台[e_0]$\leqslant 0.75\rho$	
墩台承受作用标准值效应组合或偶然作用(地震作用除外)标准值效应组合	非岩石地基	[e_0]$\leqslant\rho$	拱桥单向推力墩不受限制,但应符合《规范》(JTG D63—2007)表 4.4.3 规定的抗倾覆稳定系数
	较破碎~极破碎岩石地基	[e_0]$\leqslant 1.2\rho$	
	完整、较完整岩石地基	[e_0]$\leqslant 1.5\rho$	

②基底以上外力作用点对基底重心轴的偏心距 e_0 按下式计算:

$$e_0 = \frac{M}{N} \leqslant [e_0] \quad (1\text{-}2\text{-}12)$$

式中:N、M——作用于基底的竖向力和所有外力(竖向力、水平力)对基底截面重心的弯矩。

③基底承受单向或双向偏心受压的 ρ 值可按下列公式计算:

$$\rho = \frac{e_0}{1 - \frac{p_{min}A}{N}} \quad (1\text{-}2\text{-}13)$$

$$p_{min} = \frac{N}{A} - \frac{M_x}{W_x} - \frac{M_y}{W_y} \quad (1\text{-}2\text{-}14)$$

式中:p_{min}——基底最小压应力,当为负值时表示拉应力;

e_0——N 作用点距截面重心的距离。

(7)在基础底面下或基桩桩端下有软土层或软弱地基时,应按下列公式验算软土层或软弱地基的承载力:

$$p_z = \gamma_1(h+z) + \alpha(p - \gamma_2 h) \leqslant \gamma_R[f_a] \quad (1\text{-}2\text{-}15)$$

式中:p_z——软土层或软弱地基的压应力;

h——基底或桩端处的埋置深度(m),当基础受水流冲刷时,由一般冲刷线算起;当不受水流冲刷时,由天然地面算起;位于挖方内,则由开挖后地面算起;

z——从基底或桩基桩端处到软土层或软弱地基顶面的距离(m);

γ_1——深度$(h+z)$范围内各土层的换算重度(kN/m^3);

γ_2——深度h范围内各土层的换算重度(kN/m^3);

α——土中附加压应力系数,参见《规范》(JTG D63—2007)附录第M.0.1条;

p——基底压应力(kPa),当$z/b>1$时,p采用基底平均压应力;当$z/b\leqslant 1$时,p按基底压应力图形采用距最大压应力点$b/3\sim b/4$处的压应力(对于梯形图形前后端压应力差值较大时,可采用上述$b/4$点处的压应力值;反之,则采用上述$b/3$处压应力值),以上b为矩形基底的宽度;

$[f_a]$——软土层或软弱地基顶面土的承载力容许值,按《规范》(JTG D63—2007)第3.3.4条或第3.3.5条规定采用。

若下卧层为压缩性较大的厚层软黏土时,应验算沉降量。

(8)当墩台、桩基础位于冻胀土中时,应验算抗冻拔稳定性,计算方法可参照《规范》(JTG D63—2007)附录L。

三、验算基础沉降

(1)当墩台建筑在地质情况复杂、土质不均匀及承载力较差的地基上,以及相邻跨径差别悬殊而需计算沉降差或跨线桥净高需预先考虑沉降量时,均应计算其沉降。

(2)沉降计算时,传至基底的作用效应按《规范》(JTG D63—2007)第1.0.9条规定执行。

(3)墩台的沉降(mm),应符合下列规定:

①相邻墩台间不均匀沉降差值(不包括施工中的沉降),不应使桥面形成大于2‰的附加纵坡(折角)。

②外超静定结构桥梁墩台间不均匀沉降差值,还应满足结构的受力要求。

(4)墩台基础的最终沉降量,可按下式计算:

$$s=\psi_s s_0=\psi_s\sum_{i=1}^{n}\frac{p_0}{E_{si}}(z_i\overline{\alpha}_i-z_{i-1}\overline{\alpha}_{i-1}) \tag{1-2-16}$$

$$p_0=p-\gamma h \tag{1-2-17}$$

式中:s——地基最终沉降量(mm);

s_0——按分层总和法计算的地基沉降量(mm);

ψ_s——沉降计算经验系数,根据地区沉降观测资料及经验确定,缺少沉降观测资料及经验数据时,可按《规范》(JTG D63—2007)第4.3.5条确定;

n——地基沉降计算深度范围内所划分的土层数(图1-2-5);

p_0——对应于荷载长期效应组合时的基础底面处附加压应力(kPa);

E_{si}——基础底面下第i层土的压缩模量(MPa),应取土的“自重压应力”至“土的自重压应力与附加压应力之和”的压应力段计算;

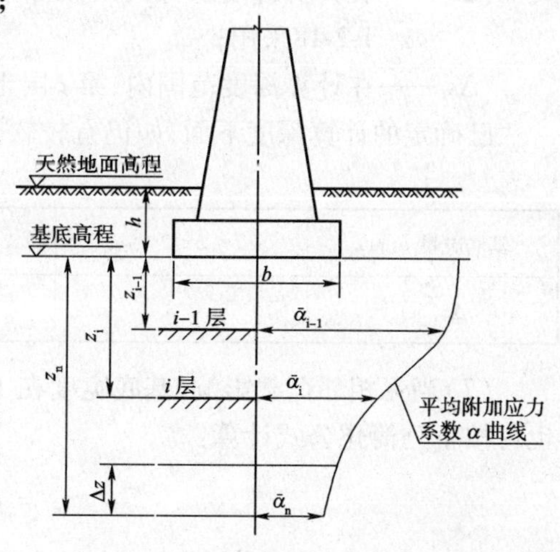

图1-2-5　基底沉降计算分层示意图

z_i、z_{i-1}——基础底面至第 i 层土、第 $i-1$ 层土底面的距离(m)；

$\overline{\alpha}_i$、$\overline{\alpha}_{i-1}$——基础底面计算点至第 i 层土、第 $i-1$ 层土底面范围内平均附加压应力系数，可按《规范》(JTG D63—2007)附录第 M.0.2 条取用；

p——基底压应力(kPa)，当 $z/b>1$ 时，p 采用基底平均压应力；$z/b\leqslant1$ 时，p 按压应力图形采用距最大压应力点 $b/3\sim b/4$ 处的压应力(对梯形图形前后端压应力差值较大时，可采用上述 $b/4$ 处的压应力值；反之，则采用上述 $b/3$ 处压应力值)，以上 b 为矩形基底宽度；

h——基底埋置深度(m)，当基础受水流冲刷时，从一般冲刷线算起；当不受水流冲刷时，从天然地面算起；如位于挖方内，则由开挖后地面算起；

γ——h 内土的重度(kN/m^3)，基底为透水地基时，水位以下取浮重度。

(5)沉降计算经验系数 ψ_s 可按表 1-2-17 确定。

沉降计算经验系数 ψ_s 表 1-2-17

$\overline{E}_s$(MPa) / 基底附加压应力	2.5	4.0	7.0	15.0	20.0
$p_0\geqslant[f_{a0}]$	1.4	1.3	1.0	0.4	0.2
$p_0\leqslant0.75[f_{a0}]$	1.1	1.0	0.7	0.4	0.2

注：1. 表中 $[f_{a0}]$ 为地基承载力基本容许值。

2. 表中 $\overline{E}_s$ 为沉降计算范围内压缩模量的当量值，应按下列公式计算：

$$\overline{E}_s=\frac{\sum A_i}{\sum\frac{A_i}{E_{si}}}$$

式中：A_i——第 i 层土的附加压应力系数沿土层厚度的积分值。

(6)地基沉降计算时设定计算深度 z_n，在 z_n 以上取 Δz 厚度(见表 1-2-18)，其沉降量应符合下列公式：

$$\Delta s_n\leqslant0.025\sum_{i=1}^{n}\Delta s_i \tag{1-2-18}$$

式中：Δs_n——在计算深度底面向上取厚度为 Δz 的土层的计算沉降量，Δz 见图 1-2-5 并按表 1-2-18采用；

Δs_i——在计算深度范围内，第 i 层土的计算沉降量。

已确定的计算深度下面，如仍有较软土层时，应继续计算。

Δz 值 表 1-2-18

基底宽度 b(m)	$b\leqslant2$	$2<b\leqslant4$	$4<b\leqslant8$	$b>8$
Δz(m)	0.3	0.6	0.8	1.0

(7)当无相邻荷载影响，基底宽度在 1～30m 范围内时，基底中心的地基沉降计算深度 z_n 也可按下列简化公式计算：

$$z_n=b(2.5-0.4\ln b) \tag{1-2-19}$$

式中：b——基础宽度(m)。

在计算深度范围内存在基岩时，z_n 可取至基岩表面；当存在较厚的坚硬黏土层，其孔隙比小于0.5、压缩模量大于50MPa，或存在较厚的密实砂卵石层，其压缩模量大于80MPa时，z_n 可取至该土层表面。

四、验算基础稳定性

(1)桥涵墩台基础的抗倾覆稳定，按下列公式计算(图1-2-6)：

$$k_0 = \frac{s}{e_0} \tag{1-2-20}$$

$$e_0 = \frac{\sum P_i e_i + \sum H_i h_i}{\sum P_i} \tag{1-2-21}$$

式中：k_0——墩台基础抗倾覆稳定性系数；

s——在截面重心至合力作用点的延长线上，自截面重心至验算倾覆轴的距离(m)；

e_0——所有外力的合力 R 在验算截面的作用点对基底重心轴的偏心距；

P_i——不考虑其分项系数和组合系数的作用标准值组合或偶然作用(地震除外)标准值组合引起的竖向力(kN)；

e_i——竖向力 P_i 对验算截面重心的力臂(m)；

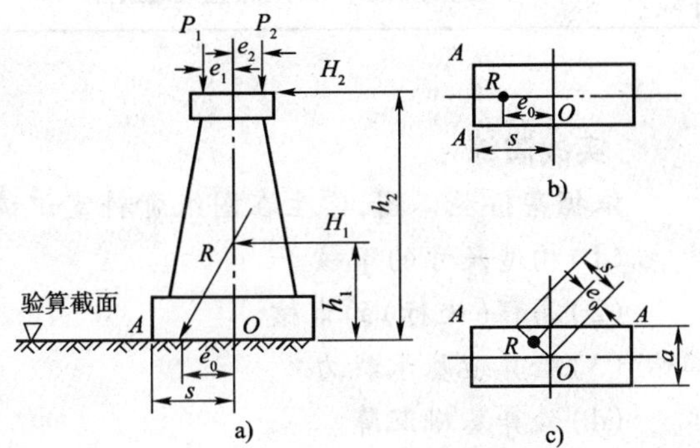

图1-2-6 墩台基础的稳定验算示意图

a)立面；b)平面(单向偏心)；c)平面(双向偏心)

O-截面重心；R-合力作用点；A—A-验算倾覆轴

H_i——不考虑其分项系数和组合系数的作用标准值组合或偶然作用(地震除外)标准值组合引起的水平力(kN)；

h_i——水平力对验算截面的力臂(m)。

注：1. 弯矩应视其绕验算截面重心轴的不同方向取正负号。

2. 对于矩形凹缺的多边形基础，其倾覆轴应取基底截面的外包线。

(2)桥涵墩台基础的抗滑动稳定性系数 k_c 按下式计算：

$$k_c = \frac{\mu \sum P_i + \sum H_{iP}}{\sum H_{ia}} \tag{1-2-22}$$

式中：k_c——桥涵墩台基础的抗滑动稳定性系数；

$\sum P_i$——竖向力总和；

$\sum H_{iP}$——抗滑稳定水平力总和；

$\sum H_{ia}$——滑动水平力总和；

μ——基础底面与地基土之间的摩擦系数通过试验确定。当缺少实际资料时，可参照表1-2-19采用。

注：$\sum H_{iP}$ 和 $\sum H_{ia}$ 分别为两个相对方向的各自水平力总和，绝对值较大者为滑动水平力 $\sum H_{ia}$，另一为抗滑稳定力 $\sum H_{iP}$；$\mu \sum P_i$ 为抗滑动稳定力。

基底摩擦系数　　表 1-2-19

地基土分类	μ	地基土分类	μ
黏土(流塑～坚硬)、粉土	0.25	软岩(极软岩～较软岩)	0.40～0.60
砂土(粉砂～砾砂)	0.30～0.40	硬岩(较硬岩、坚硬岩)	0.60、0.70
碎石土(松散～密实)	0.40～0.50		

(3)验算墩台抗倾覆和抗滑动的稳定性时,稳定性系数不应小于表 1-2-20 的规定。

抗倾覆和抗滑动稳定性系数　　表 1-2-20

作用组合		验算项目	稳定性系数
使用阶段	永久作用(不计混凝土收缩及徐变、浮力)和汽车、人群的标准值效应组合	抗倾覆	1.5
		抗滑动	1.3
	各种作用(不包括地震作用)的标准值效应组合	抗倾覆	1.3
		抗滑动	1.2
施工阶段作用的标准值效应组合		抗倾覆 抗滑动	1.2

实战演练

依据某桥施工图,学生在图纸资料室识读审核施工图纸。图纸审核的内容和程序如下:

(1)构造尺寸的审核。

(2)高程(坐标)的审核。

(3)验算地基承载力。

(4)验算基础沉降。

(5)验算基础稳定性。

(6)核算工程量。

某桥主要施工图

1.桥涵设计说明

1)概述

该桥桥梁全长为 22.97m,标准跨径 8m,共 2 孔,桥位中心桩号为 K1+760。

2)设计依据

《公路工程技术标准》(JTG B01—2003);

《公路桥涵设计通用规范》(JTG D60—2004);

《公路钢筋混凝土及预应力混凝土桥涵设计规范》(JTG D62—2004);

《公路圬工桥涵设计规范》(JTG D61—2005);

《公路桥涵施工技术规范》(JTJ 041—2000);

《公路桥涵地基与基础设计规范》(JTG D63—2007);

其他相关国家及部颁标准和有关规定。

3)设计技术标准

设计安全等级:二级;

设计荷载:公路—Ⅰ级;

环境类别:Ⅱ类;

地震动峰值加速度:0.05g($g=9.8m/s^2$);

设计宽度:桥面净宽 15m+2×4.50m 的人行道。

4)桥型结构

本桥标准跨径 8m,上部结构采用钢筋混凝土简支空心板,桥面连续;下部结构采用重力式墩台,扩大基础。

5)主要材料

(1)混凝土:钢筋混凝土简支空心板、人行道、墩台帽、挡块采用 C30 混凝土。墩身、墩台基础采用 C20 片石混凝土。桥面铺装为 7cm 沥青混凝土铺装和 10cm C30 钢筋混凝土铺装,二者之间设置防水层。

(2)钢筋:普通钢筋采用 HRB335 和 R235。HRB335 为热轧带肋钢筋,其主要性能符合现行国家标准《钢筋混凝土用热轧带肋钢筋》(GB 1499);R235 为热轧光圆钢筋,其主要性能符合现行国家标准《钢筋混凝土用热轧光圆钢筋》(GB 13013)。

(3)钢材:应符合 GB 700—79 规定的普通碳素结构钢(A3)。

(4)支座:采用 D200mm × 28mm 圆板式橡胶支座。

(5)砌体材料:台身及侧墙采用 M15 浆砌片石,块石镶面。梯道及泄水槽、锥坡护坡及锥坡基础采用 M10 浆砌片石。

6)施工要点及注意事项

(1)施工前应复核各部分高程及尺寸,必须严格按照工序进行,对照各相关图纸,有关预埋件不得遗漏。

(2)空心板安装就位后,应先浇筑铰缝混凝土,后施工桥面铺装。

(3)浇筑铰缝混凝土前,必须清除结合面上的浮皮,并用水清洗干净后方可浇筑铰缝混凝土,铰缝混凝土必须密实。

(4)施工时应严格按总体布置图所示,在相应位置设置锚栓、桥面连续等。

(5)墩台帽横坡与桥面横坡一致。

(6)桥面防水层,应严格按产品使用和设计要求施工,以保证施工质量。

(7)支座布置及安装,必须严格按设计位置及安装程序进行。

(8)桥面施工时,应先在泄水管口处放一个与槽口大小、形状一样的倒梯形木板块,待沥青面层铺装完毕后撬起。

(9)基础底面应满足设计要求的地基承载力,施工时如发现基础地质情况与设计不符时,应及时与设计单位联系,以便妥善处理。

(10)本桥上下部结构外露的尖角、锐角部分,如无特殊要求,均应设置 $R = 3$cm 的倒角。

(11)如无特殊要求,普通钢筋和预应力直线形钢筋的最小混凝土保护层厚度按如下标准执行:墩台身、空心板的受力主筋保护层不小于 4cm;所有的结构箍筋保护层不小于 2.5cm;收缩、温度、分布、防裂等表层钢筋保护层不小于 2cm。

(12)台后应采用砂砾、碎石等透水性材料进行填筑,压实度要求在 98% 以上,内摩擦角不小于 35°。填筑范围从台后 2m 的地基顶面向后向上,以不陡于 1∶1 的坡度延伸至路基顶面。台后基坑回填要求采用透水性材料,压实度不小于 92%。

(13)桥梁墩台编号系按路线前进方向递增,其左右系指路线前进方向左右。

7)其他

(1)若施工中发现设计与实际情况不符,请及时与设计单位联系。

(2)预制构件、现浇混凝土以及钢筋网中,钢筋的摆放应满足混凝土保护层厚度要求。

(3)本说明未涉及部分均应严格遵照《公路桥涵施工技术规范》(JTJ 041—2000)执行。

2. 主要施工图纸(见附录一)

3. 全桥主要工程数量表(表1-2-21)

表1-2-21

材料 \ 项目			上部结构						下部结构							
			空心板	桥面连续	桥面铺装	人行道及栏杆	支座	锚栓	桥墩			桥台				墩台挡块
									墩帽	墩身	基础	台帽	侧墙	基础	台身	
混凝土	C40(m^3)															
混凝土	C30(m^3)		112.3		38.4	29.4		0.1	26.8			42.4	7.4			0.1
混凝土	MU20片石(m^3)									80.0	104.4			300.0		
混凝土	C15(m^3)															
钢筋	R235(Ⅰ级)	ϕ22(kg)	724.8													
钢筋	R235(Ⅰ级)	ϕ12(kg)														
钢筋	R235(Ⅰ级)	ϕ10(kg)														
钢筋	R235(Ⅰ级)	ϕ8(kg)	3 702.3					80.0	319.2	34.6		510.0	167.4			14.3
钢筋	R235(Ⅰ级)	ϕ6(kg)	460.8													
钢筋	R235(Ⅰ级)	合计	4 887.9					80.0	319.2	34.6		510.0	167.4			14.3
钢筋	HRB335(Ⅱ级)	ϕ25(kg)						169								
钢筋	HRB335(Ⅱ级)	ϕ20(kg)							712.8							
钢筋	HRB335(Ⅱ级)	ϕ18(kg)	12 345.6													
钢筋	HRB335(Ⅱ级)	ϕ16(kg)		359.9		1 360.4										
钢筋	HRB335(Ⅱ级)	ϕ12(kg)	530.8	198.3	4 556.0	1 167.0			128.8			524.6				29.2
钢筋	HRB335(Ⅱ级)	合计	12 876.4	558.2	4 556.0	2 527.4		169	841.6			524.6				29.2
200mm×28mm圆板橡胶支座(个)							192									
防水层(m^2)					240.0											
花岗岩(m^3)						5.2										
铸铁管(kg)																
浆砌块石镶面(m^3)															39.7	
M15浆砌片石(m^3)															169.0	

任务 1.3

认识桩基础

桩基础是常用的桥梁基础类型,是由桩以及连接桩顶的承台或系梁所组成的基础。基桩是桩基础中的单桩,群桩基础是由 2 根及以上基桩组成的桩基础。如图 1-3-1a)所示,桩身可以全部或部分埋入地基土中,当桩身外露在地面上较高时,在桩之间还应加横系梁,以加强各桩之间的横向联系。若干根桩在平面排列上可成为一排或几排,所有桩的顶部由承台联成一整体。在承台上再修筑桥墩、桥台及上部结构。桩可以先预制好,再将其运至现场沉入土中;也可以就地钻孔(或人工挖孔),然后在孔中浇注水泥混凝土或置入钢筋骨架后再浇注混凝土而成桩。

桩基础的作用是将承台以上结构物传来的外力通过承台,由桩传到较深的地基持力层中去。承台将外力传递给各桩并箍住桩顶使各桩共同承受外力。各桩所承受的荷载由桩通过桩侧土的摩阻力及桩端土的抵抗力传递到地基土中,如图 1-3-1b)所示。因此桩基础如设计正确,施工得当,它具有承载力高、稳定性好、沉降量小而均匀等特点。在深水河道中,桩基础可以借桩群穿过水流将荷载传到地基中,避免(或减少)水下工程,简化施工设备和技术要求,加快施工速度并改善劳动条件。当地基浅层土质不良时,它能穿越浅层土,发挥地基深层土承载力的作用,以满足桥梁上部结构物荷载的要求。近代在桩基础的类型、沉桩机具和施工工艺以及桩基础理论和设计计算方法方面,都有了很大的发展,不仅便于机械化施工和工厂化生产,而且能以不同类型的桩基础和施工方法适应不同的水文地质条件、荷载性质和上部结构特征。

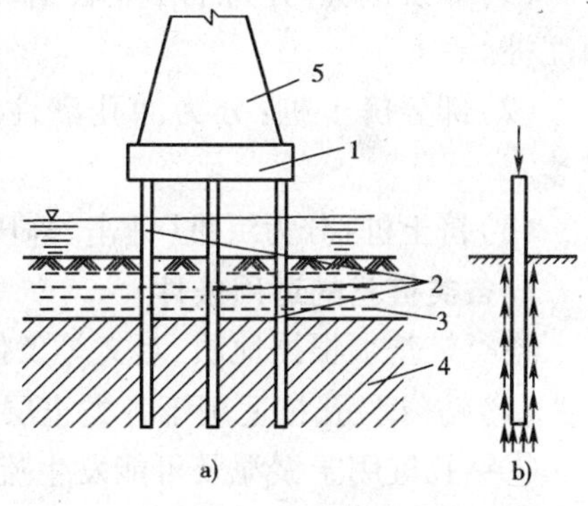

图 1-3-1 桩基础

1-承台;2-基桩;3-松软土层;4-持力层;5-墩身

桩基础是一种深基础,主要适用于下列条件:

(1)荷载较大,地基上部土层软弱,适宜的地基持力层位置较深,采用浅基础或人工地基在技术上、经济上不合理时。

(2)河床冲刷较大,河道不稳定或冲刷深度不易计算正确,如采用浅基础施工困难或不能保证基础安全时。

(3)当地基计算沉降过大或结构物对不均匀沉降敏感时,采用桩基础穿过松软(高压缩性)土层,将荷载传到较坚实(低压缩性)土层,减少结构物沉降并使沉降较均匀。另外桩基础还能增强结构物的抗震能力。

(4)当施工水位或地下水位较高时。

以上情况也可以采用其他形式的深基础,但桩基础由于具有耗用材料少、自重轻、施工简便等优点,往往是优先考虑的深基础方案。总之,采用浅基础无法满足结构物对地基强度、变形和稳定性方面的要求时,常常采用桩基础。

当上层软弱土层很厚，桩底不能达到坚实土层时，就需要用较多、较长的桩来传递荷载，这时的桩基础稳定性较差，沉降量也较大；当覆盖层很薄时，桩的稳定性也有问题，就不一定是最佳的基础形式，这种情况下，应经过多方面的技术经济比较和研究，确定合理可行的方案。

1.3.1　桩基础的构造

1. 桩的分类

《规范》(JTG D63—2007)对桩的分类规定如下。

1)按承载性状分类

(1)摩擦桩：桩顶荷载主要由桩侧阻力承受，并考虑桩端阻力。

(2)端承桩：桩顶荷载主要由桩端阻力承受，并考虑桩侧阻力。

2)按成桩方法分类

(1)非挤土桩：分为干作业法钻(挖)孔灌注桩、泥浆护壁法钻孔灌注桩、套管护壁法钻孔灌注桩。

(2)部分挤土桩：分为冲孔灌注桩、挤扩孔灌注桩、预钻孔沉桩、敞口预应力混凝土管桩等。

(3)挤土桩：分为沉桩(锤击、静压、振动沉入的预制桩及闭口预应力混凝土管桩等)。

2. 各类桩基的适用条件

各类桩基须根据地质、水文等条件比较采用。

(1)钻(挖)孔桩适用于各类土层(包括碎石类土层和岩石层)，但应注意：

①钻孔桩用于淤泥及可能发生流沙的土层时，宜先做试桩。

②挖孔桩宜用于无地下水或地下水量不多的地层。

(2)沉桩可用于黏性土、砂土以及碎石类土等。

3. 桩基础的承台底面高程

各类桩基础的承台底面高程应符合下列要求：

(1)冻胀土地区，承台底面在土中时，其埋置深度应符合《规范》(JTG D63—2007)的有关规定。

(2)有流冰的河流，其高程应在最低冰层底面以下不小于0.25m。

(3)当有流筏、其他漂流物或船舶撞击时，承台底面高程应保证桩不受直接撞击损伤。

(4)承台底面高程宜根据桥位情况、施工难易程度、美观与整体协调综合确定。

4. 其他规定

(1)位于冻胀土地区的桩，桩间若需设横系梁，其位置应避开冻胀层，免受冻胀力的作用。

(2)在同一桩基中，除特殊设计外，不宜同时采用摩擦桩和端承桩；不宜采用直径不同、材料不同和桩端深度相差过大的桩。

(3)对于具有下列情况的大桥、特大桥，应通过静载荷试验确定单桩承载力。

①桩的入土深度远超过常用桩。

②地质情况复杂，难以确定桩的承载力。

③有其他特殊要求的桥梁用桩。

5. 桩与桩基础的构造

钻孔桩设计直径不宜小于0.8m；挖孔桩直径或最小边宽度不宜小于1.2m；钢筋混凝土管桩直径可采用0.4～0.8m，管壁最小厚度不宜小于80mm。

1）混凝土桩

（1）桩身混凝土强度等级：钻（挖）孔桩、沉桩不应低于C25；管桩填芯混凝土不应低于C15。

（2）钢筋混凝土沉桩的桩身配筋应按运输、沉入和使用各阶段内力要求通长配筋。桩的两端和接桩区箍筋或螺旋筋的间距须加密，其值可取40～50mm。

（3）钻（挖）孔桩应按桩身内力大小分段配筋；当内力计算表明不需配筋时，应在桩顶3.0～5.0m内设构造钢筋。

①桩内主筋直径不应小于16mm，每桩的主筋数量不应少于8根，其净距不应小于80mm且不应大于350mm。

②如配筋较多，可采用束筋，组成束筋的单根钢筋直径不应大于36mm，组成束筋的单根钢筋根数，当其直径不大于28mm时不应多于3根，当其直径大于28mm时应为2根。束筋成束后等代直径为$d_e=\sqrt{n}d$，式中n为单束钢筋根数，d为单根钢筋直径。

③钢筋保护层净距不应小于60mm。

④闭合式箍筋或螺旋筋直径不应小于主筋直径的1/4，且不应小于8mm，其中距不应大于主筋直径的15倍且不应大于300mm。

⑤钢筋笼骨架上每隔2.0～2.5m设置直径16～32mm的加劲箍一道。

⑥钢筋笼四周应设置凸出的定位钢筋、定位混凝土块或采用其他定位措施。

⑦钢筋笼底部的主筋宜稍向内弯曲，作为导向。

（4）钢筋混凝土预制桩的分节长度应根据施工条件决定，并应尽量减少接头数量。接头强度不应低于桩身强度，接头法兰盘不应突出于桩身之外，在沉桩时和使用过程中接头不应松动和开裂。

（5）桩端嵌入非饱和状态强风化岩的预应力混凝土敞口管桩，应采取有效的预防渗水软化桩端持力层的措施。

（6）河床岩层有冲刷时，钻孔桩有效深度应考虑岩层最低冲刷高程。

2）钢桩

（1）钢桩可采用管型或H型，其材质应符合现行国家有关规范、标准规定。

（2）钢桩焊接接头应采用等强度连接。使用的焊条、焊丝和焊剂应符合现行国家有关规范、标准规定。

（3）钢桩的端部形式，应根据桩所穿越的土层、桩端持力层性质、桩的尺寸、挤土效应等因素综合考虑确定。

①钢管桩可采用下列桩端形式：a. 敞口带加强箍（带内隔板、不带内隔板）、敞口不带加强箍（带内隔板、不带内隔板）；b. 闭口平底、锥底。

②H型钢可采用下列桩端形式：a. 带端板；b. 不带端板、锥底、平底（带扩大翼、不带扩大翼）。

（4）钢桩的防腐处理应当符合下列规定：

①海水环境中，钢桩的单面年平均腐蚀速度可按表1-3-1取值，有条件时也可根据现场实测确定；其他条件下，在平均低水位以上，年平均腐蚀速度可取0.06mm/年，平均低水位以下，

年平均腐蚀速度可取0.03mm/年。

海水环境中钢桩单面年平均腐蚀速度 表1-3-1

部　　位	平均腐蚀速度(mm/年)	部　　位	平均腐蚀速度(mm/年)
大气区	0.05~0.10	水位变动区,水下区	0.12~0.20
浪溅区	0.20~0.50	泥下区	0.05

注:1. 表中年平均腐蚀速度适用于pH=4~10的环境条件,对有严重污染的环境,应适当增大。

2. 对水质含盐量层次分明的河口或年平均气温高、波浪大和流速大的环境,其对应部位的年平均腐蚀速度应适当增大。

②钢桩防腐处理可采用外表面涂防腐层、增加腐蚀余量和阴极保护等方法;当钢管桩内壁同外界隔绝时,可不考虑内壁防腐。

3)桩的布置和中距

(1)群桩的布置可采用对称形、梅花形或环形。

(2)桩的中距应符合以下要求:

①摩擦桩:锤击、静压沉桩,在桩端处的中距不应小于桩径(或边长)的3倍,对于软土地基宜适当增大;振动沉入砂土内的桩,在桩端处的中距不应小于桩径(或边长)的4倍。桩在承台底面处的中距不应小于桩径(或边长)的1.5倍。钻孔桩中距不应小于桩径的2.5倍。挖孔桩中距可参照钻孔桩采用。

②端承桩:支承或嵌固在基岩中的钻(挖)孔桩中距,不应小于桩径的2.0倍。

③扩底灌注桩:钻(挖)孔扩底灌注桩中距不应小于1.5倍扩底直径或扩底直径加1.0m,取较大者。

(3)边桩(或角桩)外侧与承台边缘的距离,对于直径(或边长)小于等于1.0m的桩,不应小于0.5倍桩径(或边长)并不应小于250mm;对于直径大于1.0m的桩,不应小于0.3倍桩径(或边长)并不应小于500mm。

4)承台和横系梁的构造

(1)承台的厚度宜为桩直径的1.0倍及以上,且不宜小于1.5m,混凝土强度等级不应低于C25。

(2)当桩顶直接埋入承台连接时,应在每根桩的顶面上设1~2层钢筋网。当桩顶主筋伸入承台时,承台在桩身混凝土顶端平面内须设一层钢筋网,在每米内(按每一方向)设钢筋网1200~1500mm^2,钢筋直径采用12~16mm,钢筋网应通过桩顶且不应截断。承台的顶面和侧面应设置表层钢筋网,每个面在两个方向的截面面积均不宜小于400mm^2/m,钢筋间距不应大于400mm。

(3)当用横系梁加强桩之间的整体性时,横系梁的高度可取为0.8~1.0倍桩的直径,宽度可取为0.6~1.0倍桩的直径。混凝土的强度等级不应低于C25。纵向钢筋不应少于横系梁截面面积的0.15%;箍筋直径不应小于8mm,其间距不应大于400mm。横系梁不受力时,构造钢筋按不小于其横截面面积的0.15%设置。当桩顶不破头直接埋入承台内时,应在桩顶面上设1~2层局部钢筋网,钢筋直径不小于12mm,钢筋网每边长度不小于桩径的2.5倍,网孔为100mm×100mm~150mm×150mm。

5)桩与承台、横系梁的连接

(1)桩顶直接埋入承台连接:当桩径(或边长)小于0.6m时,埋入长度不应小于2倍桩径(或边长);当桩径(或边长)为0.6~1.2m时,埋入长度不应小于1.2m;当桩径(或边长)大于

1.2m 时,埋入长度不应小于桩径(或边长)。

(2)当桩顶主筋伸入承台连接:桩身嵌入承台内的深度可采用 100mm;伸入承台内的桩顶主筋可做成喇叭形(大约与竖直线倾斜 15°,图 1-3-2)。伸入承台内的主筋长度,光圆钢筋不应小于 30 倍钢筋直径(设弯钩),带肋钢筋不应小于 35 倍钢筋直径(不设弯钩)。

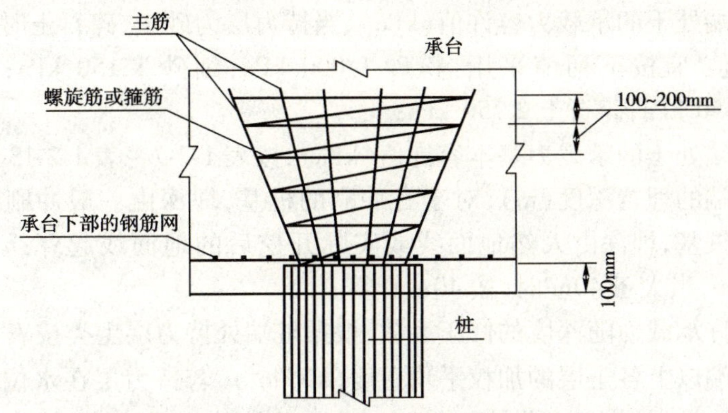

图 1-3-2　桩顶与承台的连接

(3)对于大直径灌注桩,当采用一柱一桩时,可设置横系梁或将桩与柱直接连接。

(4)管桩与承台连接时,伸入承台内的纵向钢筋如采用插筋,插筋数量不应少于 4 根,直径不应小于 16mm,锚入承台长度不宜少于 35 倍钢筋直径,插入管桩顶填芯混凝土长度不宜小于 1.0m。

(5)横系梁的主钢筋应伸入桩内,其长度不小于 35 倍主筋直径。

1.3.2　审核桩基础图纸

一、单桩承载力

桩的计算,可按下列规定进行:承台底面以上的荷载假定全部由桩承受;桥台土压力可自填土前的原地面起算。

在软土和软弱地基土层较厚、持力层较好的地基中,桩基计算应考虑路基填土荷载或地下水位下降等因素所引起的负摩阻力的影响。

1. 摩擦桩单桩轴向容许承载力

摩擦桩单桩轴向受压承载力容许值$[R_a]$,可按下列公式计算:

1)钻(挖)孔灌注桩的承载力容许值

$$[R_a] = \frac{1}{2}u\sum_{i=1}^{n} q_{ik} l_i + A_p q_r \tag{1-3-1}$$

$$q_r = m_0 \lambda \{[f_{a0}] + k_2 \gamma_2 (h-3)\} \tag{1-3-2}$$

式中:$[R_a]$——单桩轴向受压承载力容许值(kN),桩身自重与置换土重(当自重计入浮力时,置换土重也计入浮力)的差值作为荷载考虑;

u——桩身周长(m);

A_p——桩端截面面积(m^2),对于扩底桩,取扩底截面面积;

n——土的层数；

l_i——承台底面或局部冲刷线以下各土层的厚度(m)，扩孔部分不计；

q_{ik}——与 l_i 对应的各土层与桩侧的摩阻力标准值(kPa)，宜采用单桩摩阻力试验确定，当无试验条件时按表 1-3-2 选用；

q_r——桩端处土的承载力容许值(kPa)，当持力层为砂土、碎石土时，若计算值超过下列值，宜按下列值采用：粉砂 1 000 kPa；细砂 1 150 kPa；中砂、粗砂、砾砂 1 450 kPa；碎石土 2 750 kPa；

$[f_{a0}]$——桩端处土的承载力基本容许值(kPa)，按表 1-2-7 ~ 表 1-2-13 确定；

h——桩端的埋置深度(m)，对于有冲刷的桩基，埋深由一般冲刷线起算；对无冲刷的桩基，埋深由天然地面线或实际开挖后的地面线起算；h 的计算值不大于 40m，当大于 40m 时，按 40m 计算；

k_2——容许承载力随深度的修正系数，根据桩端处持力层土类按表 1-2-14 选用；

γ_2——桩端以上各土层的加权平均重度(kN/m^3)，若持力层在水位以下且不透水时，不论桩端以上土层的透水性如何，一律取饱和重度；当持力层透水时，则水中部分土层取浮重度；

λ——修正系数，按表 1-3-3 选用；

m_0——清底系数，按表 1-3-4 选用。

钻孔桩桩侧土的摩阻力标准值 q_{ik} 表 1-3-2

土类		q_{ik}(kPa)
中密炉渣、粉煤灰		40 ~ 60
黏性土	流塑 $I_L>1$	20 ~ 30
	软塑 $0.75<I_L\leqslant 1$	30 ~ 50
	可塑、硬塑 $0<I_L\leqslant 0.75$	50 ~ 80
	坚硬 $I_L\leqslant 0$	80 ~ 120
粉土	中密	30 ~ 55
	密实	55 ~ 80
粉砂、细砂	中密	35 ~ 55
	密实	55 ~ 70
中砂	中密	45 ~ 60
	密实	60 ~ 80
粗砂、砾砂	中密	60 ~ 90
	密实	90 ~ 140
圆砾、角砾	中密	120 ~ 150
	密实	150 ~ 180
碎石、卵石	中密	160 ~ 220
	密实	220 ~ 400
漂石、块石		400 ~ 600

注：挖孔桩的摩阻力标准值可参照本表采用。

λ 值 表 1-3-3

l/d 桩端土情况	4 ~ 20	20 ~ 25	> 25
透水性土	0.70	0.70 ~ 0.85	0.85
不透水性土	0.65	0.65 ~ 0.72	0.72

清底系数 m_0 值 表 1-3-4

t/d	0.3 ~ 0.1
m_0	0.7 ~ 1.0

注：1. t、d——分别为桩端沉渣厚度和桩的直径。

2. $d \leqslant 1.5$m 时，$t \leqslant 300$mm；$d > 1.5$m 时，$t \leqslant 500$mm，且 $0.1 < t/d < 0.3$。

2）沉桩的承载力容许值

$$[R_a] = \frac{1}{2}\left(u\sum_{i=1}^{n}\alpha_i l_i q_{ik} + \alpha_r A_p q_{rk}\right) \tag{1-3-3}$$

式中：$[R_a]$——单桩轴向受压承载力容许值（kN），桩身自重与置换土重（当自重计入浮力时，置换土重也计入浮力）的差值作为荷载考虑；

u——桩身周长（m）；

n——土的层数；

l_i——承台底面或局部冲刷线以下各土层的厚度（m）；

q_{ik}——与 l_i 对应的各土层与桩侧摩阻力标准值（kPa），宜采用单桩摩阻力试验确定或通过静力触探试验测定，当无试验条件时按表 1-3-5 选用；

q_{rk}——桩端处土的承载力标准值（kPa），宜采用单桩试验确定或通过静力触探试验测定，当无试验条件时按表 1-3-6 选用；

α_i、α_r——分别为振动沉桩对各土层桩侧摩阻力和桩端承载力的影响系数，按表 1-3-7 采用；对于锤击、静压沉桩其值均取为 1.0；

其余符号意义同前。

沉桩桩侧土的摩阻力标准值 q_{ik} 表 1-3-5

土　类	状　态	摩阻力标准值 q_{ik}（kPa）
黏性土	$1.5 \geqslant I_L \geqslant 1$	15 ~ 30
	$1 > I_L \geqslant 0.75$	30 ~ 45
	$0.75 > I_L \geqslant 0.5$	45 ~ 60
	$0.5 > I_L \geqslant 0.25$	60 75
	$0.25 > I_L \geqslant 0$	75 ~ 85
	$0 > I_L$	85 ~ 95
粉土	稍密	20 ~ 35
	中密	35 ~ 65
	密实	65 ~ 80
粉、细砂	稍密	20 ~ 35
	中密	35 ~ 65
	密实	65 ~ 80

续上表

土类	状态	摩阻力标准值 q_{ik}(kPa)
中砂	中密	55~75
	密实	75~90
粗砂	中密	70~90
	密实	90~105

注:表中土的液性指数 I_L,系按 76g 平衡锥测定的数值。

沉桩桩端处土的承载力标准值 q_{rk} 表 1-3-6

土类	状态	桩端承载力标准值 q_{rk}(kPa)		
黏性土	$I_L \geqslant 1$	1 000		
	$1 > I_L \geqslant 0.65$	1 600		
	$0.65 > I_L \geqslant 0.35$	2 200		
	$0.35 > I_L$	3 000		
		桩尖进入持力层的相对深度		
		$1 > \frac{h_c}{d}$	$4 > \frac{h_c}{d} \geqslant 1$	$\frac{h_c}{d} \geqslant 4$
粉土	中密	1 700	2 000	2 300
	密实	2 500	3 000	3 500
粉砂	中密	2 500	3 000	3 500
	密实	5 000	6 000	7 000
细砂	中密	3 000	3 500	4 000
	密实	5 500	6 500	7 500
中、粗砂	中密	3 500	4 000	4 500
	密实	6 000	7 000	8 000
圆砾石	中密	4 000	4 500	5 000
	密实	7 000	8 000	9 000

注:表中 h_c 为桩端进入持力层的深度(不包括桩靴);d 为桩的直径或边长。

系数 α_i、α_r 值 表 1-3-7

系数 α_i、α_r / 土类 / 桩径或边长 d(m)	黏土	粉质黏土	粉土	砂土
$0.8 \geqslant d$	0.6	0.7	0.9	1.1
$2.0 \geqslant d > 0.8$	0.6	0.7	0.9	1.0
$d > 2.0$	0.5	0.6	0.7	0.9

当采用静力触探试验测定时,沉桩承载力容许值计算中的 q_{ik} 和 q_{rk} 取为:

$$q_{ik} = \beta_i \bar{q}_i$$
$$q_{rk} = \beta_r \bar{q}_r \qquad (1\text{-}3\text{-}4)$$

式中：$\bar{q}_i$——桩侧第 i 层土的静力触探测得的局部侧摩阻力的平均值(kPa)，当 $\bar{q}_i$ 小于 5kPa 时，采用 5kPa；

$\bar{q}_r$——桩端(不包括桩靴)高程以上和以下各 $4d$(d 为桩的直径或边长)范围内静力触探端阻的平均值(kPa)，若桩端高程以上 $4d$ 范围内端阻的平均值大于桩端高程以下 $4d$ 的端阻平均值时，则 q_{rk} 取桩端以下 $4d$ 范围内端阻的平均值；

β_i、β_r——分别为侧摩阻和端阻的综合修正系数，其值按下面判别标准选用相应的计算公式。

当土层的 $\bar{q}_r$ 大于 2 000kPa，且 $\bar{q}_i/\bar{q}_r$ 小于或等于 0.014 时：

$$\beta_i = 5.067(\bar{q}_i)^{-0.45}$$

$$\beta_r = 3.975(\bar{q}_r)^{-0.25}$$

如不满足上述 $\bar{q}_r$ 和 $\bar{q}_i/\bar{q}_r$ 条件时：

$$\beta_i = 10.045(\bar{q}_i)^{-0.55}$$

$$\beta_r = 12.064(\bar{q}_r)^{-0.35}$$

上列综合修正系数计算公式不适合城市杂填土条件下的短桩；综合修正系数用于黄土地区时，应做试桩校核。

2. 嵌岩桩、沉桩的单桩轴向容许承载力

支承在基岩上或嵌入基岩内的钻(挖)孔桩、沉桩的单桩轴向受压承载力容许值 $[R_a]$，可按下式计算：

$$[R_a] = c_1 A_p f_{rk} + u\sum_{i=1}^{m} c_{2i} h_i f_{rki} + \frac{1}{2}\zeta_s u \sum_{i=1}^{n} l_i q_{ik} \tag{1-3-5}$$

式中：$[R_a]$——单桩轴向受压承载力容许值(kN)，桩身自重与置换土重(当自重计入浮力时，置换土重也计入浮力)的差值作为荷载考虑；

c_1——根据清孔情况、岩石破碎程度等因素而定的端阻发挥系数，按表 1-3-8 采用；

A_p——桩端截面面积(m^2)，对于扩底桩，取扩底截面面积；

f_{rk}——桩端岩石饱和单轴抗压强度标准值(kPa)，黏土质岩取天然湿度单轴抗压强度标准值，当 f_{rk} 小于 2MPa 时按摩擦桩计算；f_{rki} 为第 i 层的 f_{rk} 值；

u——各土层或各岩层部分的桩身周长(m)；

c_{2i}——根据清孔情况、岩石破碎程度等因素而定的第 i 层岩层的侧阻发挥系数，按表 1-3-8 采用；

h_i——桩嵌入各岩层部分的厚度(m)，不包括强风化层和全风化层；

m——岩层的层数，不包括强风化层和全风化层；

ζ_s——覆盖层土的侧阻力发挥系数，根据桩端 f_{rk} 确定：当 $2\text{MPa} \leq f_{rk} < 15\text{MPa}$ 时，$\zeta_s = 0.8$；当 $15\text{MPa} \leq f_{rk} < 30\text{MPa}$ 时，$\zeta_s = 0.5$；当 $f_{rk} > 30\text{MPa}$ 时，$\zeta_s = 0.2$；

l_i——各土层的厚度(m)；

q_{ik}——桩侧第 i 层土的侧阻力标准值(kPa)，宜采用单桩摩阻力试验值，当无试验条件时，对于钻(挖)孔桩按表 1-3-2 选用，对于沉桩按表 1-3-5 选用；

n——土层的层数，强风化和全风化岩层按土层考虑。

系数 c_1、c_2 值　　表 1-3-8

岩石层情况	c_1	c_2
完整、较完整	0.6	0.05
较破碎	0.5	0.04
破碎、极破碎	0.4	0.03

注：1. 当入岩深度小于或等于 0.5m 时，c_1 乘以 0.75 的折减系数，$c_2=0$。

2. 对于钻孔桩，系数 c_1、c_2 值应降低 20% 采用；桩端沉渣厚度 t 应满足以下要求：$d\leqslant1.5$m 时，$t\leqslant50$mm；$d>1.5$m 时，$t\leqslant100$mm。

3. 对于中风化层作为持力层的情况，c_1、c_2 应分别乘以 0.75 的折减系数。

3. 嵌入基岩中的深度

当河床岩层有冲刷时，桩基须嵌入基岩，嵌岩桩按桩底嵌固设计。其应嵌入基岩中的深度，可按下列公式计算：

1）圆形桩

$$h=\sqrt{\frac{M_{\mathrm{H}}}{0.0655\beta f_{\mathrm{rk}}d}}\tag{1-3-6}$$

2）矩形桩

$$h=\sqrt{\frac{M_{\mathrm{H}}}{0.0833\beta f_{\mathrm{rk}}b}}\tag{1-3-7}$$

式中：h——桩嵌入基岩中（不计强风化层和全风化层）的有效深度（m），不应小于 0.5m；

M_{H}——在基岩顶面处的弯矩（kN·m）；

f_{rk}——岩石饱和单轴抗压强度标准值（kPa），黏土质岩取天然湿度单轴抗压强度标准值；

β——系数，$\beta=0.5\sim1.0$，根据岩层侧面构造而定，节理发育的取小值，节理不发育的取大值；

d——桩身直径（m）；

b——垂直于弯矩作用平面桩的边长（m）。

4. 压浆灌注桩单桩轴向容许承载力

桩端后压浆灌注桩单桩轴向受压承载力容许值，应通过静载试验确定。在符合《规范》（JTG D63—2007）附录 N 后压浆技术规定的条件下，后压浆单桩轴向受压承载力容许值可按下式计算：

$$[R_{\mathrm{a}}]=\frac{1}{2}u\sum_{i=1}^{n}\beta_{\mathrm{si}}q_{\mathrm{ik}}l_{\mathrm{i}}+\beta_{\mathrm{p}}A_{\mathrm{p}}q_{\mathrm{r}}\tag{1-3-8}$$

式中：$[R_{\mathrm{a}}]$——桩端后压浆灌注桩的单桩轴向受压承载力容许值（kN），桩身自重与置换土重（当自重计入浮力时，置换土重也计入浮力）的差值作为荷载考虑；

β_{si}——第 i 层土的侧阻力增强系数，可按表 1-3-9 取值，当在饱和土层中压浆时，仅对桩端以上 8.0～12.0m 范围的桩侧阻力进行增强修正；当在非饱和土层中压浆时，仅对桩端以上 4.0～5.0m 的桩侧阻力进行增强修正；对于非增强影响范围，$\beta_{\mathrm{si}}=1$；

β_{p}——端阻力增强系数，可按表 1-3-9 取值；

其他符号意义同式（1-3-1）。

桩端后压浆侧阻力增强系数 β_s、端阻力增强系数 β_p　　表 1-3-9

土层名称	黏性土、粉土	粉砂	细砂	中砂	粗砂	砾砂	碎石土
β_s	1.3～1.4	1.5～1.6	1.5～1.7	1.6～1.8	1.5～1.8	1.6～2.0	1.5～1.6
β_p	1.5～1.8	1.8～2.0	1.8～2.1	2.0～2.3	2.2～2.4	2.2～2.4	2.2～2.5

按以上计算的单桩轴向受压承载力容许值 $[R_a]$，应根据桩的受荷阶段及受荷情况乘以表 1-3-10 规定的抗力系数。

单桩轴向受压承载力的抗力系数　　表 1-3-10

受荷阶段	作用效应组合		抗力系数
使用阶段	短期效应组合	永久作用与可变作用组合	1.25
		结构自重、预加力、土重、土侧压力和汽车、人群组合	1.00
	作用效应偶然组合(不含地震作用)		1.25
施工阶段	施工荷载效应组合		1.25

5. 摩擦桩单桩轴向受拉容许承载力

摩擦桩应根据桩承受作用的情况决定是否允许出现拉力。当桩的轴向力由结构自重、预加力、土重、土侧压力、汽车荷载和人群荷载短期效应组合所引起，桩不允许受拉；当桩的轴向力由上述荷载并与其他作用组成的短期效应组合或荷载效应的偶然组合(地震作用除外)所引起，则桩允许受拉。摩擦桩单桩轴向受拉承载力容许值按下列公式计算：

$$[R_t] = 0.3u\sum_{i=1}^{n}\alpha_i l_i q_{ik} \tag{1-3-9}$$

式中：$[R_t]$——单桩轴向受拉承载力容许值(kN)；

u——桩身周长(m)，对于等直径桩，$u=\pi d$；对于扩底桩，自桩端起算的长度 $\sum l_i \leqslant 5d$ 时，取 $u=\pi D$；其余长度均取 $u=\pi D$(其中 D 为桩的扩底直径，d 为桩身直径)；

α_i——振动沉桩对各土层桩侧摩阻力的影响系数，按表 1-3-7 采用；对于锤击、静压沉桩和钻孔桩，$\alpha_i=1$；

其余符号意义同前。

计算作用于承台底面由外荷载引起的轴向力时，应扣除桩身自重值。

计算桩内力时，可采用“m”法[见《规范》(JTG D63—2007)附录 P 和附录 Q]或其他可靠的方法。

桩应验算桩身强度、稳定性及裂缝宽度。验算方法可按照现行《公路钢筋混凝土及预应力混凝土桥涵设计规范》(JTG D62—2004)有关章节进行。

9 根桩及 9 根桩以上的多排摩擦桩群桩在桩端平面内桩距小于 6 倍桩径时，将群桩作为整体基础验算桩端平面处土的承载力，验算方法按《规范》(JTG D63—2007)附录 R 进行。当桩端平面以下有软土层或软弱地基时，还应按《规范》(JTG D63—2007)第 4.2.6 条验算该土层的承载力。

当桩基为端承桩或桩端平面内桩的中距大于桩径(或边长)的 6 倍时，桩基的总沉降量可取单桩的沉降量。在其他情况下，按《规范》(JTG D63—2007)第 4.3.4 条的规定按墩台基础计算群桩的沉降量，并应计入桩身压缩量。

【例题 1】 某桥台基础采用钻孔灌注桩基础，设计桩径 1.20m，采用冲抓锥成孔，桩穿过土层情况如图 1-3-3 所示，桩长 $L=20$m，试按土的阻力求单桩轴向承载力。

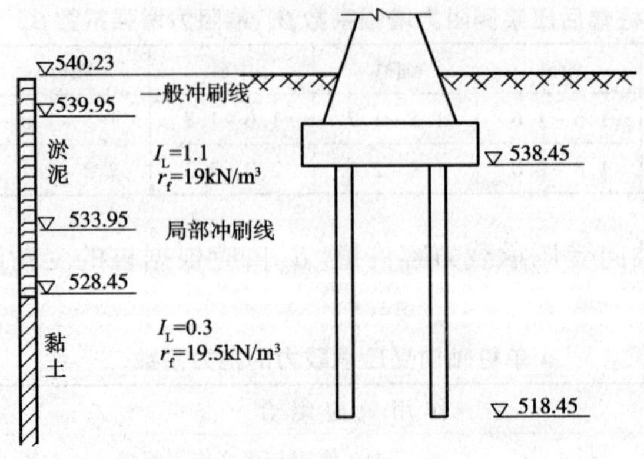

图 1-3-3

解：

$$[R_a]=\frac{1}{2}u\sum_{i=1}^{n}q_{ik}l_i+A_pq_r$$

$$q_r=m_0\lambda[[f_{a0}]+k_2\gamma_2(h-3)]$$

冲抓锥成孔直径：

$$1.2+0.1=1.3\text{m},故$$

$$u=\pi\times1.3=4.71\text{m}$$

桩的截面面积（直径1.2m）：

$$A_P=\frac{\pi\times1.2^2}{4}=1.13\text{m}^2$$

桩每延米自重（直径1.2m）：

$$q=\frac{\pi\times1.2^2}{4}\times25=28.26\text{kN}$$

桩穿过各土层厚：

$$l_1=10\text{m},l_2=10\text{m}$$

桩侧土的极限摩阻力查表1-3-2，淤泥 $I_L=1.1>1$ 处于流塑状态，取 $q_{1k}=28\text{kPa}$；黏土 $I_L=0.3$ 属于硬塑状态，取 $q_{2k}=73\text{kPa}$。$[f_{a0}]$按 $I_L=0.3$，$e=0.75$ 的黏土可查表得$[f_{a0}]=305\text{kPa}$，$k_2=2.5$，桩尖埋置深度应从一般冲刷线算起，先假定桩尖埋深为20m。清底系数按一般要求，限制 $t/d=0.3$，查表1-3-4经内插得 $m_0=0.7$，λ 值由 $h/d=16.7$，桩底土不透水，查表1-3-3得 $\lambda=0.65$，于是：

$$[R_a]=\frac{1}{2}u\sum q_{ik}l_i+\lambda m_0A\{[f_{a0}]+k_2\gamma_2(h-3)\}$$

$$=\frac{1}{2}\times4.71\times(10\times28+10\times73)+0.65\times0.7\times1.13\times$$

$$\left[305+2.5\times\frac{10\times19+10\times19.5}{10+10}\times(21.5-3.0)\right]=2\,993.12\text{kN}$$

【例题2】 上题中，若桩长未知，已知单根桩桩顶所受的最大竖向力为 $P=2\,619.36\text{kN}$，其他条件相同，试按土的阻力求桩长。

解：反算桩长，该桩埋入最大冲刷线以下深度为 h_1，一般冲刷线以下深度为 h，则：

$$N=[R_a]=\frac{1}{2}u\sum q_{ik}l_i+\lambda m_0A\{[f_{a0}]+k_2\gamma_2(h-3)\}$$

式中，N 为一根桩受到的全部竖直荷载（kN），其余符号同前，最大冲刷线以下（入土深度）

桩重的一半作外荷计算。

冲抓锥成孔直径1.3m，故：

$$u=\pi\times1.3=4.71\text{m}$$

桩的截面面积（直径1.2m）：

$$A=\frac{\pi\times1.2^2}{4}=1.13\text{m}^2$$

桩每延米自重（直径1.2m）：

$$q=\frac{\pi\times1.2^2}{4}\times25=28.26\text{kN}$$

桩侧土的极限摩阻力查表1-3-2，淤泥 $I_L=1.1>1$ 处于流塑状态，取 $q_{1k}=28\text{kPa}$；黏土 $I_L=0.3$ 属于硬塑状态，取 $q_{2k}=73\text{kPa}$。$[f_{a0}]$ 按 $I_L=0.3$，$e=0.75$ 的黏土可查表得 $[f_{a0}]=305\text{kPa}$，$k_2=2.5$，桩尖埋置深度应从一般冲刷线算起，先假定桩尖埋深为18m。清底系数按一般要求，限制 $t/d=0.3$，查表1-3-4经内插得 $m_0=0.7$，λ 值由 $h/d=17.5$，桩底土不透水，查表1-3-3得 $\lambda=0.65$，于是：

$$P+l_0q+\frac{1}{2}h_1q=\frac{1}{2}U\sum l_i\tau_i+\lambda m_0A\{[\sigma_0]+k_2\gamma_2(h-3)\}$$

式中，l_0 为局部冲刷线以上桩的长度(m)。

故上式即为：

$$2\,619.36+28.26\times4.5+\frac{1}{2}\times28.26h_1$$

$$=\frac{1}{2}\times4.71\times\{10\times28+[h_1-5.5]\times73\}+0.65\times0.7\times1.13\times$$

$$\left[305+2.5\times\frac{10\times19+(h_1-5.5)\times19.5}{10+h_1-5.5}(3.0+h_1)\right]$$

解得 $h_1=13.07\text{m}$，取 $h_1=13.5\text{m}$，故桩长 $L=18\text{m}$，与假设相近，否则应重新进行桩长计算。

二、桩的负摩阻力

桩受轴向压力后，相对于桩侧土作向下位移，土对桩就产生向上作用的摩阻力，称正摩阻力[图1-3-4a)]。但是，当桩穿过软弱可压缩土层时，桩身周围土由于自重固结、自重湿陷、地面附加荷载等原因而产生大于桩身的沉降时，土对桩侧表面所产生的向下摩阻力，称负摩阻力[图1-3-4b)]。

由于在桩身表面发生负摩阻力，使桩侧土的一部分重量传递给桩，因此负摩阻力不但不起承载力作用，反而变成施加在桩上的外荷载。这是在软弱黏土或湿陷性黄土等地基中确定单桩轴向容许承载力和设计桩基础时应该注意的。

要确定桩身负摩阻力的大小，就要先确定产生负摩阻力的深度和负摩阻力强度的大小。

桩身负摩阻力并不一定发生于整个软弱压缩土层中。产生负摩阻力的深度就是桩侧土层

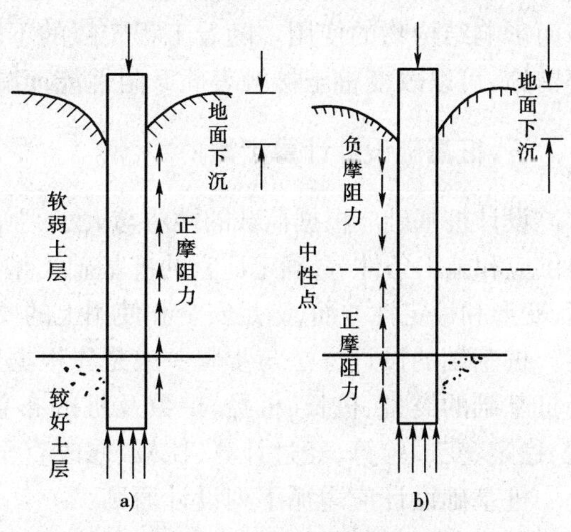

图1-3-4　桩的正负摩阻力

对桩产生相对下沉的范围,它与桩侧土的压缩、固结、桩身压缩及桩底下沉等直接有关。桩侧土的压缩与地表作用荷载及土的压缩性质有关,并随深度逐渐减小;而桩在外荷载作用下,桩底的下沉量为一定值,桩身压缩变形却随深度相应减小,因此当到达一定深度后,桩侧土下沉量有可能与桩身的位移量相等,土对桩无相对向下位移,即不产生负摩阻力;在此深度以下,桩的位移大于桩侧土的下沉,桩身上仍为向上作用的正摩阻力。正、负摩阻力变换处的位置,称为中性点(图 1-3-5),显然中性点位置的确定与作用荷载和桩周土的性质有关。例如,当桩侧土压缩变形大、桩底土坚硬、桩位移小时,中性点位置就会较低,乃至可位于压缩层底面;若桩底土较差、桩的位移较大,中性点位置就会上移。因此,中性点的位置即产生负摩阻力的深度是随着条件的不同而变动的。

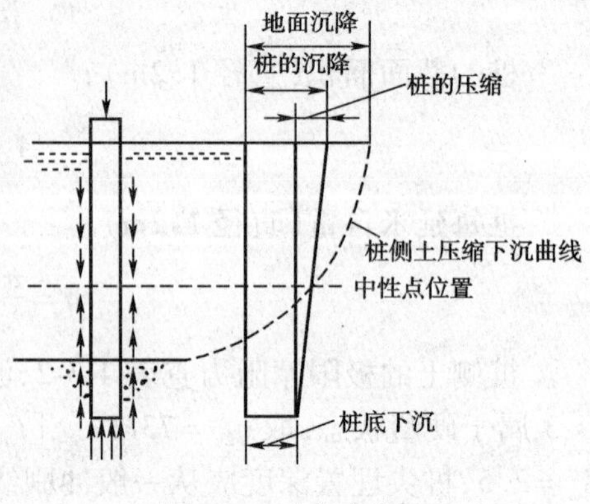

图 1-3-5　中性点位置

桩基设计必须满足地基土的抗力和桩身强度两方面的要求,因此设计中对负摩擦力的考虑主要是看其对地基土抗力和桩身强度的影响。其主要影响如下:

(1)作用于桩侧表面的总负摩擦力有可能使桩的负荷过大,从而使桩基的沉降过大或桩身结构受到损坏。

(2)正如前面已指出过的,由于桩承担了一部分土体重量,即负摩擦力减少了桩端高程处的有效覆盖压力,这可能导致桩端阻力降低。

(3)当建筑物的部分基础或同一基础中部分桩发生负摩擦力,将出现桩群的不均匀沉降,致使上部结构损坏。

(4)负摩擦力对桩的作用可达到中性点的高程处。在挪威,认为如果把中性点以下桩的弹性压缩都考虑在内的话,可假设中性点是位于周围土沉降为 5mm 的高程处;对打到基岩的桩,一般认为应假设中性点位于桩端处。

(5)桩群四角的桩分担到的负摩擦力比桩群内部的桩要大。

(6)在正常固结的软黏土中,如果桩长是 20 ~ 25m,其负摩擦力常常与桩的容许荷载值相等,在此情况下,应估计到端承桩会转变为摩擦桩。

工程实践证实,负摩阻力产生的后果主要反映在桩基下沉量的增加或发生基础不均匀沉降而影响结构物的使用。随着工程实践的不断发展,常常采取对桩身涂以处理后的沥青、油漆等措施,可以改变桩土接触表面摩阻性能而减少负摩阻力值。

三、桩基础设计计算步骤

设计桩基础应根据荷载的性质与大小、上部结构的形式与使用要求、地质和水文资料以及材料供应和施工条件等,确定适宜的桩基础类型和各组成部分的尺寸,保证承台、基桩和地基在强度、变形和稳定性方面,满足安全和使用上的要求,并应同时考虑技术和经济上的可能性与合理性。桩基础的设计方法与步骤一般是先根据所收集的必要设计资料拟定出设计方案(包括选择桩基础的类型、桩长、桩径、桩数及桩的布置、承台位置与尺寸等),然后进行基桩和承台强度、稳定、变形验算,经过计算、比较、修改直至符合各项要求,最后确定较佳的设计方案。

桩基础设计应遵循下列设计原则:

(1)设计前进行必要的基本情况调查。

(2)认真选定适用、简便可行而又可靠的设计方法，认真测定和选用有代表性的而且可靠的原始参数。

(3)确定桩的设计承载力时应考虑不同结构物的容许沉降量。

(4)目前，混凝土结构设计规范已采用以概率理论为基础的极限状态设计法，在桩基设计工作中，采用可靠性分析原理，按极限状态设计自然也就成为发展的总趋势。因此，在采用传统的"定值设计法"进行桩基设计时，理应在设计概念和方法上逐渐向概率极限状态设计过渡。

(5)设计桩基时应遵循和执行有关技术规范的规定，当然，规范不是拐杖，在某些特殊情况下应该灵活对待和处理。

1. 桩基础类型的选择

选择桩基础类型时应根据设计要求和现场的条件，同时要考虑到各种类型桩和桩基础所具有的不同特点，注意扬长避短，给予综合考虑选定。

1)桩基础类型、承台位置和尺寸的选定

承台底面的高程应根据桩的受力情况，桩的刚度和地形、地质、水流、施工等条件确定。低承台稳定性较好，但在水中施工难度较大，因此可用于季节性河流、冲刷小的河流或岸台上墩台及旱地上其他结构物基础。当承台埋于冻胀土层中时，为了避免由于土的冻胀引起桩基础的损坏，承台底面应位于冻结线以下不少于0.25m。对于常年有流水、冲刷较深，或水位较高，施工排水困难，在受力条件允许时，应尽可能采用高桩承台。承台如在水中，在有流水的河道，承台底面应在最低冰层底面以下0.25m；在有其他漂流物或通航的河道，承台底面也应适当放低，以保证基桩不会直接受到撞击，否则应设置防撞击装置。对于有冲刷的河流，还应考虑冲刷影响。采用木桩时，由于木材在湿度经常变化的环境容易腐朽，承台内木桩顶应位于最低水位以下至少0.3m。当作用于桩基础的水平力和弯矩较大，或桩侧土质较差时，为减少桩身所受的弯矩、剪力，可适当降低承台底面。为节省墩台身圬工数量，则可适当提高承台底面。对于采用高桩承台还是低桩承台，宜从受力情况、变位情况、稳定情况、施工条件等方面比较选定。

2)桩基的选定

柱桩与摩擦桩的选择主要是根据地质和受力情况确定。柱桩桩基承载力大，沉降量小，较为安全可靠，因此当基岩埋深较浅时应考虑采用柱桩桩基。若适宜的岩层埋置较深或受到施工条件的限制不宜采用柱桩时，则可采用摩擦桩。但在同一桩基础中不宜同时采用柱桩和摩擦桩，同时也不宜采用不同材料、不同直径和长度相差过大的桩，以避免柱基产生不均匀沉降或丧失稳定性，同时也可避免在施工中由此而产生的不便和困难。

当采用柱桩时，除桩底支承在基岩上(即柱承桩)外，如覆盖层较薄，或水平荷载较大时，还需将桩底端嵌入基岩中一定深度成为嵌岩桩，以增加桩基的稳定性和承载能力。

为保证嵌固牢靠，嵌入新鲜岩层最小深度不应小于0.5m，若新鲜岩层埋藏较深，微风化层、弱风化层厚度较大，宜计算确定其嵌入深度。

3)单排桩基础和多排桩基础的选定

单排桩桩基础和多排桩桩基础的确定主要是根据受力情况，并与桩长、桩数的确定密切相关。多排桩稳定性好，抗弯刚度较大，能承受较大的水平荷载，水平位移较小，但多排桩的设置将会增大承台的尺寸，增加施工困难，有时还影响航道；单排桩与此相反，能较好地与柱式墩台结构形式配用，可节省圬工，减小作用在桩基的竖向荷载。因此，当桥梁跨径不大、桥高较矮时，或单桩承载力较大、需要桩数不多时常采用单排排架式基础。公路桥梁自采用了具有较大刚度的钻孔灌注桩后，选用盖梁式承台双柱或多柱式单排墩台桩柱基础也较广泛，对较高的桥台、拱桥桥台、制动墩和单向水平推力墩基础则常需用多排桩。在桩基受有较大水平力作用时，无论是单排桩还是多排桩，一般还需选用斜桩或竖直桩配用斜桩的形式增加桩基抗水平力的能力和稳定性。

4)施工方式的选择

设计时将桩基施工方式拟定为打入桩、振动下沉桩、钻(挖)孔灌注桩或采用管桩基础则应根据地质情况、上部结构要求和施工技术设备条件等确定。

5)承台尺寸的拟定

承台尺寸拟定应根据受力情况，按照有关设计规范和施工规范，拟定其平面尺寸和立面尺寸。承台厚度一般为1.0~2.5m，承台底面尺寸的拟定，要求扩展角不超过刚性角。

2. 桩径、桩长的拟定和单桩容许承载力的确定

1)桩径拟定

当桩基础类型选定以后，桩的横截面尺寸可根据各类桩的特点及常用尺寸，并考虑工程地质情况和施工条件选择确定。若用钻孔桩，则以钻头直径作为设计直径，钻头直径常用规格为0.8m、1.0m、1.25m和1.5m等。

2)桩长拟定

可先根据地质条件选择适宜的桩底持力层初步确定桩长，因为桩底持力层对于桩的承载力和沉降有着重要影响；此外还应考虑施工的可能性(如钻进的最大深度、孔径等)。

设计时一般总希望把桩底置于岩层或坚实的土层上以得到较大的承载能力和较小的沉降量，如在施工条件容许的深度内没有坚实土层存在，应尽可能选择压缩性较低、强度较高的土层作为持力层，要避免把柱底坐落在软土层上或离软弱下卧层的距离太近，以免桩基础发生过大沉降。

对于摩擦桩，有时桩底持力层可能有多种选择，此时确定桩长与桩数两者相互牵连，遇此情况，可通过试算比较，选用较合理的桩长。但摩擦桩的桩长不应拟定太短，因为桩长过短则达不到设置桩基把荷载传递到深层或减小基础下沉量的目的，且需增加很多桩，扩大了承台尺寸，这往往是不经济不合理的。摩擦桩的入土深度一般应大于承台宽度的2~3倍以上，且不宜小于4m。此外，为保证发挥摩擦桩桩底上层支承力，桩底端部应插入桩底持力层一定深度(插入深度与持力层土质、厚度及桩径等因素有关)一般不宜小于1m。

3)单桩容许承载力的确定

桩横截面积尺寸和桩长确定后，应根据地质资料确定单桩容许承载力，进而估算桩数和进行桩基验算。单桩容许承载力的确定，对于一般性桥梁和结构物，或在各种工程的初步设计阶段可按经验(规范)公式估算。而对于大型、重要桥梁或复杂地基条件则还应通过试桩或其他方法，并作详细分析比较，较为准确合理地确定。

3. 确定基桩的根数及其在平面上的布置

1)桩的根数估算

一个桩基础所需桩的根数可根据承台底面上的竖向荷载和单桩的容许承载力按下式估算：

$$n = \mu \frac{N}{[R_a]}$$

式中：n——桩的根数；

N——作用在承台底面的竖向荷载(kN)；

$[R_a]$——单桩容许承载力(kN)；

μ——考虑偏心荷载时各桩受力不均匀而适当增加桩数的经验系数，一般可取$\mu=1.1\sim$

1.2;估算的桩数是否合适,尚待验算各桩的受力状况后验证确定。

2)确定桩的平面布置

一般墩(台)基础,多以纵向荷载控制设计,控制方向上桩的布置应尽可能使各桩受力相近,且考虑施工的可能和方便。当荷载偏心较大时,承台底面的应力图呈梯形,若$\sigma_{max}/\sigma_{min}$比值较大,宜用不等距排列,两侧密、中间疏;若$\sigma_{max}/\sigma_{min}$比值不大,宜用等距排列;而非控制方向上一般均采用等距排列。相邻桩之间的距离不宜太大,因为间距大,承台平面尺寸和重量将相应增大;但也不宜过小,因为间距太小,摩擦桩桩尖处的地基应力叠加现象严重,对桩群承载力不利,对打入桩也会增加沉桩时的困难。所以摩擦桩桩轴间距a对于打入桩应大于3倍桩的直径(或边长)d;对钻孔桩不小于成孔直径的2.5倍。对于柱桩,规定打入桩中距$a \leqslant 2.5d$,钻孔桩中距a不小于桩成孔直径的2倍。

另外规定:边桩外侧至承台边缘的距离,对$d<1$m的桩不小于$0.5d$或25cm,对$d>1$m的桩不得小于$0.3d$或50cm。但桩外侧与盖梁边缘的距离可不受以上限制。

完成以上步骤以后,即可进行桩基的验算。

4. 验算桩的受力

验算桩的轴向承载力和截面强度。

1)桩的轴向受力

要求:

$$N_{max} + G \leqslant k[R_a]$$

式中,N_{max}为作用于桩顶上的最大轴向力;G为桩重,当桩埋在透水土层中时,处于水下的桩应考虑浮力,对钻孔桩,当采用表1-3-2中q_{ik}值计算$[R_a]$时,按规定对局部冲刷线以下的桩身应取其自重的1/2计,即G等于局部冲刷线以上的桩重加局部冲刷线以下桩重的一半;$[R_a]$为单桩轴向允许承载力,按土的阻力和材料强度算得结果中的较小值取用;k为允许承载力提高系数。

2)验算桩身截面强度或考虑配筋

在单桩轴向力验算中,如果不能满足要求,则应增加桩数n或调整桩的平面布置,以减少N_{max}值;也可加大桩的截面尺寸,重新确定桩数、桩长和布置,直到符合验算要求为止。

实战演练

依据某桥施工图,学生在图纸资料室识读审核施工图纸。图纸审核的内容和程序如下:

(1)构造尺寸的审核。

(2)高程(坐标)的审核。

(3)验算单桩承载力。

(4)核算工程量。

某桥主要施工图

1. 桥涵设计说明

1)概述

本桥为斜桥,斜度为23°,桥头有169.133m位于左偏圆曲线上,桥尾有266.667m位于右偏缓和曲线上,缓和曲线上120m为超高缓和段,全超高为5%。该桥桥梁全长为711.31m,标准跨径25m,共28孔,桥位中心桩号为K1+020。

2）设计依据

《公路工程技术标准》（JTG B01—2003）；

《公路桥涵设计通用规范》（JTG D60—2004）；

《公路钢筋混凝土及预应力混凝土桥涵设计规范》（JTG D62—2004）；

《公路工程抗震设计规范》（JTJ 004—89）；

《公路桥梁抗震设计细则》（JTG B02-01—2008）

《公路圬工桥涵设计规范》（JTG D61—2005）；

《公路桥涵施工技术规范》（JTJ 041—2000）；

《公路桥涵地基与基础设计规范》（JTG D63—2007）；

其他相关国家及部颁标准和有关规定。

3）设计技术标准

设计安全等级：二级；

设计荷载：公路—Ⅰ级；

环境类别：Ⅱ类；

地震动峰值加速度：0.1g；

设计宽度：桥面净宽 13.50m + 2 × 0.50m 的防撞墙。

4）桥型结构

本桥标准跨径 25m，上部结构：装配式先张法预应力钢筋混凝土简支空心板，铰缝采用加强措施，桥面连续；下部结构：0 号桥台采用肋板式台、桩基础，28 号桥台采用 U 形桥台、扩大基础，桥墩采用柱式墩、桩基础。

5）主要材料

（1）混凝土：①预应力空心板用 C50 混凝土。②桥面铺装为 7cm 沥青混凝土铺装和 10cm C50 钢筋混凝土铺装，二者之间设置防水层。③防撞墙、柱式桥墩盖梁和墩身、台帽、肋板台身、耳墙、U 形桥台侧墙顶、挡块采用 C30 混凝土。④承台、桩基、扩大基础、搭板采用 C25 混凝土。⑤桥头搭板垫层采用 C15 混凝土。

（2）预应力钢绞线：采用直径 $\phi^{s}15.2$（$7\phi5.0$mm），标准强度 $R_{y}^{b} = 1\ 860$MPa，弹性模量 $E_{p} = 1.95 \times 10^{5}$MPa，张拉控制应力采用 1 395 MPa。

（3）钢筋：普通钢筋采用 HRB335 和 R235。HRB335 为热轧带肋钢筋，其主要性能符合现行国家标准《钢筋混凝土用热轧带肋钢筋》（GB 1499）；R235 为热轧光圆钢筋，其主要性能符合现行国家标准《钢筋混凝土用热轧光圆钢筋》（GB 13013）。

（4）钢材：应符合 GB 700—79 规定的普通碳素结构钢（A3）。

（5）支座：采用 D300mm × 77mm 圆板式橡胶支座。

（6）伸缩缝：采用 80 型伸缩缝。

（7）砌体材料：U 形桥台台身采用 M15 浆砌片石、块石镶面，梯道及泄水槽、锥坡护坡及锥坡基础采用 M10 浆砌片石。

6）施工要点及注意事项

（1）本桥为斜弯桥，曲线部分的桥墩是径向布置的，曲线段的板长不一致，施工时应注意。各曲线要素及板长见图纸。

（2）施工前应复核各部分高程及尺寸，必须严格按照工序进行，对照各相关图纸，有关预埋件不得遗漏。

(3)预制空心板时张拉台支撑横梁必须保证具有足够的刚度,不得产生变形和滑移。防撞墙或护栏底座预埋钢筋按照路线线形布置。

(4)空心板安装就位后应先浇筑铰缝混凝土,后施工桥面铺装,桥面铺装强度达到设计强度85%以上后,方可浇筑防撞墙。防撞墙按实际线形浇筑,防撞墙端填塞聚苯乙烯硬质泡沫板,表面涂2cm厚弹性密封膏。

(5)预制空心板必须待混凝土强度达到设计强度100%,且混凝土的龄期达到10d后方可分批放松预应力钢绞线。钢绞线需用砂轮锯切,严禁用电焊枪烧切。切割时先切长束(有效长度),依此类推,对称切割。

(6)浇筑铰缝混凝土前,必须清除结合面上的浮皮,并用水清洗干净后方可浇筑铰缝混凝土。铰缝混凝土必须密实。

(7)施工时应严格按总体布置图所示,在相应位置设置锚栓、伸缩缝、桥面连续等。

(8)盖梁横坡由墩台柱高度变化形成,桥面横坡由垫块高度调节(垫块高度详见"垫块高度表"),在桥面铺装时找齐。

(9)桥面防水层应严格按产品使用和设计要求施工,以保证施工质量。

(10)伸缩缝处的空心板在预制时不要遗漏预埋钢筋,浇筑桥面铺装时在伸缩缝位置设预留槽,安装完毕后槽口用C50聚丙烯纤维混凝土浇筑。

(11)设计给出伸缩缝安装温度为15~20℃时的定位值。若施工单位施工时实际安装温度与设计不符,可调整伸缩缝定位值。

(12)支座和伸缩缝安装前应与厂家取得联系,明确具体要求后方可施工。支座布置及安装必须严格按设计位置及安装程序进行。

(13)桥面施工时,应先在泄水管口处放一个与槽口大小、形状一样的倒梯形木板块,待沥青面层铺装完毕后撬起。

(14)桥头搭板应与路面同期施工,搭板末端置于路基顶面。

(15)桥面铺装混凝土层的最小厚度应保证9cm以上,桥墩、台顶面高程,施工单位应根据预制板的上拱度Δ情况,在施工时进行高程预降,预降值为Δ-2cm(且Δ-2≥0)。

(16)施工时如发现基础地质情况与设计不符时,应及时与设计单位联系,以便妥善处理。

(17)本桥上下部结构外露的尖角、锐角部分,如无特殊要求,均应设置$R=3$cm的倒角。

(18)如无特殊要求,普通钢筋和预应力直线形钢筋的最小混凝土保护层厚度按如下标准执行:墩台身、空心板的受力主筋保护层不小于4cm;所有的结构箍筋保护层不小于2.5cm;收缩、温度、分布、防裂等表层钢筋保护层不小于2cm。

(19)台后应采用砂砾、碎石等透水性材料进行填筑,压实度要求在98%以上,内摩擦角不小于35°。填筑范围为从肋板台后2m的地基顶面向后向上,以不陡于1:1的坡度延伸至路基顶面,同时应保证换填范围延伸至搭板末端外不小于2m。

(20)台后基坑回填要求采用透水性材料,压实度不小于92%。

(21)桥梁墩台编号系按路线前进方向递增,其左右系指路线前进方向左右。

7)其他

(1)施工前,请仔细阅读本册设计说明及其他各册设计文件。

(2)若施工中发现设计与实际情况不符,请及时与设计单位联系。

(3)预制混凝土构件、现浇混凝土以及钢筋网中,钢筋的摆放应满足混凝土保护层厚度要求。

(4)本说明未涉及部分均应严格遵照《公路桥涵施工技术规范》(JTJ 041—2000)执行。

2. 主要施工图纸(见附录二)

3. 全桥主要工程数量表(表 1-3-11)

表 1-3-11

材料 \ 项目			上部结构							下部结构													搭板
										桥台								桥墩					
			空心板	铰缝连接	桥面连续	桥面铺装	防撞墙	支座	伸缩缝	盖梁	挡块	耳背墙	承台	系梁	U 形台	肋板台身	桩基	盖梁	挡块	墩身(柱)	系梁	桩基	
混凝土	C50(m^3)		4 670			945																	
	C40(m^3)							31															
	C30(m^3)						468			25	1	15			32	33		770	6	1 406			
	C25(m^3)												45	12	150		73				352	3 435	69
	C15(m^3)		255																				61
C50 聚丙烯纤维混凝土(m^3)									25														
沥青混凝土(m^3)						662																	
钢绞线 $\phi^s 15.2$(kg)			138 625																				
钢筋	Ⅰ级	ϕ36(kg)	51 736																				
		ϕ12(kg)																45 595					
		ϕ10(kg)	275 691							1 103						517							
		ϕ8(kg)	116 746					10 914			12	133		75	468	180	786		232	18 023	2 806	21 314	87
		合计	444 172					10 914		1 103	12	133		75	468	697	786	45 595	232	18 023	2 806	21 314	87
	Ⅱ级	ϕ25(kg)						1 642		1 691						1 537		45 889		138 650		208 859	
		ϕ22(kg)											510				6 728				6 325		
		ϕ20(kg)																					1 930
		ϕ16(kg)			25 979		61 777		2 722					64		460					3 016		2 687
		ϕ12(kg)	240 184	16 708	10 338	160 165	23 765		1 466	141	27	244	939	197	513	405	115	3 553	648		5 086	2 236	2 162
		ϕ10(kg)										359											
		合计	240 184	16 708	36 318	160 165	85 542	1 642	4 188	1 831	27	603	1 449	260	513	2 402	6 842	49 442	648	138 650	14 427	211 094	6 778
钢板(kg)				11 746			3 584																
D300mm×77mm 圆板橡胶支座(个)								1 008															
80 型伸缩缝(m)									133														
M15 浆砌块石(m^3)															26								
M15 浆砌片石(m^3)															171								

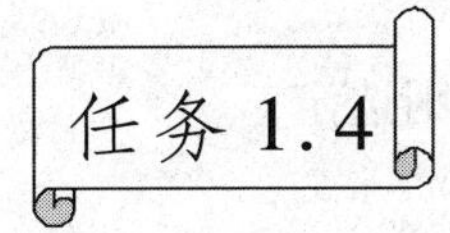

认识沉井及地下连续墙

1.4.1 沉井基础构造

沉井是上下敞口带刃脚的空心井筒状结构，依靠自重或配以助沉措施下沉至设计高程处（图 1-4-1），以井筒作为结构的基础（图 1-4-2）。

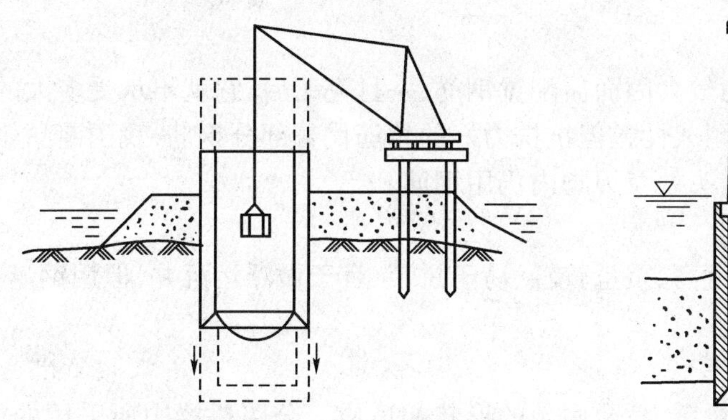
图 1-4-1　沉井下沉示意图

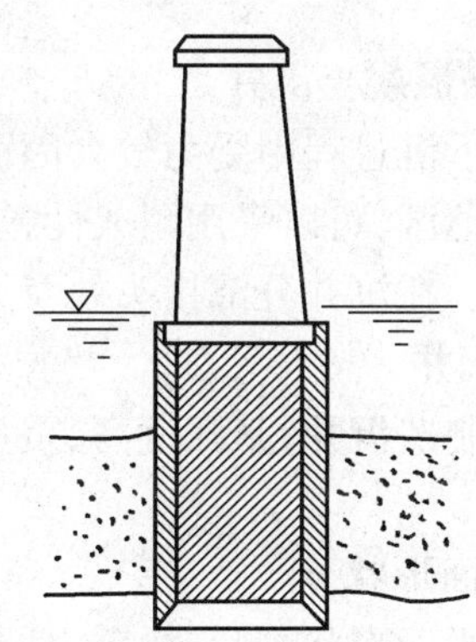
图 1-4-2　沉井基础

沉井基础是实体基础的一种。沉井基础的特点是埋置深度可以很大，整体性强、稳定性好，有较大的承载面积，能承受较大的垂直荷载和水平荷载；下沉过程中，沉井作为坑壁围护结构，起挡土、挡水作用；施工中不需要很复杂的机械设备，施工技术也较简单。因此，沉井在桥梁工程中得到较为广泛的应用。在桥梁工程中使用的沉井平面尺寸较小，而下沉深度则较大。设置沉井的目的是将上部的重量和使用荷载传递到比较坚硬的土层中去，沉井下沉到设计高程后，井内空腔一般用片石圬工和混凝土等材料填塞。

当桥梁墩台基础处的河床地质、水文及施工等条件适宜时，可选用沉井基础。但河床中有流沙、孤石、树干或老桥基等难于清除的障碍物时，或在表面倾斜较大的岩层上，不宜采用沉井基础。当水深较大，流速适宜时亦可考虑采用浮运沉井。

为使沉井顺利下沉，沉井重力（不排水下沉时，应计浮重度）须大于井壁与土体间的摩阻力标准值。土与井壁间的摩阻力标准值应根据实践经验或实测资料确定；当缺乏上述资料时，可根据土的性质、施工措施，按表 1-4-1 选用。

井壁与土体间的摩阻力标准值　　表 1-4-1

土 的 名 称	摩阻力标准值（kPa）	土 的 名 称	摩阻力标准值（kPa）
黏性土	25 ~ 50	砾石	15 ~ 20
砂性土	12 ~ 25	软土	10 ~ 12
卵石	15 ~ 30	泥浆套	3 ~ 5

注：泥浆套为灌注在井壁外侧的触变泥浆，是一种助沉材料。

1. 沉井的类型

1）按使用材料分

制作沉井的材料，可按下沉的深度、受荷载的大小，结合就地取材的原则选定。

（1）混凝土沉井

混凝土的特点是抗压强度高，抗拉能力低，因此这种沉井宜做成圆形，并适用于下沉深度不大于4～7m的软土层中。

（2）钢筋混凝土沉井

这种沉井的抗拉及抗压能力较好，下沉深度可以很大（达数十米以上），当下沉深度不很大时，井壁上部用混凝土，下部（刃脚）用钢筋混凝土的沉井，在桥梁工程中得到较广泛的应用。当沉井平面尺寸较大时，可做成薄壁结构，沉井外壁采用泥浆润滑套、壁后压气等施工辅助措施就地下沉或浮运下沉。此外，钢筋混凝土沉井井壁隔墙可分段（块）预制，工地拼接，做成装配式。

（3）竹筋混凝土沉井

沉井在下沉过程中受力较大因而需配置钢筋，一旦完工后，它就不承受多大的拉力，因此，在南方产竹地区，可以采用耐久性差但抗拉力好的竹筋代替部分钢筋，我国南昌赣江大桥等曾用这种沉井。在沉井分节接头处及刃脚内仍用钢筋。

（4）钢沉井

用钢材制造沉井，其强度高、重量较轻、易于拼装、宜于做浮运沉井，但用钢量大，国内较少采用。

2）按平面形状分

沉井的平面形状，应与桥墩、桥台底部的形状相适应。公路桥梁中所采用的沉井，平面形状多为圆端形和矩形，也有用圆形的。根据平面尺寸的大小，沉井井孔又分单孔、双孔和多孔，双孔和多孔沉井中间设隔墙，如图1-4-3所示。

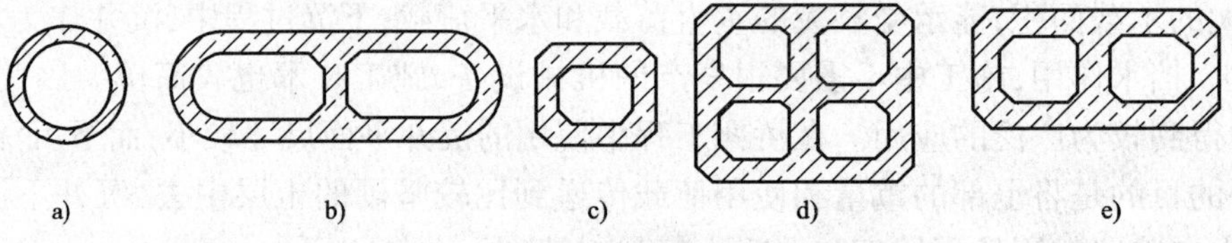

图1-4-3　沉井平面形状

a）圆形；b）圆端形；c）正方形；d）多孔矩形；e）双孔矩形

（1）圆形沉井

当墩身是圆形或河流流向不定以及桥位与河流主流方向斜交较为厉害时，采用圆形沉井可减小阻水、冲刷现象。圆形沉井中挖土较容易，没有影响机械抓土的死角部位，易使沉井较均匀地下沉；此外，在侧压力作用下，圆形沉井井壁受力情况好，主要是受压；在截面积和入土深度相同的条件下，与其他形状沉井比较，其周长最小，故下沉摩阻力较小。但墩台底面形状多为圆端形或矩形，故圆形沉井的适应性较差。

（2）矩形沉井

矩形沉井对墩台底面形状的适应性较好，模板制作、安装都较简单。但采用不排水下沉时，边角部位的土不易挖除，容易使沉井因挖土不均匀而造成下沉倾斜的现象；与圆沉井比较，井壁受力条件较差，存在较大的剪力与弯矩，故井壁跨度受到限制；矩形沉井有较大的阻水特性，故在下沉过程中易使河床受到较大的局部冲刷。此外，在下沉中侧壁摩阻力也较大。

(3)圆端形沉井

这种沉井能更好地与桥墩平面形状相适应,故用得较多。除模板制作较复杂外,其优缺点介于前两种沉井之间,较接近于矩形沉井。

3)按立面形状分

按沉井的立面形状可分为竖直式、倾斜式及台阶式等(图1-4-4)。采用形式应视沉井通过土层性质和下沉深度而定,外壁竖直形式的沉井,它在下沉过程中对沉井周围的土体的扰动较小,可以减少沉井周围的土方的坍塌,当沉井周围有构造物时,这一点就很重要。另外这种沉井不易倾斜,井壁接长较简单,模板可重复使用。故当土质较松软,沉井下沉深度不大,可以采用这种形式。倾斜式及台阶式井壁可以减少土与井壁的摩阻力,某缺点是施工较复杂,消耗模板多,同时沉井下沉过程中容易发生倾斜。如土质较密实,沉井下沉深度大,要求在不增加沉井本身重量的情况下沉至设计高程,可采用这类沉井。倾斜式的沉井井壁坡度一般为1/20~1/40,台阶式井壁的台阶宽度约为100~200mm。

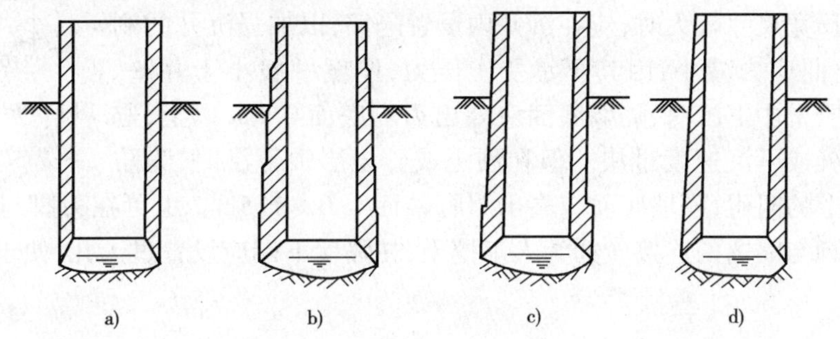

图1-4-4 沉井剖面形式

a)外壁垂直无台阶式;b)、c)台阶式;d)外壁倾斜式

2. 沉井基础的构造

沉井平面形状及尺寸应根据墩台身底面尺寸、地基土的承载力及施工要求确定。沉井棱角处宜做成圆角或钝角,顶面襟边宽度应根据沉井施工容许偏差而定,不应小于沉井全高的1/50,且不应小于0.2m,浮式沉井另加0.2m。沉井顶部需设置围堰时,其襟边宽度应满足安装墩台身模板的需要。

井孔的布置和大小应满足取土机具操作的需要,对顶部设置围堰的沉井,宜结合井顶围堰统一考虑。

沉井每节高度可视沉井的平面尺寸、总高度、地基土情况和施工条件而定,不宜高于5m。沉井外壁可做成垂直面、斜面(斜面坡度为竖/横:20/1 50/1)或与斜面坡度相当的台阶形。

一般沉井构造主要由井壁、刃脚、隔墙、井孔、凹槽、射水管、封底和盖板等组成(图1-4-5)。

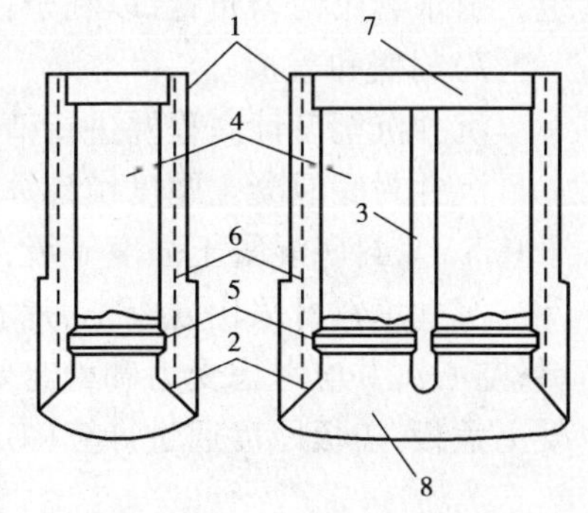

图1-4-5 沉井结构示意图

1-井壁;2-刃脚;3-隔墙;4-井孔;5-凹槽;6-射水管;7-盖板;8-封底

1)井壁

井壁是沉井的主体部分,其作用是:①作为施工时的围堰,用以挡土、隔水;②提供足够的重量,使沉井能克服阻力顺利下沉;③沉至设计高程并经填芯后,作为墩台基础。

因此,井壁必须有足够的结构强度,一般要根据施工时的受力条件，在井壁内配以竖向和水平向的受力钢筋；如受力不大，经计算也容许用部分竹筋代替钢筋；水平钢筋不宜在井壁转角处有接头。浇筑沉井的混凝土强度等级不应低于 C20。为了满足重量要求，井壁应有足够厚度，一般为 0.8 ~ 1.2m，以便绑扎钢筋和浇筑混凝土。

2）刃脚

沉井井壁下端形如刀刃状，故称为刃脚。其作用是在沉井自重作用下易于切土下沉，同时支承沉井。它是应力最集中的地方，必须有足够的强度。刃脚底面（踏面）宽度一般为 0.1 ~ 0.2m，对软土可适当放宽。下沉深度大，且土质较硬时，刃脚底面应以型钢（角钢或槽钢）加强（图 1-4-6），以防刃脚损坏。刃脚内侧斜面与水平面的夹角应大于 45°。刃脚高度视井壁厚度、是否便于抽除垫木而定，一般在 1.0m 以上。由于刃脚在沉井下沉过程中受力较集中，刃脚的混凝土强度等级不应低于 C25。

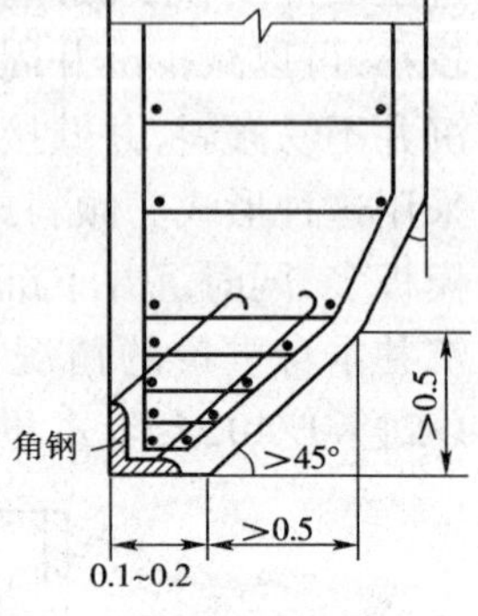

图 1-4-6　刃脚构造（尺寸单位：m）

3）隔墙

当沉井的长宽尺寸较大时，应在沉井内设置隔墙，以加强沉井的刚度，使井壁的挠曲应力减小，因其不承受土压力，厚度一般小于井壁。在软土或淤泥质土中下沉时，隔墙底面应高出刃脚底面 0.5m 以上，避免沉井突然下沉或下沉速度过快。但在硬土或砂土层中下沉时，为防止隔墙底面受土的阻碍，隔墙底面应高出刃脚踏面 1.0 ~ 1.5m。也可在刃脚与隔墙连接处设置梗肋加强刃脚与隔墙的连接。如为人工挖土，在隔墙下端应设置过人孔，便于工作人员在井孔间往来。

4）井孔

井孔是挖土排土的工作场所和通道。井孔尺寸应满足施工要求，宽度（直径）不宜小于 3m。井孔布置应对称于沉井中心轴，便于对称挖土使沉井均匀下沉。

5）凹槽

凹槽设在井孔下端近刃脚处，其作用是使封底混凝土与井壁有较好的结合，封底混凝土底面的反力更好地传给井壁（如井孔全部填实的实心沉井也可不设凹槽）。凹槽深度约 0.15 ~ 0.25m，高约 1.0m。

6）射水管

当沉井下沉深度大，穿过的土质又较好，估计下沉会产生困难时，可在井壁中预埋射水管组。射水管应均匀布置，以利于控制水压调整下沉方向。一般水压不小于 600kPa。

7）封底和盖板

沉井沉至设计高程并进行清基后，便浇筑封底混凝土。

沉井封底混凝土厚度由计算确定，但其顶面应高出刃脚根部（即刃脚斜面的顶点处）不小于 0.5m。封底混凝土强度等级，非岩石地基不应低于 C25，岩石地基不应低于 C20。

沉井填料可采用混凝土、片石混凝土或浆砌片石；在无冰冻地区亦可采用粗砂和砂砾填料；空心沉井应考虑受力和稳定要求。粗砂、砂砾填芯沉井和空心沉井的顶面均须设置钢筋混凝土盖板，盖板厚度通过计算确定。

1.4.2　地下连续墙构造

地下连续墙技术是近几十年内发展起来的一种地下工程新技术，地下连续墙发展初期仅作为施工时承受水平荷载的挡土墙或防渗墙来使用，随后建筑、地铁等部门逐渐把地下连续墙用作高层建筑的地下室、地下停车场以及地铁等建筑的外墙结构，承担部分或全部的建筑物竖向荷载。近年来，在公路行业也得到了一定的应用，主要用作悬索桥重力式锚碇基坑的施工支护结构，同时也兼作为基础的一部分参与使用阶段受力。如广东虎门大桥西锚碇采用圆形地下连续墙、江苏润扬长江大桥北锚碇采用矩形地下连续墙、武汉阳逻长江大桥南锚碇及广州珠江黄浦大桥采用圆形地下连续墙等。地下连续墙完全用作桥梁基础结构在国外特别在日本应用广泛，在国内尚处于探索研究阶段，但发展潜力很大。

地下连续墙的概念、作用及分类是随着其自身的应用发展而不断变化着的。地下连续墙主要用作桥梁基坑支护结构或桥梁基础，其范畴有所限制，主要体现在：①墙体截面形式为"板墙式"，不包括"排桩式"（如江苏润扬大桥南锚碇所采用的"人工冻土壁 + 地下连续排桩"支护结构形式），地下连续排桩支护结构的设计可参照直线形地下连续墙支护结构使用；②必须进行挖槽施工，不包括原位搅拌工法做成的地下连续墙（如水泥固化土）；③墙体为现浇钢筋混凝土，不包括塑性混凝土、固化灰浆、自硬泥浆、预应力混凝土、钢制地连墙及预制墙体等。

基坑支护结构安全等级的划分与结构重要性系数采用结构安全等级划分的基本方法，按支护结构破坏、土体失稳或过大变形的后果分为很严重、严重、不严重 3 种情况分别对应于 3 种安全等级，其重要性系数的选用与《公路桥涵设计通用规范》（JTG D60—2004）相一致。要求设计者在地下连续墙支护结构设计时，应根据基坑的不同条件因地制宜进行设计。

地下连续墙基础作为桥梁结构的一部分，其设计安全等级与结构重要性系数与桥梁整体结构一致。

无论是作为支护结构还是作为基础，地下连续墙的设计与地质条件及周边环境条件密切相关。应明确提出地质勘察要求，掌握工程场地与环境条件，包括现状地下管道、管线、地下构筑物和邻近建筑物、设备、泥浆排放等各种可能影响地下连续墙施工或受到本项工程影响的情况。对支护结构还应充分考虑基坑施工、使用时间对设计的影响。

地下连续墙设计与施工设备、施工技术、施工工艺密切相关。施工宜先进行成槽试验，根据试验结果确定泥浆配方和成槽机械。墙段接头是地下连续墙设计与施工的关键，接头的形式很多，宜根据不同设计要求采用不同的接头形式。

地下连续墙设计应考虑施工和使用期间对场地周围环境的影响，主要指地下连续墙施工及使用期间其沉降、变形对周边建筑物的影响，以及泥浆排放对环境的污染。防止地下连续墙施工作业和基坑开挖影响或危害临近建筑（包括地下结构、地下管线等设施），充分预测并采取措施防止地面沉降、变形影响或危害临近建筑的正常使用，并做好泥浆的回收和排放。

地下连续墙的施工应符合《公路桥涵施工技术规范》（JTJ 041—2000）的规定，对材料、钢筋笼制作、混凝土配制和灌注、预埋件设置、槽段侧面平整性和竖直度、槽段接缝质量、墙体混凝土完整性等应进行检查或检测。

地下连续墙支护结构施工过程中，应对基坑、支护结构和周围环境进行观察和监测，当出现异常情况时，应及时采取措施。地下连续墙基础宜在施工和使用期间进行变形观测，对于应用在重要桥梁锚碇基础的地下连续墙宜进行长期变形监测工作，及时掌握地下连续墙基础在使用期间的变形特征。

当必须确切评价地下连续墙基础的承载能力或变形特性时，应进行现场墙体荷载试验。

1. 地下连续墙支护结构设计

基坑支护结构设计应在稳定、强度和变形三个方面满足要求。稳定是指基坑周围土体的稳定性，即不发生土体的滑动破坏，因渗流造成流砂、流土、管涌以及支护结构、支撑体系的失稳。强度是指支护结构[包括墙体、支撑体系或锚杆(锚索)]的强度应满足构件强度设计的要求。变形是指因基坑开挖造成的地层移动及地下水位变化引起的地面变形，不得超过基坑周围建筑物、地下设施的允许变形值，不得影响地下结构的施工。

当悬臂式地下连续墙支护结构不能满足结构受力及变形要求时，应设置支承系统。直线形地下连续墙支护结构的支承系统包括支撑(如撑杆、水平支架)和土层锚杆(锚索)等结构形式，圆形地下连续墙支护结构的支承系统包括环梁(含竖肋)、内衬等结构形式。当单层支承不能满足结构受力要求时，应采用多层支承。

在正常使用极限状态条件下，安全等级为一、二级的基坑变形会影响基坑支护结构的正常功能，但目前还不能给出统一的具体数值，各地区可根据工程的具体周边环境等因素确定。

为了基坑的安全施工和坑底周围土体的稳定，地下连续墙必须插入基坑开挖面以下土中一定深度(又称嵌入深度)。可采用极限平衡法计算确定，当计算确定的地下连续墙入土深度接近底部岩层且在工程造价增加不多的前提下，宜将墙体嵌入岩层。

通常，由于黏性土渗透性弱，地下水对土颗粒不易形成浮力，故有经验时，可采用饱和重度，用总应力强度指标水土合算，其计算结果中已包括了水压力的作用。但当支护结构与周围土层之间能形成水头时，仍应单独考虑水压力的作用。对地下水位以下的粉土、砂土、碎石土，由于其渗透性强，地下水对土颗粒可形成浮力，故应采用水土分算。水压力可按静水压力计算，有经验时也可考虑渗流作用对水压力的影响。

地下连续墙支护结构设计应根据不同设计状况，分别按承载能力极限状态和正常使用极限状态设计。

(1)承载能力极限状态应包括下列计算内容：①土体稳定性计算；②墙体结构强度和稳定性计算；③支承系统承载力和稳定性计算。

(2)正常使用极限状态应包括结构变形、抗裂和裂缝宽度验算。地下连续墙支护结构应根据不同设计状态，按施工过程的不同工况进行作用效应组合。

2. 地下连续墙构造规定

(1)墙体的截面形式和分段长度应根据整体平面布置、受力情况、槽壁稳定性、环境条件和施工条件等确定。单元墙段长度可取4～8m；墙体厚度应考虑成槽机械能力由计算确定，不宜小于600mm；成槽竖直度不应大于1/200。

(2)墙体、支撑、环梁(含竖肋)及内衬的混凝土强度等级均不应低于C25。地下连续墙应满足防渗要求；当地下水具有侵蚀性时，应选择适用的抗侵蚀混凝土。

(3)墙体主筋净保护层厚度应根据使用要求、地质条件、施工条件和环境条件确定，不宜小于70mm。墙体的受力钢筋直径不宜小于20mm且不应大于40mm，构造钢筋直径不宜小于16mm。

(4)墙体单元槽段间可采用接头管接头。当整体性和抗渗性要求较高时，宜采用铣削接头、钢隔板或接头箱等接头形式。

(5)地下连续墙钢筋笼的钢筋配置应满足结构受力和吊装要求。竖直主筋应放置在内侧，净距不应小于75mm，构造钢筋间距不应大于300mm。当必须配置双层钢筋时，内外排钢筋间距不应小于100mm。钢筋笼竖向接头位置应选在受力较小处，钢筋笼分幅长度应根据单元槽段长度、接头形式和起重设备能力等因素确定。钢筋笼底部在厚度方向宜适当缩窄，并与墙底之间宜留100～500mm的空隙；主筋应伸入墙顶帽梁内，伸入长度不应小于锚固长度。采用接头管接头时，钢筋笼侧端与接头管之间宜留 150 ~ 200mm 的空隙；采用铣削接头时，钢筋笼侧端与混凝土端面之间宜留不小于 250mm 的空隙。

(6)墙体顶部应设置混凝土帽梁，帽梁两侧应各宽于墙体不小于 150mm。

(7)直线形地下连续墙的支撑可采用钢结构或混凝土结构。现浇混凝土支撑的截面竖向高度不应小于其竖向平面计算跨径的 1/20。腰梁的截面水平向尺寸不应小于其水平向计算跨径的 1/8，截面竖向尺寸不应小于支撑的截面高度。锚杆(锚索)锚固体竖向间距不宜小于 2.5m，水平向间距不宜小于 1.5m。锚固体上覆土层厚度不宜小于 4.0m。倾斜锚杆的倾角宜采用 15° ~ 30°。锚固段长度应通过计算确定并不应小于 4.0m，自由段长度不宜小于 5.0m，并应超过潜在破裂面 1.5m。圆形地下连续墙支护结构的环梁(含竖肋)或内衬的截面高度及厚度根据计算确定，竖肋可按构造配筋。

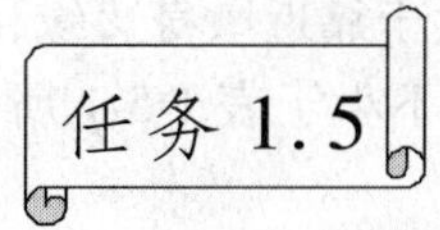

认识桥梁墩台

公路桥梁上常用的墩台形式大体上可以归纳为两大类：

1. 重力式墩、台

重力式墩台主要由墩台帽、墩台身和基础 3 部分组成(图 1-5-1)。这类墩台的主要特点是靠自身重量来平衡外力而保持其稳定。因此，墩、台身比较厚实，可以不用钢筋，而用天然石材或片石混凝土砌筑。

其优点是承载能力大，刚度大，防撞能力强。缺点是圬工体积较大，因而其自重和阻水面积也较大。它适宜建在地基承载力较高，基岩埋深较浅的地基上，适合荷载较大或河流中流冰、漂浮物较多的桥梁。

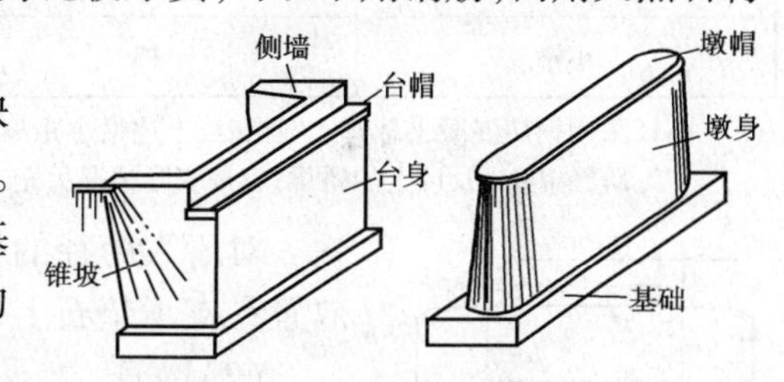

图 1-5-1　重力式墩台

2. 轻型墩台

属于这类墩、台的型式很多，而且都有各自的特点和使用条件。选用时必须根据桥位处的地形，结合地质、水文和施工条件等因素综合考虑确定。一般说来，这类墩台的刚度小、受力后允许在一定的范围内发生弹性变形。所用的建筑材料大都以钢筋混凝土和少量配筋的混凝土为主，但也有一些轻型墩台，通过验算后，可以用石料砌筑。

1.5.1　桥墩构造

1. 梁桥桥墩

1)梁桥重力式桥墩

重力式桥墩由墩帽、墩身和基础三部分组成。

(1)墩帽

墩帽是桥墩顶端的传力部分，它通过支座承托上部结构，并将相邻两孔桥上的恒载和活载传给墩身。墩帽一般用不低于C20的混凝土筑成，四周应挑出墩身约5～10cm作为滴水（檐口），如图1-5-2所示。

墩帽平面尺寸的确定：

顺桥向宽度：$b \geqslant f + a + 2c_1 + 2c_2$

横桥向宽度：$B =$ 两侧主梁间距 + 支座横向宽度 $+ 2c_1 + 2c_2$

式中：f——桥墩上相邻两跨的支座中心距离；

a——支座顺桥向宽度；

c_1——出檐宽度5～10cm；

c_2——支座边缘到墩台身边缘的最小距离。

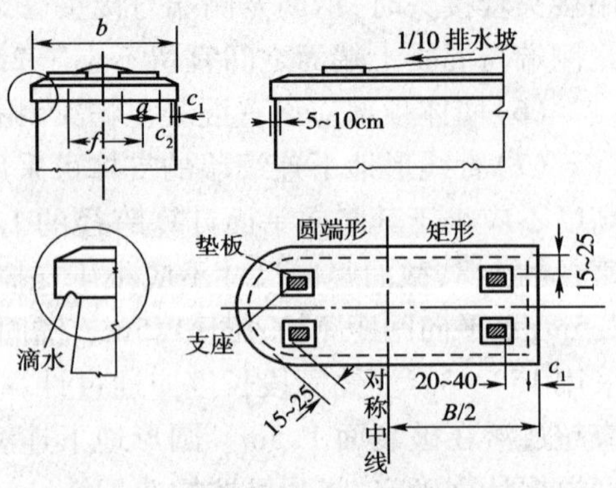

图1-5-2　墩帽构造尺寸（尺寸单位：cm）

梁式桥墩帽的平面尺寸，必须满足结构支座布置的要求。为避免支座过于靠近墩身边缘，造成应力集中，提高混凝土的局部承压能力，支座边缘到墩身边缘的距离应不小于表1-5-1所列的最小距离。

支座边缘至墩（台）身边缘的最小距离 c_2　　　　表1-5-1

桥向 / 跨径	纵桥向（cm）	横桥向	
		圆弧形端头（自支座边角量起）	矩形端头
大桥	25	25	40
中桥	20	20	30
小桥	15	15	20

注：1. 采用钢筋混凝土悬臂式墩帽时，上述最小距离为支座至墩（台）帽边缘的距离；

2. 跨径100m及以上的桥梁，应按实际情况另定。

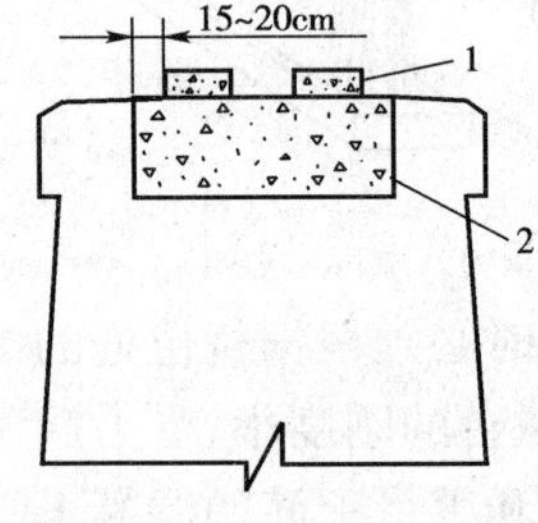

图1-5-3　墩帽支承垫石

1-支座；2-钢筋混凝土支承垫石

对于大跨径的桥梁，需在墩顶上设置钢筋混凝土支承垫石，支座要放置在支承垫石上，如图1-5-3所示。

（2）墩身

墩身顶宽不小于80cm，侧坡一般为20∶1～30∶1，小跨可用直坡。

墩身通常由块石、混凝土或钢筋混凝土这几种材料建造。为了便于水流和漂浮物通过，墩身平面形状可以做成圆端形或尖端形，无水的岸墩或高架桥墩可以做成矩形，在水流与桥梁斜交或流向不稳定时，就宜做成圆形［图1-5-4c）］。在有强烈流水或大量漂浮物的河道（冰厚大于0.5m，流冰速度大于1m/s）上，桥墩的迎水端应做成破冰棱体［图1-5-4e）］。破冰棱可由强度较高的石料砌成，也可以用高强度等级的混凝土辅之以钢筋加固。

2）梁桥轻型桥墩

（1）钢筋混凝土薄壁桥墩

小跨径的钢筋混凝土板桥，一般采用石砌或混凝土轻型桥墩较为经济（图1-5-5）。

墩帽用混凝土浇筑，厚度不小于30cm。墩身用混凝土或浆砌块石做成，宽度（顺桥向）不小于60cm，墩身为直立，不设侧坡，两头做成圆端形。

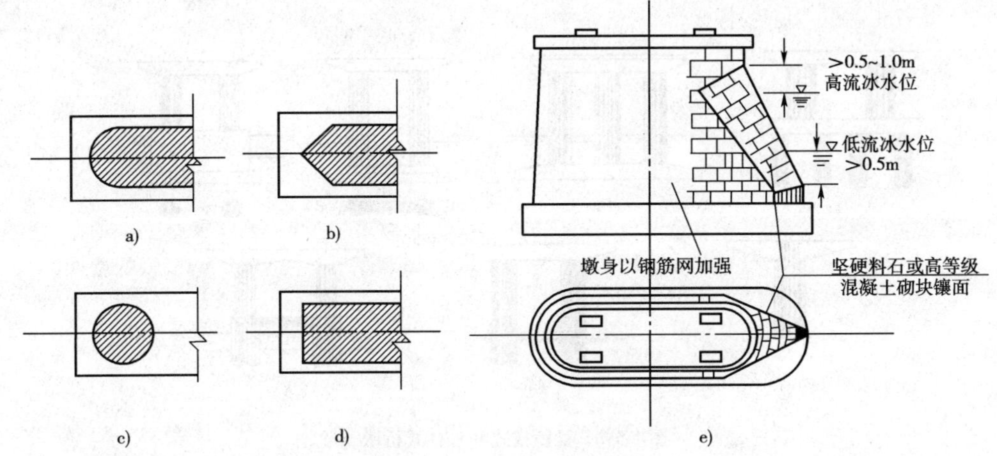

图 1-5-4　墩身平面及破冰棱

基础采用 C15 混凝土或 M5 浆砌片石(或块石)做成,平面尺寸较墩身底面尺寸略大(一般大 20cm)。基础多做成单层式的,其厚度在 50cm 左右。

(2)V 形桥墩和 Y 形桥墩

V 形桥墩和 Y 形桥墩属框架式桥墩,如图 1-5-6 所示。在大跨径桥梁中,当上部结构为连续梁时,为了缩短主梁跨径,桥墩结构可采用顶部分开、底部连在一起的 V 形桥墩,以及顶部分开、底部与直立桥墩连在一起 Y 形桥墩。

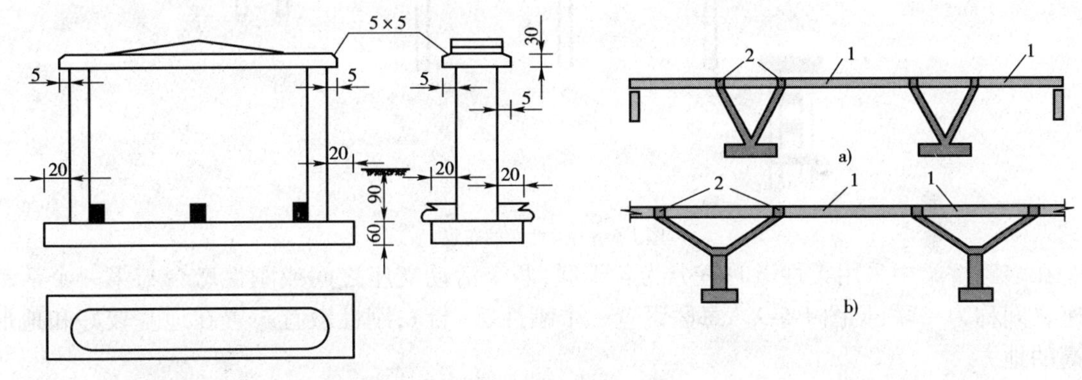

图 1-5-5　轻型桥墩(尺寸单位: cm)

图 1-5-6　V 形桥墩和 Y 形桥墩

1-预制梁;2-接头

(3)柱式桥墩和桩柱式桥墩

柱式桥墩和桩柱式桥墩是公路桥梁广泛采用的桥墩形式,它能减轻墩身重力,节约圬工材料,施工方便,外形又较美观,如图 1-5-7 所示。

柱式桥墩:图 1-5-7a)所示为在灌注桩顶浇一承台,然后在承台上设立柱;b)图所示为在浅基础上设立柱;c)图为了增强墩柱间抗撞击的能力,在两柱中间加做隔墙;d)图所示当桥墩较高时,也可以把水下部分做成实体式,以上部分仍为柱式。

桩柱式桥墩:一般分为两部分,在地面以上(或柱桩连接处以上)称为柱,在地面以下称为桩。e)图为单柱式桩墩,适用于宽度不大斜交桥;f)图为等截面双柱式桩墩;g)图为变截面双柱式桩墩,为了增加桩柱的横向刚度,在桩柱之间设置横系梁。

(4)柔性排架桩墩

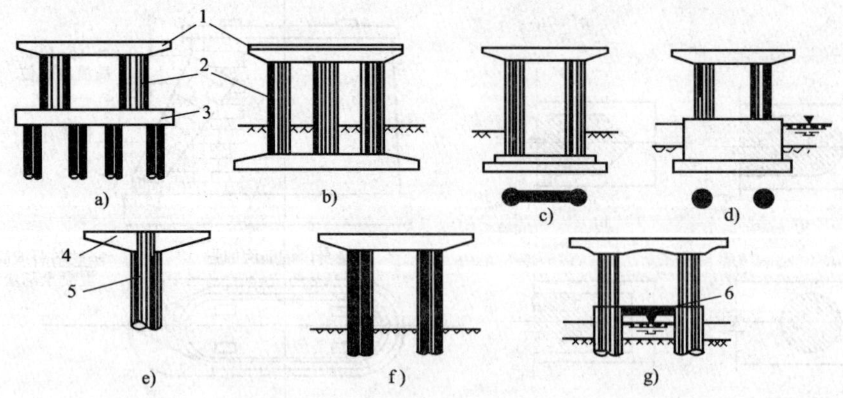

图 1-5-7 梁桥柱式和桩柱式桥墩

1-盖梁;2-立柱;3-承台;4-悬臂盖梁;5-单立柱;6-横系梁

柔性排架桩墩是由单排或双排的钢筋混凝土桩与钢筋混凝土盖梁连接而成。柔性墩一般布设在两端具有刚性、较大桥台的多跨桥中,同时,在全桥除一个中墩上设置活动支座外,其余墩台均采用固定支座,如图 1-5-8 所示。

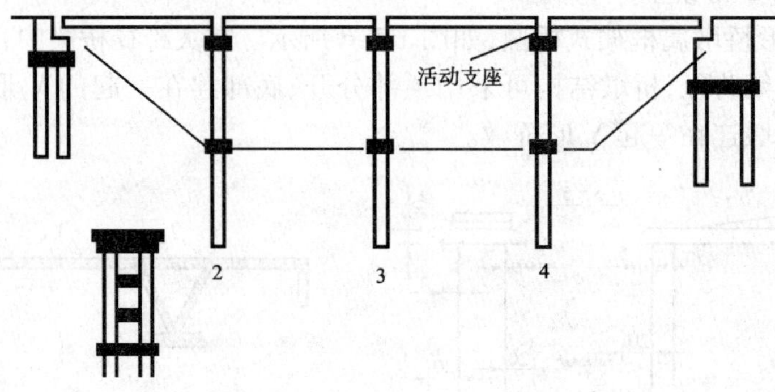

图 1-5-8 柔性墩的布置

在多跨桥梁中采用柔性墩时宜分为若干联,两个活动支座之间或刚性墩台与第一个活动支座之间称为一联,见图 1-5-9。每联设置一个刚性墩(台),刚性墩宜布置在地基较好和地形较高的地方。

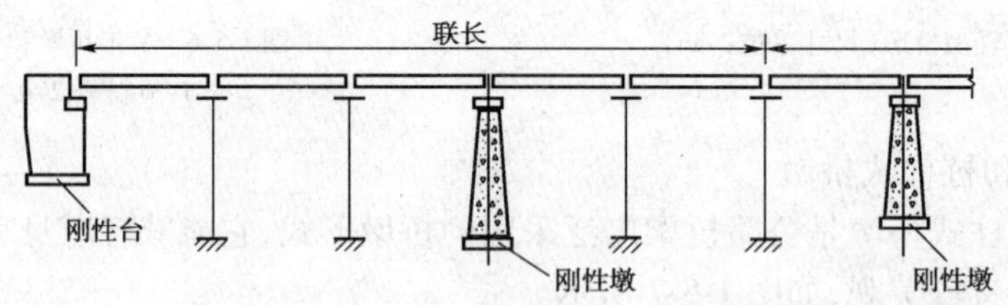

图 1-5-9 多跨柔性墩的布置

2. 拱桥桥墩

1)重力式桥墩

拱桥是一种推力结构,拱圈传给桥墩上的力,除了垂直力以外,还有较大的水平推力,这是与梁桥的最大不同之处。从抵御恒载水平力的能力来看,拱桥桥墩又可以分为普通墩和单向推力墩两种。普通墩除了承受相邻两跨结构传来的垂直反力外,一般不承受恒载水平推力,或者当相邻孔不相同时只承受经过相互抵消后尚余的不平衡推力。单向推力墩又称制动墩,它的主要作用是在它的两侧桥孔因某种原因遭到毁坏时,能承受住单向的恒载水平推力,以保证其另一侧的拱桥不致遭到倾坍。而且当施工时为了拱架的多次周转,或者当缆索吊装设备的工作跨径受到限制时,为了能按桥台与某墩之间或者按某两个桥墩之间作为一个施工段进行分段施工,在此情况下,也要设置能承受部分恒载单向推力的制动墩。由此可见,为了满足结构强度和稳定性的要求,普通墩的墩身可以做得薄一些,单向推力墩则要做得厚实一些。

其次,与梁桥重力式桥墩相比较,拱桥桥墩在顶面设拱座。拱桥重力式桥墩,其形式基本上与梁桥重力式桥墩相仿,也由墩帽、墩身、基础三部分组成,如图 1-5-10 所示。

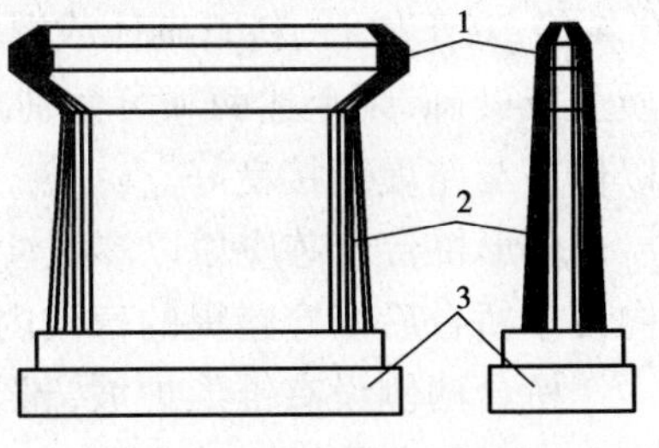

图 1-5-10　拱桥重力式桥墩

1-墩帽;2-墩身;3-基础

2)柱式桥墩和桩柱式桥墩

拱桥的柱式桥墩和桩柱式桥墩与梁桥基本相同,但在盖梁上要设置拱座用以支承拱圈。由于要承受较大的水平推力,柱和桩的直径比梁桥大,根数也比梁桥多。

3)单向推力墩

在多孔拱桥中,为防止一孔破坏而引起其他孔的连锁反应,每隔 3 ~ 5 孔应设单向推力墩。中小跨径拱桥可采用下列形式的单向推力墩:

(1)普通柱墩加设斜撑及拉杆的单向推力墩。这种单向推力墩是在普通墩柱上对称增设一对预应力混凝土斜撑(图 1-5-11),以提高其抵抗单向水平推力的能力,斜撑与柱墩接头只承受压力而不承受拉力。

(2)悬臂式单向推力墩。悬臂式单向推力墩是在桥墩的顺桥向双向挑出悬臂(图1-5-12),当单向推力出现时,可由另一侧拱座上竖向分力与悬臂长所构成的稳定力矩来平衡。

(3)实体单向推力墩。当桥墩较矮及单向推力不大时,只需加大实体墩身的尺寸即可。

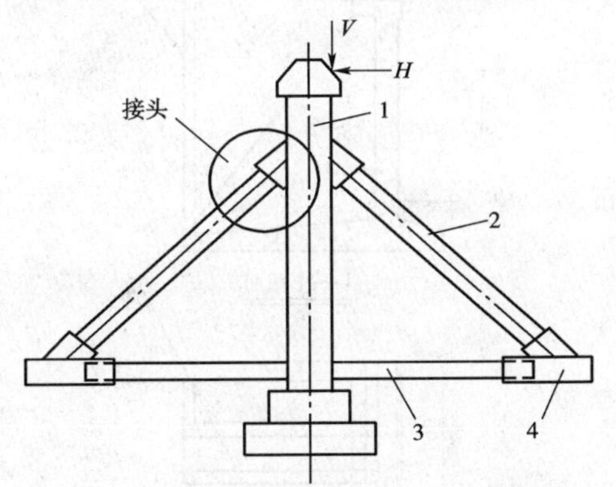

图 1-5-11　加设斜撑及拉杆的单向推力墩

1-立柱;2-斜撑;3-拉杆(用预应力);4-基础板

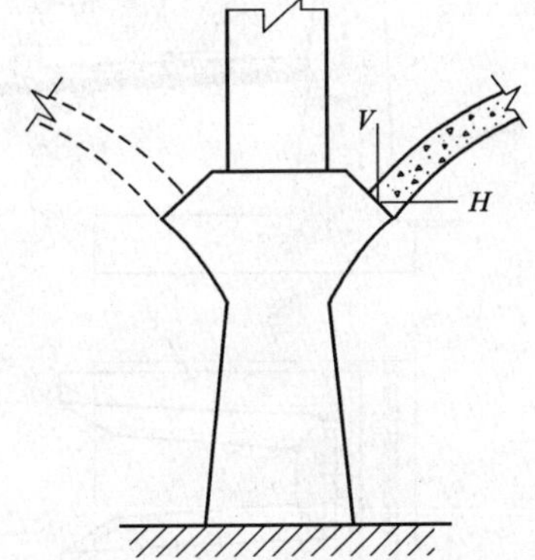

图 1-5-12　悬臂式单向推力墩

1.5.2　桥 台 构 造

1. 梁桥桥台类型及构造

1)重力式 U 形桥台

重力式 U 形桥台由台帽、台身(前墙和侧墙)和基础 3 部分组成(图 1-5-13)。

梁桥台帽的构造和尺寸要求与相应的桥墩墩帽有许多共同之处,不同的是台帽顶面只设单排支座,在另一侧则要砌筑挡住路堤填土的矮矬墙,或称背墙。背墙的顶宽,对于片石砌体不得小于 50cm,对于块石、料石砌体及混凝土砌体不宜小于 40cm。侧墙顶宽一般为 60 ~ 100cm。前墙背坡一般采用 5:1 ~ 8:1,前坡为 10:1或直立;侧墙外侧直立,内侧为 3:1 ~ 5:1的斜坡。

《桥规》规定,无论是梁桥还是拱桥,桥台前墙的任一水平截面的宽度,不宜小于该截面至墙顶高度的 0.4 倍。侧墙的任一水平截面的宽度,对于片石砌体不小于该截面至墙顶高度的 0.4 倍,对于块石、料石砌体或混凝土则不小于 0.35 倍。如果桥台内填料为透水性良好的砂质土或砂砾,则上述两项可分别减为 0.35 倍和 0.3 倍。侧墙尾端应有 75cm 的长度伸入路堤,以保证与路堤衔接良好。

U 形桥台台芯应填以渗透性较好的土,如砂性土或砂砾。桥台后应设防水层,并将积水引向设于桥台后横穿路堤的盲沟内。

桥台两侧设有锥形护坡,锥形的坡度一般由纵向(顺路堤方向)为 1:1逐渐变至横向为 1:1.5,以便和路堤边坡一致。锥坡的平面形状为 1/4 椭圆。锥坡用土夯筑而成,其表面用片石砌筑。锥坡下缘一般与桥台前墙的下缘相齐。

重力式 U 形桥台宜在填土高度和跨径不大的桥梁中采用。

2)轻型桥台

(1)钢筋混凝土薄壁桥台

钢筋混凝土薄壁桥台是由扶壁式挡土墙和两侧的薄壁侧墙所构成(图 1-5-14)。适用于在软土地基上建造的桥梁。

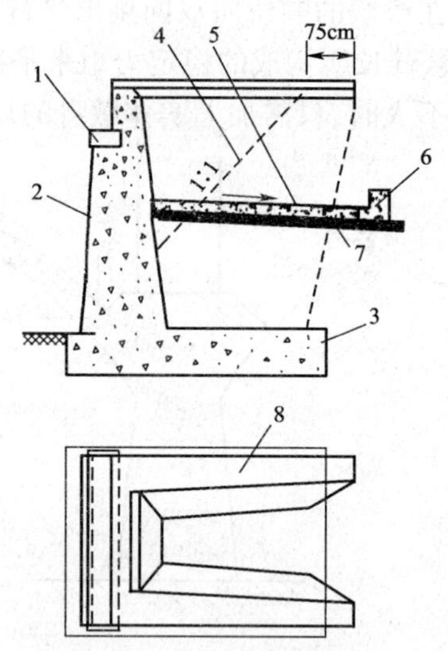

图 1-5-13　重力式 U 形桥台

1-台帽;2-前墙;3-基础;4-锥形护坡;5-碎石;6-盲沟;7-夯实黏土;8-侧墙

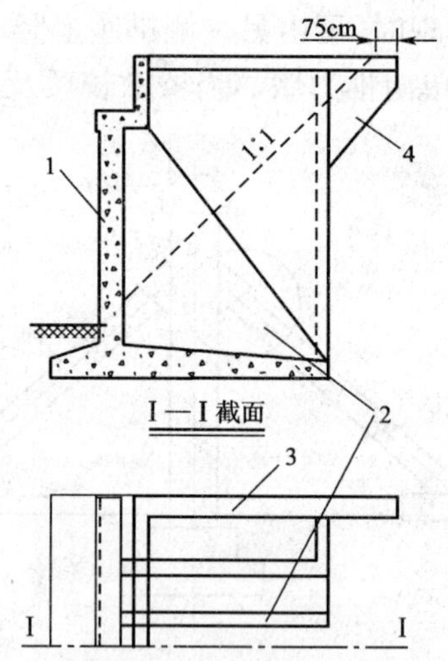

图 1-5-14　钢筋混凝土薄壁桥台

1-前墙;2-扶壁;3-侧墙;4-耳墙

(2)埋置式桥台

重力式埋置桥台身常做成向后倾斜,这样可减小台后土压力和基底合力偏心距,但施工时应注意桥台前后均匀填土,以防倾倒(图 1-5-15)。

除了重力式埋置桥台外,还有立柱式埋置桥台[图 1-5-15b)]、框架式埋置桥台[图 1-5-15c)]和桩式埋置桥台[图 1-5-15d)]。

(3)带支撑梁的轻型桥台

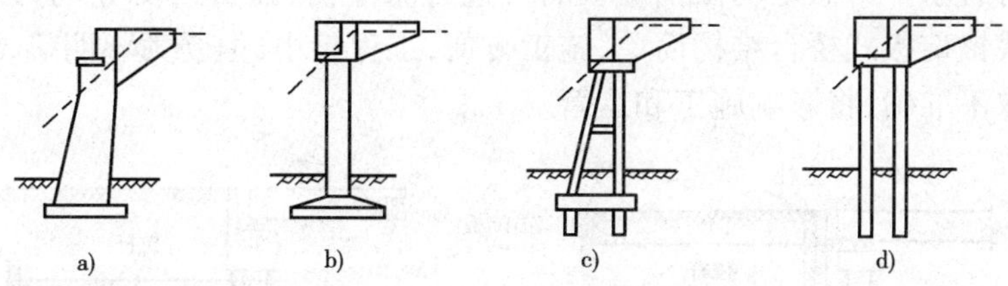

图 1-5-15　埋置式桥台

台帽用混凝土浇筑，厚度不小于 30cm。当填土高度较高或跨径较大时，宜采用有台背的台帽。

八字形桥台，如图 1-5-16a）所示，两边翼墙与桥台设缝分离，翼墙与水流方向成 30°夹角；一字形桥台，如图 1-5-16b）所示。

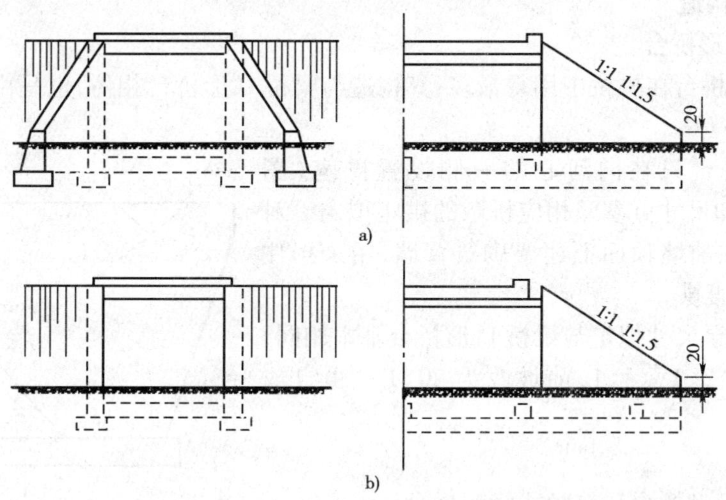

图 1-5-16　带支撑梁的轻型桥台（尺寸单位：cm）

上部构造与台帽间应用栓钉连接，栓钉孔、上部结构与台背之间需用小石子混凝土（强度等级同上部结构）或砂浆（M15）填实（图 1-5-17）。

桥台下端与相邻桥台（墩）之间设置支撑梁。支撑梁的断面尺寸一般为 20cm×30cm，设在铺砌层及冲刷线之下，中距为 2～3m。对于多孔桥的一字形桥台，墩与台之间的支撑梁需设置支撑梁顶座。

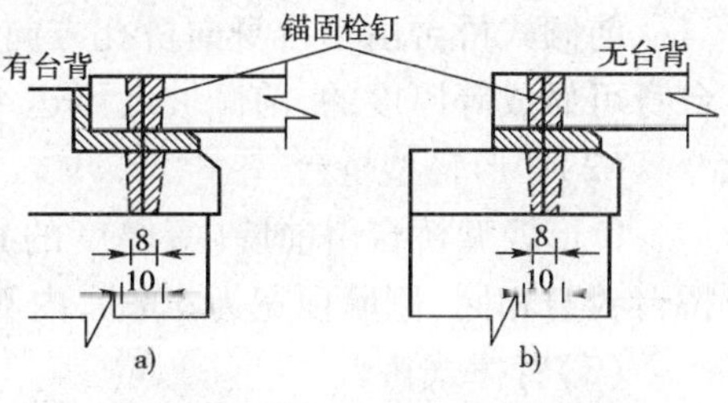

图 1-5-17　上部构造与台帽栓钉连接（尺寸单位：cm）

（4）锚碇板式桥台（锚拉式）

为了使桥台轻型化，桥台本身主要承受桥跨结构传来的竖向力和水平力，而台后的土压力由其他结构来承受，形成组合式桥台。

锚碇板结构由锚碇板、立柱、拉杆和挡土板组成。挡土结构包括：锚碇板、拉杆、挡土板和立柱。

①分离式。构造见图 1-5-18a），台身与锚碇板、挡土结构分离，台身承受桥跨结构传来的竖向力和水平力，挡土结构承受土压力。

②结合式。构造见图 1-5-18b），挡土结构与台身结合在一起，台身兼作立柱和挡土板，作

用在台身上的所有水平力假定均由锚碇板的抗拔力来平衡,台身仅受竖向力。结合式锚碇板式桥台较分离式锚碇板式桥台结构简单,施工方便,工程量小,但受力不明确,若设计计算中台顶位移量的选取不准确,将影响施工和运营。

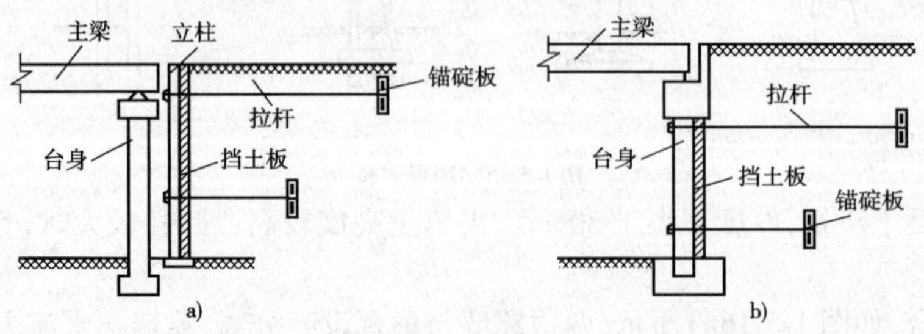

图 1-5-18　锚碇板桥台构造

2. 拱桥桥台构造

1)重力式 U 形桥台

重力式 U 形桥台在拱桥中用得最多,其构造与梁桥 U 形桥台相仿,也是由前墙、侧墙和基础 3 部分组成。

拱桥 U 形桥台只在向河心的一侧设置拱座(图 1-5-19),其构造和尺寸可参照相应桥墩的拱座拟定。对于空腹式拱桥,在前墙顶面上还要砌筑背墙,用来挡住路堤填土和支承腹拱。

拱桥 U 形桥台尺寸拟定与梁桥 U 形桥台基本相同,唯前墙背坡改为 2∶1 ~ 4∶1,前坡改为 20∶1 ~ 30∶1 或直立。

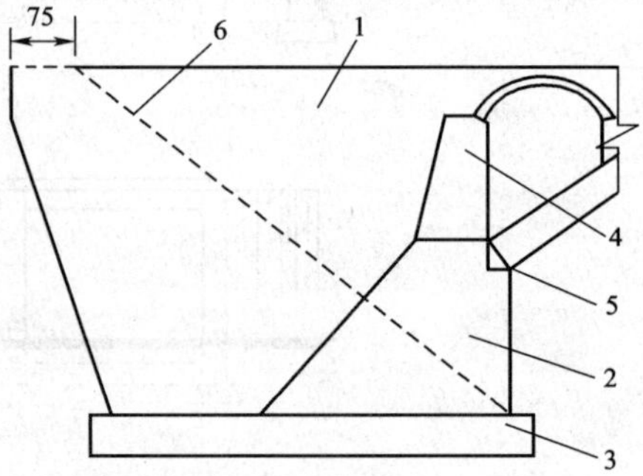

图 1-5-19　拱桥 U 形桥台(尺寸单位:cm)

1-侧墙;2-前墙;3-基础;4-防护墙;5-台帽;6-锥坡

2)轻型桥台

(1)八字形轻型桥台和前倾式轻型桥台

八字形桥台的台身可做成等厚度的或变厚度的。变厚度的台身背坡一般为 4∶1 ~ 2∶1,台口尺寸应满足抗剪强度要求。两边八字翼墙与台身分开,其顶宽为 40cm,前坡为 10∶1,后坡为 5∶1。

前倾式桥台由于台身向桥孔方向倾斜,因此比直立台身的受力情况要好,用料要省。前倾台身可做成等厚度的,前倾坡度可达 4∶1。其缺点是施工比较麻烦。

(2)U 形轻型桥台

U 形轻型桥台由前墙(等厚度的)和平行于行车方向的侧墙组成。前墙的构造和八字形桥台台身相同,侧墙顶宽为 50cm,内侧坡度为 4∶1。

(3)背撑式桥台

当桥台宽度(横桥向)较大时,为了保证结构的强度和稳定性,可在八字形或 U 形桥台的前墙背后加一道或几道背撑,构成平面为∏形、E 形的桥台(图 1-5-20)。

背撑的顶宽为 30 ~ 60cm,厚度为 30 ~ 60cm,背坡为 5∶1 ~ 3∶1。这种桥台比八字形桥台的稳定性要好,但土方开挖量及圬工体积都大,因而加背撑的 U 形桥台适用于较大跨径的高桥和宽桥。

(4)空腹 L 形桥台

空腹 L 形桥台由前墙、后墙、基础板和撑墙 4 部分组成,适用于软土地基而桥台本身不高的空腹式拱桥。前墙承受拱圈传来的压力,后墙支承台后土压力。在前后墙之间加设撑墙3~4道,作为前后墙间的传力构件,并对后墙起到护壁和对基础板起到加劲作用。上下游的边撑墙还起着挡土的作用。中间撑墙的高度则根据后墙的受力情况决定。空腹可以是敞口的,也可以加设盖板。如地基承载力许可时,可以在腹内填土。

(5)履齿式桥台

履齿式桥台又称飞机式桥台,由前墙、侧墙、底板和撑墙几部分组成(图1-5-21)。其结构特点是:基底面积较大,可以承受一定的垂直力,底板下的齿槛可以增大磨阻力和抗滑稳定性,齿槛的宽度和深度均不宜小于50cm,适用于软土地基和低路堤的拱桥。

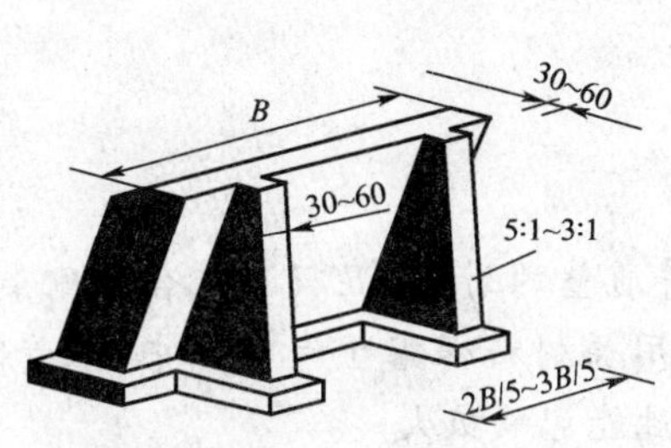

图1-5-20 背撑式桥台(尺寸单位:cm)

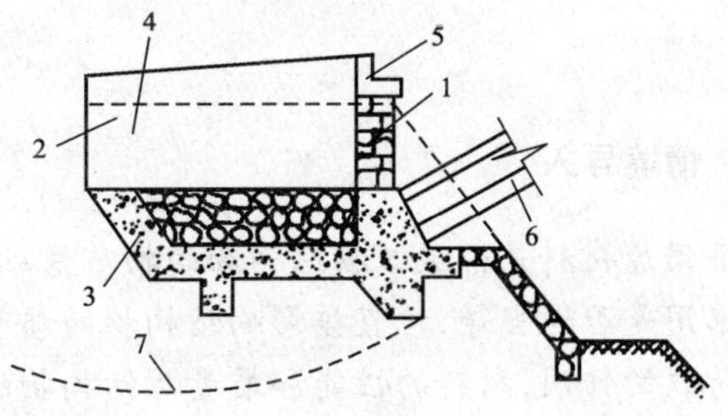

图1-5-21 履齿式桥台

1-前墙;2-侧墙;3-底板;4-撑墙;5-腹拱台帽;6-主拱圈;7-滑动面

实战演练

依据某桥施工图,学生在图纸资料室识读审核施工图纸。图纸审核的内容和程序如下:

(1)构造尺寸的审核。

(2)高程(坐标)的审核。

(3)核算工程量。

小　　结

要保证桥梁的安全,首先必须保证有可靠的下部结构,否则,整个桥梁就可能遭到损坏或影响正常使用。尤其是地基和基础属于隐蔽工程,施工条件差,并且一旦出现问题,很难发现,也很难处理、修复;另一方面,地基与基础在地下或水下,往往导致主观上的轻视。因此,要求充分重视地基和基础的施工质量。同时对墩台也不容忽视,要保证施工质量。作为一名技术人员,必须要先读懂施工图纸,然后才能正确指导施工。

学习情境2

原材料试验及混凝土配合比设计

情境导入

桥用原材料是桥梁工程结构物的物质基础。材料质量的好坏,混凝土配合比配制是否合理及选用是否适当等,均直接影响结构物的质量。桥用原材料裸露于大自然中,承受瞬时、反复动荷载的作用,材料的性能和质量对结构物的使用性能影响极大。

近年来由于交通量的迅速增长和车辆行驶的渠化,一些桥梁出现了严重的问题,与材料的性质有一定的关系。

学习目标

【知识目标】 掌握钢筋、混凝土组成材料的技术指标,掌握钢筋、混凝土组成材料的试验检测方法,学会混凝土配合比设计方法,并做出正确评定。

【能力目标】 熟练操作仪器进行钢筋和混凝土组成材料检测,能根据不同情况及强度等级确定混凝土配合比。

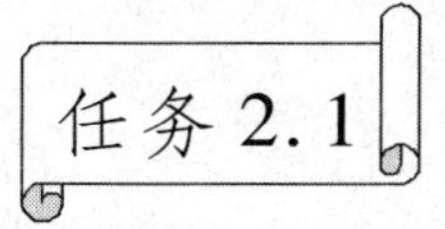

原材料试验

2.1.1 任务引入

桥梁建筑物，既受到车辆荷载复杂力系作用，又受到各种复杂的自然因素的恶劣影响，所以，桥用原材料，不仅要具备有一定的力学性能，同时，还要有在恶劣的自然因素作用下，不产生明显强度下降的耐久性。本单元介绍桥用原材料的种类、要求及原材料试验的方法和技术指标。

为避免不合格的材料和产品流入下一道工序，必须对原材料进行试验检测，只有保证原材料的质量才能保证整个工程的质量。

2.1.2 任务实施

一、原材料试验检测项目

1. 桥梁下部结构原材料试验检测项目（表 2-1-1）

桥梁下部结构原材料试验检测项目　　表 2-1-1

序号	检测项目	采用规程（标准）
1	水泥物理力学性能试验	《公路工程水泥及水泥混凝土试验规程》（JTG E30—2005）、《公路工程质量检验评定标准》（JTG F80/1—2004）
2	外掺剂技术性能试验	
3	混凝土拌和物性能试验	
4	混凝土抗压强度试验	
5	粗集料技术性能试验	《公路工程集料试验规程》（JTG E42—2005）
6	细集料技术性能试验	
7	混凝土配合比设计	《普通混凝土配合比设计规程》（JGJ 55—2000）
8	钢筋拉伸试验	《金属材料　室温拉伸试验方法》（GB/T 228　2002）
9	钢筋冷弯试验	《金属材料弯曲试验方法》（GB/T 232—1999）
10	岩石抗压强度、抗冻性试验	《公路工程岩石试验规程》（JTG E41—2005）
11	砂浆配合比设计	《砌筑砂浆配合比设计规程》（JGJ 98—2000）
12	水泥砂浆稠度、分层度试验	
13	水泥砂浆抗压强度试验	

2. 检测方法

桥梁下部结构原材料试验检测项目依据表 2-1-1 中相应规程（标准），参照《道桥建筑材料》课程进行试验检测。

二、原材料技术指标

1. 钢筋

1）普通钢筋的力学性能标准

钢筋混凝土中的钢筋和预应力混凝土中的非预应力钢筋有光圆钢筋、热扎带肋钢筋、冷扎带肋钢筋、低碳钢热轧圆盘条，在工程中需要做拉伸试验和弯曲试验。普通钢筋的力学性能标准见表 2-1-2。普通常用圆钢筋截面积、质量见表 2-1-3。表面质量要求：钢筋外表有严重锈蚀、麻坑、裂纹夹砂和夹层等缺陷时，应予剔除，不得使用。

普通钢筋的力学性能指标、强度标准　　表 2-1-2

表面形状	强度等级代号	公称直径（mm）	屈服强度 σ_s（MPa）	抗拉强度 σ_b（MPa）	伸长率 δ_5（%）	冷弯		反向弯曲 正弯 45° 反弯 23°
			不小于			弯芯直径 d	弯曲角度	
光圆	R235	8～20	235	370	25	$d=a$	180°	
热扎带肋	HRB335	6～25 28～50	335	490	16	$d=3a$ $d=4a$	180°	$d=4a$ $d=5a$
	HRB400	6～25 28～50	400	570	14	$d=4a$ $d=5a$	180°	$d=5a$ $d=6a$
	HRB500	6～25 28～50	500	630	12	$d=6a$ $d=7a$	180°	$d=7a$ $d=8a$
冷扎带肋	LL550	5～10	$\sigma_{0.2}$ 450	500	16	$d=3a$	180°	
	LL650		$\sigma_{0.2}$ 520	650	14	$d=4a$	180°	
	LL800		$\sigma_{0.2}$ 640	800	12	$d=5a$	180°	
圆盘条	Q215 Q235	5.5～30	215 235	375 410	27（δ_{10}） 27（δ_{10}）	$d=a$ $d=0.55a$	180°	

注：d 为弯芯直径，a 为钢筋直径。

单根钢筋截面积、质量表　　表 2-1-3

直径（mm）	钢筋截面面积（mm^2）	质量（kg/m）	直径（mm）	钢筋截面面积（mm^2）	质量（kg/m）
6	28.27	0.222	22	380.10	2.980
8	50.27	0.395	25	490.90	3.850
10	78.54	0.617	28	615.80	4.830
12	113.10	0.888	32	804.20	6.310
14	153.90	1.210	36	1 018.00	7.990
16	201.10	1.580	40	1 257.00	9.870
18	254.50	2.000	50	1 964.00	15.420
20	314.20	2.470			

2)普通钢筋力学性能试验检测

普通钢筋力学性能试验包括钢筋拉伸试验和冷弯试验,其试验方法见《道桥建筑材料》课程。在此介绍钢筋拉伸试验和冷弯试验的组批规则、取样数量、注意事项、复验与判定规则。

(1)组批规则

钢筋应按批进行检查和验收,每批应由同一牌号、同一外形、同一规格、同一生产工艺和同一交货状态的钢筋组成,每批数量不大于60t。

(2)取样数量

各类钢筋每组试件数量参见表2-1-4。

各类钢筋每组试件数量 表2-1-4

钢筋种类	每组钢筋数量		
	拉伸试验	弯曲试验	反向(复)弯曲
热轧带肋钢筋	2根	2根	每批1根(反向弯曲)
热轧光圆钢筋	2根	2根	
低碳热轧圆盘条	1根	2根	
余热处理钢筋	2根	2根	
冷轧带肋钢筋	逐盘1个	每批2个	每批2个(反向弯曲)

(3)复验与判定规则

①屈服强度、抗拉强度和伸长率评定。屈服强度、抗拉强度和伸长率均应符合相应标准中规定的指标。在做拉力检验的2根试件中,如1根试件的屈服强度、抗拉强度、伸长率三个指标中有一个指标不符合标准时,即为拉力试验不合格,应取双倍试件重新测定;在第二次拉力试验中,如仍有一个指标不符合规定,不论这个指标在第一次试验中是否合格,判定拉力试验项目仍不合格,表示该批钢筋为不合格品。

②冷弯试验评定。冷弯试验后,弯曲外侧表面无裂纹、断裂或起层,即判为合格。做冷弯的2根试件中,如有1根试件不合格,可取双倍数量试件重新做冷弯试验,第二次冷弯试验中,如仍有1根不合格,即判该批钢筋为不合格品。这里应注意,弯曲表面金属体上出现的开裂,其长度大于2mm而小于等于5mm,宽度大于0.2mm而小于0.5mm时称裂纹。

③反复弯曲试验结果评定。弯曲次数达到或超过有关标准中所规定的弯曲次数判为合格。

3)焊接钢筋的质量检验

钢筋接头一般应采用焊接,螺纹筋可采用挤压套管接头。钢筋的焊接应优选用闪光对焊,当缺乏闪光对焊条件时,也可采用电弧焊、电渣压力焊、气压焊等。钢筋在焊接前必须根据施工条件进行试焊,按不同的焊接方法抽取试样进行力学性能试验,即拉伸和弯曲试验。

不同焊接方式的质量检测内容和标准见表2-1-5。钢筋电弧焊接头尺寸偏差及缺陷允许值见表2-1-6。

钢筋焊接接头的检验标准　　表 2-1-5

焊接方式	钢筋闪光对焊接头	钢筋电弧焊接头
批量	同班组、同一焊工、同一焊接参数以 300 个接头作一批或连续焊接在一周内不足 300 个接头时亦按一批	300 个同类型接头作一批或不足 300 个接头时亦按一批
外观验收	每批抽查 10% 个接头，并不少于 10 个； 接头无横向裂纹，接头弯折不大于 4°； 接头处钢筋轴线偏移不大于 0.1 倍钢筋直径； 其中一个接头达不到上述要求时，接头全查；不合格品切除重焊后再次验收	接头处逐个检测； 接头处无裂纹，无较大凹陷、焊瘤，接头偏差及缺陷不超过规定值； 外观不合格的接头，可修复或补强后再次验收
强度检验	从成品中每批分别切取 3 个试件做拉伸试验，3 个试件做弯曲试验。 ①3 个试件抗拉强度均不得低于该级别钢筋的强度； ②至少有 2 个试件断于焊接之外并呈塑性断裂； ③弯曲试验时，弯芯直径从Ⅰ～Ⅳ级钢筋分别为 $2d$、$4d$、$5d$ 和 $7d$。弯曲到 90° 时，接头两侧不得出现宽度大于 0.15mm 的横向裂纹	从成品中每批切取 3 个试件做拉伸试验。 ①3 个试件抗拉强度均不得低于该级别钢筋规定的强度； ②至少有 2 个试件呈塑性断裂
复验要求	拉伸试验结果有 1 个试件抗拉强度小于规定值或有 2 个试件脆断在焊缝或热影响区，应再取 6 个试件复验，其结果若仍有 1 个试件抗拉强度低于规定值或有 3 个试件脆断于焊缝或热影响区，则该批接头不合格。 弯曲试验结果有 2 个试件发生破断，再取 6 个试件复验，其结果若仍有 3 个试件破断，则该批接头不合格	检验结果有 1 个试件的抗拉强度低于规定值或有 2 个试件脆性断裂，应取双倍数量试件复验，其结果若仍有 1 个试件的抗拉强度低于规定值，或有 1 个试件断于焊缝或有 3 个试件呈脆性断裂，则该批接头不合格

钢筋电弧焊接头质量检验（逐个接头检查）　　表 2-1-6

名　称			单　位	允许偏差及缺陷允许值		
				绑条焊	搭接焊	坡口焊及熔槽绑条焊
绑条沿接头纵向偏移			mm	$0.5d$		
接头处弯折			°	4	4	4
接头处钢筋轴线的偏移			mm	$0.1d$	$0.1d$	$0.1d$
				3	3	3
焊缝厚度			mm	$+0.05d$　0	$+0.05d$　0	
焊缝宽度			mm	$+0.1d$　0	$+0.1d$　0	
焊缝长度			mm	$-0.5d$	$-0.5d$	
横向咬边深度			mm	0.5	0.5	0.5
焊缝气孔及夹渣的数量和大小	在长 $2d$ 的焊缝表面上	数量	个	2	2	
		面积	mm^2	6	6	
	在全部焊缝上	数量	个			2
		面积	mm^2			6

4）钢筋加工与安装质量检测

（1）一般规定

①钢筋须按不同钢种、等级、牌号、规格及生产厂家分批验收，分别堆存，不得混杂，且应设立识别标志。钢筋宜堆置在仓库（棚）内，露天堆置时，应垫高并加遮盖。

②钢筋应具有出厂质量证明书和试验报告单。对桥涵所用的钢筋应抽取试样做力学性能试验。

③预制构件的吊环必须采用 R235 钢筋制作，严禁使用冷加工钢筋。每个吊环按两肢截面计算，在构件自重标准值作用下，吊环的拉应力不应大于 50MPa。吊环埋入混凝土的深度不应小于 35 倍吊环直径，端部应做成 180°弯钩，且应与构件内钢筋焊接或绑扎。吊环内直径不应小于 3 倍钢筋直径，且不应小于 60mm。

(2)钢筋的加工

钢筋调直和清除污锈应符合下列要求：

①钢筋的表面应洁净，使用前应将表面油渍、漆皮、鳞锈等清除干净。

②钢筋应平直，无局部弯折，成盘的钢筋和弯曲的钢筋均应调直。

③采用冷拉方法调直钢筋时，R235 钢筋的冷拉率不宜大于 2%；HRB335、HRB400 牌号钢筋的冷拉率不宜大于 1%。

钢筋的弯制和末端的弯钩应符合设计要求，如设计无规定时，应符合表 2-1-7 中的相关要求。

受力主钢筋制作和末端弯钩形状　　表 2-1-7

弯曲部位	弯曲角度	形状图	钢筋种类	弯曲直径	平直部分长度	备注
末端弯钩	180°	d, D	R235	≥2.5d	≥3d	d 为钢筋直径
	135°	d, D, ≥5d	HRB335	ϕ8 ~ ϕ25 ≥4d	≥5d	
			HRB400 KL400	ϕ28 ~ ϕ40 ≥5d		
	90°	d, D, ≥10d	HRB335	ϕ8 ~ ϕ25 ≥4d	≥10d	
			HRB400 KL400	ϕ28 ~ ϕ40 ≥5d		
中间弯钩	90°以下	D, d, D	各类钢筋	≥20d	—	

注：环氧树脂钢筋弯曲加工时，对直径 d 不大于 20mm 的钢筋，其弯曲直径不应小于 4d，对直径大于 20mm 的钢筋，其弯曲直径不小于 6d；直线段长度不应小于 5d。

箍筋的末端应做弯钩，弯钩的角度可取 135°。弯钩的弯曲直径应大于被箍受力主钢筋的直径，且 R235 钢筋不应小于箍筋直径的 2.5 倍，HRB335 钢筋不应小于箍筋直径的 4 倍。弯钩平直部分的长度，一般结构不宜小于箍筋直径的 5 倍，抗震结构不应小于箍筋直径的 10 倍。

(3)钢筋的连接

①钢筋接头宜采用焊接接头和钢筋机械连接接头(套筒挤压接头、镦粗直螺纹接头)。钢筋机械连接接头适用于 HRB335 和 HRB400 带肋钢筋的连接，机械连接接头应符合《钢筋机械连接通用技术规程》(JGJ 107—2003)的有关规定。当施工或构造条件有困难时，也可采用绑

扎接头。钢筋接头宜设在受力较小区段，并宜错开布置。绑扎接头的钢筋直径不宜大于28mm，但轴心受压和偏心受压构件中的受压钢筋，可不大于32mm。轴心受拉和小偏心受拉构件不应采用绑扎接头。弯起钢筋不得采用浮筋。

②钢筋焊接接头宜采用闪光接触对焊；当闪光接触对焊条件不具备时，也可采用电弧焊（帮条焊或搭接焊）、电渣压力焊和气压焊。电弧焊应采用双面焊缝，不得已时方可采用单面焊缝。帮条焊接的帮条应采用与被焊接钢筋同强度等级的钢筋，其总截面面积不应小于被焊接钢筋的截面面积。采用搭接焊时，两钢筋端部应预先折向一侧，两钢筋轴线应保持一致。电弧焊接接头的焊缝长度，双面焊缝不应小于钢筋直径的 5 倍，单面焊缝不应小于钢筋直径的10 倍。

在任一焊接接头中心至长度为钢筋直径的35倍，且不小于500mm 的区段 l 内（图 2-1-1），同一根钢筋不得有 2 个接头；在该区段内有接头的受力钢筋截面面积占受力钢筋总截面面积的百分数，普通钢筋在受拉区不宜超过50%，在受压区和装配式构件间的连接钢筋不受限制。

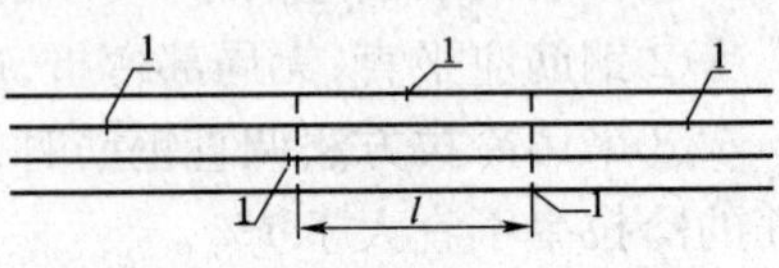

图 2-1-1　焊接接头设置

1-焊接接头中心

帮条焊、搭接焊接头和绑扎接头部分钢筋的横向净距不应小于钢筋直径，且不应小于25mm，同时非焊接部分各主钢筋间横向净距和层与层之间的竖向净距，当钢筋为3层及以下时，不应小于30mm，并不小于钢筋直径；当钢筋为3层以上时，不应小于40mm，并不小于钢筋直径的 1.25 倍。对于束筋，此处直径采用等代直径。

③凡施焊的各种钢筋、钢板均应有材质证明书或试验报告单。电弧焊（搭接焊）采用的焊条性能应符合《碳钢焊条》（GB/T 5117—1995）和《低合金钢焊条》（GB/T 5118—1995）标准的有关规定，其牌号应符合设计要求。若设计未作规定时，可参考表 2-1-8 选用。

钢筋电弧焊焊条型号　　表 2-1-8

钢筋牌号	电弧焊接头形式			
	搭接焊、帮条焊	坡口焊、熔槽绑条焊、预制件穿孔塞焊	窄间隙焊	钢筋与钢板搭接焊、预埋件 T 形角焊
R235	E4303	E4303	E4316、E4315	E4303
HRB335	E4303	E5003	E5016、E5015	E4303
HRB400	E5003	E5503	E6016、E6015	E5003

④受拉钢筋绑扎接头的搭接长度，应符合表 2-1-9 的规定；受压钢筋绑扎接头的搭接长度，应取受拉钢筋绑扎接头搭接长度的 0.7 倍。

在任一绑扎接头中心至搭接长度 l_s 的 1.3 倍长度区段 l（图 2-1-2）内，同一根钢筋不得有 2 个接头；在该区段内有绑扎接头的受力钢筋截面面积占受力钢筋总截面面积的百分数，受拉区不宜超过 25%，受压区不宜超过 50%。当绑扎接头的受力钢筋截面面积占受力钢筋总截面面积超过上述规定时，应按表 2-1-9 的规定值，乘以下列系数：当受拉钢筋绑扎接头截面面积大于 25%，但不大于 50% 时，乘以 1.4，当大于 50% 时，乘以 1.6；当受压钢筋绑扎接头截面面积大于 50% 时，乘以 1.4（受压钢筋绑扎接头长度仍为表中受拉钢筋绑扎接头长度的 0.7 倍）。

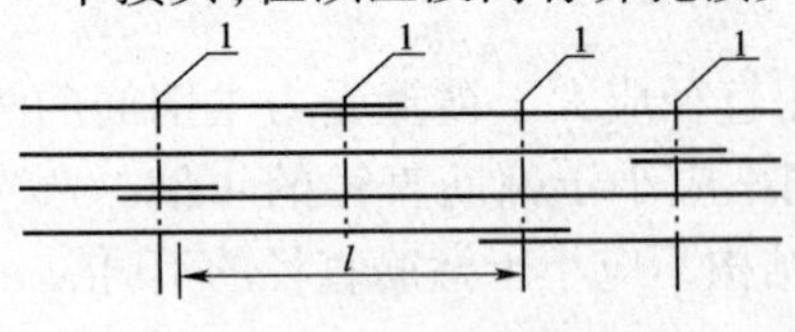

图 2-1-2　受力钢筋绑扎接头

1-绑扎接头搭接中心

注：图中所示 l 区段内接头钢筋截面面积按 2 根计。

受拉钢筋绑扎接头的搭接长度 表 2-1-9

钢筋类型		混凝土强度等级		
		C20	C25	高于 C25
光圆 R235		35d	30d	25d
月牙纹	HRB335	45d	40d	35d
	HRB400	—	50d	45d

注:1. 当带肋钢筋直径不大于 25mm 时,其受拉钢筋的搭接长度应按表中值减少 5d;当带肋钢筋直径大于 25mm 时,其受拉钢筋的搭接长度应按表中值增加 5d 采用。

2. 当混凝土在凝固过程中受力钢筋易受搅动时,其搭接长度应增加 5d。

3. 在任何情况下,纵向受拉钢筋的搭接长度不应小于 300mm,受压钢筋的搭接长度不应小于 200mm。

4. 环氧树脂涂层钢筋的绑扎接头搭接长度,受拉钢筋按表值的 1.5 倍采用。

5. 受拉区段内,R235 钢筋绑扎接头的末端应做成弯钩,HRB335、HRB400、KL400 钢筋的末端可不做成弯钩。

(4)钢筋的机械连接

①钢筋的机械连接,其接头性能指标应符合《公路桥涵施工技术规范》(JTJ 041—2000)附录 E-3 的规定。

②钢筋连接件处的混凝土保护层宜满足设计要求,且不得小于 15mm,连接件之间的横向净距不宜小于 25mm。

③对受力钢筋机械连接接头的位置要求,可依照焊接接头要求办理。

④带肋钢筋套筒挤压接头(以下简称挤压接头)适用直径为 16 ~ 40mm 的 HRB335、HBB400 牌号带肋钢筋的径向挤压连接。用于挤压连接的钢筋应符合现行国家标准的要求。

a. 不同直径的带肋钢筋可采用挤压接头连接,当套筒两端外径和壁厚相同时,被连接钢筋的直径相差不应大于 5mm。

b. 当混凝土结构中挤压接头部位的温度低于 -20℃时,宜进行专门的试验。

c. 对 HRB335、HRB400 牌号带肋钢筋挤压接头所用套筒材料,应选用适于压延加工的钢材,其实测力学性能、承载力及尺寸僻差应符合有关规定。

d. 套筒应有出厂合格证,套筒在运输和储存中,应按不同规格分别堆放,不得露天堆放,应防止锈蚀和沾污。

e. 挤压接头施工时,有关挤压设备、人员、挤压操作、质量检验、施工安全应符合现行《带肋钢筋套筒挤压连接技术规程》(JGJ 108)的规定。

⑤钢筋锥螺纹接头,适用于直径为 16 ~40mm 的 HRB335、HRB400 牌号钢筋的连接,用于连接的钢筋应符合现行国家标准的要求。锥螺纹连接套的材料宜用 45 号优质碳素结构钢材或其他经试验确认符合要求的钢材。钢筋锥螺纹接头的技术要求,应符合现行《钢筋锥螺纹接头技术规程》(JGJ 109—1996)的规定。钢筋锥螺纹接头的应用,应符合下列规定:

a. 接头端头距钢筋弯曲点不得小于钢筋直径的 10 倍。

b. 不同直径的钢筋连接时,一次连接钢筋直径规格不宜超过 2 级。

锥螺纹接头施工时,有关材料、加工、操作、质量检验应符合现行《钢筋锥螺纹接头技术规程》(JGJ 109—1996)的规定。

2. 混凝土

1)一般规定

在进行混凝土强度试配和质量评定时,混凝土的抗压强度应以边长为 150mm 的立方体尺寸标准试件测定。试件以同龄期者3块为一组，并以同等条件制作和养护，每组试件的抗压强度应以3个试件测值的算术平均值为测定值，如有1个测值与中间值的差值超过中间值的15%时，则取中间值为测定值；如有2个测值与中间值的差值均超过15%时，则该组试件无效。

当采用非标准尺寸试件做抗压强度试验时，其抗压强度应按表2-1-10所列系数换算。

混凝土抗压强度应为标准尺寸试件在温度为20℃±3℃及相对湿度不低于90%的环境中养护28d，做抗压试验时所测得的抗压强度值（单位MPa），在进行混凝土强度试配和质量评定时，取其保证率为95%。

混凝土试件抗压强度换算系数 表2-1-10

集料最大粒径(mm)	试件尺寸(mm)	换算系数
60	200×200×200	1.05
30	100×100×100	0.95

注：采用150mm×150mm×150mm的标准试件，其集料最大粒径为40mm。

2）配制混凝土用的材料

（1）水泥

①选用水泥时，应注意其特性对混凝土结构强度、耐久性和使用条件是否有不利影响。

②选用水泥时，应以能使所配制的混凝土强度达到要求、收缩小、和易性好和节约水泥为原则。

③水泥应符合现行国家标准，并附有制造厂的水泥品质试验报告等合格证明文件。水泥进场后，应按其品种、强度、证明文件以及出厂时间等情况分批进行检查验收。对所用水泥应进行复查试验。为快速鉴定水泥的现有强度，也可用促凝压蒸法进行复验。

④袋装水泥在运输和储存时应防止受潮，堆垛高度不宜超过10袋。不同强度等级、品种和出厂日期的水泥应分别堆放。

⑤散装水泥的储存，应尽可能采用水泥罐或散装水泥仓库。

⑥水泥如受潮或存放时间超过3个月，应重新取样检验，并按其复验结果使用。

（2）细集料

桥涵混凝土的细集料，应采用级配良好、质地坚硬、颗粒洁净、粒径小于5mm的河砂；河砂不易得到时，也可用山砂或用硬质岩石加工的机制砂。细集料不宜采用海砂，不得不采用海砂时，其氯离子的含量对于钢筋混凝土应符合规范的规定。

在混凝土中掺入外加剂时，除应符合规范的规定外，还应符合下列规定：

①在钢筋混凝土中不得掺用氯化钙、氯化钠等氯盐。

②位于温暖或严寒地区、无侵蚀性物质影响及与土直接接触的钢筋混凝土构件，混凝土中的氯离子含量不宜超过水泥用量的0.30%；位于严寒和海水区域、受侵蚀环境和使用除冰盐的桥涵，氯离子含量不宜超过水泥用量的0.5%。从各种组成材料引入的氯离子含量（折合氯盐含量）如大于上述数值时，应采取有效的防锈措施（如掺入阻锈剂、增加保护层厚度、提高混凝土密实性等）。当采用洁净水和无氯集料时，氯离子含量可主要以外加剂或混合材料的氯离子含量控制。

③无筋混凝土的氯化钙或氯化钠掺量，以干质量计，不得超过水泥用量的3%。

④掺入加气剂的混凝土的含气量宜为3.5%～5.5%。

⑤对由外加剂带入混凝土的碱含量应进行控制。每立方米混凝土的总含碱量，对一般桥涵不宜大于3.0kg/m^3，对特殊大桥、大桥和重要桥梁不宜大于1.8kg/m^3；当处于受严重侵蚀的环境，不得使用有碱活性反应的集料。砂的筛分应符合下列规定：

a. 砂的分类见表2-1-11。

砂的分类 表2-1-11

砂　组	粗　砂	中　砂	细　砂
细度模数	3.7～3.1	3.0～2.3	2.2～1.6

注：细度模数主要反映全部颗粒的粗细程度，不完全反映颗粒的级配情况，混凝土配制时应同时考虑砂的细度模数和级配情况。

b. 砂的级配应符合表2-1-12中任何一个级配区所规定的级配范围。

砂的分区及级配范围 表2-1-12

标准筛筛孔尺寸(mm)	级配区			标准筛筛孔尺寸(mm)	级配区		
	Ⅰ区	Ⅱ区	Ⅲ区		Ⅰ区	Ⅱ区	Ⅲ区
	累计筛余(%)				累计筛余(%)		
10.00	0	0	0	0.63	85～74	70～41	40～16
5.00	10～0	10～0	10～0	0.315	95～80	92～70	85～55
2.50	35～5	25～0	15～0	0.16	100～90	100～90	100～90
1.25	65～35	50～10	25～0				

注：1. 表中除5mm、0.63mm、0.16mm筛孔外，其余各筛孔累计筛余允许超出分界线，但其总量不得大于5%。

2. Ⅰ区砂宜提高砂率以配低流动性混凝土；Ⅱ区砂宜优先选用以配不同等级的混凝土；Ⅲ区砂宜适当降低砂率以保证混凝土的强度。

3. 对于高强泵送混凝土用砂宜选用中砂，细度模数为2.9～2.6。2.5mm筛孔的累计筛余量不得大于15%，0.315mm筛孔的累计筛余量宜在85%～92%范围内。

当对河砂、海砂或机制砂的坚固性有怀疑时，应用硫酸钠进行坚固性试验，试验时循环5次，砂的总质量损失应符合表2-1-13的规定。

砂中杂质的含量应通过试验测定，其最大含量不宜超过表2-1-14的规定。

(3)粗集料

①桥涵混凝土的粗集料，应采用坚硬的卵石或碎石，应按产地、类别、加工方法和规格等不同情况，分批进行检验。机械集中生产时，每批不宜超过400m^3；人工分散生产时，每批不宜超过200m^3。

砂的坚固性指标 表2-1-13

混凝土所处的环境条件	循环后的质量损失
在寒冷地区室外使用，并经常处于潮湿或干燥交替状态下的混凝土	≤8
在其他条件下使用的混凝土	≤12

注：1. 寒冷地区系指最寒冷月份的月平均温度为0～－10℃且日平均温度≤5℃的天数不超过145d的地区。

2. 对同一产源的砂，在类似的气候条件下使用已有可靠经验时，可不做坚固性检验。

3. 对于有抗疲劳、耐磨、抗冲击要求的混凝土用砂，或有腐蚀介质作用或经常处于水位变化区的地下结构混凝土用砂，其循环后的质量损失率应小于8%。

砂中杂质的最大含量　　表 2-1-14

项　　目	≥C30 的混凝土	＜C30 的混凝土
含泥量(%)	≤3	≤5
其中泥块含量(%)	≤1.0	≤2.0
云母含量(%)	＜2	
轻物质含量(%)	＜1	
硫化物及硫酸盐折算为 S_q(%)	＜1	
有机质含量(用比色法试验)	颜色不应深于标准色,如深于标准色,应以水泥砂浆进行抗压强度对比试验,加以复核	

注:1. 对有抗冻、抗渗或其他特殊要求的混凝土用砂,总含泥量应不大于 3%,其中泥块含量应不大于 1.0%,云母含量不应超过 1%。

2. 对有机质含量进行复核时,用原状砂配制的水泥砂浆抗压强度不低于用洗除有机质的砂所配制的砂浆的 95% 时为合格。

3. 砂中如含有颗粒状的硫酸盐或硫化物,则要进行混凝土耐久性试验,满足要求时方能使用。

4. 杂质含量均按质量计。

②粗集料的颗粒级配,可采用连续级配或连续级配与单粒级配合使用。在特殊情况下,通过试验证明混凝土无离析现象时,也可采用单粒级。粗集料的级配范围应符合表 2-1-15 的要求。

碎石或卵石的颗粒级配规格　　表 2-1-15

级配情况	公称粒级(mm)	累计筛余(按质量百分率计) 圆孔筛筛孔尺寸(mm)											
		2.5	5	10	16	20	25	31.5	40	50	63	80	100
连续级配	5~10	95~100	80~100	0~15	0	—	—	—	—	—	—	—	—
	5~16	95~100	90~100	30~60	0~10	0	—	—	—	—	—	—	—
	5~20	95~100	90~100	40~70	—	0~10	0	—	—	—	—	—	—
	5~25	95~100	90~100	—	30~70	—	0~5	0	—	—	—	—	—
	5~31.5	95~100	90~100	70~90	—	15~40	—	0~5	0	—	—	—	—
	5~40	—	95~100	75~90	—	30~60	—	—	0~5	0	—	—	—
单粒级	10~20	—	95~100	85~100	—	0~15	0	—	—	—	—	—	—
	16~31.5	—	95~100	—	85~100	—	—	0~10	0	—	—	—	—
	20~40	—	—	95~100	—	80~100	—	—	0~10	0	—	—	—
	31.5~63	—	—	—	95~100	—	—	75~100	45~75	—	0~10	0	—
	40~80	—	—	—	—	95~100	—	—	70~100	—	30~60	0~10	0

③粗集料最大粒径应按混凝土结构情况及施工方法选取,但最大粒径不得超过结构最小边尺寸的 1/4 和钢筋最小净距的 3/4;在两层或多层密布钢筋结构中,不得超过钢筋最小净距的 1/2,同时最大粒径不得超过 100mm。用混凝土泵运送混凝土时的粗集料最大粒径,除应符合上述规定外,对碎石不宜超过输送管径的 1/3;对于卵石不宜超过输送管径的 1/2.5,同时应符合混凝土泵制造厂的规定。

④粗集料的技术要求及有害物质含量的规定见表 2-1-16 及表 2-1-17。

粗集料的技术要求 表 2-1-16

项目	混凝土强度等级			
	C55 ~ C40	≤C35	≥C30	< C30
石料压碎指标值(%)	≤12	≤16	—	—
针片状颗粒含量(%)	—	—	≤15	≤25
含泥量(按质量计)(%)	—	—	≤1.0	≤2.0
泥块含量(按质量计)(%)	—	—	≤0.5	≤0.7
小于 2.5mm 的颗粒含量(按质量计)(%)	≤5	≤5	≤5	≤5

注:1. 混凝土强度等级为 C60 及以上时,应进行岩石抗压强度检验,其他情况下,如有必要时也可进行岩石的抗压强度检验。岩石的抗压强度与混凝土强度等级之比对于大于或等于 C30 的混凝土,不应小于 2,其他不应小于 1.5,且火成岩强度不宜低于 80MPa,变质岩不宜低于 60MPa,水成岩不宜低于 30MPa。岩石的抗压强度试验可按现行《公路工程石料试验规程》执行。

2. 混凝土强度在 C10 及以下时,针片状颗粒最大含量可为 40%。

碎石或卵石中的有害物质含量 表 2-1-17

项目	品质指标
硫化物及硫酸盐折算为 S_0(按质量计)不大于(%)	1
卵石中有机质含量(用比色法试验)	颜色不应深于标准色,如深于标准色,则应配制混凝土进行强度试验,抗压强度应不低于 95%

注:如含有颗粒硫酸盐或硫化物,则要进行混凝土耐久性试验,确认能满足要求时方能用。

⑤混凝土结构物处于表 2-1-18 所列条件下时,应对碎石或卵石进行坚固性试验,试验结果应符合表内的规定。

碎石或卵石的坚固性试验 表 2-1-18

混凝土所处环境条件	在溶液中循环次数	试验后质量损失不宜大于(%)
寒冷地区,经常处于干湿交替状态	5	5
严寒地区,经常处于干湿交替状态	5	3
混凝土处于干燥条件,但粗集料风化或软弱颗粒过多时	5	12
混凝土处于干燥条件,但有抗疲劳、耐磨、抗冲击要求高或强度大于 C40	5	5

注:有抗冻、抗渗要求的混凝土用硫酸钠法进行坚固性试验不合格时,可再进行直接冻融试验。

⑥施工前应对所用的碎石或卵石进行碱活性检验,在条件许可时尽量避免采用有碱活性反应的集料,或采取必要的措施。具体试验方法可参照现行《公路工程集料试验规程》(JTG E42—2005)进行。

⑦集料在生产、采集、运输与储存过程中,严禁混入影响混凝土性能的有害物质。集料应按品种规格分别堆放,不得混杂。在装卸及存储时,应采取措施,使集料颗粒级配均匀,并保持洁净。

(4)拌和用水

拌制混凝土用的水,应符合下列要求:

①水中不应含有影响水泥正常凝结与硬化的有害杂质或油脂、糖类及游离酸类等。

②污水、pH值小于5的酸性水及含硫酸盐量按SO_4^{2-}计超过水的质量0.27mg/cm³水不得使用。

③不得用海水拌制混凝土。

④供饮用的水，一般能满足上述条件，使用时可不经试验。

(5)外加剂

①应根据外加剂的特点，结合使用目的，通过技术、经济比较来确定外加剂的使用品种。如果使用一种以上的外加剂，必须经过配比设计，并按要求加入到混凝土拌和物中。在外加剂的品种确定后，掺量应根据使用要求、施工条件、混凝土原材料的变化进行调整。

②所采用的外加剂，必须是经过有关部门检验并附有检验合格证明的产品，其质量应符合现行《混凝土外加剂》(GB 8076—1997)的规定，使用前应复验其效果，使用时应符合产品说明及本规范关于混凝土配合比、拌制、浇筑等各项规定以及外加剂标准中的有关规定。不同品种的外加剂应分别存储，作好标记，在运输与存储时不得混入杂物和遭受污染。

(6)混合材料

①混合材料包括粉煤灰、火山灰质材料、粒化高炉矿渣等，应由生产单位专门加工，进行产品检验并出具产品合格证书，其技术条件应分别符合现行《用于水泥和混凝土中的粉煤灰》(GB/T 1596—2005)、《用于水泥中的火山灰质混合料》(GB/T 2847—2005)、《用于水泥中的粒化高炉矿渣》(GB/T 203—2008)等标准的规定。使用单位对产品质量有怀疑时，应对其质量进行复查，混合材料技术条件见《公路桥涵施工技术规范》(JTJ 041—2000)附录F—3。

②混合材料在运输与存储中，应有明显标志，严禁与水泥等其他粉状材料混淆。

3. 砌体

桥涵工程使用的石料主要用于砌体工程，如桥涵拱圈、墩台、基础、锥坡等。路基工程主要用于排水、挡墙等。桥涵结构物所用石料一般有如下两方面的要求。

1)石料制品的物理、力学性质

(1)石料应符合设计规定的类别和强度，石质应均匀、不易风化、无裂纹。石料强度、试件规格及换算应符合设计要求。桥梁结构物用石料强度技术标准见表2-1-19。

桥梁结构物用石料强度技术标准 表2-1-19

序　　号	结构物类型	石料最低强度(MPa)
1	拱圈	30
2	大、中桥墩台及基础、梁式桥轻型桥台	25
3	小桥墩台及基础、挡土墙	25

(2)一月份平均气温低于-10℃的地区，除干旱地区的不受冰冻部位或根据以往实践经验证明材料确有足够抗冻性者外，所用石料及混凝土材料须通过冻融试验证明符合表2-1-20的抗冻性指标时，方可使用。

石料及混凝土材料抗冻性指标 表2-1-20

结构物类型	大、中桥	小桥及涵洞
镶面或表层	50	25

注：抗冻性指标系指材料在含水饱和状态下经-15℃的冻结与融化的循环次数。试验后的材料应无明显损伤(裂缝、脱层)，其强度不低于试验前0.75倍。

2)石料的规格和几何尺寸

(1)片石：一般指用爆破或楔劈法开采的石块，厚度不应小于150mm(卵形和薄片者不得采用)。用作镶面的片石,应选择表面较平整、尺寸较大者,并应稍加修整。

(2)块石:形状应大致方正,上下面大致平整,厚度200~300mm,宽度约为厚度的1.0~1.5倍,长度约为厚度的1.5~3.0倍。块石用作镶面时,应由外露面四周向内稍加修凿,后部可不修凿,但应略小于修凿部分。其加工形状如图2-1-3所示。

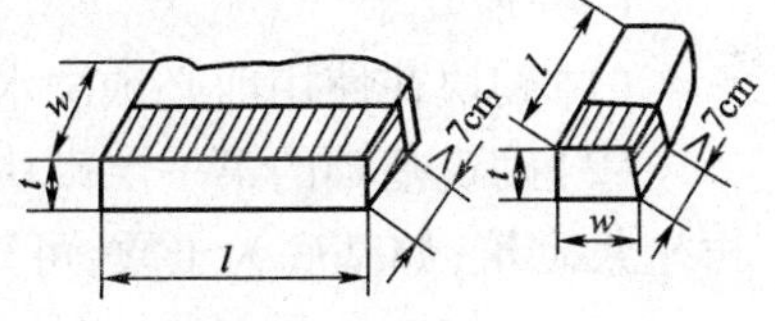

图2-1-3 镶面块石

w-宽度;t-厚度;l-长度

(3)粗料石:是由岩层或大块石料开劈并经粗略修凿而成,外形应方正,成六面体,厚度为200~300mm,宽度为厚度的1.0~1.5倍,长度为厚度的2.5~4.0倍,表面凹陷深度不大于20mm。加工精度如图2-1-4所示。镶面粗料石的外露面如带细凿边缘时,细凿边缘的宽度应为30~50mm。

(4)拱石:可根据设计采用粗料石或块石,主要用于石拱桥的拱圈砌筑,如图2-1-5所示。

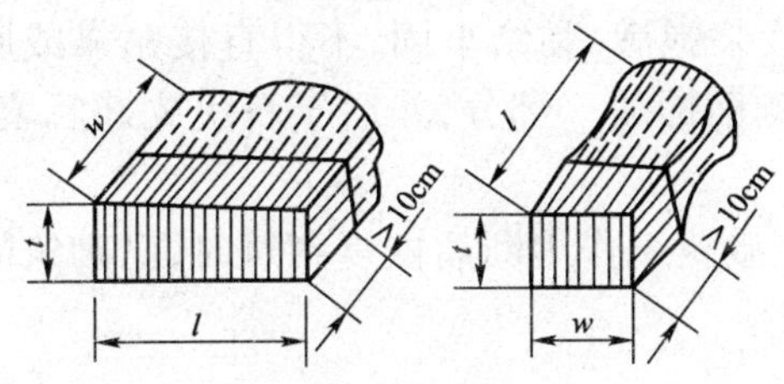

图2-1-4 镶面粗料石

w-宽度;t-厚度;l-长度

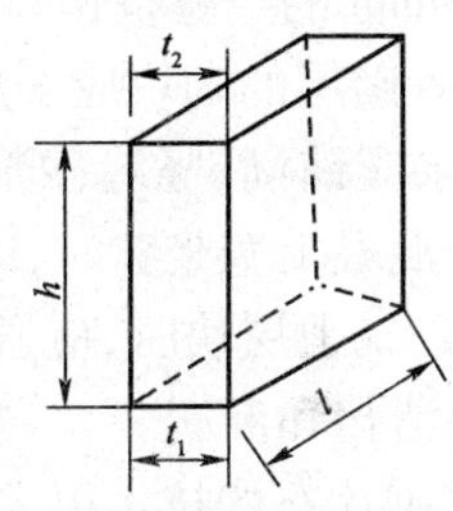

图2-1-5 拱石

4. 砂浆的技术要求

(1)砌筑用砂浆的类别和强度等级应符合设计规定。

(2)砂浆中所用水泥、砂、水等材料的质量标准宜符合混凝土工程相应材料的质量标准。砂浆中所用砂,宜采用中砂或粗砂,当缺乏中砂及粗砂时,在适当增加水泥用量的基础上,也可采用细砂。砂的最大粒径,当用于砌筑片石时,不宜超过5mm;当用砌筑块石、粗料石时,不宜超过2.5mm。如砂的含泥量达不到混凝土用砂的标准,当砂浆强度等级大于或等于M5时,可不超过5%;小于M5时可不超过7%。

(3)石灰水泥砂浆所用生石灰,应成分纯正,煅烧均匀、透彻。一般宜熟化成消石灰粉或石灰膏使用,也可磨细成生石灰粉使用。消石灰粉和石灰膏应通过网筛过滤,并且石灰膏应在沉淀池内储存14d以上。磨细生石粉应经4 900孔/cm^2筛子过筛。

(4)砂浆的配合比可通过试验确定,并应满足该规范中技术条件的要求。当变更砂浆的组成材料时,其配合比应重新试验确定。

(5)砂浆必须具有良好的和易性,其稠度以标准圆锥体沉入度表示,用于石砌体时宜为50~70mm,气温较高时应适当增大。零星工程用砂浆的稠度,也可用直观法进行检查,以能将砂浆捏成小团,松手后既不松散、也不由灰铲上流下为度。

(6)为改善水泥砂浆的和易性,可掺入无机塑化剂或以皂化松香为主要成分的微沫剂等有机塑化剂。

(7)砂浆配制应采用质量比,砂浆应随拌随用,保持适宜的稠度,一般宜在3~4h内使用完毕;气温超过30℃时,宜在2~3h内使用完毕。在运输过程或在储存器中发生离析、泌水的砂浆,砌筑前应重新拌和;已凝结的砂浆,不得使用。

5. 浆砌石块的技术要求

1）一般要求

（1）砌块在使用前必须浇水湿润，表面如有泥土、水锈，应清洗干净。

（2）砌筑基础的第一层砌块时，如基底为岩层或混凝土基础，应先将基底表面清洗、湿润，再坐浆砌筑；如基底为土质，可直接坐浆砌筑。

（3）砌体应分层砌筑，砌体较长时可分段分层砌筑，但两相邻工作段的砌筑差一般不宜超过1.2m；分段位置宜尽量设在沉降缝或伸缩缝处，各段水平砌缝应一致。

（4）各砌层应先砌外圈定位行列，然后砌筑里层，外圈砌块应与里层砌块交错连成一体。砌体外露面镶面种类应符合设计规定，位于流冰或有严重漂流物河中的墩台，宜选用较坚硬的石料或高强度混凝土预制块进行镶砌。砌体里层应砌筑整齐，分层应与外围一致，应先铺一层适当厚度的砂浆再安放砌块和填塞砌缝。砌体外露面应进行勾缝，并应在砌筑时靠外露面预留深约20mm的空缝备作勾缝之用。砌体隐蔽面砌缝可随砌随刮平，不另勾缝。

（5）各砌层的砌块应安放稳固，砌块间应砂浆饱满，黏结牢固，不得直接贴靠或脱空。砌筑时，底浆应铺满，竖缝砂浆应先在已砌石块侧面铺放一部分，然后于石块放好后填满捣实。用小石子混凝土塞竖缝时，应以扁铁捣实。

（6）砌筑上层块时，应避免振动下层砌块。砌筑工作中断后恢复砌筑时，已砌筑的砌层表面应加以清扫和湿润。

2）浆砌片石的技术要求

（1）片石应分层砌筑，宜以2～3层砌块组成一工作层，每一工作层的水平缝应大致找平。各工作层竖缝应相互错开，不得贯通。

（2）外圈定位行列和转角石，应选择形状较为方正及尺寸较大的片石，并长短相间地与里层砌块咬接。砌缝宽度一般不应大于40mm，用小石子混凝土砌筑时，可为30～70mm。

（3）较大的砌块应使用于下层，安砌时应选取形状及尺寸较为合适的砌块，尖锐突出部分应敲除。竖缝较宽时，应在砂浆中填塞小石块，不得在石块下面用高于砂浆砌缝的小石片支垫。

3）浆砌块石的技术要求

（1）石块应平砌，每层石料高度应大致一致。外圈定位行和镶面石块，应丁顺相间或两顺一丁排列，砌缝宽度不大于30mm，上下层竖缝错开距离不小于80mm。

（2）砌体里层平缝宽度不应大于30mm，竖缝宽度不应大于40mm，用小石子混凝土砌筑时不应大于50mm。

4）浆砌粗料石及混凝土预制块的技术要求

（1）砌筑前，应先计算层数，选好料，砌筑时应严格控制平面位置和高度。镶面石应一顺一丁排列，砌缝应横平竖直。砌缝宽度，当为粗料石时不应大于20mm，当为混凝土砌块时不应大于10mm；上下层竖缝错开距离不应小于100mm，同时在丁石的上层或下层不宜有竖缝。砌体里层为浆砌块石时，其要求同第3）点第2条。

（2）桥墩破冰体镶面的砌筑应符合下列要求：

①破冰棱与垂线的夹角大于20°时，破冰体镶面横缝应垂直于破冰棱；夹角小于等于20°时，镶面横缝可成水平。

②破冰体镶面的砌筑层次应与墩身一致。

③砌缝宽度为10～12mm。

④不得在破冰棱中线上及破冰棱与墩身相交线上设置砌缝。

小　结

钢筋是修筑桥隧结构的重要组成材料，其质量和性能直接影响桥隧结构物的质量和耐久性。水泥混凝土是现代桥梁最主要的建筑材料之一，是混凝土配合比设计、混凝土质量控制和混凝土强度评定的主要依据。本单元主要介绍在桥梁下部结构中钢筋、水泥以及砌体石料、砂浆的技术标准，要求会定性判断或定量报告有关材料的技术性能。

任务 2.2

设计混凝土配合比

2.2.1 任务引入

桥梁建筑物是由钢筋和混凝土组成的。只有在施工前将混凝土配合比配制出来，才能保证施工的正常进行；只有按设计图纸和施工规范要求配制合格混凝土配合比，才能保证拌和物的性能和混凝土的强度等级，因此混凝土配合比配制是桥梁施工前必须解决的问题。

桥梁混凝土结构配合比设计时，应满足 4 项基本要求，正确处理 3 个参数。配制强度的确定是决定配合比设计的重要一环，配制强度选用不当，将影响工程质量和浪费国家资财。强度评定是检验配合比设计的最终成果。

2.2.2 任务实施

一、水泥混凝土配合比设计方法

1. 普通混凝土配合比设计方法

普通混凝土配合比设计应满足施工工作性、设计强度、耐久性和经济合理的 4 项基本要求，正确处理水灰比、砂率和单位用水量 3 个参数。

根据《公路桥涵施工技术规范》（JTJ 041—2000）规定，混凝土灌注时的坍落度宜按表 2-2-1选用。

1）配制强度的确定

（1）混凝土配制强度应按式（2-2-1）计算：

$$f_{cu,0} \geqslant f_{cu,k} + 1.645\sigma \tag{2-2-1}$$

式中：$f_{cu,0}$——混凝土的配制强度（MPa）；

$f_{cu,k}$——混凝土立方体抗压强度标准值（MPa）；

σ——混凝土强度标准差（MPa）。

混凝土灌注时的坍落度 表 2-2-1

结构类别	坍落度(mm)
小型预制块及便于浇筑振动的结构	0~20
桥涵基础、墩台等无筋或少筋的结构	10~30
普通配筋率的钢筋混凝土结构	30~50
配筋较密、断面较小的钢筋混凝土结构	50~70
配筋极密、断面高而窄的钢筋混凝土结构	70~90

(2)遇有下列情况时应提高混凝土配制强度:现场条件与试验室条件有显著差异时;C30级及其以上强度等级的混凝土,采用非统计方法评定时。

(3)混凝土强度标准差宜根据同类混凝土统计资料计算确定,并应符合下列规定:

①强度试件组数不应少于25组。

②当混凝土强度等级为C20和C25级,其强度标准差计算值小于2.5MPa时,计算配制强度用的标准差应取不小于2.5MPa;当混凝土强度等级等于或大于C30级,其强度标准差计算值小于3.0MPa时,计算配制强度用的标准差应取不小于3.0MPa。

③当无统计资料计算强度标准差时,其值应按表2-2-2规定取用。

标准差 σ 值 表 2-2-2

强度等级(MPa)	低于C20	C20~C35	高于C35
标准差 σ(MPa)	4.0	5.0	6.0

2)配合比设计中的基本参数

(1)每立方米混凝土用水量的确定,应符合下列规定:

①干硬性和塑性混凝土用水量的确定:水灰比在0.40~0.80范围时,根据粗集料的品种、粒径及施工要求的混凝土拌和物稠度,其用水量可按表2-2-3、表2-2-4选取。水灰比小于0.40的混凝土以及采用特殊成型工艺的混凝土用水量应通过试验确定。

干硬性混凝土的用水量(单位:kg/m^3) 表 2-2-3

拌和物稠度		卵石最大粒径(mm)			碎石最大粒径(mm)		
项目	指标	10	20	40	16	20	40
维勃稠度(s)	16~20	175	160	145	180	170	155
	11~15	180	165	150	185	175	160
	5~10	185	170	155	190	180	165

塑性混凝土的用水量(单位:kg/m^3) 表 2-2-4

拌和物稠度		卵石最大粒径(mm)				碎石最大粒径(mm)			
项目	指标	10	20	31.5	40	16	20	31.5	40
坍落度(mm)	10~30	190	170	160	150	200	185	175	165
	35~50	200	180	170	160	210	195	185	175
	55~70	210	190	180	170	220	205	195	185
	75~90	215	195	185	175	230	215	205	195

注:本表用水量系采用中砂时的平均取值。采用细砂时,每立方米混凝土用水量可增加5~10kg;采用粗砂时,则可减少5~10kg。掺用各种外加剂或掺和料时,用水量应作相应调整。

②流动性和大流动性混凝土的用水量宜按下列步骤计算:

a. 以表2-2-4坍落度90mm的用水量为基础，按坍落度每增大20mm用水量增加5kg，计算出未掺外加剂时的混凝土的用水量。

b. 掺外加剂时的混凝土用水量可按下式计算：

$$m_{wa}=m_{wo}(1-\beta) \tag{2-2-2}$$

式中：m_{wa}——掺外加剂混凝土每立方米混凝土的用水量(kg)；

m_{wo}——未掺外加剂混凝土每立方米混凝土的用水量(kg)；

β——外加剂的减水率(%)。

c. 外加剂的减水率应经试验确定。

(2)当无历史资料时，混凝土砂率的确定应符合下列规定：

①坍落度为10~60mm的混凝土砂率，可根据粗集料品种、粒径及水灰比按表2-2-5选取。

混凝土的砂率(单位:%) 表2-2-5

水灰比(W/C)	卵石最大粒径(mm)			碎石最大粒径(mm)		
	10	20	40	16	20	40
0.40	26~32	25~31	24~30	30~35	29~34	27~32
0.50	30~35	29~34	28~33	33~38	32~37	30~35
0.60	33~38	32~37	31~36	36~41	35~40	33~38
0.70	36~41	35~40	34~39	39~44	38~43	36~41

注：本表数值系中砂的选用砂率，对细砂或粗砂，可相应地减少或增大砂率；只用一个单粒级粗集料配制混凝土时，砂率应适当增大；对薄壁构件，砂率取偏大值；本表中的砂率系指砂与集料总量的重量比。

②坍落度大于60mm的混凝土砂率，可经试验确定，也可在表2-2-5的基础上，按坍落度每增大20mm，砂率增大1%的幅度予以调整。坍落度小于10mm的混凝土，其砂率应经试验确定。

(3)外加剂和掺和料的掺量应通过试验确定，并应符合国家现行标准的有关规定。

(4)当进行混凝土配合比设计时，混凝土的最大水灰比和最小水泥用量，应符合表2-2-6中的规定。

混凝土的最大水灰比和最小水泥用量(JGJ 55—2000) 表2-2-6

环境条件		结构物类别	最大水灰比			最小水泥用量(kg)		
			素混凝土	钢筋混凝土	预应力混凝土	素混凝土	钢筋混凝土	预应力混凝土
1. 干燥环境		正常的居住或办公用房屋内部件	不作规定	0.65	0.60	200	260	300
2. 潮湿环境	无冻害	高湿度的室内部件； 室外部件； 在非侵蚀性土和(或)水中的部件	0.70	0.60	0.60	225	280	300
	有冻害	经受冻害的室外部件； 在非侵蚀性土和(或)水中且经受冻害的部件； 高湿度且经受冻害的室内部件	0.55	0.55	0.55	250	280	300
3. 有冻害和除冰剂的潮湿环境		经受冻害和除冰剂作用的室内和室外部件	0.50	0.50	0.50	300	300	300

注：1. 当用活性掺和料取代部分水泥时，表中的最大水灰比及最小水泥用量即为替代前的水灰比和水泥用量。

2. 配制C15级及其以下等级的混凝土，可不受本表限制。

(5)长期处于潮湿和严寒环境中的混凝土，应掺用引气剂或引气减水剂。引气剂的掺入量应根据混凝土的含气量并经试验确定，混凝土的最小含气量应符合表2-2-7的规定；混凝土的含气量亦不宜超过7%。混凝土中的粗集料和细集料应做坚固性试验。

长期处于潮湿和严寒环境中混凝土的最小含气量 表2-2-7

粗集料最大粒径（mm）	最小含气量（%）
40	4.5
25	5.0
20	5.5

注：含气量的百分比为体积比。

3）混凝土配合比的计算

（1）混凝土配合比计算公式和有关参数表格中的数值均系以干燥状态集料为基准。当以饱和面干状态集料为基准进行计算时，则应作相应的修正。

注：干燥状态集料系指含水率小于0.5%的细集料或含水率小于0.2%的粗集料。

（2）混凝土配合比应按下列步骤进行计算：

①计算配制强度$f_{cu,0}$并求出相应的水灰比。

②选取每立方米混凝土的用水量，并计算每立方米混凝土的水泥用量。

③选取砂率，计算粗集料和细集料的用量，并提出供试配用的计算配合比。

（3）混凝土强度等级小于C60级时，水灰比宜按下式计算：

$$W/C=\frac{\alpha_a \cdot f_{ce}}{f_{cu,0}+\alpha_a \cdot \alpha_b \cdot f_{ce}} \tag{2-2-3}$$

式中：α_a、α_b——回归系数；

f_{ce}——水泥28d抗压强度实测值（MPa）。

①当无水泥28d抗压强度实测值时，f_{ce}值可按下式确定：

$$f_{ce}=\gamma_c \cdot f_{ce,g} \tag{2-2-4}$$

式中：γ_c——水泥强度等级值的富余系数，可按实际统计资料确定；

$f_{ce,g}$——水泥强度等级值（MPa）。

②f_{ce}值也可根据3d强度或快测强度推定28d强度关系式推定得出。

（4）回归系数α_a和α_b宜按下列规定确定：

①应根据工程所使用的水泥、集料，通过试验由建立的水灰比与混凝土强度关系式确定。

②当不具备上述试验统计资料时，其回归系数可按表2-2-8采用。

回归系数α_a和α_b选用表 表2-2-8

系数 \ 石子品种	碎石	卵石
α_a	0.46	0.48
α_b	0.07	0.33

（5）确定每立方米混凝土的用水量（m_{wo}）可按表2-2-3、表2-2-4选取。

（6）每立方米混凝土的水泥用量（m_{co}）可按下式计算：

$$m_{co}=\frac{m_{wo}}{W/C} \tag{2-2-5}$$

（7）选取砂率可按本节2）（2）的规定确定。

（8）粗集料和细集料用量的确定，应符合下列规定。

①当采用重量法时,应按下列公式计算:

$$m_{co}+m_{go}+m_{so}+m_{wo}=m_{cp} \tag{2-2-6}$$

$$\beta_s=\frac{m_{so}}{m_{so}+m_{go}}\times 100\% \tag{2-2-7}$$

式中:m_{co}——每立方米混凝土的水泥用量(kg);

m_{go}——每立方米混凝土的粗集料用量(kg);

m_{so}——每立方米混凝土的细集料用量(kg);

m_{wo}——每立方米混凝土的用水量(kg);

β_s——砂率(%);

m_{cp}——每立方米混凝土拌和物的假定重量(kg),其值可取2 350~2 450kg。

②当采用体积法时,应按下列公式计算:

$$\frac{m_{co}}{\rho_c}+\frac{m_{go}}{\rho_g}+\frac{m_{so}}{\rho_s}+\frac{m_{wo}}{\rho_w}+0.01\alpha=1 \tag{2-2-8}$$

$$\beta_s=\frac{m_{so}}{m_{so}+m_{go}}\times 100\% \tag{2-2-9}$$

式中:ρ_c——水泥密度(kg/m^3),可取2 900~3 100kg/m^3;

ρ_g——粗集料的表观密度(kg/m^3);

ρ_s——细集料的表观密度(kg/m^3);

ρ_w——水的密度(kg/m^3),可取1 000kg/m^3;

α——混凝土的含气量百分数,在不使用引气型外加剂时,α可取为1。

4)混凝土配合比的试配、调整与确定

(1)试配

①试配时应采用工程中实际使用的原材料。混凝土的搅拌方法,宜与生产时使用的方法相同。

②试配时,每盘混凝土的最小搅拌量应符合表2-2-9的规定;当采用机械搅拌时,其搅拌量不应小于搅拌机额定搅拌量的1/4。

混凝土试配的最小搅拌量 表2-2-9

集料最大粒径(mm)	拌和物数量(L)
31.5及以下	15
40	25

③按计算的配合比进行试配时,首先应进行试拌,以检查拌和物的性能。当试拌得出的拌和物坍落度或维勃稠度不能满足要求,或黏聚性和保水性不好时,应在保证水灰比不变的条件下相应调整用水量或砂率,直到符合要求为止。然后提出供混凝土强度试验用的基准配合比。

④强度试验时至少应采用3个不同的配合比。其中一个应为基准配合比,另外两个配合比的水灰比,宜较基准配合比分别增加和减少0.05;用水量应与基准配合比相同,砂率可分别增加和减少1%。

当不同水灰比的混凝土拌和物坍落度与要求值的差超过允许偏差时,可通过增、减用水量进行调整。

⑤制作强度试件时,应检验拌和物的坍落度或维勃稠度、黏聚性、保水性及拌和物的表观密度,并以此结果作为代表相应配合比的混凝土拌和物的性能。

⑥进行强度试验时,每种配合比至少应制作一组(3 块)试件,标准养护 28d 试压。

需要时可同时制作几组试件,供快速检验或较早龄期试压,以便提前定出混凝土配合比供施工使用。但应以标准养护 28d 强度的检验结果为依据调整配合比。

(2)配合比的调整与确定

①根据试验得出的混凝土强度与其相对应的灰水比(C/W)关系,用作图法或计算法求出与配制强度($f_{cu,0}$)相对应的灰水比,并应按下列原则确定每立方米混凝土的材料用量。

a. 用水量(m_w)应在基准配合比用水量的基础上,根据制作强度试件时测得的坍落度或维勃稠度进行调整确定。

b. 水泥用量(m_c)应以用水量乘以选定出来的灰水比计算确定。

c. 粗集料和细集料用量(m_g 和 m_s)应在基准配合比的粗集料和细集料用量的基础上,按选定的灰水比进行调整后确定。

②经试配确定配合比后,尚应按下列步骤进行校正。

a. 应根据上述确定的材料用量计算混凝土的表观密度计算值 $\rho_{c,c}$:

$$\rho_{c,c}=m_c+m_g+m_s+m_w \tag{2-2-10}$$

b. 计算混凝土配合比校正系数 δ:

$$\delta=\rho_{c,t}/\rho_{c,c} \tag{2-2-11}$$

式中:$\rho_{c,t}$——混凝土表观密度实测值(kg/m^3);

$\rho_{c,c}$——混凝土表观密度计算值(kg/m^3)。

c. 当混凝土表观密度实测值与计算值之差的绝对值不超过计算值的 2% 时,按强度检验结果修正后确定的配合比即为确定的设计配合比;当二者之差超过 2% 时,应将配合比中每项材料用量均乘以校正系数 δ,即为确定的设计配合比。

③根据本单位常用的材料,可设计出常用的混凝土配合比备用;在使用过程中,应根据原材料情况及混凝土质量检验的结果予以调整。但遇下列情况之一时,应重新进行配合比设计。

a. 对混凝土性能指标有特殊要求时。

b. 水泥、外加剂或矿物掺和料品种、质量有显著变化时。

c. 该配合比的混凝土生产间断半年以上时。

5)换算施工配合比

试验室配合比是以干燥状态集料为基准计算的,而施工现场砂石材料为露天堆放,都有一定的含水率。因此,施工时应根据现场砂石材料的含水率,将试验室配合比换算为施工配合比。

2. 高强混凝土配合比设计方法

(1)配制高强混凝土所用原材料应符合下列规定:

①应选用质量稳定、强度等级不低于 42.5 级的硅酸盐水泥或普通水泥。

②对强度等级为 C60 级的混凝土,其粗集料的最大粒径不应大于 31.5mm,对强度等级高于 C60 级的混凝土,其粗集料的最大粒径不应大于 25mm;针片状颗粒含量不宜大于 5.0%,含泥量不应大于 0.5%,泥块含量不宜大于 0.2%;其他质量指标应符合现行有关标准的规定。

③细集料的细度模数宜大于 2.6,含泥量不应大于 2.0%,泥块含量不应大于 0.5%。其他质量指标应符合现行有关标准的规定。

④配制高强混凝土时应掺用高效减水剂或缓凝高效减水剂。

⑤配制高强混凝土时应掺用活性较好的矿物掺和料,且宜复合使用矿物掺和料。

(2)高强混凝土配合比的计算方法和步骤除应按上述普通混凝土第 3)点的规定进行外,

尚应符合下列规定：

①基准配合比中的水灰比，可根据现有试验资料选取。

②配制高强混凝土所用砂率及所采用的外加剂和矿物掺和料的品种、掺量，应通过试验确定。

③计算高强混凝土配合比时，其用水量可按上述普通混凝土第2)点的规定确定。

④高强混凝土的水泥用量不应大于 550kg/m³，水泥和矿物掺和料的总量不应大于 600kg/m³。

(3)高强混凝土配合比的试配与确定的步骤应按上述普通混凝土第4)点的规定进行。当采用3个不同的配合比进行强度试验时，其中一个应为基准配合比，另外两个配合比的水灰比，宜较基准配合比分别增加和减少0.02～0.03。

(4)高强混凝土设计配合比确定后，尚应用该配合比进行不少于6次的重复试验进行验证，其平均值不应低于配制强度。

3. 水下混凝土配制

(1)可采用火山灰水泥、粉煤灰水泥、普通硅酸盐水泥或硅酸盐水泥，使用矿渣水泥时应采取防离析措施。水泥的初凝时间不宜早于2.5h，水泥的强度等级不宜低于42.5级。

(2)粗集料宜优先选用卵石，如采用碎石宜适当增加混凝土配合比的含砂率。集料的最大粒径不应大于导管内径的1/6～1/8和钢筋最小净距的1/4，同时不应大于40mm。

(3)细集料宜采用级配良好的中砂。

(4)混凝土配合比的含砂率宜采用0.4～0.5，水灰比宜采用0.5～0.6。有试验依据时，含砂率和水灰比可酌情增大或减小。

(5)混凝土拌和物应有良好的和易性，在运输和灌注过程中应无显著离析、泌水现象。灌注时应保持足够的流动性，其坍落度宜为180～220mm。

(6)每立方米水下混凝土的水泥用量不宜小于350kg，当掺有适宜数量的减水缓凝剂或粉煤灰时，可不少于300kg。

(7)对沿海地区(包括有盐碱腐蚀性地下水地区)应配制防腐蚀混凝土。

实战演练

依据实际混凝土组成材料，在实验室配制某一强度等级的混凝土。

实例1：C25混凝土

1)设计要求(表2-2-10)

表2-2-10

设计强度(MPa)	坍落度(mm)	施工方法
C40	70～90	强制式搅拌机搅拌

2)材料情况(表2-2-11～表2-2-13)

(1)水泥：

表2-2-11

厂家	品牌	规格	细度(%)	密度(g/cm³)	安定性	凝结时间		强度(MPa)	
						初凝	终凝	抗折	抗压
焦作	坚固	P. O42.5	2.9	—	合格	2h31min	3h41min	9.1	46.8

(2)细集料:

表 2-2-12

料　场	表观密度(g/cm^3)	含泥量(%)	泥块含量(%)	级配	细度模数
汝阳砂	2.672	1.0	0.6	Ⅱ区	2.59

(3)粗集料:

表 2-2-13

料　场	表观密度(g/cm^3)	松装密度(g/cm^3)	空隙率(%)	含泥量(%)	针片状颗粒含量(%)	压碎指标值(%)	级配	组成(%)
五龙口立和石料厂	2.778	—	—	0.7	3.7	3.7	5～10mm	40
							10～31.5mm	60

(4)水:井水。

(5)外加剂:焦作建兴 GI—1 高效减水剂。

(6)掺和料:无。

3)理论配合比的计算

(1)混凝土配制强度的计算:

$$f_{cu,o} \geqslant f_{cu,k} + 1.645\sigma = 49.9\text{MPa}$$

(2)混凝土水灰比的计算:

混凝土强度等级小于 C60 级时:

$$W/C = \alpha_a \cdot f_{ce} / (f_{cu,o} + \alpha_a \cdot \alpha_b \cdot f_{ce}) = 0.38$$

(3)单位用水量的计算:

流动性或大流动性混凝土的用水量宜按下列步骤计算:

未掺外加剂:

$$m_{wo} = m_{wb} + (T - 90)/20 \times 5 = 204\text{kg/m}^3$$

掺外加剂:

$$m_{wa} = m_{wo} + (1 - \beta) = 159\text{kg/m}^3$$

(4)单位水泥用量的计算:

$$m_{co} = m_{wo} / (W/C) = 418\text{kg/m}^3$$

(5)外加剂用量:

$$m_{jo} = 3.344\text{kg/m}^3$$

(6)掺和料用量:

$$m_{fo} = 0$$

(7)砂率的确定:

$$\beta_s = 36\%$$

(8)粗、细集料用量的确定:

重量法:假定重量 2 450kg/cm^3

$$m_{so} = (m_{cp} - m_{co} - m_{wo})\beta_s = 674\text{kg}$$

$$m_{go} = m_{cp} - m_{co} - m_{wo} - m_{so} = 1\ 199\text{kg}$$

体积法:

$$m_{co}/\rho_c + m_{go}/\rho_g + m_{so}/\rho_s + m_{wo}/\rho_w + 0.01 = 1$$

$$\beta_s = m_{so}/(m_{go} + m_{so}) \times 100\%$$

(9)混凝土的理论配合比：

$$m_{co}:m_{so}:m_{go}:m_{wo}:m_{jo} = 1:1.61:2.87:0.38:0.008$$

实例 2：C30 混凝土

1)设计要求(表 2-2-14)

表 2-2-14

设计强度(MPa)	坍落度(mm)	施工方法
C30	70～90	强制式搅拌机搅拌

2)材料情况(表 2-2-15～表 2-2-17)

(1)水泥：

表 2-2-15

厂家	品牌	规格	细度(%)	密度(g/cm^3)	安定性	凝结时间		强度(MPa)	
						初凝	终凝	抗折	抗压
焦作	坚固	P.O42.5	2.9	—	合格	2h31min	3h41min	9.1	46.8

(2)细集料：

表 2-2-16

料场	表观密度(g/cm^3)	含泥量(%)	泥块含量(%)	级配	细度模数
汝阳砂	2.672	1.0	0.6	Ⅱ区	2.59

(3)粗集料：

表 2-2-17

料场	表观密度(g/cm^3)	松装密度(g/cm^3)	空隙率(%)	含泥量(%)	针片状颗粒含量(%)	压碎指标值(%)	级配	组成(%)
五龙口立和石料厂	2.778	—	—	0.7	3.7	3.7	5～10mm	40
							10～31.5mm	60

(4)水：饮用水。

(5)外加剂：无。

(6)掺和料：无。

3)理论配合比的计算

(1)混凝土配制强度的计算：

$$f_{cu,o} \geqslant f_{cu,k} + 1.645\sigma = 38.2\text{MPa}$$

(2)混凝土水灰比的计算：

混凝土强度等级小于 C60 级时：

$$W/C = \alpha_a \cdot f_{ce}/(f_{cu,o} + \alpha_a \cdot \alpha_b \cdot f_{ce}) = 0.5$$

(3)单位用水量的计算：

干硬性、塑性混凝土的用水量查表得 $m_{wo}=202\text{kg/m}^3$

(4)单位水泥用量的计算：

$$m_{co}=m_{wo}/(W/C)=404\text{kg/m}^3$$

(5)外加剂用量：

$$m_{jo}=0$$

(6)掺和料用量：

$$m_{fo}=0$$

(7)砂率的确定：

$$\beta_s=40\%$$

(8)粗、细集料用量的确定：

重量法：假定重量 2 450kg/cm^3

$$m_{so}=(m_{cp}-m_{co}-m_{wo})\beta_s=738\text{kg}$$

$$m_{go}=m_{cp}-m_{co}-m_{wo}-m_{so}=1\ 106\text{kg}$$

体积法：

$$m_{co}/\rho_c+m_{go}/\rho_g+m_{so}/\rho_s+m_{wo}/\rho_w+0.01=1$$

$$\beta_s=m_{so}/(m_{go}+m_{so})\times100\%$$

(9)混凝土的理论配合比：

$$m_{co}:m_{so}:m_{go}:m_{wo}=1:1.83:2.74:0.50$$

实例 3：C40 混凝土(表 2-2-18)

表 2-2-18

混凝土强度等级	C40	坍落度	70~90mm	使用部位	梁板预制		
用料说明	水泥	强度等级	P.O 42.5R	产地	大连小野田		
	细集料	类别	中砂	产地	开原		
	粗集料	类别	碎石	产地	铁岭八家子(石灰岩)		
		掺配剂	种类	10~30mm	10~20mm	5~10mm	—
			比率(%)	—	50	50	—
	外加剂	类别	AM—A	产地	大连	掺量	0.60%
理论配合比材料用量(kg)	方量(m^3)	水泥	砂	碎石 10~20mm	碎石 5~10mm	水	外加剂
	1	440	657.0	559.0	559.0	185.0	2.6
	0.3	132	197.1	167.7	167.7	55.5	0.8
	0.5	220	328.5	279.5	279.5	92.5	1.3
	1.5	660	985.5	838.5	838.5	277.5	4.0
施工配合比材料用量(kg)	方量(m^3)	水泥	砂	碎石 10~20mm	碎石 5~10mm	水	外加剂
	1	497	716.1	575.8	575.8	92.3	2.6
	0.3	149.1	214.8	172.7	172.7	27.7	0.8
	0.5	248.5	358.1	287.9	287.9	46.2	1.3
	1.5	745.5	1 074.2	863.7	863.7	138.5	4.0

实例4:C50混凝土(表2-2-19)

表2-2-19

<table>
<tr><td>混凝土强度等级</td><td>C50</td><td>坍落度</td><td>70~90mm</td><td>使用部位</td><td colspan="3">T梁板预制</td></tr>
<tr><td rowspan="6">用料说明</td><td>水泥</td><td>强度等级</td><td>P.O 42.5R</td><td>产地</td><td colspan="3">大连小野田</td></tr>
<tr><td>细集料</td><td>类别</td><td>中砂</td><td>产地</td><td colspan="3">开原</td></tr>
<tr><td rowspan="3">粗集料</td><td>类别</td><td>碎石</td><td>产地</td><td colspan="3">铁岭八家子(石灰岩)</td></tr>
<tr><td rowspan="2">掺配剂</td><td>种类</td><td>10~30mm</td><td>10~20mm</td><td>5~10mm</td><td>—</td></tr>
<tr><td>比率(%)</td><td>—</td><td>60</td><td>40</td><td>—</td></tr>
<tr><td>外加剂</td><td>类别</td><td>AM—A</td><td>产地</td><td>大连</td><td>掺量</td><td>1.20%</td></tr>
<tr><td rowspan="5">理论配合比材料用量(kg)</td><td>方量(m^3)</td><td>水泥</td><td>砂</td><td>碎石10~20mm</td><td>碎石5~10mm</td><td>水</td><td>外加剂</td></tr>
<tr><td>1</td><td>497</td><td>658</td><td>702.6</td><td>468.4</td><td>174</td><td>6.0</td></tr>
<tr><td>0.3</td><td>149.1</td><td>197.4</td><td>210.8</td><td>140.5</td><td>52.2</td><td>1.8</td></tr>
<tr><td>0.5</td><td>248.5</td><td>329</td><td>351.3</td><td>234.2</td><td>87</td><td>3.0</td></tr>
<tr><td>1.5</td><td>745.5</td><td>987</td><td>1 053.9</td><td>702.6</td><td>261</td><td>8.9</td></tr>
<tr><td rowspan="5">施工配合比材料用量(kg)</td><td>方量(m^3)</td><td>水泥</td><td>砂</td><td>碎石10~20mm</td><td>碎石5~10mm</td><td>水</td><td>外加剂</td></tr>
<tr><td>1</td><td>497</td><td>717.22</td><td>723.7</td><td>482.5</td><td>79.65</td><td>6.0</td></tr>
<tr><td>0.3</td><td>149.1</td><td>215.2</td><td>217.1</td><td>144.7</td><td>23.9</td><td>1.8</td></tr>
<tr><td>0.5</td><td>248.5</td><td>358.6</td><td>361.8</td><td>241.2</td><td>39.8</td><td>3.0</td></tr>
<tr><td>1.5</td><td>745.5</td><td>1 075.8</td><td>1 085.5</td><td>723.7</td><td>119.5</td><td>8.9</td></tr>
</table>

小　　结

试验检测人员要掌握普通混凝土配合比设计的方法(以抗压强度为指标)和强度等级的评价方法,掌握水泥混凝土拌和物试验和水泥混凝土强度试验方法。

高强混凝土、泵送混凝土等是桥梁用混凝土的发展方向。试验人员要熟悉高强混凝土、泵送混凝土、抗冻混凝土和大体积混凝土的配合比设计方法,熟悉泵送混凝土的检测方法,了解混凝土收缩与徐变试验方法以及混凝土弹性模量试验的方法。

学习情境3

高程及线形放样

情境导入

在桥梁施工阶段,除了建立平面控制,尚需建立高程控制,一般在河流两岸分别布设若干个水准基点,作为施工阶段高程放样以及桥梁营运阶段沉陷观测的依据。

桥位施工测量的主要任务是精确地测定墩台中心位置、桥轴线测量以及对构造物各细部构造的定位和放样。

学习目标

【知识目标】 通过这部分学习,学生要掌握基础和墩台高程的放样过程、方法和仪器的使用方法。

【能力目标】 学生能够根据施工图纸所给的资料,进行直线桥和曲线桥的线形放样,独立完成对控制点和水准点的复核,放出基础和墩台的高程。

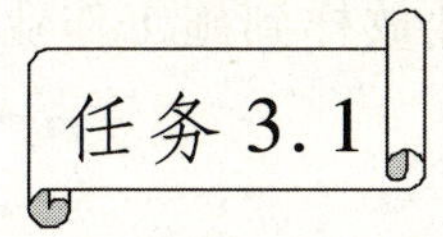

任务 3.1

高程放样

3.1.1 桥梁施工水准点的布设

桥梁施工阶段中为了测定和检查桥梁下部构造(墩、台及基础)的高程,以及保证上部构造的架设与安装时在高程方面合乎设计要求,必须建立可靠、统一的高程控制系统。首先要用跨河水准测量方法,精确地测定出两岸控制点的高程,然后再将两岸的施工水准点以及线路上的主要水准点联系起来。水准测量等级的选择可参阅表3-1-1。

桥梁施工中水准测量等级选择表 表3-1-1

项　目	500m以上的特大桥	300~500m的大桥	300m以下的桥梁
施工水准点与已知高程水准点联测	三等	四等	四等
跨河水准测量	二等	三等	四等
施工水准点测量	二等	四等	四等

作为高程控制的水准基点,桥长200m以上时,每岸至少设2个;桥长在200m以下的大中桥每岸至少设1个,小桥可只设1个。水准基点应设在不受水淹、不被扰动的稳固处,并尽可能靠近施工地点,便于传递和检查高程。水准基点可埋设永久式标石,也可将金属标志嵌在露出的基岩上或在稳定的基岩上凿出标志。

为了施工方便,可在各墩台下面或河滩上设置若干施工水准点,使在各施工阶段,只安置一次仪器即可将高程传递到所需要的部位上去,但施工水准点要定期检测。

大桥水准基点布设的密度应视全桥长度而定,水准点的位置既要考虑点位的稳定、安全和长期保存,又必须考虑进行水准联测时的方便利用。为了使点位的稳定不受施工干扰,桥梁水准点在平面布置上有下列几点原则:

(1)水准基点距工地道路中线不应小于50m,距墩、台的边缘不小于基础深度的2倍距离。

(2)施工水准点距公路边缘不小于5m,距施工的墩、台边缘不宜小于其基础深度的距离。对高填方或大挖方的路基,其水准点必须设在填或挖方边线外。

(3)在地质不佳或易受破坏地段,水准基点应埋设辅助点明、暗标。点的基础底部应埋于冻土深度以下至少0.5m。

(4)特大桥两岸为陡峻的土坡时,则可按一定高差设置辅助施工水准点,便于高桥墩的高程放样。

3.1.2 高程和尺寸检查

桥墩施工过程放样指桥墩细部放样,是在实地标定好的墩位中心和桥墩纵横轴线的基础上，根据施工的需要，按照设计图，自下而上分阶段地将桥墩各部位尺寸放样到施工作业面上。

1. 基底高程检查

1)标杆法

此法适用于中、浅基坑基底高程放样。如图3-1-1所示，利用两端龙门板拉小线。按龙门板顶面与基底设计高程差，在标杆上画一横线标记，检查时将标杆上的横线与小线相比较，横线与小线对齐时恰好为要求的挖方深度。槽深设计高程-1.800m，龙门板顶面高程-0.300m，高差1.500m，在标杆1.500m处画横线，就可将标杆立于槽底逐点进行检查。

如图3-1-2所示，当基槽快挖到设计高程时，用水准仪在槽壁每隔3～4m测设一水平桩，水平桩的上皮至槽底设计高程应为一个整数值。必要时还可沿水平桩上皮拉小线，作为挖槽及打垫层时控制高程的依据。

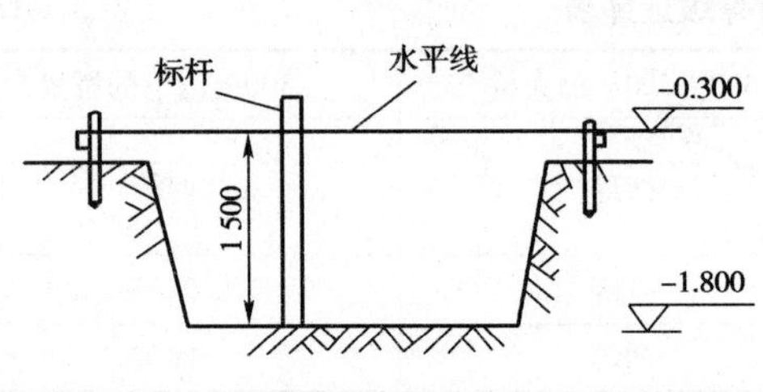

图3-1-1 标杆法检查槽底高程(尺寸单位:mm)

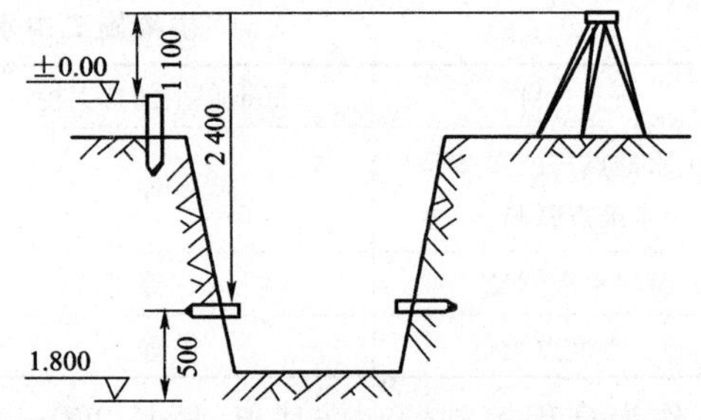

图3-1-2 测水平桩检查槽底高程(尺寸单位:mm)

2)高程传递法

此法适用于深大基坑基底高程放样。如图3-1-3所示，欲在基坑内测设19.00m的高程。将水准仪安在基坑与其附近的水准点之间。在基坑边沿适当的地方设置转点A，假定水准点BM的高程为25.500m，其后视读数为0.75m，前视读数为2.62m，则转点A的高程为23.63m。为了将高程传递到基坑内，可用水准尺或钢尺在转点A向坑内立倒尺(即尺的零点在A端)，这时仪器可搬进基坑内设站。若其后视读数为4.95m，则视线高程为18.68m。这时可再立一倒尺，使镜中的前视读数恰为19.00－18.68＝0.32m时，尺底端B即为欲放之19.00m高程线。模板检查与放样的方法相同，都是根据桥墩中心位置及其纵横轴线进行的。桥墩如果是采用混凝土浇灌时的数据，则上述的细部放样(平面及高程)实际上就是模板放样。一般模板常采用3m一段，安装后要进行检查，看其上下口是否都符合设计尺寸的要求。在检查模板上口时，事先要用较重的垂球将标定的纵横轴线移至上口。模板内部尺寸与设计尺寸的不符值不应超过±2cm，否则应进行调整。模板上同一高程相对误差最大为1cm，可以用钢尺或水准仪设放，并在每次灌注混凝土欲达高度的上方10cm处标出高程以便控制。

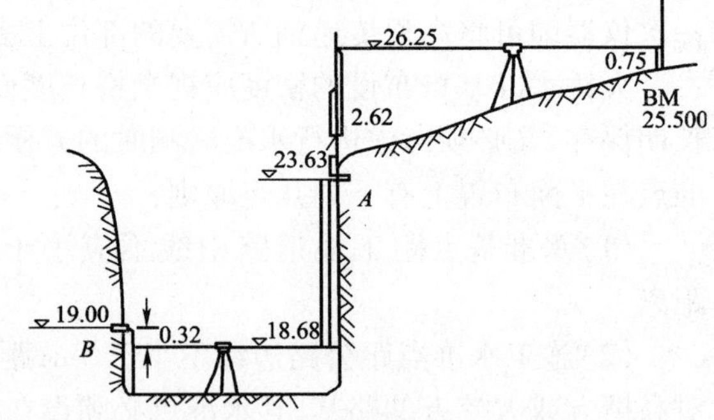

图3-1-3 (高程单位:m)

槽底对设计高程的允许误差一般规定为±0～50mm。

2. 基底尺寸检查

如图 3-1-4 所示,检查方法是:先利用轴线钉拉小线,然后用线坠将轴线引测到槽底,根据轴线检查两侧挖方宽度是否符合槽底宽度。

如果挖方尺寸小于应挖宽度,则需要修整,可在槽壁上钉木桩,让木桩顶端对齐槽底应挖边线,然后再按木桩进行修边清底。

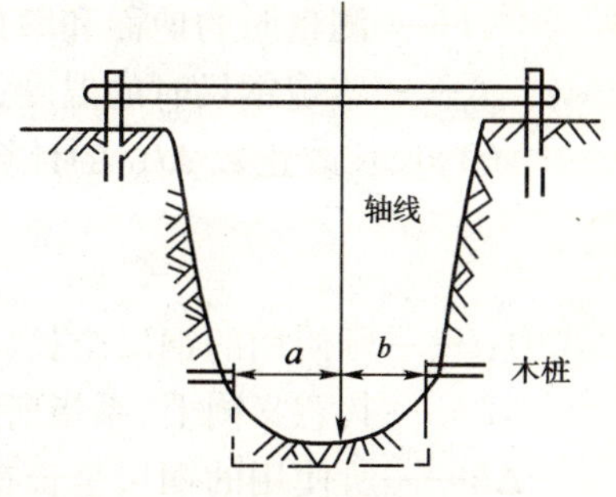

图 3-1-4 利用轴线检查槽底宽

3. 桥台、墩身高程测量

模板高程测量:

墩柱身模板垂直度校正好后,在模板外侧测设一高程线作为量测柱顶高程等各种高程的依据。高程线一般比地面高 0.5m,每根墩柱不少于 2 点,点位要选择便于测量、不易移动、标记明显的位置上,并注明高程数值。

3.1.3 高桥墩上放样已知高程

1. 高墩墩顶高程传递的一般方法

高墩墩顶的精度要求往往较高,特别是支座垫石高程要求更高,因此,要正确地将地面的水准高程引测到墩顶。

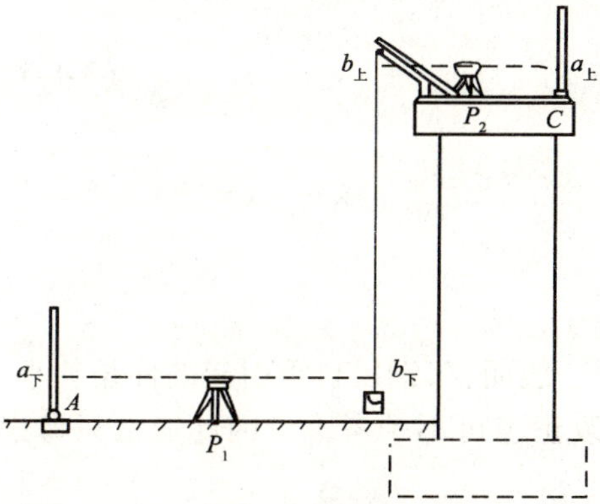

如图 3-1-5 所示,靠近墩边,用一个稳定支架,将钢尺垂挂至距地面约 1m 左右,在钢尺下端悬挂一个与鉴定钢尺时拉力相等的重锤,钢尺的零端读数放在下面,然后在地面上的 P_1 点和墩顶上的 P_2 点安置同精度的水准仪各 1 台,按水准测量的方法同时进行观测,在观测 $b_下$、$b_上$ 的水准尺时,宜用三丝读数,取其平均值。而在观测钢尺读数时,2 台仪器要在同时瞬间读得,读得的($a_上 - a_下$)的 3 对差数间的不符值不得大于 2mm,然后取其平均值。最后根据下式求出墩顶的 C 点高程 H_C。

图 3-1-5 墩高程传递

$$H_C = H_A + a_上 + (b_上 - b_下) - a_下 + \Delta l_温 + \Delta l_尺 + \Delta l_重 + \Delta l_拉 \tag{3-1-1}$$

式中:H_A——地面上水准点及转点的高程;

$b_下$——水准仪在 A 点水准尺上的平均读数;

$a_上$——墩顶水准仪在墩顶 C 点水准尺上的平均读数;

$b_上$——墩顶水准仪在钢尺上的读数;

$a_下$——地面水准仪在水准尺上的读数;

$\Delta l_尺$——($b_上 - b_下$)这一段钢尺长度的尺长改正数;

$\Delta l_温$——($b_上 - b_下$)这一段钢尺长度的温度改正数;

$\Delta l_重$——($b_上 - b_下$)这一段钢尺长度的自重伸长改正数;

$\Delta l_拉$——($b_上 - b_下$)这一段钢尺长度的拉力改正数。

这些改正数,分别按下列公式计算。

(1)温度改正数 $\Delta l_温$ 的计算:

$$\Delta l_{温} = (t - t_0) \cdot a \cdot l_i \tag{3-1-2}$$

式中：a——钢尺的膨胀系数，一般取0.000 012；

l_i——（$b_上 - b_下$）这一段钢尺的使用长度；

t——测量时的地面和墩顶的平均温度；

t_0——鉴定钢尺时的温度，一般都换算至20℃。

（2）尺长改正数 $\Delta l_尺$ 的计算：

$$\Delta l_尺 = l \cdot \frac{\Delta l}{l_i} \tag{3-1-3}$$

式中：l——所使用的钢尺全长（m）；

l_i——其意义同上，系指所使用的长度（m）；

Δl——所使用的钢尺全长在鉴定时的尺长差。

（3）自重伸长改正数 $\Delta l_重$ 的计算：

$$\Delta l_重 = \frac{rl_i}{E} \tag{3-1-4}$$

式中：r——钢尺的密度（一般采用7.8g/cm^3）；

E——钢的弹性模量（2×10^5MPa）；

l_i——意义同上（cm）。

（4）拉力改正数 $\Delta l_拉$ 的计算：

$$\Delta l_拉 = \frac{l_i(P - P_0)}{S \cdot E} \tag{3-1-5}$$

式中：P——测量时，钢尺下端所挂的锤重力（kN）；

P_0——鉴定时，所使用的标准拉力（kN）；

S——钢尺的横断面积；

E、l_i 意义同上。

上述各项改正计算只有在特殊情况下才予以考虑。一般而言，钢尺自重引起的伸长甚小，可忽略不计。当鉴定时钢尺拉力与锤重力相等时，拉力改正也可不予考虑。因此通常只考虑 $\Delta l_尺$ 和 $\Delta l_温$ 2 项改正。

2. 水准上高墩放样已知高程实例

如图3-1-6，BM的高程为25.000m，需要在 Q 墩号上设40.000m的高程。试在不考虑钢尺改正数的前提下，放样出该高程点。

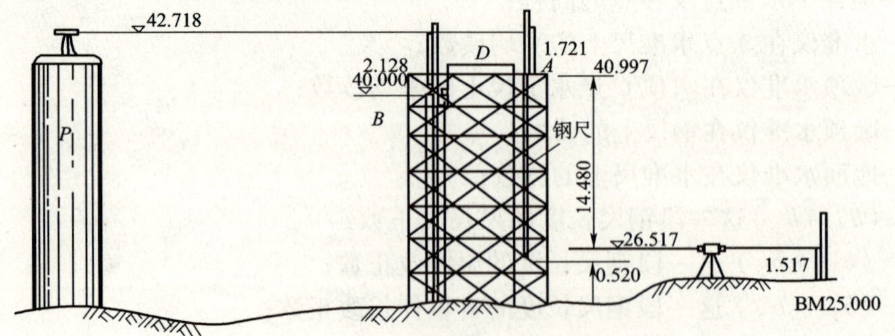

图3-1-6　水准上高程放样之高程传递示例（高程单位：m）

在桥墩与附近水准点BM间安置水准仪。假定后视读数为1.517m，则视线高程为

26.517m。为了把高程传递至墩顶上,可在墩上方便的地方 A 设置转点,将钢尺悬吊下来,尺的零端向下。假定 A 端钢尺读数为 15.000m,水准仪在钢尺上的前视读数为 0.520m,则 A 点高于仪器视线 15.000 - 0.520 = 14.480m,因而 A 点高程为 40.997m。然后将仪器设在能读取 A 点水准尺的 P 号墩上(也可以直接在 Q 号墩上),后视 A 点,如读数为 1.721 m,则仪器视线高程为 42.718m。今欲在 B 点设置 40.000m 高程线,显然在该点立尺的前视读数应为 2.718m,因此观测者指挥扶尺者将水准尺上下移动,直至前视读数恰好为 2.718m 时扶尺者即沿水准尺底用红漆划线,此线即为 40.000m 的高程线。

实战演练

依据施工项目,学生在实训场地进行实际高程测量。

小　结

桥梁施工阶段中为了测定和检查桥梁下部构造(墩、台及基础)的高程,以及保证上部构造的架设与安装时在高程方面合乎设计要求,必须按相应等级和规范要求对桥梁下部构造各部位进行准确的高程测量。

任务 3.2

线形放样

3.2.1 概　　述

桥位施工测量的主要任务是精确地测定墩台中心位置、桥轴线测量以及对构造物各细部构造的定位和放样。对大型桥梁来讲,首先必须建立平面控制网、高程系统及测量桥位中线(桥轴线)的长度,以确保桥梁走向、跨距、高程等符合规范和设计要求。

中线测量包括:对桥梁两端头设置控制桩的复测,丈量桥轴线长度,补充水准点测量等。补充水准点要对控制桥梁结构的高程建立有效的施工水准网以提供方便。

为使测量工作顺利进行,测量人员必须重视测量工作,有熟练的操作技能、良好的协作精神及严格遵守测量规范的习惯。测量前必须做好必要的技术和组织准备工作,要熟悉设计文件、图纸和有关测设资料,要与监理单位办理好现场固定桩的交接工作,还应做好测量人员的分工、仪器的校验、施工步骤的制订等准备工作。

3.2.2 桥涵中线测量

桥位中线(桥轴线)及其长度是用来作为设计预测设墩台位置的依据,所以测量桥位中线的目的,是控制中线的长度和方向,从而确保墩台位置的正确,因此保证桥轴线测量的必要精度是十分重要的。

为了确保桥轴线长度的精度，有时需要建立独立的三角网与国家的控制点进行联测。为了与线路的坐标取得统一，也需要与线路上的国家平面控制点进行联测，桥位平面、水准控制测量及质量要求参见《公路桥涵施工技术规范》（JTJ 041—2000）。

一、桥轴线长度的精度

在测量桥轴线长度之前，应预先估算桥轴线长度所需要的精度，以便合理地拟定测量方案和规定各项测量的限差。

桥轴线的精度要求取决于桥长、跨径及其假设的精度，因此估算时应考虑这些因素。

二、桥轴线长度的测量方法

测量桥轴线长度的方法，通常采用光电测距法（目前使用电子全站仪测量更为方便）、直接丈量法、三角网法等。对于直线桥梁可以直接采用上述3种方法进行测量，对于曲线桥梁，应结合曲线桥梁的轴线在曲线上的位置确定。

1. 光电测距法

近年来光电测距仪已得到广泛应用，因其精度高、操作快、计算简便，在通视方面不受地形限制，因此是测定桥轴线比较好的一种仪器。

观测时应在气象比较稳定、大气透明度好、附近没有光电信号干扰的情况下进行，且应在不同的时间进行往返观测。观测时间的选择，应注意不要使反光镜面对着太阳的方向。

当照准方向时，待显示读数变化稳定后，测3~4次，取平均值，此平均值即为斜距。为了得到平距，还应读取垂直角，经倾斜改正后，即为单方向的水平距离观测值（如果用的是电子全站仪，可直接得到平距）。如果往返观测值之差在允许范围之内，则取往返观测值的平均值作为该边的距离观测值。

2. 直接丈量法

沿桥轴线方向，如果地势平坦、可以通视，则可采取直接丈量法测量桥轴线长度。这种方法所用设备简单，精度也可靠，是一般中小桥施工测量中常用的方法。

为了保证施工期间的长度丈量精度和量具精度的一致性，在量距之前应对所用的钢尺进行严格的检定，取得尺长改正数 Δl_R。

用钢尺量距的方法如下：

(1)沿桥轴线 AB 方向用经纬仪定线，钉出一系列木桩，如图3-2-1所示。桩的标志中心偏离直线最大不得超过±1cm，为了便于丈量，桩间距应比钢尺的全长略为短一些（约2cm）。

(2)用水准仪测出相邻桩顶间的高差，为了校核应测2次，读数取至mm，两次高差之差应不超过2mm。

(3)丈量时应对钢尺施以标准拉力，每一尺段可连续测量3次，每次读数时均应变换钢尺的前后位置，以防差错。读数取至0.1mm，3次测量结果的校差不得超过1~2mm。在测量距离的同时应记下当时的温度，以便进行温度改正。

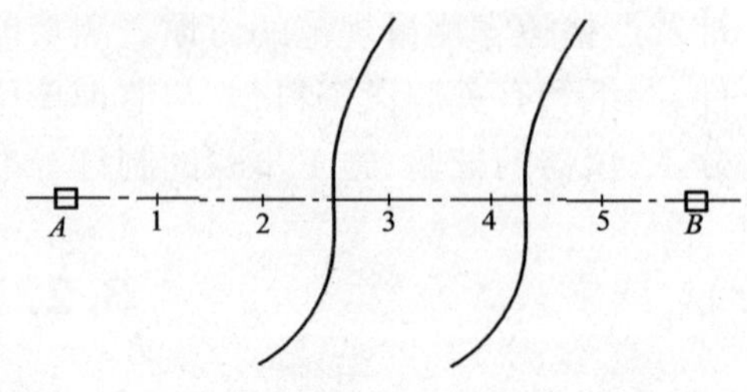

图3-2-1 桥轴线方向定向图

(4)计算桥轴线长度。每一尺段的丈量结果应进行尺长改正 Δ_l,温度改正 Δ_t,以及倾斜改正 Δ_h,即:

$$l_i = l'_i + \Delta_l + \Delta_t + \Delta_h \tag{3-2-1}$$

式中:l_i——各尺段经过各项改正后的长度;

l'_i——各尺段未经过各项改正的实量长度;

Δ_l——尺长改正数,$\Delta_l = L_0 - L$,L_0 为检定时的标准长度,L 为名义长度;

Δ_t——温度改正数,$\Delta_t = l'_i\alpha(t - 20℃)$,$\alpha$ 为钢尺线膨胀系数,t 为测量时温度;

Δ_h——倾斜改正数,$\Delta_h = -\dfrac{h^2}{2l'_i}$,$h$ 为相邻桩顶高差。

则桥轴线一次测量的总长为:

$$L_i = l_1 + l_2 + \cdots + l_n \tag{3-2-2}$$

取各次丈量结果的平均值,即为桥轴线的长度。

(5)评定丈量的精度。

桥轴线的中误差为:

$$M = \pm\sqrt{\frac{[W]}{n(n-1)}} \tag{3-2-3}$$

桥轴线的相对中误差为:

$$\frac{M}{L} = \frac{1}{n} \tag{3-2-4}$$

式中:L——桥轴线的平均长度;

W——桥轴线的平均长度与每次观测值之差;

n——丈量的次数。

丈量结果的相对中误差应满足估算精度的要求。

3. 三角网法

采用直接丈量法有困难时,或不能保证必要的精度时,可采用间接丈量法测定桥轴线,如图3-2-2所示。即把桥轴线 AB 作为三角网的一个边长,测量基线长度 AC、AD,用三角测量的原理测量并解算,即可得出桥轴线的长度 AB。

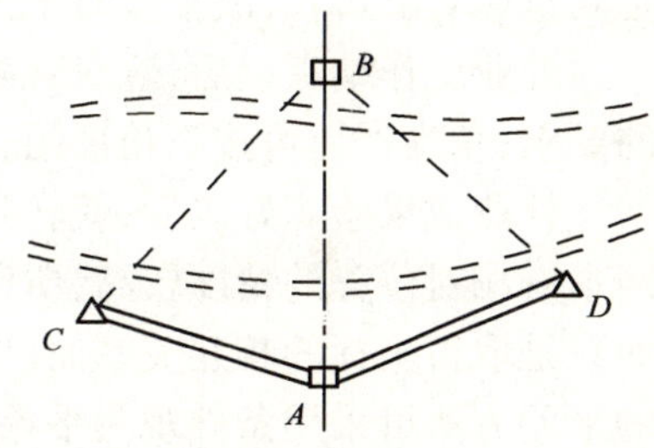

图3-2-2 桥梁三角网图

3.2.3 桥涵三角网的布置

布设桥梁三角网的目的是为了求出桥轴线长度及交会处墩台的位置,因此,布网时应注意以下几点:

(1)三角点之间视野应开阔,通视要良好。

(2)三角点不应位于可能被淹没及土壤松软地区。

(3)三角网图形要简单,三角点基础应具有足够的强度。

(4)桥轴线应为三角网的一条边,并与基线的一端相连,以确保桥轴线的精度。

(5)桥梁三角网的边长与跨越障碍物的宽度有关,如跨河桥梁则与河宽有关,一般在0.5~1.5倍障碍物宽度范围内变动;由于桥梁三角网边长一般较短,故三边网的精度不及三角网和边角网的精度;测角网能控制横向误差,测边网能控制纵向误差,故把两者的优点结合起来，布设成带有基线的边角网为最好。

(6)为了校核起见，应至少布设2条基线，基线长度应为桥轴线长度的0.7～0.8倍。

考虑上述几点要求，控制网的常用图形有图3-2-3所示的几种。图a)较为简单，适用于一般桥梁施工放样；图b)是在桥轴线两侧各布设一个大的四边形，适用于大桥的施工放样；考虑近岸处桥墩的交汇，也可在图c)中增设1～4各插点。

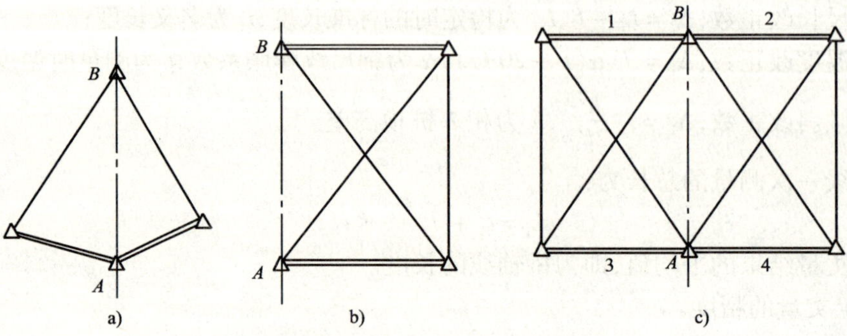

图3-2-3　桥梁三角控制网各种图形

根据桥轴线的不同精度要求，控制网的测角和测边精度也有所差异，在《公路桥涵施工技术规范》(JTJ 041—2000)中分为5个等级。

桥梁三角网一般可测2条基线，其他边长则根据基线及角度推算。在平差时只改正角度，不改正基线，即认为基线误差与角度误差相较可略而不计。为了保证桥轴线有可靠的精度，所以基线精度比桥轴线的精度高出2～3倍。而边角网的情况则不同，它不是只测2条基线，而是测量所有的边长，故平差时不但改正角度，也要改正边长。

外业工作结束以后，应对观测的成果进行验算，基线的相对中误差应满足相应等级控制网的要求，角度误差可按三角形闭合差计算。

外业成果验算好以后，就转到内业平差极坐标的计算。由于桥梁控制通常是独立网，要求网本身相对位置的精度较高，所以有时虽与附近的城市网联测，但并不强制附和到城市网上，而只是取得坐标的相互关系而已，故桥梁控制网本身的平差还是作独立网来处理，桥梁控制网的平差方法可采用条件观测平差或间接观测平差。

3.2.4　桥梁墩台定位及轴线测量

在桥梁施工测量中，最主要的工作是准确地定出桥梁墩、台的中心位置和它的纵横轴线，这些工作称为墩台定位。直线桥梁墩台定位所依据的原始资料为桥轴线控制桩的里程和墩、台中心的设计里程，根据里程计算出它们之间的距离，按照这些距离即可定出墩、台中心的位置。曲线桥所依据的原始资料，除了控制桩及墩、台中心的里程外，尚有桥梁偏角、偏距及墩距或结合曲线要素计算出的墩、台中心的坐标值。

水中桥墩的基础施工定位时，由于水中桥墩基础的目标处于不稳定状态，在其上无法使测量仪器稳定，一般采用方向交会法；如果墩位在干枯或浅水河床上，可用直接定位法；在已稳固的墩台基础上定位，可以采用方向交会法、距离交会法、极坐标法或直角坐标法。

一、直线桥梁的墩台定位

位于直线段上的桥梁，其墩、台中心一般都位于桥轴线的方向上，如图3-2-4所示。根据

桥轴线控制桩 A、B 及各墩、台中心的里程，即可求得其间的距离。墩位的测设，根据条件可采用直接丈量法、光电测距法或方向交会法。

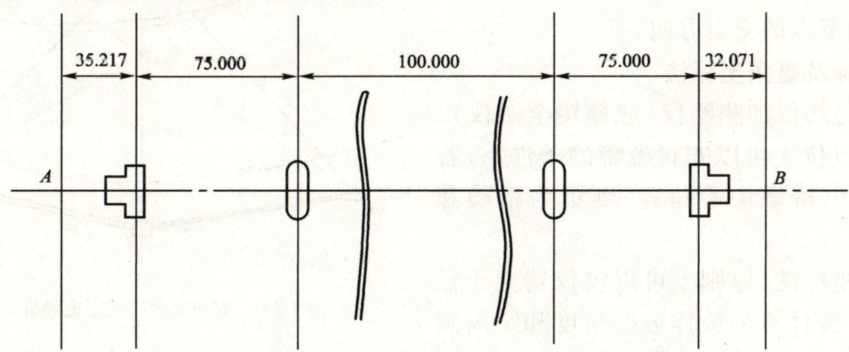

图 3-2-4　直线桥梁位置图（尺寸单位：m）

1. 直接丈量法

当桥墩位于地势平坦、可以通视、人可以方便通过的地方，且用钢尺可以丈量时，可采用这种方法。丈量前钢尺要检定，丈量方法与测定桥轴线相同，不同的只是此处是测设已知长度，在测设前应将尺长改正数、温度改正数及倾斜改正数考虑在内，将已知长度转化为钢尺丈量长度。

为了保证丈量精度，施测时的钢尺拉力应与检定时的钢尺拉力相同。

2. 光电测距法

只要墩台中心处能安置反光镜，且经纬仪和反光镜之间能通视，则用此法是迅速方便的。但测设时应根据当时测出的气压、温度和测设距离，通过气象参数修正，得出测设的显示斜距。在测设出斜距并根据垂直角折算为平距后，与应有的（即设计的）平距进行比较，看两者是否相等。根据其差值前后移动反光镜，直至两者相符，则反光镜处即为要测设的墩位。

3. 方向交会法

如图 3-2-5 所示，AB 为桥轴线，C、D 为桥梁平面控制网中的控制点，P_i 为第 i 个桥墩设计的中心位置（待测设的点）。A、C、D 点上各安置 1 台经纬仪。A 点上的经纬仪瞄准 B 点，定出桥轴线方向；C、D 两点上的经纬仪均先瞄准 A 点，并分别测设根据 P_i 点的设计坐标和控制点坐标计算的 α、β 角，以正倒镜分中法定出交会方向线。

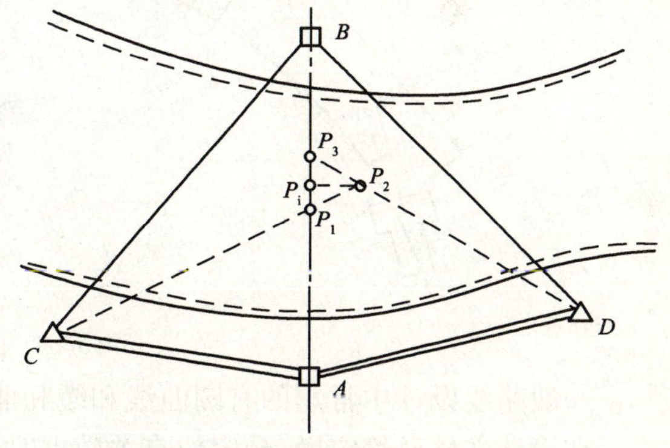

图 3-2-5　三方向交会法的误差三角形

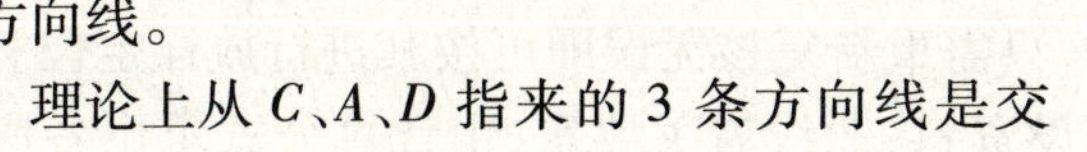

理论上从 C、A、D 指来的 3 条方向线是交于一点的，该交点就是要测设的桥墩中心位置。但实际上由于测量误差的存在，3 条方向线一般不是交于一点，而是构成误差三角形 $\triangle P_1P_2P_3$。如果误差三角形在桥轴线上的边长（P_1P_3）在允许范围之内（对于墩底放样为2.5cm，对于墩顶放样为 1.5cm），则取 C、D 2 点指来的方向线的交点 P_2 在桥轴线上的投影 P_i 作为桥墩放样的中心位置。

在桥墩施工中，随着桥墩的逐渐筑高，中心的放样工作需要重复进行，且要求迅速而准确。为此，在第一次求得正确的桥墩中心位置 P_i 以后，将 CP_i 和 DP_i 方向线延长到对岸，设立固定

的瞄准标志 C' 和 D'，如图 3-2-6 所示。以后每次作方向交会放样时，从 C、D 点直接瞄准 C'、D' 点，即可恢复点的交会方向。

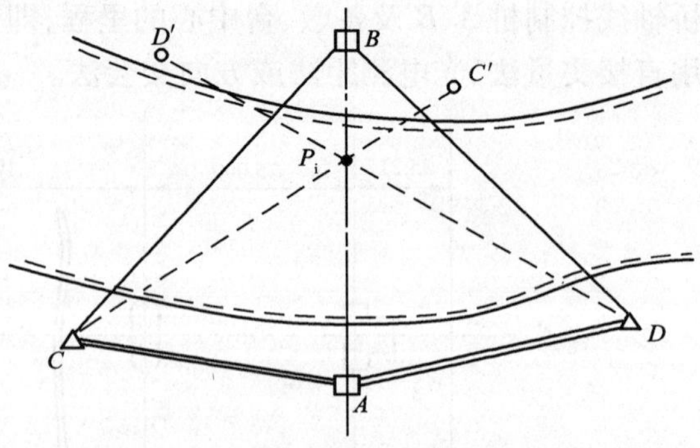

图 3-2-6　方向交会法的固定瞄准标志

4. 极坐标及直角坐标法

在使用经纬仪加测距仪（或使用全站仪），并在被测设点位上可以安置棱镜的条件下，若用坐标法放出桥墩中心位置，则更为精确和方便。

对于极坐标法，原则上可以将仪器置于任何控制点上，按计算的放样数据角度和距离测设点位。

对于全站仪，则还可以根据测站点、后视点及待放点的直角坐标，自动计算出待放点相对于测站点的极坐标数据，再以此测设点位。

但若是测设桥墩中心位置，最好是将仪器安置于桥轴线点 A 或 B 上，瞄准另一轴线点作为定向，然后指挥棱镜安置在该方向上测设 AP_i 或 BP_i 的距离，即可定出桥墩中心位置 P_i 点。

二、曲线桥的墩台定位

在整个路线上，处于各种平面曲线上的桥梁并不少见，曲线桥由于桥梁设计方法不同而更复杂些，曲线桥的上部结构一般有连续弯梁和简支直梁等形式，但下部一般都是利用墩、台中心构成折线交点而形成弯桥，如图 3-2-7 所示。

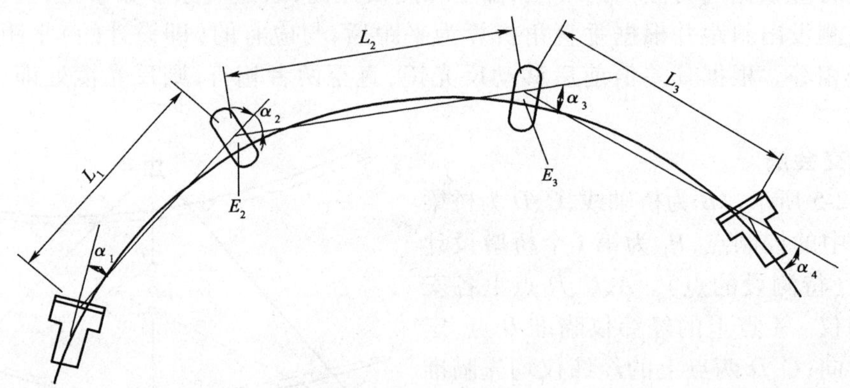

图 3-2-7　曲线桥的布置

一般路线设计中常用的有圆曲线和缓和曲线，它们的要素有较为固定的计算公式。

在设计文件已给定墩、台定位有关数据时，只需重新复核无误即可按其进行放样定位。但数据通常并不能满足施工的需要，应按路线测设资料、曲线有关要素，由计算公式求出各墩台中心为顶点的直线，再用偏角进行定位。

对于坐标值的计算，一般在直角坐标系中进行较为普遍、简便。可以先建立以墩、台中心为原点，切线及法线方向为坐标轴的局部坐标系，在局部坐标系中确立待放点局部坐标值，再利用墩、台中心的路线坐标值将局部坐标值转换至路线坐标中。

墩、台定位的方法，根据不同的条件可采用偏角法、长弦偏角法、利用坐标的交会法和坐标法等。曲线桥的放样工作，主要是对放样数据的计算，操作基本步骤的差异并不大，在此不再详述。

三、墩台纵横轴线的测设

墩台中心测设定位以后，尚需测设墩台的纵横轴线，以作为墩台细部放样的依据。

在直线桥上，墩台的横轴线与桥的纵轴线重合，而且各墩、台一致，所以可以利用桥轴线两端控制桩来标志横轴线的方向，而不再另行测设标志桩。

在测设桥墩台纵轴线时，应将经纬仪安置在墩台中心点上，然后盘左、盘右以桥轴线方向作为后视，然后旋转 90°（或 270°），取其平均位置作为纵轴线方向，如图 3-2-8 所示。因为施工过程中经常要在墩、台上恢复纵横轴线的位置，所以应于桥轴线两侧各布设 2 个固定的护桩。

在水中的桥墩，因不能架设仪器，也不能钉设护桩，则暂不测设轴线，等筑岛、围堰或沉井露出水面以后，再利用它们钉设护桩，准确地测设出墩台中心及纵、横轴线。

在等跨曲线桥上，墩台的纵轴线位于梁的工作线顶点处的分角线上，而横轴线与纵轴线垂直，如图 3-2-9 所示。因此测设时，应置仪器于墩台中心点上，以相邻墩中心方向为后视，测设 $(180° - \alpha)/2$ 角即得纵轴线方向，自纵轴线方向转 90°角即测得横轴线。或是将全站仪置于墩台中心，输入中心坐标、后视点坐标，放样点输入中心的曲线切线（法线）方向上任意点的坐标，则可以得到纵（横）轴线方向。无论是在纵轴线还是在横轴线方向上，均要测设 4 个固定的护桩。

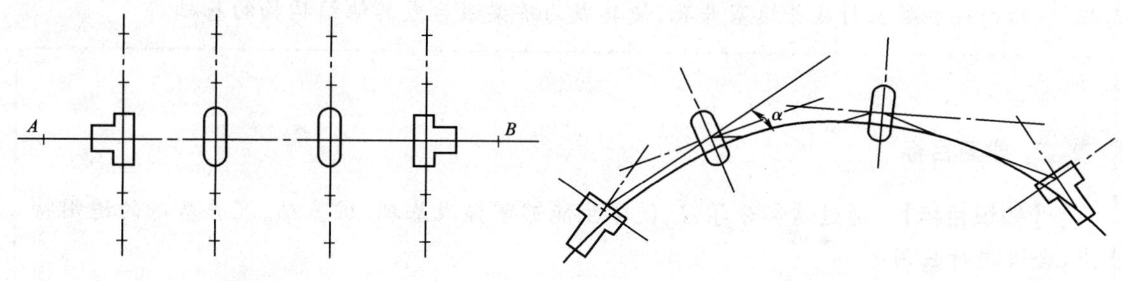

图 3-2-8　直线桥梁纵横轴线图

图 3-2-9　等跨曲线桥纵横轴线图

实战演练

依据施工项目，学生在实训场地进行实际放样测量。

小　结

桥位施工测量的主要任务是精确地测定墩台中心位置、测量桥轴线以及对构造物各细部构造的定位和放样。墩台定位及其纵、横轴线的测设，就是为细部施工放样做好准备。

学习情境 4

桥梁基础施工

情境导入

在建筑物的设计和施工中，地基和基础占有很重要的地位，它对建筑物的安全使用和工程造价有着很大的影响，因此，正确选择地基基础的类型十分重要。

当地基浅层土质不良，采用浅基础无法满足结构物对地基强度、变形和稳定性方面的要求时，往往需要采用深基础。

沉井是井筒状的结构物。它是以井内挖土，依靠自身重力克服井壁摩阻力后下沉到设计高程，然后经过混凝土封底并填塞井孔，使其成为桥梁墩台或其他结构物的基础。

学习目标

【知识目标】 通过这部分学习，使学生能够掌握浅基础、桩基础、沉井基础的适用特点，合理进行应用。

【能力目标】 通过这部分学习，让学生掌握浅基础、桩基础、沉井基础的施工方法，施工工序。

任务 4.1

浅基础施工

4.1.1 适用条件

1. 刚性基础

刚性基础的特点是稳定性好、施工简便、能承受较大的荷载，所以只要地基强度能满足要求，它是桥梁和涵洞等结构物首先考虑的基础形式，如图 4-1-1a）所示。它的主要缺点是自重大，并且当持力层为软弱土时，由于扩大基础面积有一定限制，需要对地基进行处理或加固后才能采用，否则会因所受的荷载压力超过地基强度而影响结构物的正常使用。所以对于荷载大或上部结构对沉降差较敏感的结构物，当持力层的土质较差又较厚时，刚性基础作为浅基础是不适宜的。

2. 柔性基础

如图 4-1-1b）所示，基础在基底反力作用下，在 a—a 断面产生弯曲拉应力和剪应力，若超过了基础圬工的强度极限值，为了防止基础在 a—a 断面开裂甚至断裂，必须在基础中配置足够数量的钢筋，这种基础称为柔性基础。

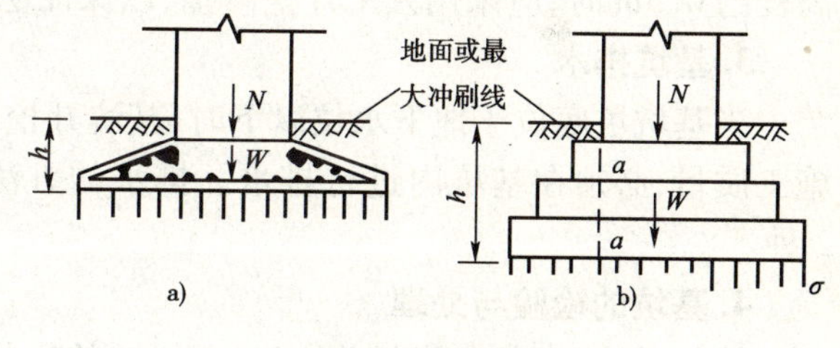

图 4-1-1　基础类型

a）柔性基础；b）刚性基础

柔性基础主要是用钢筋混凝土灌筑，常见的形式有柱下扩展基础、条形和十字形基础筏板及箱形基础，它整体性能较好，抗弯刚度较大。如筏板和箱形基础，在外力作用下只产生均匀沉降或整体倾斜，这样对上部结构产生的附加应力比较小，基本上消除了由于地基沉降不均匀引起结构物损坏的影响。所以在土质较差的地基上修建高层建筑时，采用这种基础形式是适宜的。但上述基础形式，特别是箱形基础，钢筋和水泥的用量较大，施工技术的要求也较高，所以采用这种基础形式应与其他基础方案（如采用桩基础等）比较后再确定。

4.1.2 旱地上浅基础的施工

1. 基础的定位放样

基础定位放样，就是将设计图纸上的墩、台位置和尺寸标定到实际工地上去，这主要是测量问题。定位工作可分为垂直定位和水平定位两个方面。垂直定位是定出墩台基础各部分的高程，可借助于施工现场的水准基点进行；水平定位是定出基础在平面上的位置。如图 4-1-2 所示，一般可首先定出桥梁的主轴线 I—I，然后定出墩台轴线 1—1、2—2、3—3、4—4，最后详细定位，确定基础各部分尺寸。由于定位桩随着基坑的开挖，必将被挖去，所以还必须在基坑位置以外不受施工影响的地方，钉立定位桩的护桩，以备在施工中能随时检查基坑和基础位置是否正确。而基坑外围通常可用龙门板固定,或在地面上以石灰线标出。

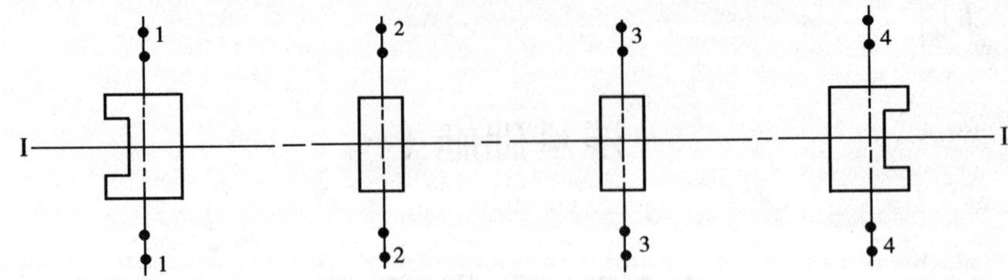

图4-1-2 桥梁墩台基础定位

2. 基坑的开挖

为建造基础而开挖的基坑,其形状和开挖面的大小可视墩台基础及下部结构的形式、施工条件的要求,而挖成方形、矩形或长条形的坑槽,基坑的深度视基础埋置深度而定。基坑开挖的断面是否设置坑壁围护结构,可视土的类别性质、基坑暴露时间长短、地下水位的高低以及施工场地大小等因素而定。开挖基坑时常采用机械与人工相结合的施工方法,它不需要复杂的机具,技术条件较简单易操作,常用的机具多为位于坑顶、由起吊机操纵的挖土斗和抓土斗,大方量的特大基坑,也可用铲式挖土机、铲运机和自卸车等。基坑采用机械挖土,挖至距设计高程约0.3m时,应采用人工开挖修整,以保证地基土结构不被扰动破坏。

3. 基坑排水

当基坑坑底位于地下水位以下时,基坑开挖时坑内便有积水,为了便于基础施工,并保证施工质量,必须在基坑内进行排水。排水的方法一般有表面排水法及人工降低地下水位法2种。

4. 基坑的检验与处理

挖好基坑,在基础浇筑前应进行验坑,检查是否符合设计要求,其内容包括:

(1)基坑底面高程和平面位置及平面尺寸是否与原设计相符。

(2)检查基底土质与设计资料是否相符,如有出入,应取样做土质分析试验,同时由施工单位及时会同有关部门共同研究处理办法。

(3)当坑底暴露的地质特别复杂,属于下列情况之一时,应变更基础设计方案(变更基础埋深或基础类型)。

①强烈风化的岩层;

②松砂($D_r \leqslant 0.33$)地基;

③软黏性土($I_L > 1.0$);

④$e > 0.7$的亚砂土、$e > 1.0$的亚黏土及$e > 1.1$的黏土;

⑤含有大量有机质的砂土、黏土;

⑥出现较发育的熔岩。

基底检验合格后,还应按不同地质情况,作如下处理:

①在黏性土层上的基础,修整承重面时,应按其天然状态铲平,不得用回填土夯实的办法处理。必要时可在基底夯入10cm以上的碎石层,碎石层顶面应低于基底高程。修整妥善后应在短时间内浇筑基础,不得暴露过久。

②对碎石土或砂土,其承重面经过修理平整后,在基础施工前应先铺一层2cm厚的水泥砂浆。

③对未风化的岩层,应先将岩层面上的松散石块、淤泥、苔藓等清除干净。若岩层倾斜,应

将岩面凿平。为防止基础滑动,可采取必要的锚固措施,以加强基础与岩层之间的连接。

④对软硬不均匀的地层,应将软质土层挖除,使基础全部支承在硬土上,以避免基础发生不均匀下沉或倾斜。

⑤坑底如发现有泉眼涌水,应立即堵塞(如用木棒塞住泉眼)或排水加以处理,不得任其浸泡基坑。

5. 基础的浇筑及基坑的回填

基础的浇筑,一般都处于干燥无水的情况下进行,只有当渗水量很大,排水很困难时,才采用水下灌注混凝土的方法。排水浇筑时,应防止渗水浸泡圬工,以免降低混凝土强度。此外,还应注意,石砌基础在砌筑中应使石块大面朝下,外圈块石必须坐浆,且要求丁顺相间,以加强石块之间的连接;混凝土基础的浇筑,应在终凝后才允许浸水,不浸水部分仍需养生。

基础浇筑完成后,应检验质量和各部位尺寸是否符合设计要求。如无问题,即可选用好土回填基坑,并应分层夯实,回填层厚不大于30cm。

4.1.3　水中浅基础的施工

桥梁墩台基础往往位于地表水位以下,有的河流水的流速还较大,而施工时常常希望在无水或静水条件下进行。为了解决这一矛盾,可变水中施工为旱地施工。其办法是,首先在基坑外围设置一道封闭的临时性挡水结构物即围堰。围堰修筑好后,即排水开挖基坑,或在静水条件下进行水下开挖基坑,并继续下步工序。这些施工内容与旱地上的浅基础施工基本相同。

围堰所用的材料和形式根据当地水文、地质条件,材料来源及基础形式而定。但不论哪种材料和形式的围堰,均需注意下列要求:

(1)堰顶高程至少应高出施工期间可能出现的最高水位0.5m以上。

(2)围堰平面形状应与基础平面形状相符,围堰的迎水面应做成流线型,以利于减小水流阻力。

(3)由于围堰的修筑,使河流过水断面缩小,流速增大,将引起较大集中冲刷,可能使围堰冲坍或严重漏水,并可能由于部分河面被堵塞影响通航。因此,为防止上述不利情况的出现,围堰的断面不应超过流水断面的30%。

(4)围堰内面积应考虑坑壁放坡和浇筑基础时的要求。

下面介绍几种常用的围堰构造、适用条件和施工要求。

1. 土围堰(图4-1-3)

土围堰适用于水深不超过2m,流速小于0.5m/s,河床土质为不透水或透水甚微的河道中。在修筑前应将河底杂物清理干净以防漏水。修筑时应从上游开始,至下游合拢。

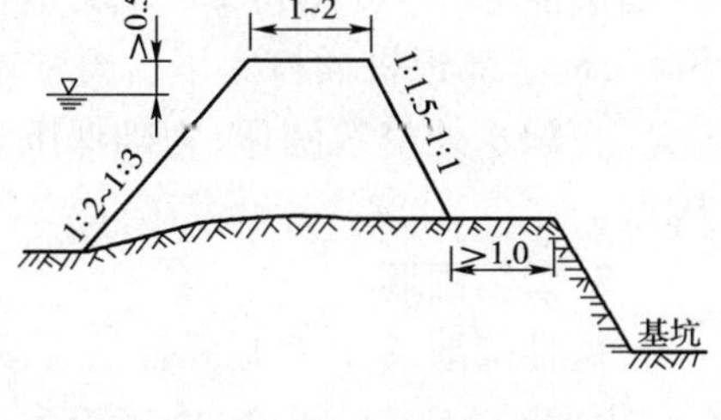

图4-1-3　土围堰

堰顶宽一般为1～2m,视施工场面需要而定。堰外侧边坡视填土在水中的自然坡度而定,一般为1∶2～1∶3;堰内边坡一般为1∶1.5～1∶1。坡脚距基坑边缘距离根据河床土质及基坑深度而定,但不得小于1m。如果用砂土修筑围堰,为了减少渗水,需在外坡侧面用黏土覆盖或设置黏土芯墙。当水的流速较大时,可在外坡面用草皮、柴排、草袋加以防护。

2. 草(麻)袋围堰(图 4-1-4)

水深不超过 3.5m,流速小于 2.0m/s 时可采用草(麻)袋围堰。堰顶宽一般为 1～2m,有黏土芯墙时为 2～2.5m;堰外坡视水深及流速而定,一般为 1:1～1:0.5,堰内坡一般为 1:0.5～1:0.2;内坡脚距基坑边缘不小于 1m。袋装松散黏土,装土量为袋容量的 1/2～2/3,袋口缝合。如用砂土装袋,堰身中间必须夯填黏土芯墙,以防围堰渗漏。

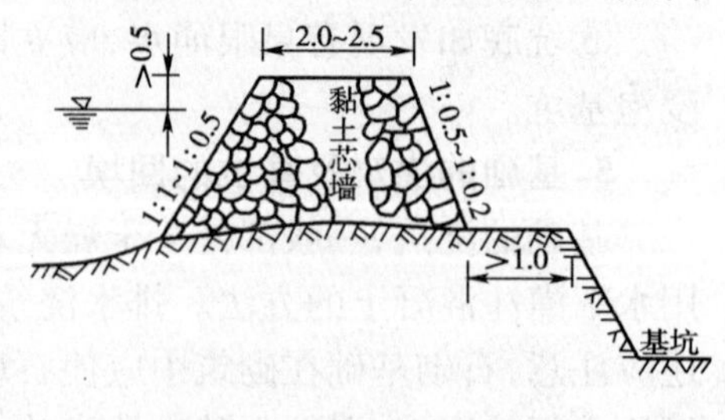

图 4-1-4　草(麻)袋围堰

以上两种围堰均利用自重维持其稳定,故又称重力式围堰,它主要是挡地面水。如河床土质为粉砂或细砂,则在排水开挖基坑时,可能会引起流沙现象,所以就不宜用这类围堰,而应考虑选用板桩围堰。

3. 木板桩围堰

适用于砂性土、黏性土和不含卵石的其他土质河床。

水深在 2～4m 时,可采用单层木板桩围堰,必要时可在板桩外围加填土堰,但水的流速不宜超过 0.5m/s。

当水深在 4～6m 时,可用中间填黏土的双层木板桩围堰。木板桩的构造与木板桩支撑相同。

木板桩的入土深度,视土质的密实程度而定,一般为基坑深度的 40%～50%,但不应小于 1m。双层木板桩间的宽度,应不小于施工水位水深的 50%,也不小于基坑底至堰顶深度的 0.4～0.6 倍。如围堰高度较大时,为防止在水压力的作用下产生过大的变形,可在中间增设拉紧螺栓,以增强两层板桩之间的整体性。板桩间的黏土填筑应夯实以防漏水。

4. 钢板桩围堰

钢板桩围堰适用于砂类土、碎卵石类土、硬黏性土和风化岩等地层,它具有材料强度高,防水性能好,穿透土层能力强,堵水面积最小,并可重复使用的优点。因此,当水深超过 5m 或土质较硬时,可选用这种围堰。

当钢板桩围堰较高且水深较大时,常用围囹(即以钢或钢木构成的框架)作为板桩定位和支撑。先在岸上或驳船上拼装好围囹,拖运至基础位置定位后,在围囹中插打定位桩使围囹挂在定位桩上,即可在围囹四周的导桩间插打钢板桩。在插打时应先从上游打起,以策安全。根据起吊能力,尽可能将 2～3 块钢板桩预先拼焊在一起,逐组或逐块插打到稳定的深度(2～3m),待全部板桩插打完毕后再依次打到设计高程。

在深水处修筑围堰,为确保围堰不渗水,或基坑范围大,不便设置支撑,可采用双层钢板桩围堰。

5. 套箱围堰

这种围堰适用于无覆盖层或覆盖层较薄的水中基础。

套箱为无底的围套,内部设木或钢支撑,组成支架。木板套箱在支架外面钉装两层企口木板,用油灰捻缝以防漏水;钢套箱则设焊接或铆合而成的钢板外壁。

木套箱采用浮运就位,然后加重下沉;钢套箱利用船运起吊就位下沉。在下沉套箱之前,应清除河床覆盖层并整平岩层。套箱沉至河底后,宜在箱脚外侧填以黏土或用装土草(麻)袋护脚。

4.1.4 基坑的围护

1. 不设围护的基坑

当坑壁不设围护时，可将坑壁挖成竖直或斜坡形。竖直坑壁只有在岩石地基或基坑不深又无地下水的黏性土地基中采用。在一般土质条件下开挖基坑时，应采用放坡开挖的方法。在基坑深度不超过5m、地基土质湿度正常、开挖暴露时间不超过15d的情况下可参照规范选定基坑坡度。

基坑底面应满足基础施工的要求，对渗水的土质基坑，一般按基底的平面尺寸，每边增宽0.5～1.0m，以便在基底外设置排水沟、集水坑和基础模板。为了保证坑壁边坡稳定，当基坑深度较大时，应在边坡中段加设宽为0.5～1.0m的平台。坑顶周围必要时应挖排水沟，以免地面水流入坑内。当基坑顶缘有动载时，顶缘与动载之间至少应留1m宽的护道。

2. 坑壁有围护的基坑

当坑壁土质松软，边坡不易稳定，或放坡开挖受到现场的限制，或放坡开挖造成土方量过大时，宜采用加设围护结构的竖直坑壁基坑，这样既保证了施工的安全，同时又可大量减少土方量。

基坑围护结构作为加固坑壁的临时性措施，有以下几种。

1）挡板支撑（图4-1-5）

挡板支撑适用于开挖面积不大，地下水位较低，挖基深度较浅的基坑。根据具体情况，挡板可垂直设置或水平横放。挡板支撑由立木、横枋、顶撑及衬板组成。衬板厚度为4～6cm，为便于挖基运土，顶撑应设在同一垂直面内。

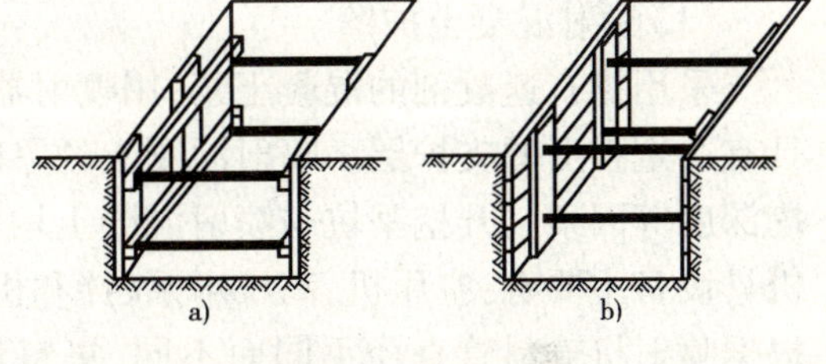

图4-1-5 挡板支撑

基坑开挖时，若坑壁土质密实，不会随挖随坍，可将基坑一次挖到设计高程，然后沿着坑壁竖向撑以衬板（密排或间隔排），再在衬板上压以横木，中间用顶撑撑住。

若坑壁土质较差，或所挖基坑较深，坑壁土有随挖随坍的可能时，则可用水平衬板支撑，分层开挖，随挖随撑。

2）钢木结合支撑

当基坑深度在3m以上，或基坑过宽，由于支撑过多而影响基坑出土时，可沿基坑周围每隔1.5m左右打入一根工字钢或钢轨至坑底面以下1m左右，并以钢拉杆把型钢上端锚固于锚桩上，随着基坑下挖设置水平衬板，并在型钢与衬板之间用木楔塞紧。

3）板桩支撑

基坑的平面尺寸较大，基坑又较深，或因土质、水文资料和场地的限制，及开挖对邻近建筑物有影响，可采用板桩支撑。板桩设置方法与挡板支撑不同，其特点是先将板桩打入土中，桩尖深入到基坑底以下一定深度，然后才开挖基坑。当基坑较深时，可待基坑挖至一定深度后，再在板桩上部加设横向支撑或设置锚桩，以增强板桩的稳定性。板桩常用的材料有木、钢、钢筋混凝土3种。

木板桩成本较低，容易加工制作，但强度较低，故不适用于含卵石和坚硬的土层。同时，受木材长度的限制，基坑深度在3～5m内时才采用。为减少渗水，木板桩的接缝应密合。在断面形式上，板厚大于80mm时，应采用凸凹形榫口的企口缝；小于80mm时，可采用人字形榫口。

木板桩的施工，其程序是先沿基坑边外侧打入导桩，然后在导桩上用螺栓装上2条水平导木，作为固板桩位置之用。板桩插在导木之间，按一定顺序方向，逐根将板桩打入土中。导桩的入土深度视基坑深度而定，桩尖至少沉入基坑底面以下2m。插打板桩常从角上开始。应注意板桩榫舌和桩尖斜面朝前进方向，使相邻板桩在打桩过程中能互相挤紧，以防渗水。一般木板桩上端常用铁箍保护，以免在打桩时打坏桩头。当地基土中含有小石块等硬物时，桩尖应装上铁桩靴。

钢板桩的优点在于强度大，能穿过坚硬的松土层、碎卵石类土和风化岩层；具有锁口连接紧密不易漏水，且能承受锁口拉力，并可焊接接长，能重复使用。其断面形式较多，可适应不同的基坑形状要求。

钢筋混凝土板桩优点是耐久性好，缺点是制作复杂，重量大，运输和施工不便，所以除大桥的深基础外，一般中小桥梁工程不采用。

4）采用混凝土护壁

适用于深度较大的各种土质的基坑。在基坑开挖前，应先界定基坑开挖面，除较浅的基坑外，考虑到受力条件，应尽量采用圆形基坑。在基坑口先设置预制或就地浇制的混凝土护筒，护筒长1～2m，护筒厚度视基坑直径大小和土质情况而定，一般为10～40mm。护筒以下的坑壁，采用喷射或现浇混凝土，一般是随挖随喷（浇），直至坑底。

（1）喷射混凝土护壁

采用掺有速凝剂的混凝土浆，用喷射器向坑壁喷射，使喷射的混凝土能在早期与坑壁形成具有一定强度的支护层。喷射混凝土的厚度，主要取决于地质条件、渗水量、基坑面大小及开挖深度等因素。开挖基坑与喷射混凝土均分层进行，每层高0.5～1.5m。喷射混凝土所需的机具设备主要有：空压机、高压水泵、拌和机、喷射机、混凝土输送管道。混凝土拌和料的级配根据喷射机输料管直径不同而不同，集料最大粒径为16mm及25mm，配合比为水泥：砂石：水＝1：4：（0.4～0.5）。速凝剂的掺加量为水泥用量的3%～4%，掺入后停放时间不应超过20min。

对极易坍塌的流沙、淤泥层，仅用喷护混凝土往往不足以稳定坑壁。遇此情况，可先在坑壁上打入小木桩或在打好成排的木桩上编制竹篱，在有大量流沙之处塞以草袋，然后喷射15～20cm的混凝土，即可防坍塌。

对于无水或少水的坑壁，每层高度范围内，喷射混凝土应由下部向上部循环进行。这样对少量渗水的土层，一经喷护即能完全止水；对涌水的坑壁，喷射混凝土则应由上而下循环进行，以保证新喷的混凝土不致被水冲坏。

（2）现浇混凝土护壁

逐层开挖的深度，视坑壁土质稳定情况而定，一般不超过2m。施工程序是逐层下挖、立模、浇筑混凝土。模板上部留有浇筑窗口，混凝土先通过窗口向内往下浇筑，当混凝土浇至窗口下缘后，再用压灌混凝土的办法，灌满窗口以上的部分。混凝土中应掺入早强剂，浇筑厚度为10cm左右。

实践证明，采用喷射或浇筑混凝土这一护壁方法比明挖放坡法，无论在技术上和经济上均有一定的优势。在某一座桥基础的施工实例中，它比明挖放坡法可减少土方量2/3。目前此护壁方法已广泛用于松软地基的明挖基坑，并作为基坑坑壁围护方法之一。

4.1.5 基坑的排水

1. 表面排水法

它是施工中应用最普遍的排水方法。在基坑开挖时,坑底四周挖好边沟,并挖 1 ~2 个集水井,使坑内积水由边沟流至集水井,然后由集水井用抽水机向外排水。要求排水能力要大于基坑的渗水量,因此,施工前必须对基坑的渗水量进行估算,以便正确拟定排水措施,配足排水设备。

1)渗水量的估算

基坑渗水量的大小与土的透水性、基坑内外的水头差、基坑坑壁围护结构的种类及基坑渗水面积等因素有关。估算渗水量的方法有 2 种,一种是通过抽水试验,另一种是利用经验公式估算。前者是在工地的试坑或钻孔中,进行直接的抽水试验,其所得的数据比较可靠,但试验费事,而且要在工地现场进行;后者方法简便,但估算结果准确性差。

经验公式可以反映出土的透水性、基坑的渗水面积、坑壁的围护形式等因素对渗水量的影响。对于放坡开挖的基坑,基坑渗水量可用下式估算:

$$Q = q_1F_1 + q_2F_2 \tag{4-1-1}$$

式中:q_1、q_2——基坑底面和侧面的单位渗水量($m^3/h/m^2$);

F_1、F_2——基坑底面和侧面的渗水面积(m^2)。

对于有板桩围护的基坑,可用下式估算渗水量:

$$Q = KUHq \tag{4-1-2}$$

式中:K——土的透水系数,如基坑范围内为多层土,则取其平均值,$K_{平均} = \frac{\sum k_i h_i}{\sum h_i}$(m/h);

U——基坑周长(m);

H——水头差(m);

q——单位渗水量。

2)水泵的选用

选用什么排水机具,应视基坑内渗水量的大小和当地具体情况而定。当渗水量很小时,可用人工排水或小型水泵抽水;当渗水量较大时,一般用电动或内燃发动机的离心式抽水机。要求水泵总排水能力为(1.5 ~2.0)Q。考虑到排水过程中,机械可能发生故障,应有备用的水泵。抽水机安装应根据基坑深度、水深及吸程大小,分别安装在坑顶、坑中护坡道或活动脚手架上。坑深大于吸程加扬程时,可用多台水泵串联或采用高压水泵。

表面排水法,除有严重流沙的基坑中不宜采用外,一般情况下均可采用。

如果估计到用表面排水法有可能发生严重流沙现象,除可以选用机械水中挖土方法外,也可考虑采用轻型井点法排水。

2. 轻型井点法

此法主要是利用"下降漏斗"来降低地下水位。基坑开挖前在基坑四周打入若干根井管,井管下端 1.5m 左右为滤管,上面钻有若干直径约 2mm 的滤水孔,各个井管用集水管连接,并不断抽水。由于抽水使井管两侧一定范围内的水位逐渐下降,形成了向井管附近弯曲的下降曲线,即"下降漏斗",如图 4-1-6 所示。地下水位逐渐降低到坑底设计高程以下,使施工

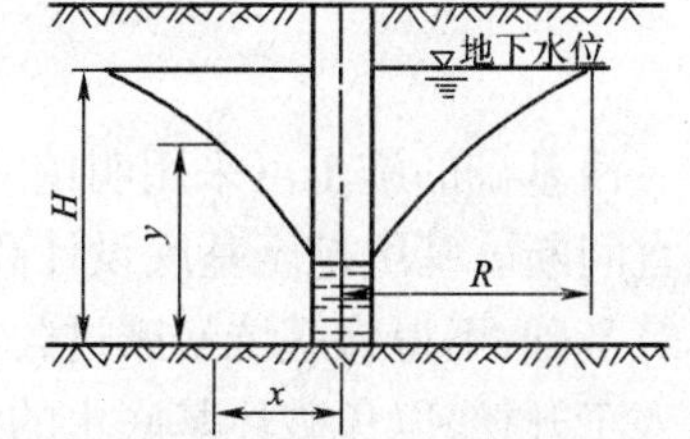

图 4-1-6 从井中抽水时的"下降漏斗"

能在干燥无水的情况下进行。

井点排水法适用于渗透性较大的砂性土(渗透系数 $K=0.1\sim80m/s$),对于淤泥或软黏土地基,其效果较差。用这种方法降低地下水位,使井管范围内的地下水不从基坑的四侧边坡和底面流出,而是以相反的方向流向井管,因此可避免发生流砂和边坡坍塌现象。

(1)轻型井点系统的主要设备

①井点管。用直径为50mm的钢管,其下端头为长1~2m的滤管,滤管是在直径50mm的钢管上打直径10~15mm、呈梅花形布置的孔,孔间距30~40mm。在管外用铅丝螺旋形缠绕起来。先包一层40目的细滤网,再包一层18目的粗滤网,滤网用铜网或尼龙网均可,滤网外再缠绕一层粗铁丝保护滤网,滤管下端装铸铁管靴。

②集水管。用内径为102~127mm的钢管分段连接,间隔1~2m设一个与井点管连接的短接头。

③连接管。用直径为40~50mm的胶皮管或塑料管。连接管上宜装阀门,便于检查。

④抽水装备。主要由真空泵(常用的有V—5型或V—6型)、离心水泵和集水箱组成,离心水泵与真空泵分开,用2个电动机带动。

(2)井点的布置

井点的布置应根据基坑的大小、平面尺寸和降水深度的要求,以及土层的渗透性和地下水流向等因素确定,如图4-1-7所示。若要求降水深度在4~5m,可用单排井点;若要求降水深度大于6m,则可采用2级或多级井点。如基坑宽度小于5m,则可在地下水流的上游设置单排井点。当基坑面积较大可设置不封闭井点或封闭井点(如环形、U形),井点管距基坑壁不小于1~2m,井点管的间距为1.0~1.8m,不超过3m。

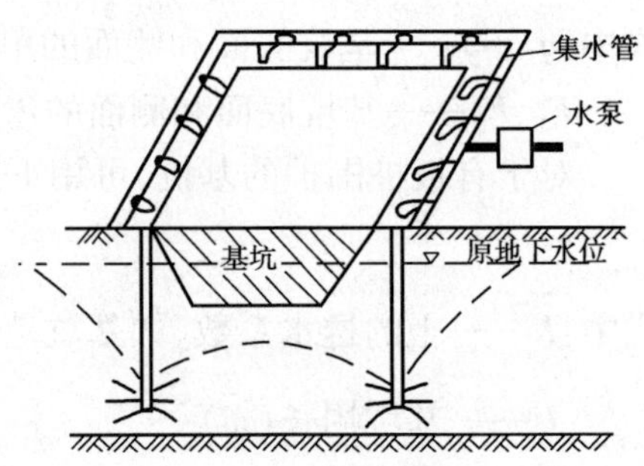

图4-1-7　井点的布置

(3)使用注意事项

降水系统接通后,试抽水,若无漏水、漏气和淤塞等现象,即可使用。应控制真空度,在系统中装真空表,一般真空度不低于55.3~66.7kPa,管路井点有漏气时,可能会造成真空度达不到要求。另外,还应注意:为保证连续抽水,应配置双套电源;待基础浇筑回填后,才能拆除井点;冬季施工时,应对集水管作保温处理。

实战演练

依据施工项目,学生提交一份施工方案比选报告。

小　　结

浅基础的施工可采用明挖的方法进行基坑开挖,开挖工作应尽量在枯水或少雨季节进行,且不宜间断。基坑挖至基底设计高程,应立即对基底土质及坑底情况进行检验,验收合格后应尽快修筑基础,不得将基坑暴露过久。基坑可用机械或人工开挖,接近基底设计高程,应留30cm高度由人工开挖,以免破坏基底土的结构。基坑开挖过程中要注意排水,基坑尺寸要比基底尺寸每边大0.5~1.0m,以方便设置排水沟及立模板和砌筑工作。基坑开挖时根据土质及开挖深度对坑壁予以围护或不围护,围护的方式有多种多样。水中开挖基坑还需先修筑防水围堰。

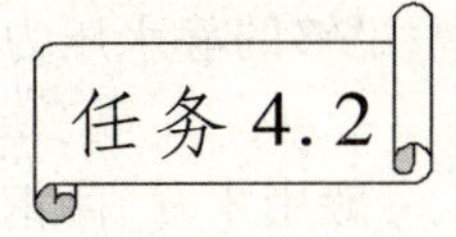

桩基础施工

4.2.1 桩基础的适用条件

桩基础适宜在下列情况下采用：

(1)荷载较大，地基上部土层软弱，适宜的地基持力层位置较深，采用浅基础或人工地基在技术上、经济上不合理时。

(2)河床冲刷较大，河道不稳定或冲刷深度不易计算正确，如采用浅基础施工困难或不能保证基础安全时。

(3)当地基计算沉降过大或结构物对不均匀沉降敏感时，采用桩基础穿过松软(高压缩性)土层，将荷载传到较坚实(低压缩性)土层，能减少结构物沉降并使沉降较均匀。

(4)当施工水位或地下水位较高时，采用桩基础可减小施工困难和避免水下施工。

(5)地震区，在可液化地基中，采用桩基础可增加结构物的抗震能力，桩基础穿越可液化土层并伸入下部密实稳定土层，可消除或减轻地震对结构物的危害。

以上情况也可以采用其他形式的深基础，但桩基础由于耗用材料少、施工快速简便，往往是优先考虑的深基础方案。

当上层软弱土层很厚，桩底不能达到坚实土层时，就需要用较多、较长的桩来传递荷载，且这时的桩基础沉降量较大，稳定性也稍差；当覆盖层很薄时，桩的稳定性也会有问题，就不一定是最佳的基础形式，应经过多方面的比较才能确定优选的方案。

因此，在考虑桩基础适用条件时，必须根据上部结构特征与使用要求，认真分析研究建桥地点的工程地质与水文地质资料，考虑不同桩基类型特点和施工环境条件，经多方面比较，精心设计，慎重选择方案。

4.2.2 钻孔灌注桩施工

一、准备工作

1. 准备场地

施工前应将场地平整好，以便安装钻架进行钻孔。当墩台位于无水岸滩时，钻架位置处应整平夯实，清除杂物，挖换软土；场地有浅水时，宜采用土或草袋围堰筑岛。当场地为深水或陡坡时，可用木桩或钢筋混凝土桩搭设支架，安装施工平台支承钻机(架)。深水中在水流较平稳时，也可将施工平台架设在浮船上，就位锚固稳定后在水上钻孔。水中支架的结构强度、刚度和船只的浮力、稳定都应事前进行验算。

2. 埋置护筒

护筒的作用是：①固定钻孔位置；②开始钻孔时对钻头起导向作用；③保护孔口防止孔口

土层坍塌;④隔离孔内孔外表层水,并保持钻孔内水位高出施工水位,以产生足够的静水压力稳固孔壁。因此埋置护筒要求稳固、准确。

护筒制作要求坚固、耐用、不易变形、不漏水、装卸方便和能重复使用。一般用木材、薄钢板或钢筋混凝土制成。护筒内径应比钻头直径稍大,旋转钻需增大 0.1 ~0.2m,冲击或冲抓钻需增大 0.2 ~0.3m。

护筒埋设可采用下埋式(适于旱地埋置)、上埋式(适于旱地或浅水筑岛埋置)和下沉埋设(适于深水埋置)。护筒的埋置如图 4-2-1 所示。

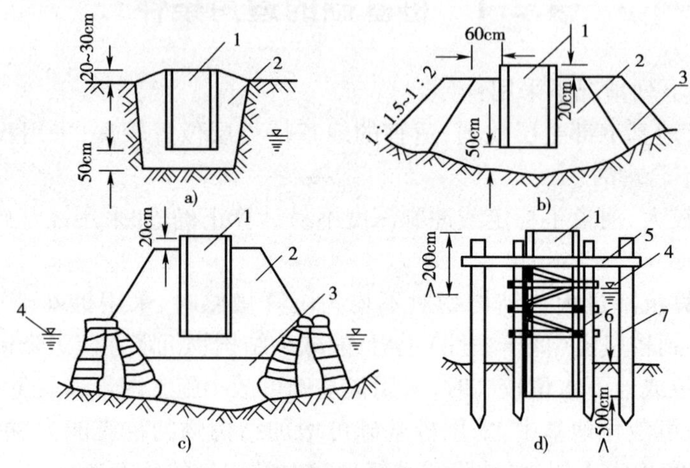

图 4-2-1　护筒的埋置

1-护筒;2-夯实黏土;3-砂土;4-施工水位;5-工作平台;6-导向架;7-脚手桩

埋置护筒时特别应注意下列几点:

(1)护筒平面位置应埋设正确,偏差不宜大于 50mm。

(2)护筒顶高程应高出地下水位和施工最高水位 1.5 ~2.0m。无水地层钻孔因护壁顶部设有溢浆口,筒顶也应高出地面 0.2 ~0.3m。

(3)护筒底应低于施工最低水位(一般低于 0.1 ~0.3m 即可)。深水下沉埋设的护筒应沿导向架借自重、射水、振动或锤击等方法将护筒下沉至稳定深度。入土深度黏性土应达到 0.5 ~1m,砂性土则为 3 ~4m。

(4)下埋式及上埋式护筒挖坑不宜太大(一般比护筒直径大 0.1 ~0.6m),护筒四周应夯填密实的黏土,护筒应埋置在稳固的黏土层中,否则应换填黏土并密实,其厚度一般为 0.50m。

3. 制备泥浆

泥浆在钻孔中的作用是:在孔内产生较大的静水压力,可防止坍孔;泥浆向孔外土层渗漏,在钻进过程中,由于钻头的活动,孔壁表面形成一层胶泥,具有护壁作用;同时,将孔内外水流切断,能稳定孔内水位;泥浆比重大,具有挟带钻渣作用,利于钻渣的排出。因此在钻孔过程中,孔内应保持一定稠度的泥浆,一般比重以 1.1 ~1.3 为宜,在冲击钻进大卵石层时可用 1.4 以上,黏度为 20s,含砂率小于 3% 。在较好的黏性土层中钻孔,也可灌入清水,使钻孔时孔内自造泥浆,达到固壁效果。调制泥浆的黏土塑性指数不宜小于 15,粒径大于 0.1mm 的砂粒不宜超过 6% 。

4. 安装钻机或钻架

钻架是钻孔、吊放钢筋笼、灌注混凝土的支架。我国生产的定型旋转钻机和冲击钻机都附有定型钻架,其他还有木制的和钢制的四脚架、三脚架或人字扒杆。

在钻孔过程中，成孔中心必须对准桩位中心，钻机（架）必须保持平稳，不发生位移、倾斜和沉陷。钻机（架）安装就位时，应详细测量，底座应用枕木垫实塞紧，顶端应用缆风绳固定平稳，并在钻进过程中经常检查。

二、钻孔

1. 钻孔方法和钻具

1）旋转钻进成孔

旋转钻进成孔是利用钻具的旋转切削体钻进，并在钻进的同时采用循环泥浆的方法护壁排渣，继续钻进成孔。我国现用旋转钻机按泥浆循环的程序不同分为正循环与反循环 2 种。所谓正循环是在钻进的同时，泥浆泵将泥浆压进泥浆笼头，通过钻杆中心从钻头喷入钻孔内，泥浆挟带钻渣沿钻孔上升，从护筒顶部排浆孔排出至沉淀池，钻渣在此沉淀而泥浆仍进入泥浆池循环使用。正循环旋转钻孔如图 4-2-2 所示。

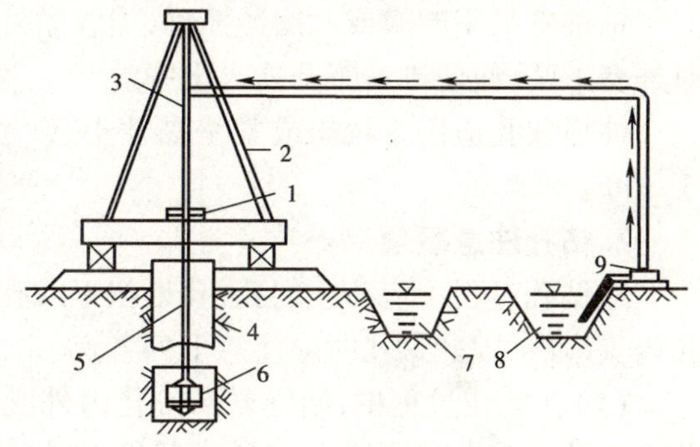

图 4-2-2　正循环旋转钻孔

1-钻机；2-钻架；3-泥浆笼头；4-护筒；5-钻杆；6-钻头；7-沉淀池；8-泥浆池；9-泥浆泵

反循环与上述正循环程序相反，将泥浆用泥浆泵送至钻孔内，然后从钻头的钻杆下口吸进，通过钻杆中心排出到沉淀池，泥浆沉淀后再循环使用。反循环钻机的钻进及排渣效率较高，但在接长钻杆时装卸较麻烦，如钻渣粒径超过钻杆内径（一般为 120mm），易堵塞管路，则不宜采用。我国定型生产的旋转钻机在转盘、钻架、动力设备等方面均配套定型，钻头的构造根据土质采用各种形式。

常用的正循环旋转机钻头有鱼尾锥、圆柱形钻头、刺猬钻头等，常用的反循环钻头为三翼空心钻。旋转钻孔过去采用简易的机具施工，只要配置必要的钻架、钻杆、卷扬机和钻头，用人工推钻或机动旋转钻机，钻头一般用大锅锥。钻孔时旋转锥钻削土入锅，然后提锥出渣，再放锥入孔继续钻进，效率较低，现很少采用。此外，现在也采用更轻便、高效的潜水电钻，钻孔时钻头旋转刀刃切土，并在端部喷出高速水流冲刷土体，以水力排渣。钻头的旋转电动机及变速装置均经密封后安装在钻头与钻杆之间。

由于旋转钻进成孔的施工方法受到机具和动力的限制，适用于较细、软的土层，如各种塑性状态的黏性土、砂土、夹少量粒径小于 100 ~ 200mm 的砂卵石土层，在软岩中也可使用。这种钻孔方法的深度可达 100m 以上。

2）冲击钻进成孔

冲击钻进成孔是利用钻锥（重为 1 ~ 3.5t）不断地提锥、落锥反复冲击孔底土层，把土层中泥沙、石块挤向四壁或打成碎渣，钻渣悬浮于泥浆中，利用掏渣筒取出，重复上述过程冲击钻进成孔。采用的机具有定型的冲击式钻机（包括钻架、动力、起重装置等）、冲击钻头、转向装置和掏渣筒等，也可用 3 ~ 5t 带离合器的卷扬机配合钢、木钻架及动力组成简易冲击机。

钻头一般是整体铸钢做成的实体钻锥，钻刃为十字形采用高强度耐磨钢材做成，底刃最好不完全平直以加大单位长度上的压重。冲击时钻头应有足够的重量，适当的冲程和冲击频率，以使它有足够的能量将岩块打碎。

冲锥每冲击一次旋转一个角度，才能得到圆形的钻孔，因此在钻头和提升钢丝绳连接处应有转向装置,常用的有合金套或转向环,以保证冲锥的转动,避免了钢丝绳打结扭断。

掏渣筒是用以掏取孔内钻渣的工具,用厚30mm左右钢板制作,下面碗形阀门应与渣筒密合以防止漏水、漏浆。

冲击钻孔适用于含有漂卵石、大块石的土层及岩层,也能用于其他土层。成孔深度一般不宜大于50m。

3)冲抓钻进成孔

用兼有冲击和抓土作用的抓土瓣,通过钻架,由带离合器的卷扬机操纵,靠冲锥自重(重为1~2t)冲下使抓土瓣锥尖张开插入土层,然后由卷扬机提升锥头收拢抓土瓣将土抓出,弃土后继续冲抓钻进而成孔。

钻锥常采用四瓣或六瓣冲抓锥,当收紧外套钢丝绳松内套钢丝绳时,内套在自重作用下相对外套下坠,便使锥瓣张开插入土中。

冲抓成孔适用于较松或紧密黏性土、砂性土及夹有碎卵石的砂砾土层,成孔深度一般小于30m。

2.钻孔注意事项

在钻孔过程中应防止坍孔、孔形扭歪或孔斜,钻孔漏水、钻杆折断,甚至把钻头埋住或掉进孔内等事故,因此钻孔时应注意下列各点:

(1)在钻孔过程中,始终要保持孔内外既定的水位差和泥浆浓度,以起到护壁固壁作用,防止坍孔。若发现有漏水(漏浆)现象,应找原因及时处理。如为护筒本身漏水或因护筒埋置太浅而发生漏水,应堵塞漏洞或用黏土在护壁周围夯实加固,或重埋护筒;若因孔壁土质松散,泥浆加固孔壁作用较差,应在孔内重新回填黏土,待沉淀后再钻进,以加强泥浆护壁。

(2)在钻孔过程中,应根据土质等情况控制钻进速度、调整泥浆稠度,以防止坍孔及钻孔偏斜、卡钻和旋转钻机负荷超载等情况发生。

(3)钻孔宜一气呵成,不宜中途停钻以避免坍孔,若坍孔严重应回填重钻。

(4)钻孔过程中应加强对桩位、成孔情况的检查工作。终孔时应对桩位、孔径、形状、深度、倾斜度及孔底土质等情况进行检验,合格后立即清孔、吊放钢筋笼,灌注混凝土。

三、清孔及吊装钢筋笼骨架

清孔目的是除去孔底沉淀的钻渣和泥浆,以保证灌注的钢筋混凝土质量,保证桩的承载力,如图4-2-3所示。清孔的方法有以下几种:

1.抽浆清孔

用空气吸泥机吸出含钻渣的泥浆而达到清孔。由风管将压缩空气输进排泥管,使泥浆形成密度较小的泥浆空气混合物,在水柱压力下沿排泥管向外排出泥浆和孔底沉渣,同时用水泵向孔内注水,保持水位不变直至喷出清水或沉渣厚度达到设计要求为止。适用于孔壁不易坍塌的各种钻孔方法的柱桩和摩擦桩。

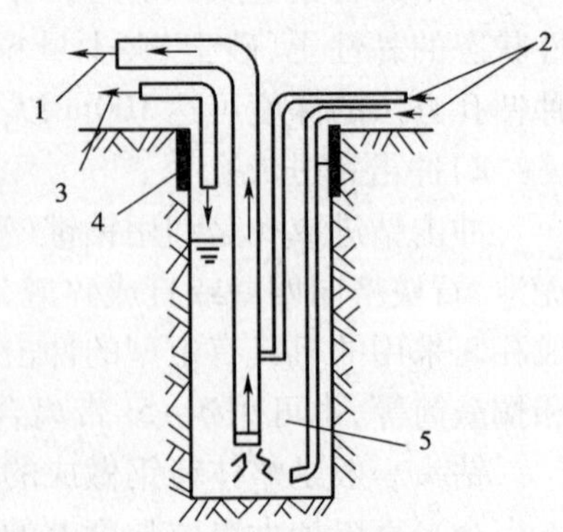

图4-2-3 抽浆清孔

1-泥浆砂石渣喷出;2-通入压缩空气;3-注入清水;4-护筒;5-孔底沉积物

2.掏渣清孔

用掏渣筒或大锅锥掏清孔内粗粒钻渣,适用于冲抓、冲击、简便旋转成孔的摩擦桩。

3. 换浆清孔

正、反循环旋转钻机可在钻孔完成后不停钻、不进尺，继续循环换浆清渣，直至达到清理泥浆的要求，适用于各类土层的摩擦桩。

钻孔桩的钢筋应按设计要求预先焊成钢筋骨架，整体或分段就位，吊入钻孔。钢筋骨架吊放前应检查孔底深度是否符合设计要求；孔壁有无妨碍骨架吊放和正确就位的情况。钢筋骨架吊装可利用钻架或另立扒杆进行。吊放时应避免骨架碰撞孔壁，并保证骨架外混凝土保护层厚度。应随时校正骨架位置，钢筋骨架达到设计高程后，即将骨架牢固定位于孔口，立即灌注混凝土。

四、灌注水下混凝土

目前我国多采用直升导管法灌注水下混凝土。

1. 灌注方法及有关器具

导管法的施工过程如图 4-2-4 所示。

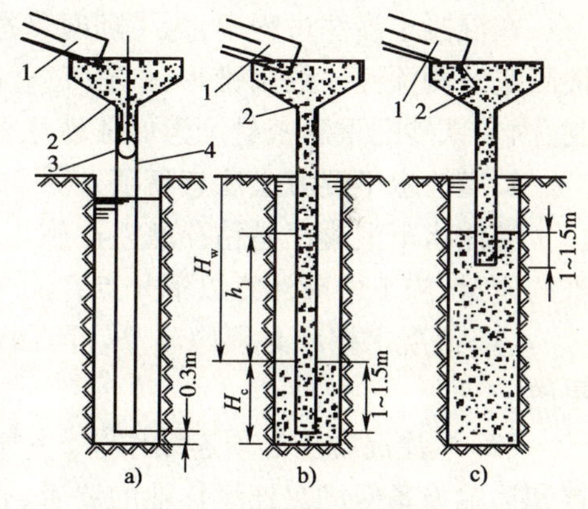

图 4-2-4 灌注水下混凝土

1-通混凝土储料槽；2-漏斗；3-隔水栓；4-导管

将导管居中插入到离孔底 0.30 ~ 0.40m（不能插入孔底沉积的泥浆中），导管上口接漏斗，在接口处设隔水栓，以隔绝混凝土与导管内水的接触。在漏斗中储备足够数量的混凝土后，放开隔水栓，储备的混凝土连同隔水栓向孔底猛落，这时孔内水位骤涨外溢，说明混凝土已灌入孔内。若落下有足够数量的混凝土则将导管内水全部压出，并使导管下口埋入孔内混凝土内 1 ~ 1.5m 深，保证钻孔内的水不可能重新流入导管。随着混凝土不断通过漏斗、导管灌入钻孔，钻孔内初期灌注的混凝土及其上面的水或泥浆不断被顶托升高，相应地不断提升导管和拆除导管，这时应保持导管的埋入深度为 2 ~ 4m，最大不宜大于 4m，拆除导管时间不超过 15min，直至钻孔灌注混凝土完毕。

导管是内径 0.20 ~ 0.40m 的钢管，壁厚 3 ~ 4mm，每节长度为 1 ~ 2m，最下面一节导管应较长，一般为 3 ~ 4m。导管两端用法兰盘及螺栓连接，并垫橡皮圈以保证接头不漏水，导管内壁应光滑，内径大小一致，连接牢固，在压力下不漏水。

隔水栓过去常用直径较导管内径小 20 ~ 30mm 的木球、混凝土球、砂袋等，以粗铁丝悬挂在导管上口或近水面处。要求能在管内滑动自如不至卡管，现在也有在漏斗与导管接头处设置活门或铁抽钣等。

为了首批灌注桩的混凝土数量能保证将导管内水全部压出并满足导管初次埋入深度的需要，应计算漏斗应有的最小容量，从而确定漏斗的尺寸大小。漏斗和储料槽最小容量（m^3）按下式计算：

$$V = h_1 \times \frac{\pi d^2}{4} + H_c \times \frac{\pi D^2}{4}$$

式中：H_c——导管初次埋深加开始时导管底离孔底的间距（m）；

d、D——导管、桩孔直径（m）；

h_1——孔内混凝土高度达 H_c 时，导管内混凝土柱为与导管外水压平衡所需要高度（m）；

$$h_1 = H_w \gamma_w / \gamma_c$$

式中:H_w——孔内水面到混凝土面的高度(m);

γ_w、γ_c——孔内水或泥浆、混凝土重度。

漏斗顶端应比桩顶(桩顶在水面以下时应比水面)高出至少3m,以保证灌注混凝土最后阶段时,管内混凝土重能满足顶托管外混凝土及其上水压或泥浆重量的需要。

2. 对混凝土材料的要求

为了保证水下灌注混凝土的质量,混凝土的配合比按设计强度的混凝土强度等级提高20%进行设计;混凝土应有必要的流动性,以坍落度表示,宜在180~220mm范围内;每m^3混凝土用量不少于350kg,水灰比宜用0.5~0.6,并可适当提高含砂率(宜采用40%~50%),使混凝土有较好的和易性;为防卡管,石料尽可能用卵石,适宜粒径为5~30mm,最大粒径不应超过40mm。

3. 混凝土浇注及成桩检测

在混凝土浇注过程中,为了随时掌握钻孔内混凝土顶面的实际高度,可用测绳和测深锤直接测定。测深锤一般用锥形锤,锤底直径15cm左右,高20cm,质量为5kg,外壳可用钢板焊制,内装铁砂配重后密封。为保证灌注桩成桩后的质量,现在可用超声波法等进行无损检测。

4. 灌注水下混凝土注意事项

灌注水下混凝土是钻孔灌注桩施工最后一道带有关键性的工序,其施工质量将严重影响桩的质量,施工中应注意以下几点:

(1)混凝土拌和必须均匀,尽可能缩短运输距离和减小颠簸,防止混凝土离析而发生卡管事故。

(2)灌注混凝土必须连续作业,一气呵成,避免任何原因的中断灌注。因此,混凝土的搅拌和运输设备应满足连续作业的要求,孔内混凝土上升到接近钢筋笼架底处时,应防止钢筋笼架被混凝土顶起。

(3)在灌注过程中,要随时测量和记录孔内混凝土灌注高程和导管入孔长度,以控制和保证导管埋入孔内混凝土有适当的深度,防止导管提升过猛,管底提离混凝土面或埋入过浅,而使导管内进水造成断桩夹泥;也要防止导管埋入过深,而造成导管内混凝土压不出或导管被混凝土埋住而不能提升,导致中止浇灌而断桩。

(4)灌注的桩顶高程应比设计值预加一定的高度,此范围内的浮浆和混凝土应凿除,以确保桩顶混凝土的质量。预加高度一般为0.5m,深桩应酌情增加。

桩身混凝土达到设计强度要求后,按规定检查后方可灌注系梁、盖梁或承台。

4.2.3 挖孔灌注桩的施工

挖孔灌注桩适用于无水或少水的较密实的各类土层中,桩的直径(或边长)不宜小于1.4m,孔深一般不宜超过20m。挖孔桩施工,必须在保证安全的前提下不间断地快速进行。每一桩孔开挖、提升出土、排水、支撑、立模板,吊装钢筋骨架、灌注混凝土等作业都应事先准备好,紧密配合。

1. 开挖桩孔

一般采用人工开挖,开挖之前应清除现场四周及山坡上悬石、浮土等,排除一切不安全的因素,做好孔口四周临时围护和排水设备。孔口应采取措施防止土石掉入孔内,并安排好排土提升设备(卷扬机或木绞车等),布置好弃土通道,必要时孔口应搭雨棚。

挖孔过程中要随时检查桩孔尺寸和平面位置,防止误差。注意施工安全,下孔人员必须配戴安全帽和安全绳,提取土渣的机具必须经常检查。孔深超过10m时,应经常检查孔内二氧化碳浓度,如超过0.3%应增加通风措施。孔内如用爆破施工,采用浅眼爆破法,且在炮眼附近要加强支护,以防止振坍孔壁。桩孔较深时,应采用电引爆,爆破后应通风排烟,经检查孔内无毒后,施工人员方可下孔继续开挖。

2. 护壁和支撑(图4-2-5)

挖孔桩开挖过程中,开挖和护壁两个工序,必须连续作业,以确保孔壁不坍。应根据地质、水文条件、材料来源等情况因地制宜选择支撑及护壁方法。桩孔较深,土质较差,出水量较大或遇流砂等情况时,宜采用就地灌注混凝土护壁,每下挖1~2m灌注1次,随挖随支。护壁厚度一般为0.15~0.20m,混凝土采用C15~C20,必要时可配置少量的钢筋,也可采用下沉预制钢筋混凝土圆管护壁。如土质较松散而渗水量不大时,可考虑用木料作框架式支撑,或在木框架后面铺架木板作支撑。木框架或木框架与木板间应用扒钉钉牢,木板后面也应与土面塞紧。如土质情况尚好,若渗水不大时也可用荆条、竹笆作护壁,随挖随护壁,以保证挖土安全进行。

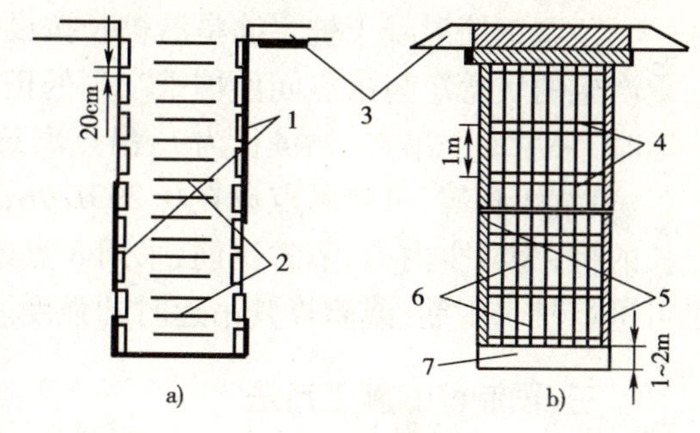

图4-2-5 护壁与支撑

1-就地灌注混凝土护壁;2-固定在护壁上供人上下用的钢筋;3-孔口围护;4-木框架支撑;5-支撑木板(满铺或间隔铺);6-木框架间支撑;7-不设支撑地段

3. 排水

孔内如渗水量不大,可采用人工排水(手摇木绞车或小卷扬机配合提升);渗水量较大,可用高扬程抽水机或将抽水机吊入孔内抽水。若同一墩台有几个桩孔同时施工,可以安排一孔超前开挖,使地下水集中在一孔排除。

4. 吊装钢筋骨架及灌注桩身混凝土

孔挖到设计深度后,应检查和处理孔底、孔壁,清除孔壁及孔底浮土。孔底必须平整,符合设计条件及尺寸,以保证桩身混凝土与孔壁及孔底密贴,受力均匀。吊装钢筋骨架及灌注水下混凝土的有关方法及注意事项与钻孔灌注桩基本相同。

挖孔桩在挖孔过深(超过15~20m),或孔壁土质易于坍塌,或渗水量较大的情况下,应慎重考虑,避免不安全事故发生。

4.2.4 预制沉桩的施工

一、桩的预制

钢筋混凝土预制桩分实心桩和空心管桩两种。钢筋混凝土空心管桩制作工艺较复杂,一般采用离心成型法在预制厂制造。实心桩可在预制厂制造,但当工地附近没有预制厂时,从远处工厂将桩运往工地往往不经济,宜在工地选择合适的场地进行预制。这时要注意:①场地布置要紧凑,尽量靠近打桩地点,但地势要考虑到防止被洪水所淹;②地基要平整密实,并应铺设混凝土地坪或专设桩台;③制桩材料的进场路线与成桩运往打桩地点的路线,不应互受干扰。

预制桩的混凝土必须连续一次浇制完成,宜用机械搅拌和振捣,以确保桩的质量。桩上应标明编号,制作日期,并填写制桩记录。桩的混凝土强度必须大于设计强度的70%时,方可吊运;达到设计强度时方可使用。

二、桩的吊运

预制的钢筋混凝土桩由预制场地吊运到桩架内,在起吊、运输、堆放时,都应该按照设计计算的吊点位置起吊(一般吊点应在桩内预埋直径 20 ~ 25mm 的钢筋吊环,或以油漆在桩身标明),否则桩身受力情况与计算不符,可能引起桩身混凝土开裂。

预制钢筋混凝土桩主筋是沿桩长按设计内力配置的,吊运时吊点位置,常根据吊点处由桩重产生的负弯矩与吊点间由桩重产生的正弯矩相等原则确定,这样较为经济。一般的桩在吊运时,采用 2 个吊点,如桩长为 L,吊点离每端距离为 $0.207L$。插桩时为单点起吊,为了使桩内正、负弯矩相等,可将吊点设在 $0.293L$ 处,如桩长不超过 10m,也可利用 $0.207L$ 吊点。吊运较长的桩,为减少内力,节省钢筋,采用 3 点或 4 点起吊,吊点的布置根据相应的弯矩值确定,即可进行桩身配筋,或验算其吊运时的强度。

三、预制桩的施工方法

1. 打入法

打入法是靠桩锤的冲击能量将桩打入土中,因此桩径不能太大(在一般土质中桩径不大于 0.6m),桩的入土深度也不宜太深(在一般土质中不超过 40m),否则打桩设备要求较高,而打桩效率很差。打入桩所用的基桩主要为预制的钢筋混凝土桩或预应力混凝土桩。打入桩常用的设备是桩锤和桩架。此外,还有射水装置、桩帽和送桩等辅助设备。

1)桩锤

常用的桩锤有坠锤、单动汽锤、双动汽锤、柴油锤及液压汽垫锤等几种。

坠锤是最简单的桩锤,它是由铸铁或其他材料做成的锥形或柱形重块,重 0.2 ~ 2t,用绳索或钢丝绳通过吊钩由人力或卷扬机沿桩架导杆提升 1 ~ 2m,然后使锤自由落下锤击桩顶。此法打桩效率低,每分钟仅能打数次,但设备较简单,适用于小型工程中打木桩或小直径的钢筋混凝土预制桩。

单动汽锤、双动汽锤是利用蒸汽或压缩空气将桩锤在桩架内顶起下落锤击基桩,单动汽锤锤重 1 ~ 10t,每分钟冲击 20 ~ 40 次,冲程 1.5m 左右;双动汽锤重 0.3 ~ 1t,每分钟冲击 100 ~ 300次,冲程数百毫米,打桩效率高。单动汽锤适用于打钢桩和钢筋混凝土实心桩;双动汽锤冲击频率高,一次冲击动能较小,适用于打较轻的钢筋混凝土桩或钢板桩,它除了打桩还可以拔桩。

柴油锤实际上是一个柴油汽缸,工作原理同柴油机,利用柴油在汽缸内压缩发热点燃而爆炸,将汽缸沿导向杆顶起,下落时锤击桩顶。柴油锤不需要汽锤那样笨重的桩架和动力设备,但冲击能量较低,国内常用的各种锤重 0.6 ~ 3.5t,每分钟冲击 50 ~ 60 次,冲程 1m 左右,常用来打较轻型的钢筋混凝土桩。国内少数工程采用重型柴油锤,锤重达 7t,可打钢桩或钢筋混凝土桩。

另外施工中还应考虑防音罩,从能准确地获得桩的承载力来看。锤击法是一种较为优越的施工方法,但因噪声高,故在市区内难以采用。防音罩是为了防止噪声,用它将整个柴油锤包裹起来,可达到防止噪声扩散和油烟发散的目的。

打入桩施工时，应适当选择桩锤重量，桩锤过轻，桩难以打下，效率太低，还可能将桩头打坏，所以一般认为应重锤轻打；但桩锤过重，则各机具、动力设备都需加大，不经济。

2）桩架

桩架的作用是装吊桩锤、插桩、打桩、控制桩锤的上下方向，由导杆（又称龙门，控制锤和桩在打桩时的上下和打入方向）、起吊设备（滑轮、绞车、动力设备等）、撑架（支撑导杆）及底盘（承托以上设备）等组成。桩架在结构上必须有足够强度、刚度和稳定性，保证在打桩过程中的动力作用下，桩架不会发生移动和变位。桩架的高度应保证桩吊立就位时的需要及锤击的必要冲程。

桩架常用的有木桩架和钢桩架，只适用于坠锤或小型的单动汽锤。柴油锤本身带有钢制桩架，由型钢装成。桩移动时可在底盘托板下面垫上滚筒，或用轮子和钢轨等方式，利用动力装置牵引移动。

钢制万能打桩架的底盘带有转台和车轮（下面铺设钢轨），撑架可以调整导向杆的斜度，因此它能沿轨道移动，能在水平面作360°旋转，也能打斜桩，施工很方便，但桩架本身笨重，拆装运输较困难。

在水中的墩台桩基础，应先打好水中支架桩（小型的钢筋混凝土桩或木桩），上面搭设打桩工作平台。当水中墩台较多或河水较深时，也可采用船上打桩架施工。

3）射水装置

在锤击沉桩过程中，如下沉遇到困难，可用射水方法助沉。因为利用高压水流通过射水管冲刷桩尖或桩侧的土，可减小桩的下沉阻力，从而提高桩的下沉效率。高压水流由高压水泵提供。

4）桩帽与送桩

桩帽的作用是直接承受锤击、保护桩顶，并保证锤击力作用于桩的断面中心。因此，要求桩帽构造坚固，桩帽尺寸与锤底、桩顶及导向杆相吻合，顶面与底面均平整且与中轴线垂直，还应设耳环以便吊起。桩帽上部为硬木制成的垫木，下部套在桩顶上，桩帽与桩顶间宜填麻袋或草垫等缓冲物。

送桩可用硬木、钢或钢筋混凝土制成。当桩顶位于水下或地面以下，或打桩机位置较高时，可用一定长度的送桩套联在桩顶上，就可使桩顶沉到设计高程。送桩长度应按实际需要确定，为施工方便，应多备几根不同长度的送桩。

5）打桩过程应注意事项

（1）为了避免或减轻打桩时由于土的挤压，使后打桩打入困难或先打入的桩被推挤而发生移动，打桩的顺序应由基础的一端向另一端进行，当桩基础平面尺寸较大时，也可由中间向两端进行。

（2）在打桩前，应检查锤的上下活动中心线与桩的中心线是否一致，锤的重心与桩中心线是否一致，桩位是否正确，桩的垂直度或倾斜度是否符合设计要求，打桩架是否安置牢固平稳。桩顶应采用桩帽、桩垫保护，以免打裂。

（3）桩开始打入时，应轻击慢打，每次的锤击能不宜过大，随着桩的打入，逐渐增大锤击的冲击能量。

（4）在打桩过程中，随着桩入土深度的增加，每次锤击的贯入度将随之减小，它在一定程度上能反映出桩的承载能力。因此，在打桩时，应记录好桩的贯入度，作为桩是否达到设计要求的一个参考数据。对于特大桥梁和地质复杂的大、中桥，打桩工程开始前应进行试桩和静载试验，以确定基桩的入土深度及贯入度，保证基桩具有设计的承载能力。

(5)打桩过程中应随时注意观测打入情况，防止基桩的偏移，并填写好打桩记录。打桩时往往会因桩锤重量配备不妥，锤提升高度不当或地质情况的变化而发生：桩身突然倾斜，锤击时锤严重回弹，桩的贯入度突然变化，或桩头破损、桩身产生裂缝等情况。此时应暂停打桩查明原因，采取措施(如用射水沉桩法配合锤击，改变打桩设备，加固桩身等)后方可继续施工。打桩完毕按规定检查后，方得灌注承台。

2. 振动法

振动法是用振动打桩机(振动桩锤)将桩打入土中的施工方法。其原理是由振动打桩机使桩产生上下方向的振动，在清除桩与周围土层间摩擦力的同时使桩尖地基松动，从而使桩贯入或拔出。

桥梁基础采用管柱基础时，直径大，重量也大，特别适宜用振动法沉桩。振动法沉桩的主要设备是振动打桩机，它是由前苏联20世纪40年代首创。1954年我国武汉长江大桥中首次应用，在建造南京长江大桥时已经发展到激振力为5 000kN的振动打桩机。现在日本是世界上制造振动打桩机最多的国家。

振动法施工不仅可有效地用于打桩，也可用以拔桩；虽然振动下沉，但噪声较小；在砂性土中最有效，硬地基中难以打进；施工速度快；不会损坏桩头；不用导向架也能打进；移位操作方便；需要的电源功率大。

振动桩锤的重量(或振动力)与桩打进能力的关系是：桩的断面大和桩身长者，桩锤重量应大；随地基的硬度加大，桩锤的重量也应增大；振动力大则桩的贯入速度快。

3. 射水法

射水法是利用小孔喷嘴以300～500kPa的压力喷射水，使桩尖和桩周围土松动的同时，桩受自重作用而下沉的方法。它极少单独使用，常与锤击和振动法联合使用。当射水沉桩到距设计高程尚差1～1.5m时，停止射水，用锤击或振动恢复其承载力。这种施工方法对黏性土、砂性土都可适用，在细砂土层中特别有效。

射水沉桩的特点是：对较小尺寸的桩不会损坏，施工时噪声和振动极小。

4. 压入法

压入法是在软土地基中，用液压千斤顶或桩头加重物以施加顶进力将桩压入土层中的施工方法。其特点为：施工时产生的噪声和振动较小；桩头不易损坏；桩在贯入时相当于给桩做静载试验，故可准确知道桩的承载力；压入法不仅可用于竖直桩，而且也可用于斜桩和水平桩；但机械的拼装移动等均需要较多的时间。

4.2.5 水中桩基础施工

水中修筑桩基础比旱地上施工要复杂困难得多，尤其是在深水急流的大河中修筑桩基础。为了适应水中施工的环境，就要增添浮运沉桩及有关的设备和采用水中施工的特殊方法。

常用的浮运沉桩设备是将桩架安设在驳船或浮箱组合的浮体上，或使用专用的打桩船。有时配合使用定位船、吊船等，在组合的船组中备有混凝土工厂、水泵、空气压缩机、动力设备、龙门吊或履带吊车及塔架等施工机具设备。所用设备可根据采用的施工方法和施工条件选择确定。

水中桩基础施工方法有多种，就常用的基本方法分浅水施工和深水施工简要介绍如下。

一、浅水中桩基础施工

对于位于浅水或临近河岸的桩基,其施工方法类同于浅水浅基础常采用的围堰修筑法,即先筑围堰,后沉基桩的方法。对围堰所用材料和形式,以及各种围堰应注意的要求,与浅基础施工相同。围堰筑好后,便可抽水挖基坑或水中吸泥挖坑再抽水,然后进行基桩施工。临近河岸的基础若场地有足够大时,桩基础施工如同在旱地施工一样;河中桩基础施工,一般可借围堰支撑或用万能杆件拼制或打临时桩搭设脚手架,将桩架或龙门架与导向架设置在堰顶和脚手架平台上进行基桩施工。

在浅水中建桥,常在桥位旁设置施工临时便桥。在这种情况下,可利用便桥和相应搭设的脚手架,把桩架或龙门架与导向架安置在便桥和脚手架上,利用便桥进行围堰和基桩施工,这样在整个桩基础施工中可不必动用浮运打桩设备,同时也可解决料具、人员运输问题。设置临时施工便桥应在整个建桥施工方案中考虑,根据施工场地的水文地质、工程地质、施工条件和经济效益来确定。一般在水深不大、流速不大、不通航,且便桥临时桩施工不困难的河道上,可考虑采用建横跨全河,或靠两岸段的便桥方案。

二、深水中桩基础施工

在宽大的江河深水中施工桩基础时,常采用笼架围堰和吊箱等施工方法。

1. 围堰法

在深水中的低桩承台桩基础或承台墩身有相当长度需在水下施工时,常采用围笼修筑钢板桩围堰进行桩基础施工。

钢板桩围堰桩基础施工的方法与步骤如下:

(1)在导向船上拼制围笼,拖运至墩位,将围笼下沉、接高、沉至设计高程,用锚船(定位船)或抛锚定位,围笼定位示意图如图4-2-6所示。

(2)在围笼内插打定位桩,并将围笼固定在定位桩上,退出导向船。

(3)在围笼上搭设工作平台,安置钻机或打桩设备。

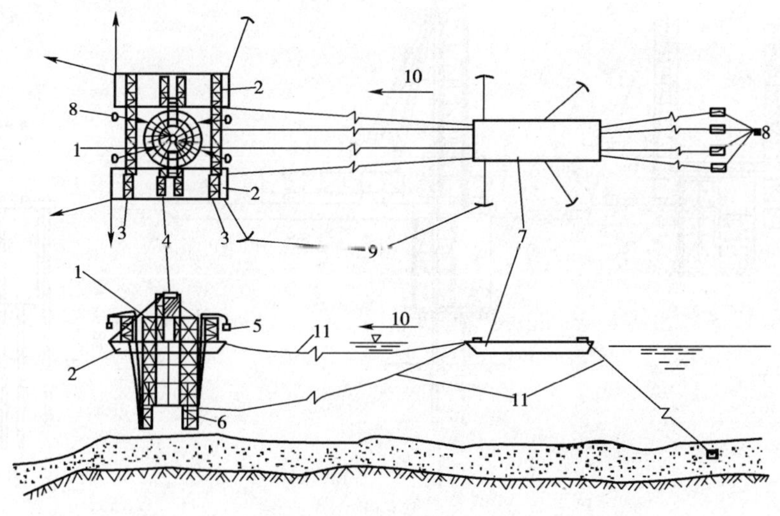

图4-2-6 围笼定位示意图

1-围笼;2-导向船;3-联结梁;4-起重塔架;5-平衡重;6-围笼将军柱;7-定位船;8-混凝土锚;9-铁锚;10-水流方向;11-钢丝绳

(4)沿围笼插打钢板桩,组成防水围堰。

(5)完成全部基桩的施工(钻孔灌注桩或打入桩)。

(6)用吸泥机吸泥,开挖基坑。

(7)基坑经检验后,灌注水下混凝土封底。

(8)待封底混凝土达到规定强度后,抽水,修筑承台和墩身直至出水面。

(9)拆除围笼,拔除钢板桩。

在施工中也有采用先完成全部基桩施工后,再进行钢板桩围堰的施工步骤。是先筑围堰还是先打基桩,应根据现场水文、地质条件、施工条件、航运情况和所选择的基桩类型等情况而确定。

2. 吊箱法和套箱法

在深水中修筑高桩承台桩基时,由于承台位置较高不需座落到河底,一般采用吊箱方法修筑桩基础,或在已完成的基桩上安置套箱的方法修筑高桩承台。

1)吊箱法

吊箱是悬吊在水中的箱形围堰,基桩施工时用作导向定位,基桩完成后封底抽水,灌注混凝土承台。吊箱一般由围笼、底盘、侧面围堰板等部分组成。吊箱围笼平面尺寸与承台相应,分层拼装,最下一节将埋入封底混凝土内,以上部分可拆除周转使用;顶部设有起吊的横梁和工作平台,并留有导向孔。底盘用槽钢作纵、横梁,梁上铺以木板作封底混凝土的底板,并留有导向孔以控制桩位。侧面围堰板由钢板形成,整块吊装。

吊箱法的施工方法与步骤如图 4-2-7 所示:

(1)在岸上或岸边驳船 1 上拼制吊箱围堰,浮运至墩位,吊箱 2 下沉至设计高程。

(2)插打围堰外定位桩 3,并固定吊箱围堰于定位桩上。

(3)基桩 4 施工。

(4)填塞底板缝隙,灌注水下混凝土。

(5)抽水,将桩顶钢筋伸入承台,铺设承台钢筋,灌注承台及墩身混凝土。

(6)拆除吊箱围堰连接螺栓外框,吊出围笼。

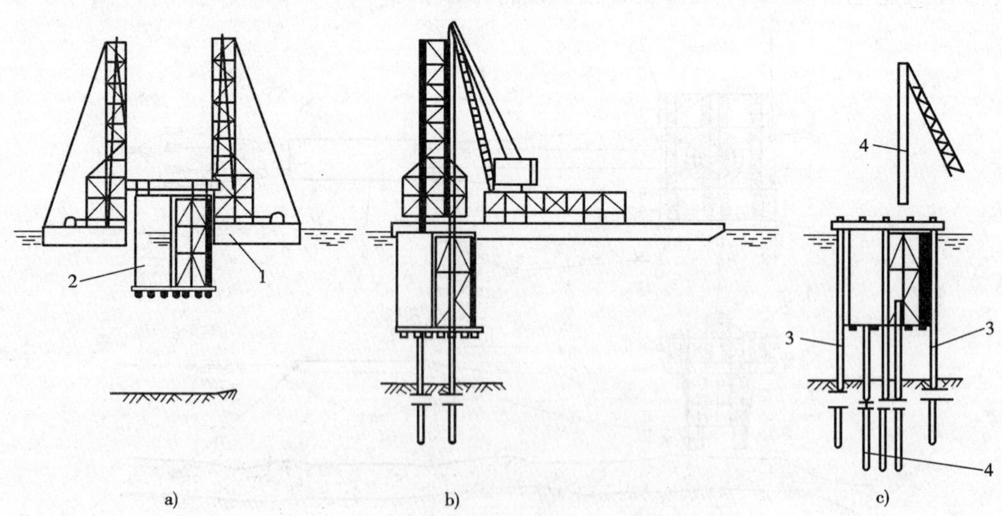

图 4-2-7 吊箱围堰修建水中桩基

1-驳船;2-吊箱;3-定位桩;4-基桩

2)套箱法

这种方法是针对先用打桩船(或其他方法)完成了全部基桩施工后,修建高桩承台基础的水中承台的一种方法。

套箱可预制成与承台尺寸相应的钢套箱或钢筋混凝土套箱,箱底板按基桩平面位置留有桩孔。基桩施工完成后,吊放套箱围堰,将基桩顶端套入套箱围堰内,并将套箱固定在定位桩上,然后浇注水下混凝土封底,待达到规定强度后即可抽水,继而施工承台和墩身结构。

施工中应注意:水中直接打桩及浮运箱形围堰吊装的正确定位,一般均采用交会法控制,在大河中有时还需搭临时观测平台;在吊箱中插打基桩,由于桩的自由长度大,应细心把握吊沉方位;在浇灌水下混凝土前应将底桩缝隙堵塞好。

3. 沉井结合法

在深水中施工桩基础,当水底河床基岩裸露或卵石、漂石土层钢板围堰无法插打时,或在水深流急的河道上,为使钻孔灌注桩在静水中施工时,还可以采用浮运钢筋混凝土沉井或薄壁沉井作桩基施工时的挡水挡土结构和沉井顶设作工作平台。沉井桩基础施工如图4-2-8所示。

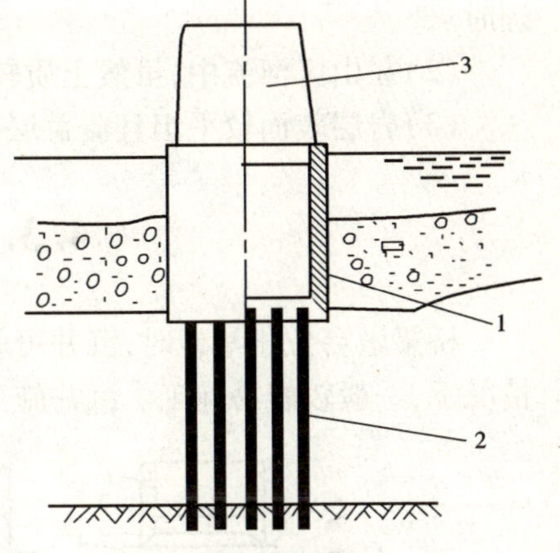

图4-2-8 沉井桩基础施工
1-沉井;2-基桩;3-桥墩

实战演练

依据施工项目,学生提交一份施工方案比选报告。

小 结

桩基础是一种历史悠久而应用广泛的深基础形式。近代随着工业技术和工程建设的发展,桩的类型和成桩工艺、桩的设计理论和设计方法、桩的承载力与桩体结构的检测技术等诸方面均有迅速的发展,使桩与桩基础的应用更为广泛,更具有生命力。它不仅可作为建筑物的基础形式,而且还可应用于软弱地基的加固和地下支挡结构物。

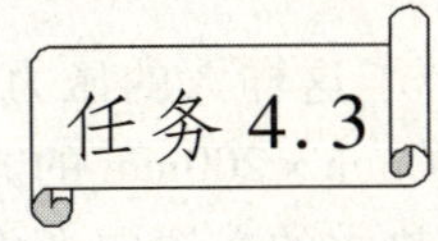

沉井基础施工

4.3.1 适用条件

沉井基础的特点是埋置深度可以很大,整体性强、稳定性好,有较大的承载面积,能承受较大的垂直荷载和水平荷载;沉井既是基础,又是施工时的挡土和挡水围堰结构物,施工工艺并不复杂,因此在桥梁工程中得到较广泛的应用。同时,沉井施工时对邻近建筑物影响较小且内部空间可利用,因而常用作工业建筑物尤其是软土中地下建筑物的基础,也常用作矿用竖井、地下油库等。沉井基础的缺点是：施工期较长；对粉细砂类土在井内抽水易发生流砂现象，造成沉井倾斜；沉井下沉过程中遇到的大孤石、树干或井底岩层表面倾斜过大，均会给施工带来一定困难。

根据经济合理、施工上可能的原则，一般在下列情况，可以采用沉井基础：

(1)上部荷载较大，而表层地基土的容许承载力不足，做扩大基础开挖工作量大，以及支撑困难，但在一定深度下有好的持力层，采用沉井基础与其他深基础相比较，经济上较为合理时。

(2)在山区河流中，虽然土质较好，但冲刷大，或河中有较大卵石不便桩基础施工时。

(3)岩层表面较平坦且覆盖层薄，但河水较深，采用扩大基础施工围堰有困难时。

4.3.2 旱地上沉井的施工

桥梁墩台位于旱地时，沉井可就地制造，挖土下沉、封底、充填井孔以及浇筑顶板，在这种情况下，一般较容易施工。沉井施工顺序图见图4-3-1。

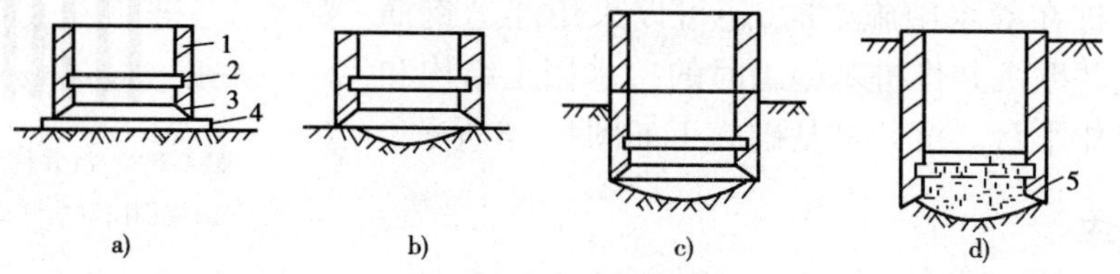

图4-3-1 沉井施工顺序图

a)制作第一节沉井；b)抽垫木、挖土下沉；c)沉井接高下沉；d)封底

1-井壁；2-凹槽；3-刃脚；4-承垫木；5-素混凝土封底

1. 整平场地

如天然地面土质较好，只需将地面杂物清掉，整平地面，就可在其上制造沉井。如为了减小沉井的下沉深度也可在基础位置处挖一浅坑，在坑底制造沉井下沉，坑底应高出地下水面0.5~1.0m。如土质松软，应整平夯实或换土夯实。在一般情况下，应在整平场地上铺上不小于0.5m厚的砂或砂砾层。

2. 制造第一节沉井

由于沉井自重较大，刃脚踏面尺寸较小，应力集中，场地土往往承受不了这样大的压力。所以，在整平的场地上，应在刃脚踏面位置处对称地铺满一层垫木(可用200mm×200mm的方木)以加大支承面积，使沉井重量在垫木下产生的压应力不大于100kPa。垫木的布置应考虑抽除垫木方便(有时可用素混凝土垫层代替垫木)。然后在刃脚位置处放上刃脚角钢，竖立内模，绑扎钢筋，立外模，最后浇灌第一节沉井混凝土。模板应有较大的刚度，以免发生挠曲变形。外模板应平滑以利下沉。钢模较木模刚度大，周转次数多，也易于安装。在场地土质较好处，也可采用土模。

3. 拆模及抽垫

沉井混凝土达到设计强度的70%时可拆除模板，强度达设计强度后才能抽撤垫木。抽撤垫木应按一定的顺序进行，以免引起沉井开裂、移动或倾斜。其顺序是：先撤除内隔墙下的垫木，再撤沉井短边下的垫木，最后撤长边下的垫木。拆长边下的垫木时，以定位垫木(最后抽撤的垫木)为中心，对称地由远到近拆除，最后拆除定位垫木。注意在抽垫木过程中，抽除一根垫木应立即用砂回填进去并捣实。

4. 挖土下沉

沉井下沉施工可分为排水下沉和不排水下沉。当沉井穿过的土层较稳定，不会因排水而产生大量流砂时，可采用排水下沉。土的挖除可采用人工挖土或机械除土，排水下沉常用人工挖土，它适用于土层渗水量不大且排水时不会产生涌土或流砂的情况。人工挖土可使沉井均匀下沉和清除井下障碍物，但应采取措施，确实保证施工安全。排水下沉时，有时也用机械除土。不排水下沉一般都采用机械除土，挖土工具可以是抓土斗或水力吸泥机，如土质较硬，水力吸泥机需配以水枪射水将土冲松。由于吸泥机是将水和土一起吸出井外，故需经常向井内加水维持井内水位高出井外水位 1 ~2m，以免发生涌土或流沙现象。

5. 接高沉井

第一节沉井顶面下沉至距地面还剩 1 ~2m 时，应停止挖土，接筑第二节沉井。接筑前应使第一节沉井位置正直，凿毛顶面，然后立模浇筑混凝土。待混凝土强度达设计要求后再拆模继续挖土下沉。

6. 筑井顶围堰

如沉井顶面低于地面或水面，应在沉井上接筑围堰，围堰的平面尺寸略小于沉井，其下端与井顶上预埋锚杆相连。围堰是临时性的，待墩台身出水后可拆除。

7. 地基检验和处理

沉井沉至设计高程后，应进行基底检验。检验内容是地基土质是否和设计相符，是否平整，并对地基进行必要的处理。如果是排水下沉的沉井，可以直接进行检查；不排水下沉的沉井，由潜水工进行检查或钻取土样鉴定。地基为砂土或黏性土，可在其上铺一层砾石或碎石至刃脚底面以上 200mm。地基为风化岩石，应将风化岩层凿掉，岩层倾斜时，应凿成阶梯形。若岩层与刃脚间局部有不大的孔洞，由潜水工清除软层并用水泥砂浆封堵，待砂浆有一定强度后再抽水清基。总之要保证井底地基尽量平整，浮土及软土清除干净，以保证封底混凝土、沉井及地基紧密连接。

8. 封底、充填井孔及浇筑顶盖

地基经检验及处理合乎要求后，应立即进行封底。如封底是在不排水情况下进行，则可用导管法灌注水下混凝土（见钻孔灌注桩施工），若灌注面积大，可用多根导管，以先周围后中间、先低后高的次序进行灌注。待混凝土达设计强度后，再抽干井孔中的水，填筑井内圬工。如井孔中不填料或仅填以砾石，则井顶面应浇筑钢筋混凝土顶盖，以支承墩台，然后砌筑墩身，墩身出土（或水面）后可拆除临时性的井顶围堰。

4.3.3 水中沉井的施工

1. 筑岛法

水流速不大，水深在 3 ~4m 以内，可用水中筑岛的方法。筑岛材料为砂或砾石，周围用草袋围护，如水深较大可做围堰防护。岛面应比沉井周围宽出 2m 以上，作为护道，并应高出施工最高水位 0.5m 以上。砂岛地基强度应符合要求，然后在岛上浇筑沉井。如筑岛压缩水面较大，可采用钢板桩围堰筑岛，但要考虑沉井重力对它产生的侧向压力。为避免沉井对它的影响，可按下式决定围堰距井壁外缘的距离：

$$b \geqslant H\tan\left(45^\circ - \frac{\varphi}{2}\right)$$

式中:H——筑岛高度;

φ——砂在水中的内摩擦角。

距离 b 可以作为护道,一般 b 不小于 2.0m。

其余施工方法与旱地施工相同。

2. 浮运沉井施工

水深较大,如超过 10m 时,筑岛法很不经济,且施工也困难,可改用浮运法施工。

沉井在岸边做成,利用在岸边铺成的滑道滑入水中,然后用绳索引到设计墩位。沉井井壁可做成空体形式或采用其他措施(如带木底或装上钢气筒)使沉井浮于水上,也可以在船坞内制成用浮船定位和吊放下沉,或利用潮汐,水位上涨浮起,再浮运至设计位置。

沉井就位后,用水或混凝土灌入空体,徐徐下沉直至河底;或依靠在悬浮状态下接长沉井及填充混凝土使它逐步下沉,这时每个步骤均需保证沉井本身有足够的稳定性。沉井刃脚切入河床一定深度后,可按前述下沉方法施工。

4.3.4 沉井下沉过程中遇到的问题及处理

沉井在利用自身重力下沉过程中,常遇到的主要问题有:

1. 沉井发生倾斜和偏移

在下沉过程中应随时观测沉井的位置和方向,发现与设计位置有过大的偏差应及时纠正,纠正前应分析偏斜的原因。偏斜原因主要有:土岛表面松软,使沉井下沉不均,河底土质软硬不匀;挖土不对称;井内发生流沙,沉井突然下沉;刃脚遇到障碍物顶住而未及时发现;井内挖除的土堆压在沉井外一侧,沉井受压偏移或水流将沉井一侧土冲空等。沉井偏斜大多数发生在沉井下沉不深的时候,下沉较深时,只要控制得好,发生倾斜较少。

沉井如发生倾斜可采用下述方法纠正:在沉井高的一侧集中挖土,在低的一侧回填砂石;在沉井高的一侧加重物,或用高压射水冲松土层;必要时可在沉井顶面施加水平力扶正。

纠正沉井中心位置发生偏移的方法是先使沉井倾斜,然后均匀除土,使沉井底中心线下沉至设计中心线后,再进行纠偏。

在刃脚遇到障碍物的情况,必须予以清除后再下沉。清除方法可以是人工排除,如遇树根或钢材可锯断或烧断,遇大孤石宜用少量炸药炸碎,以免损坏刃脚。在不能排水的情况下,由潜水工进行水下切割或水下爆破。

2. 沉井下沉困难

这主要是由于沉井自身重力克服不了井壁摩阻力,或刃脚下遇到大的障碍物所致。解决因摩阻力过大而使下沉困难的方法,是从增加沉井自重和减小井壁摩阻力两个方面来考虑的。

(1)增加沉井自重。可提前浇筑上一节沉井,以增加沉井自重,或在沉井顶上压重物(如钢轨、铁块或砂袋等)迫使沉井下沉。对不排水下沉的沉井,可以抽出井内的水以增加沉井自重,用这种方法要保证土不会产生流沙现象。

(2)减小沉井外壁的摩阻力。方法是:可以将沉井设计成阶梯形、钟形,或在施工中尽量使外壁光滑;亦可在井壁内埋设高压射水管组,利用高压水流冲松井壁附近的土,且水流沿井壁上升而润滑井壁,使沉井摩阻力减小;以上几项措施在设计时就应考虑。在刃脚下挖空的情况,可采用炸药,利用炮振使沉井下沉。这种方法对沉井快沉至设计高程时效果较好,但要避免振坏沉井,放用药量要少,次数不宜太多。

近年来,对下沉较深的沉井,为了减少井壁摩阻力常采用泥浆润滑套或壁后压气沉井的方法。

4.3.5 泥浆润滑套和气幕法沉井的施工

1. 泥浆润滑套

泥浆润滑套是把配置的泥浆灌注在沉井井壁周围,形成井壁与泥浆接触。选用的泥浆配合比应使泥浆性能具有良好的固壁性、触变性和胶体稳定性。一般采用的泥浆配合比(重量比)为黏土35% ~45%,水55% ~65%,另加分散剂碳酸钠0.4% ~0.6%,其中黏土或粉质黏土要求塑性指数不小于15,含砂率小于6%(泥浆的性能指标以及检测方法可参见有关施工技术手册)。这种泥浆对沉井壁起润滑作用,它与井壁间摩阻力仅3 ~5kPa,大大降低了井壁摩阻力(一般黏性土对井壁摩阻力为25 ~50kPa,砂性土为12 ~25kPa),因而有提高沉井下沉的施工效率、减少井壁的圬土数量、加大沉井的下沉深度、施工中沉井稳定性好等优点。

泥浆润滑套的构造主要包括:射口挡板;地表围圈及压浆管。

射口挡板可用角钢或钢板弯制,置于每个泥浆射出口处固定在井壁台阶上,它的作用是防止泥浆管射出的泥浆直冲土壁而起缓冲作用,防止土壁局部坍落堵塞射浆口。

地表围圈是埋设在沉井周围保护泥浆的围壁(图4-3-2)。它的作用是沉井下沉时防止土壁坍落;保持一定数量的泥浆储存量,以保证在沉井下沉过程中泥浆补充到新造成的空隙内;通过泥浆在围圈内的流动,调整各压浆管出浆的不均衡。地表围圈的宽度即沉井台阶的宽度,其高度一般在1.5 ~2.0m左右,顶面高出地面或岛面约0.5m。圈顶面宜加盖,可用木板或钢板制作。

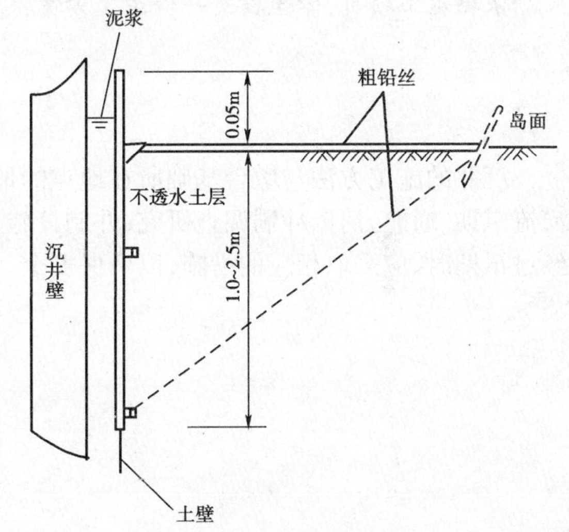

图4-3-2 泥浆润滑套地表围圈

压浆管根据井壁的厚度分为内管法和外管法2种。厚壁沉井多采用内管法,薄壁沉井宜采用外管法。

沉井下沉过程中要勤补浆,勤观测,发现倾斜、漏浆等问题要及时纠正。当沉井沉到设计高程时,若基底为一般土质,因井壁摩阻力较小,会形成边清基边下沉的现象,为此,应压入水泥砂浆换置泥浆,以增大井壁的摩阻力。另外,在卵石、砾石层中采用泥浆润滑套效果一般较差。

2. 气幕法

气幕法也是减少沉井下沉时井壁摩阻力的有效方法。它是通过对沿井壁内周围预埋的气管中喷射高压气流,气流沿喷气孔射出再沿沉井外壁上升,形成一圈压气层使沉井顺利下沉。

施工时压气管分层分布设置,竖管可用塑料管或钢管,水平环管则采用直径25mm的硬质聚氯乙烯管,沿井壁外缘埋设。每层水平环管可按四角分为四个区,以便分别压气调整沉井倾斜。压气沉井所需的气压可取静水压力的 2.5 倍。井内外压浆管布置图如图 4-3-3 所示。

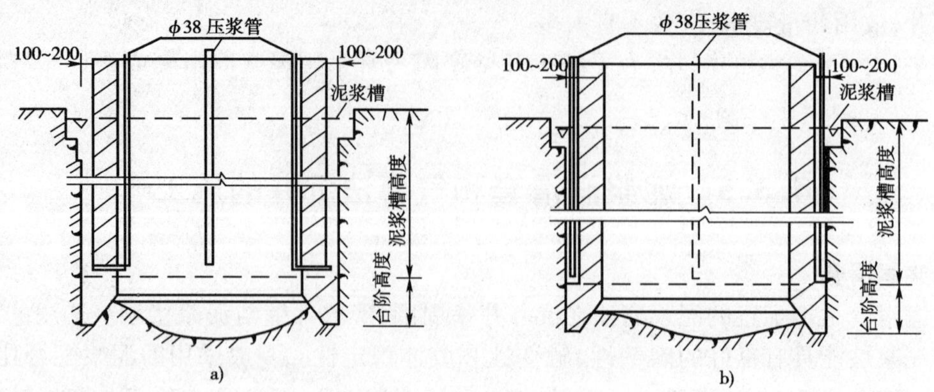

图 4-3-3　井内外压浆管布置图

a)井内布置式；b)井外布置式

与泥浆润滑套相比，壁后压气沉井法在停气后即可恢复土对井壁的摩阻力，下沉量易于控制，且所需施工设备简单，可以水下施工，经济效果好。现认为在一般条件下较泥浆润滑套更为方便，它适用于细、粉砂类土和黏性土中，但设计方法和施工措施尚待积累更多的资料。

实战演练

依据施工项目，学生提交一份施工方案报告。

小　　结

沉井的施工方法与墩台基础所在地点的地质和水文情况有关。在水中修筑沉井时，应对河流汛期、通航、河床冲刷调查研究，并制订施工计划。尽量利用枯水季节进行施工，如施工须经过汛期时，应采取相应的措施，以确保安全。

学习情境5

墩台施工

情境导入

桥梁墩台施工是桥梁工程施工中的一个重要部分，其施工质量的优劣，不仅关系到桥梁上部结构的制作与安装质量，而且对桥梁的使用功能也影响重大。

装配式墩台适用于山谷架桥或跨越平缓无漂流物的河沟、河滩等的桥梁，特别是在工地干扰多、施工场地狭窄、缺水与砂石供应困难地区，其效果更为显著。

公路通过深沟宽谷或大型水库，若采用高桥墩能使桥梁更为经济合理，它不仅可以缩短线路，节省造价，而且可以提高运营效益，减少日常维护工作。

学习目标

【知识目标】 通过这部分学习，使学生能够掌握混凝土墩台与石砌墩台、装配式墩台、滑动模板的适用特点，合理进行应用。

【能力目标】 通过这部分学习，学生掌握混凝土墩台与石砌墩台、装配式墩台、滑动模板的施工方法，施工工序，技术指标和质量控制。

混凝土墩台与石砌墩台施工

5.1.1 混凝土墩台的施工

就地浇筑的混凝土墩台施工有两个主要工序，一是制作与安装墩台模板；二是混凝土浇筑。

一、墩台模板

1. 模板设计原则

根据《公路桥涵施工技术规范》(JTJ 041—2000)的规定，模板的设计原则如下。

(1)宜优先使用胶合板和钢模板。

(2)在计算荷载作用下，对模板结构按受力程序分别验算其强度、刚度及稳定性。

(3)模板板面之间应平整，接缝严密，不漏浆，保证结构物外露面美观，线条流畅，可设倒角。

(4)结构简单，制作、拆装方便。

模板可采用一般用钢材、胶合板、塑料和其他符合设计要求的材料制成。浇筑混凝土之前，木板应涂刷脱模剂，外露面混凝土模板的脱模剂应采用同一种品种，不得使用废机油等油料，且不得污染钢筋及混凝土的施工缝处。重复使用的模板应经常检查、维修。

2. 常见模板类型

1)拼装式模板

系用各种尺寸的标准模板利用销钉连接，并与拉杆、加劲构件等组成墩台所需形状的模板。如图 5-1-1 所示，将墩台表面划分为若干小块，尽量使每部分板扇尺寸相同，以便于周转使用。板扇高度通常与墩台分节灌注高度相同，一般可为 3 ~6m，宽度可为 1 ~2m，具体视墩台尺寸和起吊条件而定。拼装式模板由于在厂内加工制造，因此板面平整、尺寸准确、体积小、质量轻，拆装容易、快速，运输方便，故应用广泛。

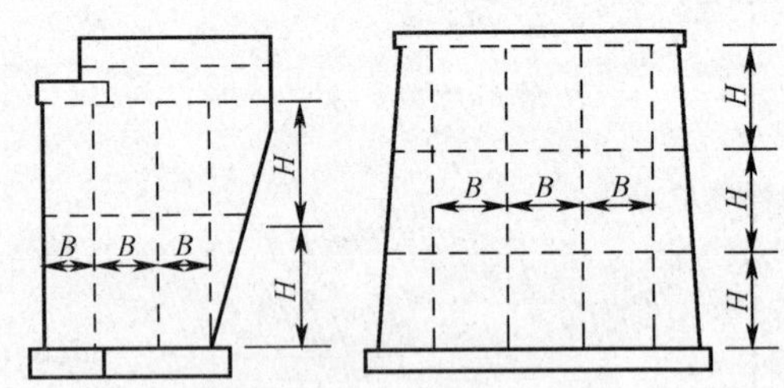

图 5-1-1　墩台模板划分示意图

2)整体吊装模板

系将墩台模板水平分成若干段，每段模板组成一个整体，在地面拼装后吊装就位(如图5-1-2)。分段高度可视起吊能力而定，一般可为 2 ~4m。整体吊装模板的优点是：安装时间短，无需设施工接缝，加快了施工进度，提高了施工质量；将拼装模板的高空作业改为平地操作，有利于施工安全；模板刚性较强，可少设拉筋或不设拉筋，节约钢材；可利用模外框架作简易脚手架，不需搭施工脚手架；结构简单，装拆方便，对建造较高的桥墩较为经济。

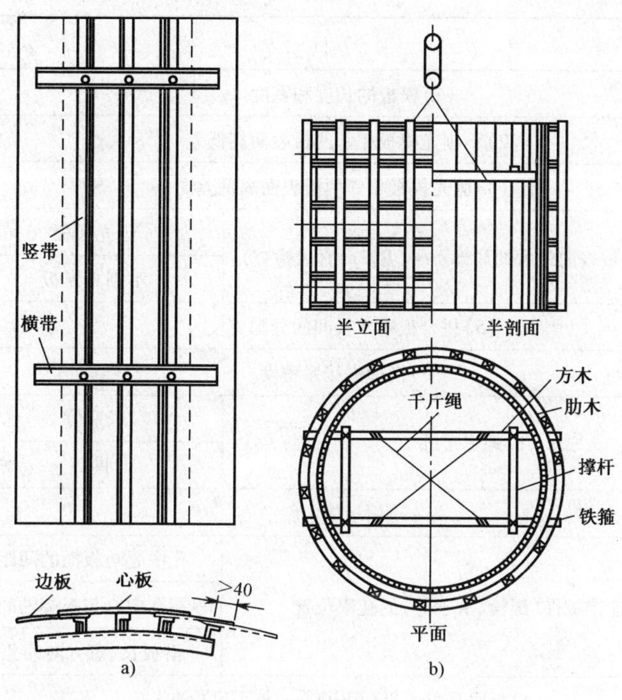

图 5-1-2　圆形桥墩整体模板

3）组合型钢模板

系以各种长度、宽度及转角标准构件，用定型的连接件将钢模拼成结构用模板，具有体积小、质量轻、运输方便、装拆简单、接缝紧密等优点，适用于在地面拼装，整体吊装的结构上。

4）滑动钢模板

适用于各种类型的桥墩。各种模板在工程上的应用，可根据墩台高度、墩台形式、机具设备、施工期限等条件，因地制宜，合理选用。

模板的设计可参照交通部标准《公路桥涵钢结构及木结构设计规范》（JTJ 025—1986）的有关规定。验算模板的刚度时，其变形值不得超过下列数值：结构表面外露的模板，挠度为模板构件跨度的 1/400；结构表面隐蔽的模板，挠度为模板构件跨度的 1/250；钢模板的面板变形为 1.5mm，钢模板的钢棱、柱箍变形为 3.0mm。

模板安装前应对模板尺寸进行检查；安装时要坚实牢固，以免振捣混凝土时引起跑模漏浆；安装位置要符合结构设计要求。有关模板制作与安装的允许偏差见表 5-1-1 和表 5-1-2。

二、混凝土浇筑施工要点

墩台身混凝土施工前，应将基础顶面冲洗干净，凿除表面浮浆，整修连接钢筋。灌注混凝土时，应经常检查模板、钢筋及预埋件的位置和保护层的尺寸，确保位置正确，不发生变形。混凝土施工中，应切实保证混凝土的配合比、水灰比和坍落度等技术性能指标满足规范要求。

模板制作的允许偏差

表 5-1-1

<table>
<tr><th>项 次</th><th colspan="2">项 目</th><th>允许偏差(mm)</th></tr>
<tr><td rowspan="7">木模板</td><td colspan="2">(1)模板的长度和宽度</td><td>±5.0</td></tr>
<tr><td colspan="2">(2)不刨光模板相邻两板表面高低差</td><td>3.0</td></tr>
<tr><td colspan="2">(3)刨光模板相邻两板表面高低差</td><td>1.0</td></tr>
<tr><td rowspan="2">(4)平板模板表向最大的局部不平(用 2m 直尺检查)</td><td>刨光模板</td><td>3.0</td></tr>
<tr><td>不刨光模板</td><td>5.0</td></tr>
<tr><td colspan="2">(5)拼合板中木板间的缝隙宽度</td><td>2.0</td></tr>
<tr><td colspan="2">(6)楔槽嵌接紧密度</td><td>2.0</td></tr>
<tr><td rowspan="8">钢模板</td><td rowspan="2">(1)外形尺寸</td><td>长和宽</td><td>0, -1</td></tr>
<tr><td>肋高</td><td>±5.0</td></tr>
<tr><td colspan="2">(2)面板端偏斜</td><td>≤0.5</td></tr>
<tr><td rowspan="3">(3)连接配件(螺栓、卡子等)的孔眼位置</td><td>孔中心与板面的间距</td><td>±0.3</td></tr>
<tr><td>板端孔中心与板端的间距</td><td>0, -0.5</td></tr>
<tr><td>沿板长、宽方向的孔</td><td>±0.6</td></tr>
<tr><td colspan="2">(4)板眼局部不平(用 300mm 长平尺检查)</td><td>1.0</td></tr>
<tr><td colspan="2">(5)面和板侧挠度</td><td>±1.0</td></tr>
</table>

模板安装的允许偏差

表 5-1-2

<table>
<tr><th>项 次</th><th colspan="2">项 目</th><th>允许偏差(mm)</th></tr>
<tr><td rowspan="2">1</td><td rowspan="2">模板高程</td><td>(1)基础</td><td>±15</td></tr>
<tr><td>(2)墩台</td><td>±10</td></tr>
<tr><td rowspan="2">2</td><td rowspan="2">模板内部尺寸</td><td>(1)基础</td><td>±30</td></tr>
<tr><td>(2)墩台</td><td>±20</td></tr>
<tr><td rowspan="2">3</td><td rowspan="2">轴线偏位</td><td>(1)基础</td><td>±15</td></tr>
<tr><td>(2)墩台</td><td>±10</td></tr>
<tr><td>4</td><td colspan="2">装配式构件支承面的高程</td><td>±2, -5</td></tr>
<tr><td rowspan="2">5</td><td colspan="2">模板相邻两板表面高低差</td><td>2</td></tr>
<tr><td colspan="2">模板表面平整(用 2m 直尺检查)</td><td>5</td></tr>
<tr><td rowspan="3">6</td><td colspan="2">预埋件中心线位置</td><td>3</td></tr>
<tr><td colspan="2">预留孔洞中心线位置</td><td>10</td></tr>
<tr><td colspan="2">预留孔洞截面内部尺寸</td><td>+10,0</td></tr>
</table>

1. 混凝土的运送

墩台混凝土的水平与垂直运输相互配合方式与适用条件可参照表 5-1-3 选用。如混凝土数量大,浇筑捣固速度快时,可采用混凝土皮带运输机或混凝土输送泵。运输带速度应不大于 1.0~1.2m/s。其最大倾斜角:当混凝土坍落度小于 40 mm 时,向上传送为 18°,向下传送为 12°;当坍落度为 40~80 mm 时,则分别为 15°与 10°。

混凝土的运输方式及适用条件 表 5-1-3

水平运输	垂直运输	适用条件		附注
人力混凝土手推车、内燃翻斗车、轻便轨人力推运翻斗车或混凝土吊车	手推车	中小桥梁水平运距较近	$H<10$m	搭设脚手平台，铺设坡道，用卷扬机拖拉手推车上平台
	轨道爬坡翻斗车		$H<10$m	搭设脚手平台，铺设坡道，用卷扬机拖拉手推车上平台
	皮带运输机		$H<10$m	倾角不宜超过 15°，速度不超过 1.2m/s。高度不足时，可用 2 台串联使用
	履带（或轮胎）起重机起吊高度≈20m		$10<H<20$m	用吊斗输送混凝土
	木制或钢制扒杆		$10<H<20$m	用吊斗输送混凝土
	墩外井架提升		$H>20$m	在井架上安装扒杆提升吊斗
	墩内井架提升		$H>20$m	适用于空心桥墩
	无井架提引		$H>20$m	适用于滑动模板
轨道牵引车输送混凝土、翻斗车或混凝土吊斗汽车倾卸车、汽车运送混凝土吊斗、内燃翻斗车	脚带（或轮胎）起重机起吊高度≈30m	大中桥、水平运距较远	$20<H<30$m	用吊斗输送混凝土
	塔式吊机		$20<H<50$m	用吊斗输送混凝土
	墩外井架提升		$H<50$m	井架可用万能杆件组装
	墩内井架提升		$H>50$m	适用于空心桥墩
	无井架提升		$H>50$m	适用于滑动模板
索道吊机		$H>50$m		
混凝土输送泵		$H<50$m		可用于大体积实心墩台

注：H——墩高。

2. 混凝土的灌注速度

为保证灌注质量，混凝土的配制、输送及灌注的速度不得小于：

$$v \geqslant Sh/t \tag{5-1-1}$$

式中：v——混凝土配料、输送及灌注的允许最小速度（m^3/h）；

S——灌注的面积（m^2）；

h——灌注层的厚度（m）；

t——所用水泥的初凝时间（h）。

如混凝土的配制、输送及灌注需时较长，则应采用下式计算：

$$v \geqslant Sh/(t-t_0) \tag{5-1-2}$$

式中：t_0——混凝土配制、输送及灌筑所消费的时间（h）；

其余符号意义同前。

混凝土灌筑层的厚度 h，可根据使用捣固方法按规定数值采用。

墩台是大体积圬工，为避免水化热过高，导致混凝土因内外温差引起裂缝，可采取如下措施：

（1）用改善集料级配、降低水灰比、掺加混合材料与外加剂、掺入片石等方法减少水泥用量。

(2)采用 C_3A 、C_3S 含量小,水化热低的水泥,如大坝水泥、矿渣水泥、粉煤灰水泥、低强度水泥等。

(3)减小浇筑层厚度,加快混凝土散热速度。

(4)混凝土用料应避免日光曝晒,以降低初始温度。

(5)在混凝土内埋设冷却管通水冷却。

当浇筑的平面面积过大,不能在前层混凝土初凝或能重塑前浇筑完成次层混凝土时,为保证结构的整体性,宜分块浇筑。分块时应注意:各分块面积不得小于 $50m^2$;每块高度不宜超过2m;块与块间的竖向接缝面应与墩台身或基础平截面短边平行,与平截面长边垂直;上下邻层间的竖向接缝应错开位置做成企口,并应按施工接缝处理。

3. 混凝土浇筑

为防止墩台基础第一层混凝土中的水分被基底吸收或基底水分渗入混凝土,对墩台基底处理除应符合天然地基的有关规定外,尚应满足以下要求:

(1)基底为非黏性土或干土时,应将其湿润。

(2)如为过湿土时,应在基底设计高程下夯填一层10~15cm厚的片石或碎(卵)石层。

(3)基底面为岩石时,应加以润湿,铺一层厚2~3cm厚的水泥砂浆,然后于水泥砂浆凝结前浇筑第一层混凝土。

墩台身钢筋的绑扎应和混凝土的灌注配合进行。在配置第一层垂直钢筋时,应有不同的长度,同一断面的钢筋接头应符合施工规范的规定,水平钢筋的接头,也应内外、上下互相错开。钢筋保护层的净厚度,应符合设计要求。如无设计要求时,则可取墩台身受力钢筋的净保护层不小于30mm,承台基础受力钢筋的净保护层不小于35mm。墩台身混凝土宜一次连续灌注,否则应按《公路桥涵施工技术规范》(JTJ 041—2000)的要求,处理好连接缝。墩台身混凝土未达到终凝前,不得泡水。混凝土墩台的位置及外形尺寸允许偏差见表5-1-4。

混凝土、钢筋混凝土基础及墩台允许偏差 表5-1-4

项次	项目		基础	承台	墩台身	柱式墩台	墩台帽
1	端面尺寸		±50	±30	±20		±20
2	垂直或倾斜				$0.2\%H$	$0.3\%H\leq20$	
3	底面高程		±50				
4	顶面高程		±30	±20	±10	±10	
5	轴线偏位		25	15	10	10	10
6	预埋件位置				10		
7	相邻间距					±15	
8	平整度						
9	跨径	$L_0\leq60m$			±20		
		$L_0>60m$			$\pm L_0>3\,000$		
10	支座处顶面高程	简支梁					±10
		连续梁					±5
		双支座梁					±2

注:H——结构高度;L_0——标准跨径。

5.1.2 石砌墩台的施工

石砌墩台具有就地取材和经久耐用等优点,在石料丰富地区建造墩台时,在施工期限许可的条件下,为节约水泥,应优先考虑石砌墩台方案。

一、石料、砂浆与脚手架

石砌墩台是用片石、块石及粗料石以水泥砂浆砌筑的,石料与砂浆的规格要符合有关规定。浆砌片石一般适用于高度小于6m的墩台身、基础、镶面以及各式墩台身填腹;浆砌粗料石则用于磨耗及冲击严重的分水体及破冰体的镶面工程以及有整齐美观要求的桥墩、台身等。

将石料吊运并安砌到正确位置是砌石工程中比较困难的工序。当质量小或距地面不高时,可用简单的马凳跳板直接运送;当质量较大或距地面较高时,可采用固定式动臂吊机或桅杆式吊机或井式吊机,将材料运到墩台上,然后再分运到安砌地点。用于砌石的脚手架应环绕墩台搭设,用以堆放材料,并支持施工人员砌筑镶面定位行列及勾缝。脚手架一般常用固定式轻型脚手架(适用于6m以下的墩台)、简易活动脚手架(用于25 m以下的墩台)以及悬吊式脚手架(用于较高的墩台)。

二、墩台砌筑施工要点

在砌筑前应按设计图放出实样,挂线砌筑。砌筑基础的第一层砌块时,如基底为土质,只在已砌石块的侧面铺上砂浆即可,不需坐浆;如基底为石质,应将其表面清洗、润湿后,先坐浆再砌石。砌筑斜面墩台时,斜面应逐层放坡,以保证规定的坡度。砌块间用砂浆黏结并保持一定的缝厚,所有砌缝要求砂浆饱满。形状比较复杂的工程,应先作出配料设计图(图5-1-3),注明块石尺寸;形状比较简单的,也要根据砌体高度、尺寸、错缝等,先行放样配好料石再砌。

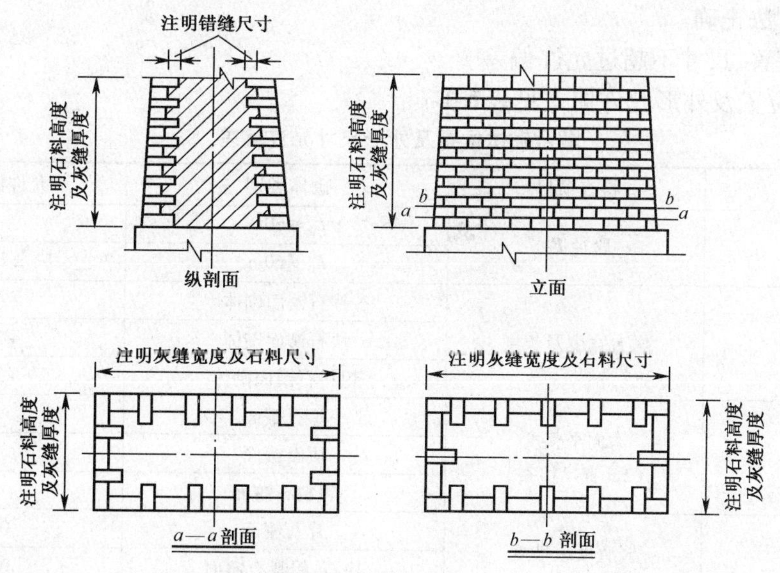

图5-1-3 桥墩配料大样图

砌筑方法:同一层石料及水平灰缝的厚度要均匀一致,每层按水平砌筑,丁顺相间,砌石灰通互相垂直,灰缝宽度和错缝按表5-1-5规定办理。砌石顺序为先角石,再镶面,后填腹。填腹石的分层厚度应与镶面相同；圆端、尖端及转角形砌体的砌石顺序，应自顶点开始，按丁顺排列安砌镶面石。砌筑图见图5-1-4，圆端形桥墩的圆端顶点不得有垂直灰缝，砌石应从顶端开始先砌石块1［图5-1-4a)］，然后应丁顺相间排列，安砌四周镶面石；尖端桥墩的尖端及转角处不得有垂直灰缝，砌石应从两端开始，先砌石块1［图5-1-4b)］，再砌侧面转角2，然后丁顺相间排列，安砌四周的镶面石。

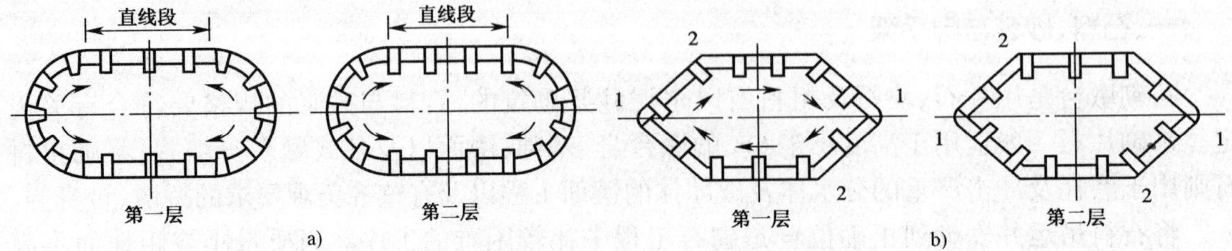

图5-1-4　桥墩的砌筑

a)圆端形桥墩的砌筑；b)尖端形桥墩的砌筑

浆砌镶面石灰缝规定　　表5-1-5

种类	灰缝宽度（cm）	错缝（层间或行列间）（cm）	3块石料相接处空隙（cm）	砌筑行列高度（cm）
粗料石	1.5～2	≥10	1.5～2	每层石料厚度一致
半细料石	1～1.5	≥10	1～1.5	每层石料厚度一致
细料石	0.8～1	≥10	0.8～1	每层石料厚度一致

砌体质量应符合以下规定：

(1)砌体所有各项材料类别、规格及质量符合要求。

(2)砌缝砂浆或小石子混凝土铺填饱满，强度符合要求。

(3)砌缝宽度、错缝距离符合规定，勾缝坚固、整齐，深度和形式符合要求。

(4)砌筑方法正确。

(5)砌体位置、尺寸不超过允许偏差。

墩台砌体位置及外形允许偏差见表5-1-6。

墩台砌体位置及外形尺寸允许偏差　　表5-1-6

项　次	检查项目	砌体类别	允许偏差(mm)
1	跨径 L_0	$L_0 \leq 60$m	±20
		$L_0 > 60$m	$\pm L_0/3\ 000$
2	墩台宽度及长度	片石镶面砌体	+40，-10
		块石镶面砌体	+30，-10
		粗料石镶面砌体	+20，-10
3	大面平整度(2m直尺检查)	片石镶面	30
		块石镶面	20
		粗料石镶面	10
4	竖直度或坡度	片石镶面	0.5%H
		块石、粗料石镶面	0.3%H
5	墩台顶面高程		±10
6	轴线偏位		10

注：L_0——标准跨径；H——结构高度。

5.1.3 墩台顶帽施工

墩台顶帽是用来支承桥跨结构的,其位置、高程及垫石表面平整度等,均应符合设计要求,以避免桥跨结构安装困难,或使顶帽、垫石等出现破裂或裂缝,影响墩台的正常使用功能和耐久性。以下介绍墩台顶帽施工的主要工序。

1. 墩、台帽放样

墩台混凝土(或砌石)灌筑至离墩、台帽底下约 30 ~ 50cm 高度时,即可测出墩台纵、横中心线,并开始竖立墩、台帽模板,安装锚栓孔或安装预埋支座垫板、绑扎钢筋等。台帽放样时,应注意不要以基础中心线作为台帽背墙线,浇筑前应反复核实,以确保墩、台帽中心、支座垫石等位置方向与水平高程等不出差错。

2. 墩、台帽模板

墩、台帽系支撑上部结构的重要部分,其尺寸位置和水平高程的准确度要求较严,浇筑混凝土应从墩台帽下约 30 ~ 50cm。墩台帽顶面一次浇筑,以保证墩、台帽底有足够厚度的紧密混凝土。图 5-1-5 为混凝土桥墩墩帽模板图,墩帽模板下面的一根拉杆可利用墩帽下层的分布钢筋,以节省铁件。台帽背墙模板应特别注意纵向支撑或拉条的刚度,防止浇筑混凝土时发生鼓肚,侵占梁端空隙。

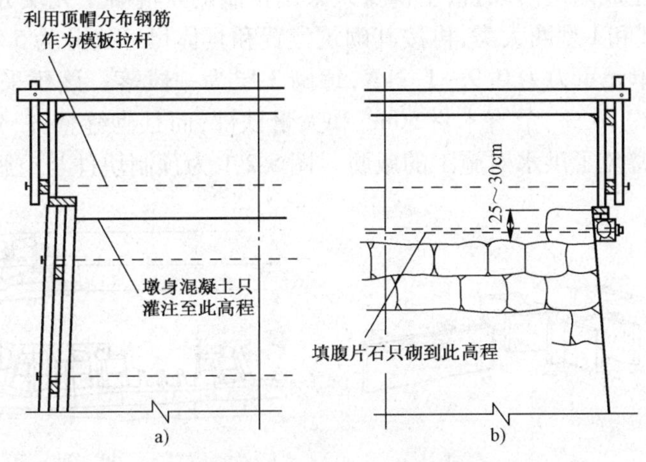

图 5-1-5 混凝土桥墩墩帽模板

a)混凝土桥墩顶帽模板;b)石砌桥墩墩帽模板

3. 钢筋和支座垫板的安设

墩、台帽钢筋绑扎应遵照《公路桥涵施工技术规范》(JTJ 041—2000)有关钢筋工程的规定。墩、台帽上的支座垫板的安设一般采用预埋支座垫板和预留锚栓孔的方法。前者需在绑扎墩、台帽和支座垫石钢筋时,将焊有锚固钢筋的钢垫板安设在支座的准确位置上,即将锚固钢筋和墩、台帽骨架钢筋焊接固定,同时将钢垫板作一木架,固定在墩、台帽模板上。此法在施工时垫板位置不易准确,应经常校正。后者需在安装墩台帽模板时,安装好预留孔模板,在绑扎钢筋时注意将锚栓孔位留出。此法安装支座施工方便,支座垫板位置准确。

实战演练

依据施工项目,学生提交一份施工方案报告。

小　结

桥梁墩台施工方法通常分为两大类:一类是现场就地浇筑与砌筑,另一类是拼装预制的混凝土砌块、钢筋混凝土或预应力混凝土构件。多数工程是采用前者,其优点是工序简便,机具较少,技术操作难度较小;但缺点是施工期限较长,需耗费较多的劳力与物力。

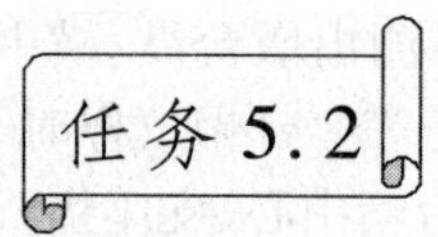

装配式墩台施工

5.2.1　砌块式墩台施工

砌块式墩台的施工大体上与石砌墩台相同,只是预制砌块的形式因墩台形式不同有很多变化。例如1975年建成的兰溪大桥,主桥身系采用预制的素混凝土壳块分层砌筑而成。壳块按平面形状分为Ⅱ型和Ⅰ型两大类,再按其砌筑位置和具体尺寸又分为5种型号,每种块件等高,均为35cm,块件单元重力为0.9~1.2kN,每砌3层为一段落。该桥采用预制砌块建造桥墩,不仅节约混凝土约26%,节省木材$50m^3$和大量铁件,而且砌缝整齐,外形美观,更主要的是加快了施工速度,避免了洪水对施工的威胁。图5-2-1为预制块件与空腹墩施工示意。

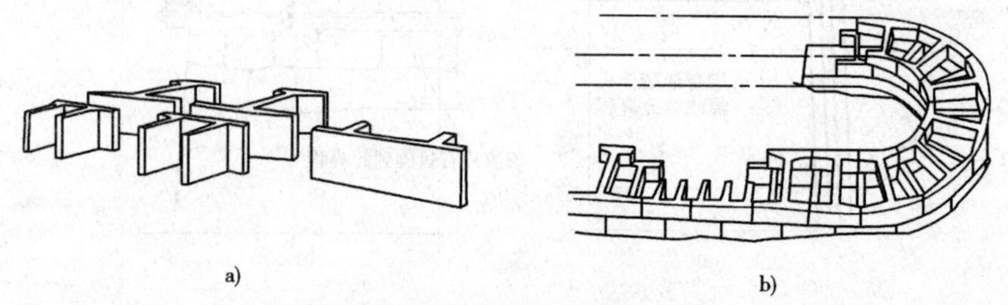

图5-2-1　兰溪大桥预制砌块墩身施工示意图

a)空腹墩壳板;b)空腹墩砌筑过程

5.2.2　柱式墩施工

装配式柱式墩系将桥墩分解成若干轻型部件,在工厂或工地集中预制,再运送到现场装配桥梁。其形式有双柱式、排架式、板凳式和刚架式等。

施工工序为预制构件、安装连接与混凝土养护等。其中拼装接头是关键工序,既要牢固、安全,又要结构简单便于施工。常用的拼装接头有以下几种形式。

(1)承插式接头:将预制构件插入相应的预留孔内,插入长度一般为1.2~1.5倍的构件宽度,底部铺设2cm砂浆,四周以半干硬性混凝土填充。此接头常用于立柱与基础的接头连接。

(2)钢筋锚固接头:构件上预留钢筋或型钢,插入另一构件的预留槽内,或将钢筋互相焊接,再灌注半干硬性混凝土。此接头多用于立柱与顶帽处的连接。

(3)焊接接头:将预埋在构件中的铁件与另一构件的预埋铁件用电焊连接,外部再用混凝土封闭。这种接头易于调整误差,多用于水平连接杆与立柱的连接。

(4)扣环式接头:相互连接的构件按预定位置预埋环式钢筋,安装时柱脚先坐落在承台的柱芯上,上下环式钢筋互相错接,扣环间插入U形短钢筋焊牢,四周再绑扎钢筋一圈,立模浇筑外围接头混凝土。要求上下扣环预埋位置正确,施工较为复杂。

(5)法兰盘接头:在相互连接的构件两端安装法兰盘,连接时用法兰盘连接,要求法兰盘预埋位置必须与构件垂直。接头处可不用混凝土封闭。

装配式柱式墩台应注意以下几个问题:

(1)墩台柱构件与基础顶面预留环形基座应编号,并检查各个墩、台高度是否符合设计要求;基杯口四周与柱边的空隙不得小于2cm。

(2)墩台柱吊入基坑内就位时,应在纵横方向测量,使柱身垂直度或倾斜度以及平面位置均符合设计要求;对重大、细长的墩柱,需用风缆或撑木固定,方可摘除吊钩。

(3)在墩台柱顶安装盖梁前,应先检查盖梁口预留槽眼位置是否符合设计要求,否则应先修凿。

(4)柱身与盖梁(顶帽)安装完毕并检查符合要求后,可在基坑空隙与盖梁槽眼处灌注稀砂浆,待其硬化后,撤除楔子、支撑或风缆,再在楔子孔中灌填砂浆。

在基础或承台上安装预制混凝土管节、环圈作墩台的外模时,为使混凝土基础与墩台联结牢固,应由基础或承台中伸出钢筋插入管节、环圈中间的现浇混凝土内,插入钢筋的数量和锚固长度应按设计规定或通过计算决定。管节或环圈的安装、管节或环圈内的钢筋绑扎和混凝土浇筑,应按《公路桥涵施工技术规范》(JTJ 041—2000)有关章节的规定执行。

5.2.3 后张法预应力混凝土装配墩施工

装配式预应力钢筋混凝土墩分为基础、实体墩身和装配墩身3大部分。装配墩身由基本构件、隔板、顶板及顶帽4种不同形状的构件组成,用高强钢丝穿入预留的上下贯通的孔道内,张拉锚固而成。实体墩身是装配墩身与基础的连接段,其作用是锚固预应力钢筋,调节装配墩身高度及抵御洪水时漂流物的冲击等。

施工工艺流程分成施工准备、构件预制及墩身装配3方面,全过程贯穿着质量检查工作。实体墩身灌注时要按装配构件孔道的相对位置,预留张拉孔道及工作孔。

构件装配的水平拼装缝采用M5水泥砂浆,砂浆厚度为15 mm,便于调整构件水平高程,不使误差积累。安装构件要求确保“平、稳、准、实、通”5个关键,即起吊平、构件顶面平、内外壁砂浆接缝要“抹平”;起吊、降落、松钩要“稳”;构件尺寸“准”、孔道位置“准”、中线“准”及预埋配件位置“准”;接缝砂浆要“密实”;构件孔道要“畅通”。张拉预应力的钢丝束分2种,一种是直径为5mm的高强度钢丝,用18ϕ5锥形锚;另一种用7ϕ4mm钢绞线,用JM 12—6型锚具,采用一次张拉工艺。张拉位置可以在顶帽上张拉,亦可在实体墩下张拉,两者的利弊见表5-2-1的比较,一般多在顶帽上张拉。孔道压浆前先用高压水冲洗。采用纯水泥浆,为了减少水泥浆的收缩及泌水性能,可掺入为水泥质量(0.8~1.0)/10 000的铝粉。压浆最好由下而上压注。压浆分初压与复压,初压后,约停1h,待砂浆初凝即进行复压,复压压力可为0.8~1.0Pa,初压压力可小一点。压浆时,若构件上的砂浆接缝全部湿润,说明接缝砂浆空隙中压入了水泥浆,起到了密实接缝的作用。实体墩身的封锚采用与墩身同强度等级的混凝土,同时要采用防水措施。顶帽上的封锚采用钢筋网罩焊在垫板上,单个或多个连在一起,然后用混凝土封锚。

顶帽上和墩下张拉比较 表5-2-1

顶帽上张拉	实体墩下张拉
高空作业,张拉设备需起吊,人员需在顶帽操作,张拉便于指挥与操作	地面作业,机具设备搬运方便,但彼此看不见,指挥不便,不如顶帽操作方便
在直线段张拉,不计算曲线管道摩阻损失	必须计算曲线管道摩阻损失
向下垂直安放千斤顶,对中容易	向上斜向安装千斤顶,对中较困难
实体墩开孔小,削弱面积小,无需割断钢筋	实体墩开孔大,增大削弱面积,必须割断钢筋,增加封锚工作量

5.2.4 无承台大直径钻孔埋入空心桩墩施工

无承台大直径钻孔埋入空心桩墩系由预钻孔、预制大直径钢筋混凝土桩墩节、吊拼桩墩节并用预应力后张连接成整体、桩周填石压浆、桩底高压压浆、吊拼墩节、浇筑或组装盖梁等部分组成。它综合了预制桩质量的可靠性、钻孔成桩的工艺简单、成本低、适应性强等优越性,摒弃了管柱桩技术设备复杂、成本高、不易穿透砂砾层、桩易偏位及钻孔灌注桩桩身质量难以保证等缺陷,是集当今桩基先进施工技术之大成者。该项技术在河南、湖南、江西、福建等广大区域内的桥梁工程中应用广泛,并获得显著效益。

1. 钻埋预应力空心桩墩的技术特点

(1)直径大,承载力高。桩径一般大于2.5m,钻埋空心桩已达ϕ5.0m,沉挖空心桩已达ϕ6.0~8.0m。由于采用了桩周填石压浆、桩底高压压浆、桩节间通过预应力形成整体,故使桩基承受垂直荷载和水平荷载的能力成倍增大。

(2)无承台,空心截面,节省了围堰工程,减少了桩身混凝土体积,不仅简化了施工工序,而且可将大桥下部结构费用从全桥费用50%以上,降至30%~40%。

(3)施工快速,工期缩短,并由于采用大直径桩,桩数少,多数情况下可以单桩独柱,加之钻机设备的先进与完善,一个枯水季节即可完成基础工程;预制桩节、墩节与钻孔平行作业,大大加速了工程进度。

(4)钻埋空心桩墩适用于土质地基,沉挖空心桩适用于松散的砂、砾、漂石和风化岩层,且环保效果好,施工少振动、低噪声,城镇区施工对居民干扰少。

(5)桩节、墩节预制,桩周、桩底压浆,节间用高强预应力筋连成整体,各项作业技术含量高,桩墩质量完全能得到保障。

切实解决钻孔机具设备、泥浆配制、桩节(墩节)段预制、桩节竖拼安装以及压浆(桩周压浆与桩底压浆)成桩等技术环节,是钻埋大直径空心桩墩成败的关键所在。钻埋桩墩工序流程示意图见图5-2-2。钻埋空心桩墩成桩工艺图见图5-2-3。

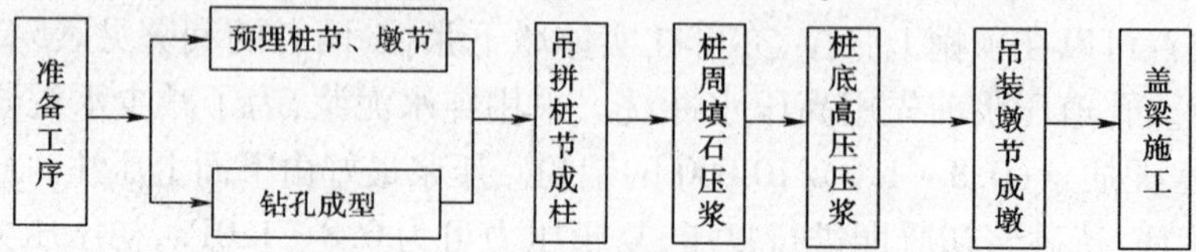

图5-2-2 钻埋桩墩工序流程示意图

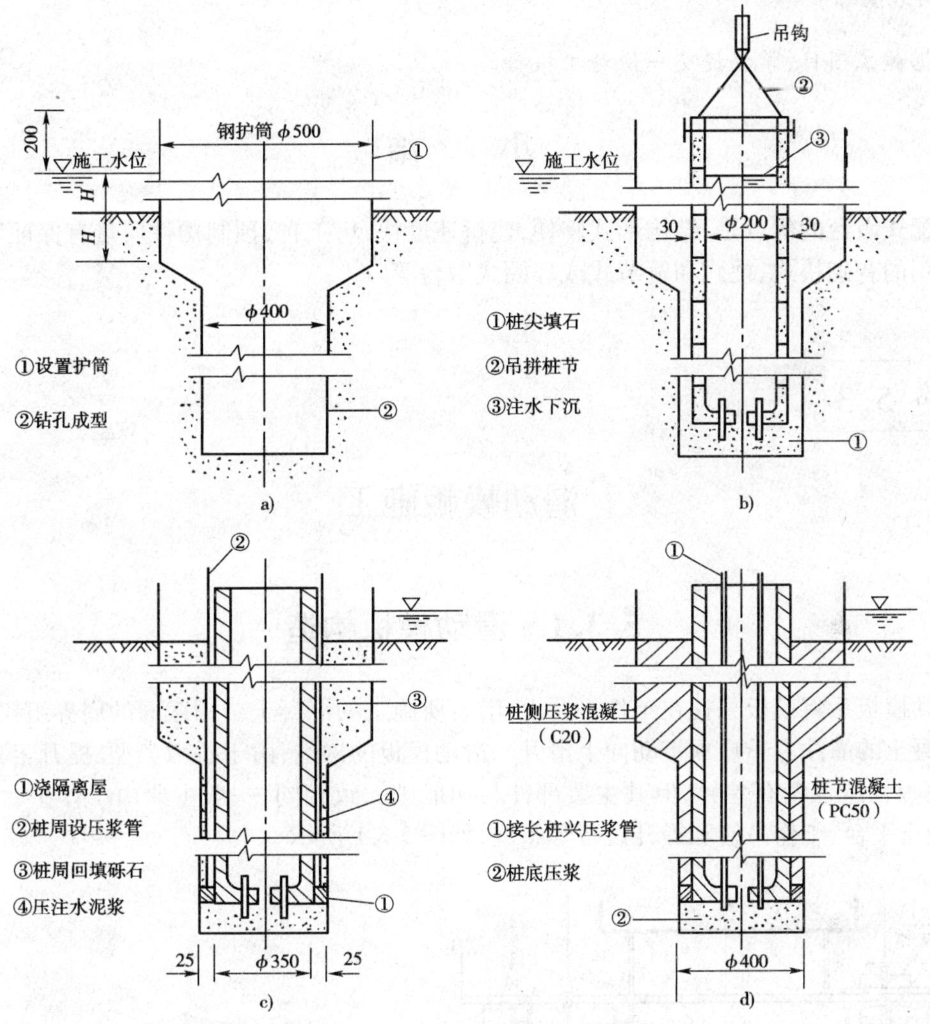

图 5-2-3　钻埋空心桩墩成桩工艺图(尺寸单位:cm)

a)钻孔成型; b)吊拼桩节;c)桩周压浆;d)护尖压浆

鉴于沉埋空心桩墩施工技术难度较大,各工序应有严格的质量控制标准,在现行《公路桥涵施工技术规范》(JTJ 041—2000)尚未列入相关条文。

2. 装配式墩台的允许偏差

《公路桥涵施工技术规范》(JTJ 041—2000)规定,构件安装前必须检查其外形和构件的预埋件尺寸和位置,其允许偏差不得超过设计规定;构件安装就位完毕后,经过检验校正符合要求,才允许焊接或浇筑混凝土以固定构件;分段安装的构件继续安装时,必须在先安装的构件固定和受力较大的接头混凝土达到设计要求的强度后方可进行(一般应达到设计强度等级的 70 %);装配式墩台完成时的允许偏差为:

(1)墩台柱埋入基座内的深度和砌块墩、台埋置深度,必须符合设计规定。

(2)墩台倾斜为 0.3% H(H 为墩台高),最大不得超过 20mm。

(3)墩台顶面高程 ±10mm;墩、台中线平面位置 ±10mm;相邻墩、台柱间距 ±15mm。

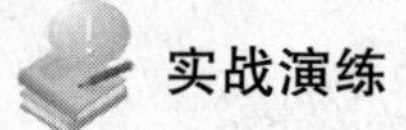

实战演练

依据施工项目，学生提交一份施工报告。

小　结

装配式墩台的优点是：结构形式轻便，建桥速度快，圬工省，预制构件质量有保证等。目前经常采用的有砌块式、柱式和管节式或环圈式墩台等。

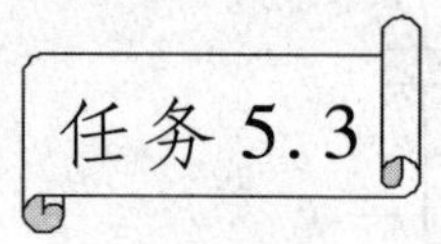

任务 5.3

滑动模板施工

5.3.1 滑动模板构造

滑动模板系将模板悬挂在工作平台上，沿着所施工的混凝土结构截面的周界组拼装配，并随着混凝土的灌注由千斤顶带动向上滑升。滑动模板的构造，由于桥墩类型、提升工具的类型不同，模板构造也稍有差异，但其主要部件与功能则大致相同，一般主要由工作平台、内外模板、混凝土平台、工作吊篮和提升设备等组成，如图 5-3-1 所示。

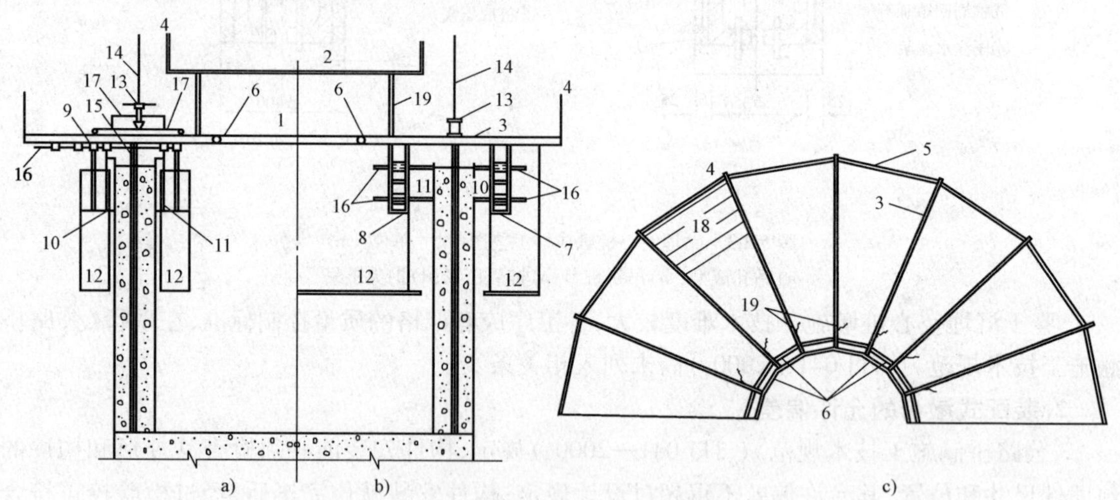

图 5-3-1　滑动模板构造示意图

a）等壁厚收坡滑模半剖面（螺杆千斤顶）；b）不等壁厚收坡滑模半剖面（液压千斤顶）；c）工作平台半剖面

1-工作平台；2-混凝土平台；3-辐射梁；4-栏杆；5-外钢环；6-内钢环；7-外立柱；8-内立柱；9-滚轴；10-外模板；11-内模板：12-吊篮；13-千斤顶；14-顶杆；15-导管；16-收坡螺杆；17-顶架横梁；18-步板；19-混凝土平台柱

（1）工作平台 1 由外钢环 5、辐射梁 3、内钢环 6、栏杆 4、步板 18 组成，除提供施工操作的场地外，还用它把滑模的其他部分与顶杆 8 相互连接起来，使整个滑模结构支承在顶杆上。可以说,工作平台是整个滑模结构的骨架,因此,应具有足够的强度和刚度。

(2)内外模板10、11采用薄钢板制作,用于上下壁厚相同的直坡空心桥墩的滑模。内外模板均通过立柱7、8固定在工作平台的辐射梁上,用于上下壁厚相同的斜坡空心墩的收坡滑模。内外模板仍固定在立柱上,但立柱架(或顶梁10)不是固定在辐射梁上,而是通过滚轴9悬挂在辐射梁上,并可利用收坡丝杆10沿辐射方向移动立柱架及内外模板位置。用于斜坡式不等壁厚空心墩的收坡滑模,则内外立柱固定在辐射梁上,而在模板与立柱间安装收坡丝杆,以便分别移动内外模板的位置。

(3)混凝土平台2由辐射梁、步板、栏杆等组成,利用立柱19支承在工作平台的辐射梁上,供堆放及灌注混凝土的施工操作用。

(4)工作吊篮12系悬挂在工作平台的辐射梁和内外模板的立柱上,它随着模板的提升而向上移动,供施工人员对刚脱模的混凝土进行表面修饰和养生等施工操作之用。

(5)提升设备由千斤顶13、顶杆14、顶杆导管15等组成,通过顶升工作平台的辐射梁使整个滑模提升。

5.3.2 滑动模板提升工艺

滑动模板提升设备主要有提升千斤顶、支承顶杆及液压控制装置等几部分。以下讲解其提升过程。

1. 螺旋千斤顶提升步骤(图5-3-2)

(1)转动手轮2使螺杆3旋转,使千斤顶顶座4及顶架上横梁5带动整个滑模徐徐上升。此时,上卡头6、卡瓦7、卡板8卡住顶杆,而下卡头9、卡瓦7、卡板8则沿顶杆向上滑行,当滑至与上下卡瓦接触或螺杆不能再旋转时,即完成一个行程的提升。

(2)向相反方向转动手轮,此时,下卡头、卡瓦、卡板卡住顶杆1,整个滑模处于静止状态。仅上卡头、卡瓦、卡板连同螺杆、手轮沿顶杆向上滑行,至上卡头与顶架上横梁接触或螺杆不能再旋转时为止,即完成整个一个循环。

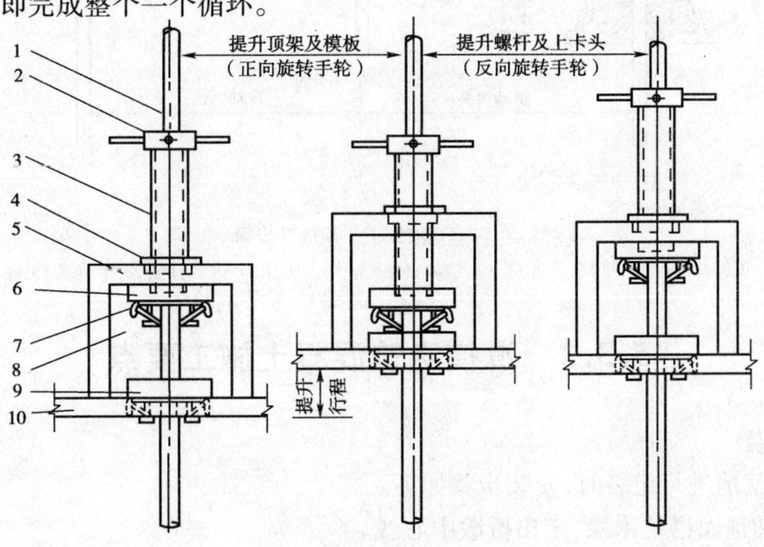

图5-3-2　螺旋千斤顶提升示意图

1-顶杆;2-手轮;3-螺杆;4-顶座;5-顶架上的横梁;6-上卡头;7-卡瓦;8-卡板;9-下卡头;10-顶梁下横梁

2. 液压千斤顶提升步骤(图 5-3-3)

(1)进油提升:利用油泵将油压入缸盖 3 与活塞 5 间,在油压作用时,上卡头 6 立即卡紧顶杆 1,使活塞固定于顶杆上。随着缸盖与活塞间进油量的增加,使缸盖连同缸筒 4、底座 9 及整个滑模结构一起上升,直至上卡头 6、下卡头 8 顶紧时,提升暂停。此时,缸筒内排油弹簧完全处于压缩状态。

(2)排油归位:开通回油管路,解除油压,利用排油弹簧 7 推动下卡头使其与顶杆卡紧,同时推动上卡头将油排出缸筒,在千斤顶及整个滑模位置不变的情况下,使活塞回到进油前位置。至此,完成一个提升循环。为了使各液压前千斤顶能协同一致地工作,应将油泵与各千斤顶用高压油管连通,由操作台统一集中控制。

提升时,滑模与平台上临时荷载全由支撑顶杆承受。顶杆多用 A3 与 A5 圆钢制作,直径 25mm, A5 圆钢的承载能力约为 12.5kN(A3 则为 10kN)。顶杆一端埋置于墩、台结构的混凝土中,一端穿过千斤顶芯孔,每节长 2.0~4.0m,用工具锚或焊接。为了节约钢材使支承顶杆能重复使用,可在顶杆外安上套管,套管随同滑模整个结构一起上升,待施工完毕后,可拔出支承顶杆。

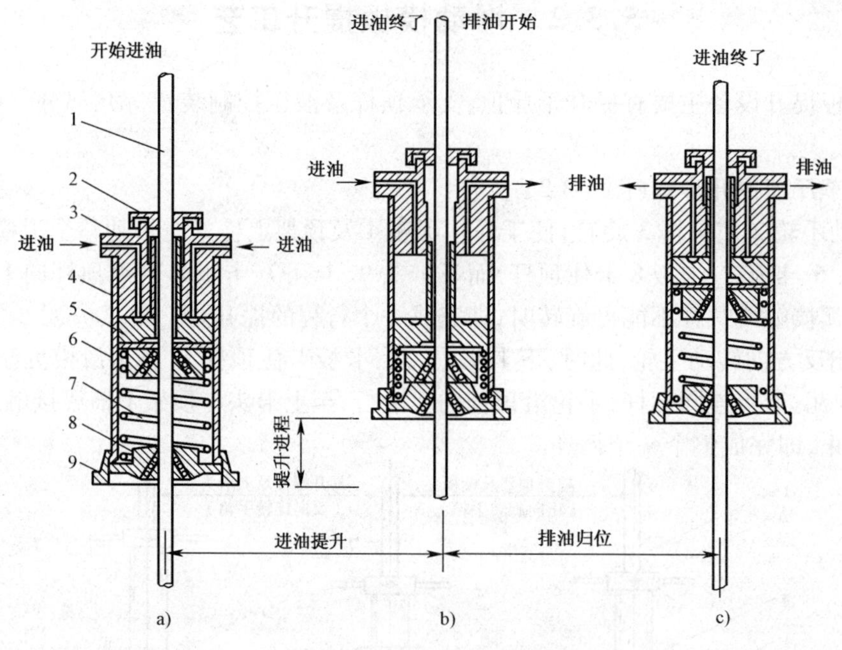

图 5-3-3 液压千斤顶提升步骤

1-顶杆;2-行程调整帽; 3-缸盖 ;4-缸筒;5-活塞;6-上卡头;7-排油弹簧;8-下卡头;9-底座

5.3.3 滑模浇筑混凝土施工要点

1. 滑模组装

在墩位上就地进行组装时,安装步骤如下。

(1)在基础顶面搭枕木垛,定出桥墩中心线。

(2)在枕木垛上先安装内钢环,并准确定位,再依次安装辐射梁、外钢环、立柱、千斤顶、模板等。

(3)提升整个装置,撤去枕木垛,再将模板落下就位,随后安装余下的设施;内外吊架待模板滑升至一定高度,及时安装;模板在安装前,表面需涂润滑剂,以减少滑升时的摩阻力;组装完毕后,必须按设计要求及组装质量标准进行全面检查,并及时纠正偏差。

2. 灌注混凝土

滑模宜灌注低流动度或半干硬性混凝土,灌注时应分层、分段对称地进行,分层厚度20~30cm为宜,灌注后混凝土表面距模板上缘宜有不小于10~15cm的距离。混凝土入模时,要均匀分布,应采用插入式振动器捣固,振捣时应避免触及钢筋及模板,振动器插入下一层混凝土的深度不得超过5cm;脱模时混凝土强度应为0.2~0.5MPa,以防在其自重压力下坍塌变形。为此,可根据气温、水泥强度等级经试验后掺入一定量的早强剂,以加速提升;脱模后8h左右开始养生,用吊在下吊架上的环绕墩身的带小孔的水管来进行。养生水管一般设在距模板下缘1.8~2.0m处效果较好。

3. 提升与收坡

整个桥墩灌注过程可分为初次滑升、正常滑升和最后滑升3个阶段。从开始灌筑混凝土到模板首次试升为初次滑升阶段;初灌混凝土的高度一般为60 ~70cm,分几次灌注,在底层混凝土强度达到0.2~0.4MPa时即可试升。将所有千斤顶同时缓慢起升5cm,以观察底层混凝土的凝固情况。现场鉴定可用手指按刚脱模的混凝土表面,若基本按不动,但留有指痕,砂浆不沾手,用指甲划过有痕,滑升时能耳闻"沙沙"的摩擦声,这些现象表明混凝土已具有0.2~0.4MPa的出模强度,可以开始再缓慢提升20cm左右。初升后,经全面检查设备,即可进入正常滑升阶段。即每灌注一层混凝土,滑模提升一次,使每次灌注的厚度与每次提升的高度基本一致。在正常气温条件下,提升时间不宜超过1h。最后滑升阶段是混凝土已经灌注到需要高度,不再继续灌注,但模板尚需继续滑升的阶段。灌完最后一层混凝土后,每隔1~2h将模板提升5~10cm,滑动2~3次后即可避免混凝土模板胶合。滑模提升时应做到垂直、均衡一致,顶架间高差不大于20mm,顶架横梁水平高差不大于5mm。并要求3班连续作业,不得随意停工。

随着模板的提升,应转动收坡丝杆,调整墩壁曲面的半径,使之符合设计要求的收坡坡度。

4. 接长顶杆、绑扎钢筋

模板每提升至一定高度后,就需要穿插进行接长顶杆、绑扎钢筋等工作。为了不影响提升时间,钢筋接头均应事先配好,并注意将接头错开。对预埋件及预埋的接头钢筋,滑模抽离后,要及时清理,使之外露。

在整个施工过程中,由于工序的改变,或发生意外事故,使混凝土的灌注工作停止较长时间,即需要进行停工处理。例如,每隔半小时左右稍微提升模板一次,以免黏结;停工时在混凝土表面要插入短钢筋等,以加强新老混凝土的黏结;复工时还需将混凝土表面凿毛,并用水冲走残渣,湿润混凝土表面,灌注一层厚度为2~3cm的1:1水泥砂浆,然后再灌注原配合比的混凝土,继续滑模施工。

爬升模板施工与滑动模板施工相似,不同的是支架通过千斤顶支承于预埋在墩壁中的预埋件上。待浇筑好的墩身混凝土达到一定强度后,将模板松开。千斤顶上顶,把支架连同模板升到新的位置,模板就位后,再继续浇筑墩身混凝土。如此往复循环,逐节爬升。每次升高约2m。

翻升模板施工是采用一种特殊钢模板,一般由3层模板组成一个基本单元,并配置有随模板升高的混凝土接料工作平台。当浇筑完上层模板的混凝土后,将最下层模板拆除翻上来拼装成第4层模板,以此类推,循环施工。翻升模板也能够用于有坡度的桥墩施工。

实战演练

依据施工项目,学生提交一份施工方案报告。

小　结

高桥墩的施工设备与一般桥墩所用设备基本相同,但其模板却另有特色。一般有滑动模板、爬升模板、翻升模板等几种,这些模板都是依附于灌注的混凝土墩壁上,随着墩台的逐步加高而向上升高。目前滑动模板的施工已达百米。

学习情境 6

基础、墩台质量检验与评定

情境导入

按照桥梁施工顺序，桥梁工程施工的第一项分部工程是桥梁基础及下部构造。桥梁基础及下部构造施工检测内容包括扩大基础检测、桩基础检测、其他类型基础检测、墩台身和盖梁检测。施工中，每一个分项工程按照施工准备阶段、施工阶段和竣工验收阶段进行试验检测评定，避免不合格的材料和产品流入下一道工序，只有保证每一道工序的质量才能保证整个工程的质量。

学习目标

【知识目标】 完成本学习情境的学习，学生能够知道桥梁基础及下部构造中的扩大基础、桩基础、其他类型基础、墩台身和盖梁的各项检测任务的目的和检测方法、步骤以及试验的原理；熟悉与所检测项目相关的技术标准、技术规范和技术规程；能用定量的方法科学地评定桥梁各种基础及下部构造的施工质量。

【能力目标】 学生能够按照施工准备阶段、施工阶段、分项工程质量检验评定的工作过程，明确桥梁基础及下部构造各分项工程在各施工阶段中所要进行的各种检测项目，能熟练操作各种检测仪器进行试验，正确填写原始记录和检验评定表，能够对工程质量做出正确评价。

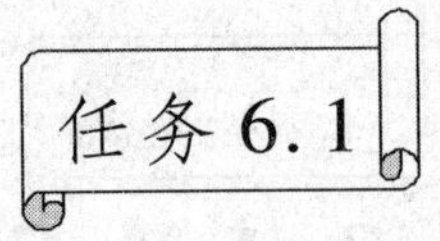

扩大基础检测

6.1.1 任务引入

当浅层地基土较好时,扩大基础是桥梁基础的首选类型。试验检测是保证工程质量的重要手段。客观、准确、规范、及时的试验检测数据,是指导、控制和评定工程质量的科学依据。

桥梁扩大基础在施工阶段、竣工验收阶段的试验检测任务有哪些内容呢?让我们来学一学吧。

扩大基础施工中,按照施工阶段和竣工验收阶段进行试验检测评定,避免不合格的材料和产品流入下一道工序,只有保证施工过程中每一道工序的质量才能保证整个工程的质量。

6.1.2 任务实施

一、扩大基础施工阶段检测

(一)检测项目

扩大基础施工阶段的检测项目除了按试验检测频率对准备阶段的项目进行检测外,还需对表6-1-1中的项目进行检测。

扩大基础施工阶段的检测项目　　表6-1-1

序号	检测项目	采用规程(标准)
1	地基检验	
2	地基承载力检测	《公路桥涵地基与基础设计规范》(JTG D63—2007)
3	钢筋加工及安装质量检测	《公路工程质量检验评定标准》(JTG F80/1—2004)、《金属材料室温拉伸试验方法》(GB/T 228—2002)、《金属材料弯曲试验方法》(GB/T 232—1999)、《钢筋焊接及验收规程》(JGJ 18—2003)、《公路桥涵施工技术规范》(JTJ 041—2000)
4	模板、支架、拱架制作及安装质量检测	《公路桥涵施工技术规范》(JTJ 041—2000)
5	混凝土浇筑质量检测	《公路桥涵施工技术规范》(JTJ 041—2000)、《公路工程水泥及水泥混凝土试验规程》(JTG E30—2005)

(二)检测方法

1. 地基检验

检验内容如下:

(1)检查基底平面位置、尺寸大小、基底高程。

(2)检查基底地质情况和承载力是否与设计资料相符。

(3)检查基底处理和排水情况是否符合本规范要求。

(4)检查施工记录及有关试验资料等。

检验方法:

按桥涵大小、地基土质复杂(如溶洞、断层、软弱夹层、易熔岩等)情况及结构对地基有无特殊要求,可采用以下检查方法。

(1)小桥涵的地基检验:可采用直观或触探方法,必要时可进行土质试验。

(2)大、中桥和地基土质复杂、结构对地基有特殊要求的地基检验,一般采用触探和钻探(钻深至少4m)取样做土工试验,或按设计的特殊要求进行荷载试验。

(3)特大桥按设计要求处理。

基底平面位置和高程允许偏差规定如下:

(1)平面周线位置不小于设计要求。

(2)基底高程:土质 ±50mm;石质 +50mm,-200mm。

2.地基承载力检测

地基承载力是指地基土单位面积上所能承受荷载的能力,以kPa计。研究地基承载力的目的,是在工程设计中必须限制建筑物基础底面的压力,使其不得超过地基的容许承载力,以保证地基土不会发生剪切破坏而失去稳定,同时也使建筑物不至于因基础产生过大的沉降和差异沉降,而影响其正常使用。标准贯入试验是确定地基承载力的常用方法。

标准贯入试验(SPT)是一种重型动力触探法,采用质量为63.5kg的穿心锤,以76cm的落距,将一定规格的标准贯入器先打入土中15cm,然后开始记录锤击数目,将标准贯入器再打入土中30cm,用此30cm的锤击数作为标准贯入试验的指标 N。标准贯入试验是国内外广泛应用的一种现场原位测试手段,该试验法方便经济,不仅用于砂土,亦可用于黏性土的测试。标准贯入锤击数 N,可用于判定砂土的密实度、黏性土的稠度、地基土的容许承载力、砂土的振动液化、桩基承载力等,是检验地基处理效果的重要手段。

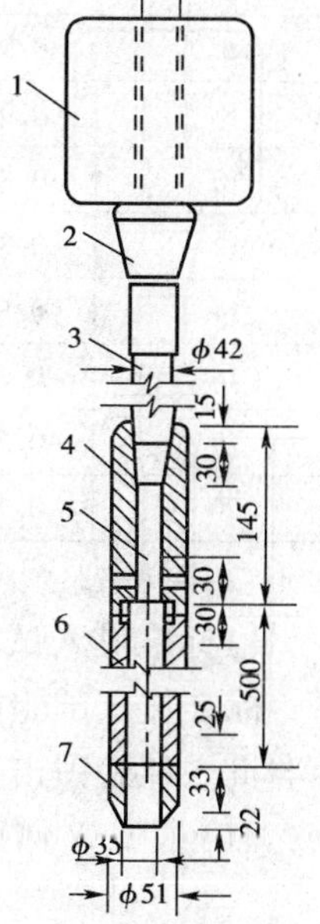

图6-1-1 标准贯入试验设备(尺寸单位:mm)

1-穿心锥;2-锤垫;3-触探杆;4-贯入器头;5-出水孔;6-由两半圆管合成的贯入器身;7-贯入器靴

1)试验设备

标准贯入试验装置的重要部件为:

(1)落锤:质量为63.5kg的穿心锤。

(2)贯入器:形状和尺寸见图6-1-1。

(3)探杆:直径42mm的钻杆。

(4)锤垫和导向杆。

(5)自动落锤装置。

2)试验方法

(1)将贯入器打入土中,贯入速率为15~30击/min,并记录锤击数,包括先打15cm的预打击数,后30cm中每10cm的锤击数,以及30cm的累计锤击数 N。

如锤击数超过50,则按下式换算锤击数 N:

$$N=\frac{30n}{\Delta s} \tag{6-1-1}$$

式中：n——所选取的锤击数；

Δs——相应于的锤击量(cm)。

(2)旋转探杆，提出贯入器，并取出贯入器中的土样进行鉴别、描述、记录，必要时送试验室分析。

(3)由于钻杆的弹性压缩会引起功能损耗，钻杆过长时传入贯入器的功能降低，因而减少每击的贯入深度，亦即提高了锤击数，所以需要根据杆长对锤击数进行修正：

$$N_{63.5}=\alpha_1\cdot N_{s,63.5} \tag{6-1-2}$$

式中：$N_{63.5}$——修正后的重型圆锥动力触探锤击数；

α_1——修正系数，按表6-1-2取值；

$N_{s,63.5}$——实测重型圆锥动力触探锤击数。

(4)对于同一土层应进行多次试验，然后取锤击数的平均值。

重型圆锥动力触探锤击数修正系数 α_1　　表6-1-2

L(m) \ $N_{s,63.5}$	5	10	15	20	25	30	35	40	≥50
2	1.00	1.00	1.00	1.00	1.00	1.00	1.00	1.00	—
4	0.96	0.95	0.93	0.92	0.90	0.89	0.87	0.86	0.84
6	0.93	0.90	0.88	0.85	0.83	0.81	0.79	0.78	0.75
8	0.90	0.86	0.83	0.80	0.77	0.75	0.73	0.71	0.67
10	0.88	0.83	0.79	0.75	0.72	0.69	0.67	0.64	0.61
12	0.85	0.79	0.75	0.70	0.67	0.64	0.61	0.59	0.55
14	0.82	0.76	0.71	0.66	0.62	0.58	0.56	0.53	0.50
16	0.79	0.73	0.67	0.62	0.57	0.54	0.51	0.48	0.45
18	0.77	0.70	0.63	0.57	0.53	0.49	0.46	0.43	0.40
20	0.75	0.67	0.59	0.53	0.48	0.44	0.41	0.39	0.36

注：L——杆长。

3)标准贯入试验的应用

标准贯入试验国内外已积累了大量的实践资料，给出了砂性土和黏性土一些物理性质和标准贯入试验锤击数的经验关系，可供工程中使用。

(1)根据 N 估计砂土的密实度，见表6-1-3。

砂土密实度表　　表6-1-3

分级	相对密度 D_r	实测平均锤击数 N	分级		相对密度 D_r	实测平均锤击数 N
密实	$D_r\geq0.67$	30~50	松散	稍松	$0.67>D_r\geq0.33$	5~9
稍密	$0.67>D_r\geq0.33$	10~29		极松	$D_r<0.20$	<5

(2)根据 N 估计天然地基的容许承载力[σ_0]，见表6-1-4和表6-1-5。

砂土容许承载力[σ_0](单位：kPa)　　表6-1-4

N	10~15	15~30	30~50
[σ_0]	140~180	180~340	340~500

一般黏性土和老黏性土的容许承载力$[\sigma_0]$(单位:kPa)　　表 6-1-5

N	3	5	7	9	11	13	15	17	19	21	23
$[\sigma_0]$	120	160	200	240	280	320	360	420	500	580	660

(3)根据 N 估计黏性土的状态,见表 6-1-6。

N 与黏性土稠度状态关系　　表 6-1-6

N	<2	2~4	4~7	7~18	18~35	>35
液性指数	>1	1~0.75	0.75~0.5	0.5~0.25	0.25~0	<0
稠度状态	流塑	软塑	可塑	可塑~硬塑	硬塑	坚硬

(4)根据 N 估计土的内摩擦角 φ,见表 6-1-7。

N 值与土的内摩擦角 φ 的关系　　表 6-1-7

研究者 \ N 值	<4	4~10	10~30	30~50	>50
Peck	<28.5°	28.5°~30°	30°~36°	36°~41°	>41°
Meyerhof	<30°	30°~35°	35°~40°	40°~45°	>45°

4)标准贯入试验记录表格,见表 6-1-8。

标准贯入试验记录表格　　表 6-1-8

检测部位	贯入深度	锤击数	试验结果(kPa)	设计要求(kPa)

试验:　　计算:　　复核:　　试验日期:

拓展提高

现场荷载试验确定地基承载力的方法是更为精确的方法,但费时费力,故工地上不常采用。

荷载板试验

荷载板试验是原位测试方法之一。原位测试是指在岩石土体原有的位置上,在保持土的天然结构、天然含水率以及天然应力状态下测定岩石性质。

(1)试验原理

荷载板试验就是在欲试验的土层表面放置一定规格的方形或圆形承压板,在其上逐级施加荷载,每级荷载增量持续时间相同或接近,测记每级荷载作用下荷载板沉降量的稳定值;加载至总沉降量为 25mm,或达到加载设备的最大容量为止,然后卸载,记录土的回弹值,持续时间应不小于一级荷载增量的持续时间。根据试验记录绘制荷载 P 和沉降量 S 的关系曲线(图

6-1-2）。分析研究地基土的强度与变形特性，求得地基土容许承载力与变形模量等力学数据。地基在荷载作用下达到破坏状态的过程可以分为以下3个阶段（图6-1-3）。

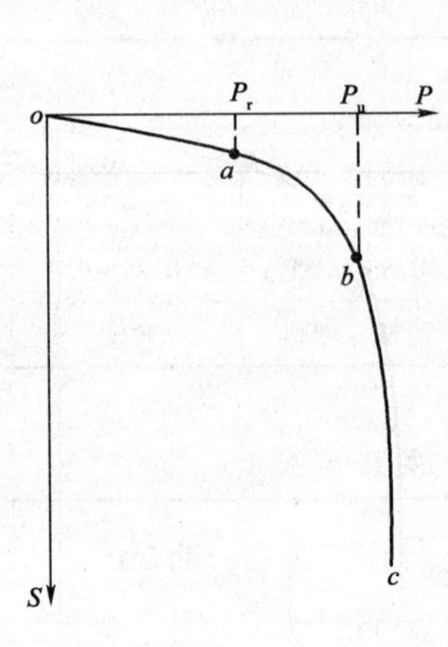

图6-1-2　荷载与沉降量的关系

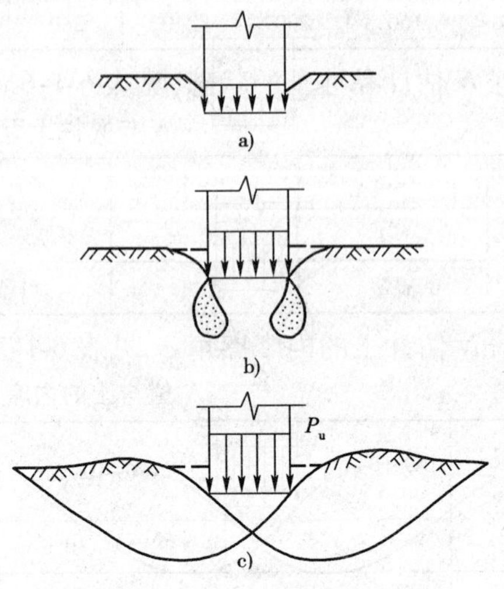

图6-1-3　地基破坏过程3个阶段

a）压密阶段；b）剪切阶段；c）破坏阶段

①压密阶段（直线变形阶段）：相当于 P-S 曲线上的 oa 段。这一阶段 P-S 曲线接近于直线，土中各点的剪应力均小于土的抗剪强度，土体处于弹性平衡状态。在这个阶段，荷载板的沉降主要是由于土中孔隙的减少引起，土颗粒主要是竖向变位，且随时间渐趋稳定而土体压密，所以也称压密阶段。曲线上相应于 a 点的荷载称为比例界限 P_r。

②剪切阶段：相当于 P-S 曲线上的 ab 段。这一阶段 P-S 曲线已不再保持线性关系，沉降的增长率 $\frac{\Delta s}{\Delta P}$ 先随荷载的增加而增大。在这个阶段，除土体的压密外，在承压板边缘已有小范围局部土体的剪应力达到或超过了土的抗剪强度，并开始向周围土体发生剪切破坏（产生塑性变形区）；土体的变形是由于土中孔隙的压缩和土颗粒剪切移动同时引起的，土粒同时发生竖向和侧向变位，且随时间不易稳定，故称之为局部剪切阶段。随着荷载的继续增加，土中塑性区的范围也逐步扩大，直到土中形成连续的滑动面，由荷载板两侧挤出而破坏。因此，剪切阶段也是地基中塑性区的发生及发展阶段。相应于 P-S 曲线上 b 点的荷载称为极限荷载 P_u。

③破坏阶段：相当于 P-S 曲线上的 bc 段。当荷载超过极限荷载后，荷载板急剧下沉，即使不增加荷载，沉降也不能稳定，同时土中形成连续的滑动面，土从承压板下挤出，在承压板周围土体发生隆起及环状或放射状裂隙，故称之为破坏阶段。在该阶段，在滑动土体范围内各点的剪应力达到或超过土体的抗剪强度；土体变形主要由土颗粒剪切变位引起，土粒主要是侧向移动，且随时间不能达到稳定，地基土失稳而破坏。

（2）试验设备

图6-1-4是目前常用的载荷板试验时加载方式之一。根据现场具体情况，还可采用地锚代替荷重的方式，也可以二者兼用。但总的原则是：加荷、卸荷既简便又安全，同时对沉降量的观测无影响。荷载板一般用刚性的方形板或圆形板，承压板面积不应小于0.25m^2，对于软土地基不

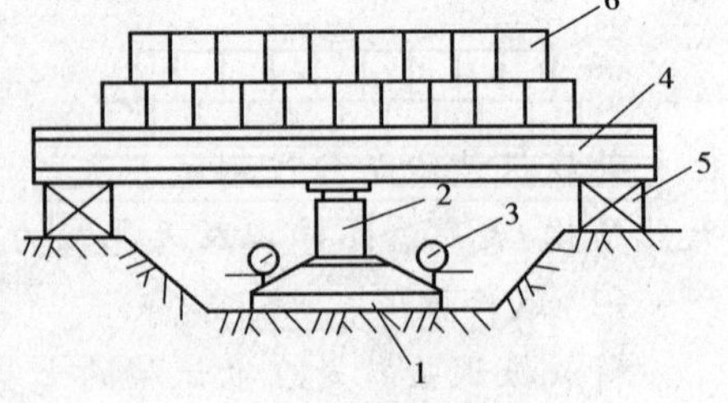

图6-1-4　现场荷载试验

1-荷载板；2-千斤顶；3-百分表；4-反力架；5-枕木垛；6-压重

应小于$0.5m^2$,目前工程上常用的是50cm×50cm或70.7cm×70.7cm的方板。

用油压千斤顶加荷、卸荷虽然方便,但由于受力后地锚的上拔、设备本身的变形、千斤顶的漏油和荷载板的下沉,在试验过程中,千斤顶的压力不易稳定,会出现松压现象,因此必须随时调节压力以保持一定的恒压。

目前已有一些勘察单位研制成几种类型的稳压器。有的增加一活塞油缸,通过齿轮齿条或杠杆等传动方式,加一定压力于活塞上,使油缸内的油压保持一定。当千斤顶油压松压时,油缸就自动补给千斤顶,使千斤顶保持恒压。有的是通过继电器控制电动油泵的启闭,来保持千斤顶恒压,稳压精度达1.8%。同时,这些单位对沉降观测还研制了自动记录装置,可自行给出连续的沉降与时间关系曲线,进一步保证了操作安全和试验质量。

试验基坑宽度不应小于承压板宽度b或直径d的3倍;应保持试验土层的原状结构和天然湿度。宜在拟试压表面用厚度不超过20mm的粗砂或中砂层找平。

(3)试验方法

试验加荷方法应采用分级维持荷载沉降相对稳定法(慢速法)或沉降非稳定法(快速法)。试验的加荷标准如下:试验的第一级荷载(包括设备重量)应接近卸去土的自重;加荷分级不应少于8级;最大加载量不应小于设计要求的2倍;每级荷载增量(即加荷等级)一般取被试地基土层预估极限承载力的1/8~1/10。荷载的量测精度应达到最大荷载的1%,沉降值的量测精度应达到0.01mm。

每级加载后,按间隔10min、10min、10min、15min、15min,以后为每隔半小时测读一次沉降量,当在连续2h内,每小时的沉降量小于0.1mm时,则认为已趋稳定,可加下一级荷载。

试验点附近应有取土孔提供土工试验指标,或其他原位测试资料。试验后,应在承压板中心向下开挖取土试验,并描述2倍承压板直径(或宽度)范围内土层的结构变化。

当出现下列情况之一时,即可终止加载:

①承压板周围的土明显地侧向挤出;

②沉降S急骤增大,荷载—沉降(P-S)曲线出现陡降段;

③在某一级荷载下,24h内沉降速率不能达到稳定;

④沉降量与承压板宽度或直径之比大于或等于0.06。

当满足前三种情况之一时,其对应的前一级荷载定为极限荷载。

(4)试验数据处理

①地基土的承载力。

当P-S关系曲线上有比例界限时,取该比例界限所对应的荷载值;当极限荷载小于对应比例界限的荷载值的2倍时,取极限荷载值的一半;当不能按上述2款要求确定时,当压板面积为$0.25 \sim 0.50m^2$,可取s/b(或s/d)$=0.01 \sim 0.015$所对应的荷载,但其值不应大于最大加载量的一半。

在饱和软土地基中,P-S关系曲线拐点往往不明显,此时可绘制$\lg P$-$\lg S$曲线,利用$\lg P$-$\lg S$曲线的良好线性关系很容易确定拐点;也可以应用相对沉降法确定地基土的承载力。

同一土层参加统计的试验点不应少于3点,当试验实测值的极差不超过其平均值的30%时,取此平均值作为该土层的地基承载力基本容许值$[f_{a0}]$。

②地基土的变形模量E_0。

一般取 $P\text{-}S$ 关系曲线的直线段，用下式计算：

$$E_0 = (1 - \mu^2)\frac{\pi B}{4} \cdot \frac{\Delta P}{\Delta S} \tag{6-1-3}$$

式中：B——承压板直径(m)，当为方形板时，$B = 2\sqrt{\frac{A}{\pi}}$，$A$ 为方形板面积(m^2)；

$\frac{\Delta P}{\Delta S}$——$P\text{-}S$ 关系曲线直线段斜率(kPa/m)；

μ——地基土的泊松比，对于砂土和粉土，$\mu = 0.33$；可塑—硬塑黏性土，$\mu = 0.38$；对于软塑—流塑黏性土和淤泥质黏性土 $\mu = 0.41$。

当 $P\text{-}S$ 曲线的直线段不明显时，可用前面讲述的确定地基土承载力的方法所确定地基承载力的基本值与相应的沉降量代入式(6-1-3)计算 E_0，但此时，应与其他原位测试资料比较，综合确定 E_0 值。

利用 $P\text{-}S$ 曲线还可以估算地基土的不排水抗剪强度和地基土基床反力系数等。

(5)注意问题

①荷载板试验的受荷面积比较小，加荷后受影响的深度不会超过 2 倍承压板边长或直径，而且加荷时间也比较短，因此不能通过荷载板试验提供建筑物的长期沉降资料。

②在沿海软黏土分布地区，地表往往有一层"硬壳层"，当用小尺寸的承压板时，常常受压范围还在地表"硬壳层"内，其下软弱土层还未受到承压板的影响；而对于实际建筑物的大尺寸基础，下部软弱土层对建筑物沉降起着主要的影响。因此，静力载荷试验资料的应用是有条件的，在进行载荷试验时，要充分估计到试验影响范围的局限性，注意分析试验成果与实际建筑地基之间可能存在的差异。

③当地基压缩层范围内土层单一而且均匀时，可以直接在基础埋置高程处进行荷载板试验；如果地基压缩层范围内土层是成层变化的，或者是不均匀的，则要进行不同尺寸承压板或不同深度的荷载板试验。遇到这种情况时，可以采用其他原位测试和室内土工试验来确定荷载板试验影响不到的土层的工程力学性质。

④如果地基土层起伏变化很大时，还应在不同地点做荷载板试验。

3. 钢筋加工及安装质量检测(表 6-1-9、表 6-1-10)

4. 模板、支架、拱架制作及安装质量检测

模板、支架和拱架制作应根据设计要求确定模板的形式及精度要求，在设计无规定时，可按表 6-1-11 执行。模板、支架和拱架安装的允许偏差，在设计无要求时，每块模板、支架和拱架应符合表 6-1-12 的规定。钢筋混凝土结构及预应力混凝土结构物施工中都包含"模板、支架、拱架制作及安装"质量检测，以后不再赘述。

5. 混凝土浇筑质量检测

混凝土所用的水泥、砂、石、水、外掺剂及混合材料的质量和规格必须符合有关规范的要求，按规定的配合比施工；按试验检测频率对混凝土组成材料、拌和物性能、强度进行试验检测，振捣密实。

1)质量检验

各种材料、各工程项目和各个工序，应经常进行检验，保证符合设计和施工技术规范的要求。检验项目和次数应符合下列规定：

钢筋安装质量检验评定表

表 6-1-9

分项工程名称:钢筋安装　　所属分部工程名称:　　所属建设项目:　　工程合同段:

工程部位:　　施工单位:　　监理单位:　　编号:

(桩号、墩台号、孔号)

基本要求	(1)钢筋、机械连接器、焊条等的品种、规格和技术性能应符合国家现行标准规定和设计要求;(2)冷拉钢筋的机械性能必须符合规范要求,钢筋平直,表面不应有裂皮和油污;(3)受力钢筋同一截面的接头数量、搭接长度、焊接和机械接头质量应符合施工技术规范要求;(4)钢筋安装时,必须保证设计要求的钢筋根数;(5)受力钢筋应平直,表面不得有裂纹及其他损伤									
项次	检查项目			规定值或允许偏差	检查方法和频率	权值	检查实测值	平均值代表值	合格率(%)	得分
1△	受力钢筋间距(mm)	两排以上排距		±5	尺量:每构件检查2个断面	3				
		同排	梁、板、拱肋	±10						
			基础、锚碇、墩台、柱	±20						
		灌注桩		±20						
2	箍筋、横向水平钢筋、螺旋筋间距(mm)			±10	尺量:每构件检查5~10个间距	2				
3	钢筋骨架尺寸(mm)	长		±10	尺量:按骨架总数30%抽查	1				
		宽、高或直径		±5						
4	弯起钢筋位置(mm)			±20	尺量:每骨架抽查30%	2				
5△	保护层厚度(mm)	柱、梁、拱肋		±5	尺量:每构件沿模板周边检查8处	3				
		基础、锚碇、墩台		±10						
		板		±3						
分项工程得分										

外观鉴定	钢筋表面无铁锈及焊渣。不符合要求时,减1~3分 多层钢筋网要有足够的钢筋支撑,保证骨架的施工刚度。不符合要求时,减1~3分	减分		监理意见	
质量保证资料	资料、图表残缺,缺乏最基本数据,有伪造涂改者,不予检验和评定。资料不全者,视情况每款减1~3分	减分			
分项工程质量等级评定	评分值:　　质量等级:				

注:1.小型构件的钢筋安装按总数抽查30%。

2.在海水或腐蚀环境中,保护层不应出现负值。

检测负责人:　　检测:　　记录:　　复核:　　年　月　日

钢筋网质量检验评定表

表 6-1-10

分项工程名称:钢筋网　所属分部工程名称:　所属建设项目:　工程合同段:

工程部位:　施工单位:　监理单位:　编号:

(桩号、墩台号、孔号)

<table>
<tr><td>基本要求</td><td colspan="8">(1)钢筋、机械连接器、焊条等的品种、规格和技术性能应符合国家现行标准规定和设计要求;(2)冷拉钢筋的机械性能必须符合规范要求,钢筋平直,表面不应有裂皮和油污;(3)受力钢筋同一截面的接头数量、搭接长度、焊接和机械接头质量应符合施工技术规范要求;(4)钢筋安装时,必须保证设计要求的钢筋根数;(5)受力钢筋应平直,表面不得有裂纹及其他损伤</td></tr>
<tr><td>项次</td><td>检查项目</td><td>规定值或允许偏差</td><td>检查方法和频率</td><td>权值</td><td>检查实测值</td><td>平均值代表值</td><td>合格率(%)</td><td>得分</td></tr>
<tr><td>1</td><td>网的长、宽(mm)</td><td>±10</td><td>尺量:全部</td><td>1</td><td></td><td></td><td></td><td></td></tr>
<tr><td>2</td><td>网眼尺寸(mm)</td><td>±10</td><td>尺量:抽查 3 个网眼</td><td>1</td><td></td><td></td><td></td><td></td></tr>
<tr><td>3</td><td>对角线差(mm)</td><td>15</td><td>尺量:抽查 3 个网眼对角线</td><td>1</td><td></td><td></td><td></td><td></td></tr>
<tr><td colspan="4">分项工程得分</td><td></td><td colspan="4"></td></tr>
<tr><td rowspan="2">外观鉴定</td><td colspan="4">钢筋表面无铁锈及焊渣。不符合要求时,减 1~3 分</td><td rowspan="2">减分</td><td rowspan="2"></td><td rowspan="3">监理意见</td><td rowspan="3"></td></tr>
<tr><td colspan="4">多层钢筋网要有足够的钢筋支撑,保证骨架的施工刚度。不符合要求时,减 1~3 分</td></tr>
<tr><td>质量保证资料</td><td colspan="4">资料、图表残缺,缺乏最基本数据,有伪造涂改者,不予检验和评定。资料不全者,视情况每款减 1~3 分</td><td>减分</td><td></td></tr>
<tr><td>分项工程质量等级评定</td><td colspan="8">评分值:　质量等级:</td></tr>
</table>

检测负责人:　检测:　记录:　复核:　年　月　日

模板、支架及拱架制作时的允许偏差 表 6-1-11

项目			允许偏差(nm)
木模板制作	模板的长度和宽度		±5
	不刨光模板相邻两板表面高低差		3
	刨光模板相邻两板表面高低差		1
	平板模板表面最大的局部不平	刨光模板	3
		不刨光模板	5
	拼合板中木板间的缝隙宽度		2
	支架、拱架尺寸		±5
	榫槽嵌接紧密度		2
钢模板制作	外形尺寸	长和高	0，-1
		肋高	±5
	面板端偏斜		≤0.5
	连接配件(螺栓、卡子等)的孔眼位置	孔中心与板面的间距	±0.3
		板端中心与板端的间距	0，-0.5
		沿板长、宽方向的孔	±0.6
	板面局部不平		1.0
	板面和板侧挠度		±1.0

注：1. 木模板中第5项已考虑木板干燥后在拼合板中发生缝隙的可能。2mm以下的缝隙，可在浇筑前浇湿模板，使其密合。

2. 板面局部不平用2m靠尺、塞尺检测。

模板、支架及拱架安装的允许偏差 表 6-1-12

项目		允许偏差(mm)
模板高程	基础	±15
	柱、墙和梁	±10
	墩台	±10
模板内部尺寸	上部构造的所有构件	+5，0
	基础	±30
	墩台	±20
轴线偏位	基础	15
	柱或墙	8
	梁	10
	墩台	10
装配式构件支承面的高程		+2，-5
模板相邻两板表面高低差		2
模板表面平整		5
预埋件中心线位置		3
预留孔洞中心线位置		10
预留孔洞截面内部尺寸		+10，0
支架和拱架	纵轴的平面位置	跨度的1/1 000或30
	曲线形拱架的高程(包括建筑拱度在内)	+20，-10

(1)浇筑混凝土前的检验。

①施工设备和场地；

②混凝土组成材料及配合比(包括外加剂)；

③混凝土凝结速度等性能；

④基础、钢筋、预埋件等隐蔽工程及支架、模板；

⑤养护方法及设施,安全设施。

(2)拌制和浇筑混凝土时的检验。

①混凝土组成材料的外观及配料、拌制,每一工作班至少2次,必要时随时抽样试验；

②混凝土的和易性(坍落度等)每工作班至少2次；

③砂石材料的含水率,每日开工前1次,气候有较大变化时随时检测;当含水率变化较大、将使配料偏差超过规定时,应及时调整；

④钢筋、模板、支架等的稳固性和安装位置；

⑤混凝土的运输、浇筑方法和质量；

⑥外加剂使用效果；

⑦制取混凝土试件。

(3)浇筑混凝土后的检验。

①养护情况；

②混凝土强度,拆模时间；

③混凝土外露面或装饰质量；

④结构外形尺寸、位置、变形和沉降。

(4)对混凝土的强度,应制取试件检验其在标准养护条件下28d龄期的抗压极限强度。试件制取组数应符合下列规定：

①不同强度及不同配合比的混凝土应分别制取试件,试件应在浇筑地点或拌和地点随机制取；

②浇筑一般体积的结构物(如基础、墩台等)时,每一单元结构物应制取2组；

③连续浇筑大体积结构物混凝土时,每80～200m^3或每一工作班应制取2组；

④每片梁长16m以下应制取1组,16～30m制取2组,31～50m制取3组,50m以上者不少于5组；

⑤就地浇筑混凝土小桥涵,每一座或每一工作班制取不少于2组;当原材料和配合比相同,并由同一拌和站拌制时,可几座合并制取2组。

(5)应根据施工需要,制取与结构物同条件养护的试件作为考核结构混凝土在拆模、出池、吊装、预施应力、承受荷载等阶段强度的依据。

2)质量标准

混凝土抗压强度应以标准条件下养护28d龄期试件的抗压强度进行评定,其合格条件如下：

(1)应以强度等级相同、龄期相同以及生产工艺条件和配合比相同的混凝土组成同一验收批,同一验收批的混凝土强度应以同批内所有各组标准尺寸试件的强度测定值(当为非标准尺寸试件时应进行强度换算)为代表值。

(2)大桥等重要工程及中小桥、涵洞工程的试件大于或等于10组时,应以数理统计方法按下述条件评定：

$$R_n - K_1 S_n \geqslant 0.9R \tag{6-1-4}$$

$$R_{min} \geqslant K_2 R \tag{6-1-5}$$

式中：R_n——同批 n 组试件强度的平均值（MPa）；

n——同批混凝土试件组数；

S_n——同批 n 组试件强度的标准差（MPa），当 $S_n < 0.06R$ 时，取 $S_n = 0.06R$；

R——设计的混凝土强度等级（MPa）；

R_{min}——n 组试件中强度最低一组的值（MPa）；

K_1、K_2——合格判定系数，见表6-1-13。

K_1、K_2 的值 表6-1-13

n	10～14	15～24	≥25
K_1	1.70	1.65	1.60
K_2	0.9	0.85	

（3）中小桥及涵洞等工程，同批混凝土试件少于10组时，可用非统计方法按下述条件进行评定：

$$R_n \geqslant 1.15R \tag{6-1-6}$$

$$R_{min} \geqslant 0.95R \tag{6-1-7}$$

（4）当混凝土强度按试件强度进行评定达不到合格条件时，可采用钻取试样或以无损检测法，查明结构实际混凝土的抗压强度和浇筑质量，如仍有不合格，应由有关单位共同研究处理。

3）结构混凝土应符合下列规定

（1）表面应密实、平整。

（2）如有蜂窝、麻面，其面积不超过结构同侧面积的0.5%。

（3）如有裂缝，其宽度不得大于设计规范的有关规定。

（4）预制桩桩顶、桩尖等重要部位无掉边或蜂窝、麻面。

（5）小型构件无翘曲现象。

（6）对蜂窝、麻面、掉角等缺陷，应凿除松弱层，用钢丝刷清理干净，用压力水冲洗、湿润，再用较高强度的水泥砂浆或混凝土填塞捣实，覆盖养护；用环氧树脂等胶凝材料修补时，应先经试验验证。

（7）如有严重缺陷，影响结构性能时，应分析情况，研究处理。

4）抹灰工程应符合下列规定

（1）一般抹灰成分、颜色必须一致，黏结牢固，不得有脱层、空鼓、掉角等现象。

（2）水刷石必须石粒清晰、分布均匀、平整密实，不得有掉粒和接茬痕迹。

（3）水磨石必须表面平整、光滑，石子显露均匀，格条位置正确，不得有砂眼、磨纹和漏磨。

（4）剁斧石必须剁纹均匀，深浅一致，棱角完整。

（5）干黏石必须石粒分布均匀，黏结牢固，不露浆，不漏黏，阳角处不得有明显的黑边。

（6）拉毛灰必须花纹、斑点分布均匀，同一平面上不显接茬。

(7)抹灰允许偏差见表6-1-14和表6-1-15。

一般抹灰允许偏差　　表6-1-14

项　　目	允许偏差(mm)	项　　目	允许偏差(mm)
平整度	5	墙面平整度	5
阴阳角方正	5		

装饰抹灰允许偏差　　表6-1-15

项　　目	允许偏差(mm)			
	水磨石	水刷石	剁碎石	干黏石
平整度	2	4	4	5
阴阳角方正	2	4	4	4
墙面平整度	3	5	5	5
分格条子直	2	5	5	5

5)冬期施工质量检查

冬期施工时,混凝土、钢筋混凝土、预应力混凝土工程的质量除按上述规定进行检查外,尚应检查混凝土在浇筑及养护期间的环境温度。冬期施工还应进行下列检查:

(1)混凝土用水和集料的加热温度。

(2)混凝土的加热养护方法和时间等。检查结果应分别记入混凝土工程施工记录和温度检查记录。

(3)集料和拌和水装入搅拌机时的温度、混凝土自搅拌机倾出时的温度及浇筑时的温度,每一工作班应至少检查3次。

(4)混凝土在养护期间温度的检查,不应少于下列次数:

①用蓄热法养护时,每昼夜定时4次。

②用蒸汽加热法及电加热法养护时,升温及降温期间每小时1次,恒温期间每2h 1次。

③室内外环境温度,每昼夜定时定点4次。

(5)检查混凝土温度时,应符合下列规定:

①测温孔应绘制布置图并编号。

②温度计应与外界气温隔绝,并应在测温孔内留置不少于3min。

③测温孔的位置,当采用蓄热法养护时,应设置在易冷却部位;当采用加热法养护时,应在离热源不同位置分别设置。厚大结构应在表层及内部分别设置。

(6)混凝土冬期施工时,除留标准养护试件外,还应制取相同数量与结构同条件养护的试件。对于用蒸汽加热法养护的混凝土结构,除制取标准养护试件外,应同时制取与混凝土结构同条件蒸养后再在标准条件下养护到28d的试件,以检查经过蒸养后混凝土28d的强度。冬期施工混凝土质量的评定方法与常温施工混凝土相同。

为保证混凝土浇筑顺利施工,施工单位在浇筑前应提交混凝土浇筑报批单(表6-1-16)、混凝土施工原始记录(表6-1-17)、养生原始记录(表6-1-18)。钢筋混凝土结构及预应力混凝土结构物施工中都包含"混凝土浇筑"质量检测,以后不再赘述。

混凝土浇筑报批单

表 6-1-16

分项工程：　　分部工程：　　合同段：　　项目名称：

施工单位：　　监理单位：　　天气：　　温度：

施工部位、桩号				
结构部位		混凝土强度等级		设计配比
机械	拌和机是否正常		是否有备用拌和机	
	振捣设备是否正常		振捣设备数量是否满足、是否有备用	
	电力是否正常		是否有备用电力	
	运输设备是否正常		是否有备用运输设备	
	起重设备是否正常		是否有备用起重设备	
	其他设备是否正常		是否有备用	
材料	砂石料是否符合要求		砂石料数量是否符合要求	
	水泥数量是否符合要求		外加剂数量是否符合要求	
	外掺剂数量是否符合要求		其他材料是否符合要求	
	施工用水是否符合要求		水质是否符合要求	
人员	管理人员是否到场		质检人员是否到场	
	试验人员是否到场		技术人员是否到场	
	技术工人数量（　）是否满足要求		壮工数量（　）是否满足要求	
施工方法	施工方案是否得到批准		技术交底是否进行	
	养生措施是否得当		是否有防雨、防寒措施	
环境	施工道路是否通畅		天气是否正常	
现场监理意见： 签字：　　日期：				

备注：1. 此表为监理在承包人混凝土施工前检查时填写。

2. 检查项目合格在其后的空格里划"√"，否则"×"。

表 6-1-17

混凝土施工原始记录

分项工程：　　　　分部工程：　　　　合同段：　　　　项目名称：

施工单位：　　　　监理单位：　　　　混凝土强度等级：

施工部位	日期	浇筑时间	水泥		外加剂型号	石子最大粒径（mm）	实测砂含水率（%）	砂率（%）	施工配比					开盘/结束时间	实测坍落度（mm）	每盘水泥用量（kg/m^3）	混凝土浇筑		
			品种	强度等级					水泥	砂	石	水	外加剂				盘数	每盘数量	总体积（m^3）
混凝土接触面高程是否合格										混凝土接触面高程是否处理洁净									
施工过程描述：																			

施工负责人：　　　　质检员：　　　　记录员：　　　　施工日期：

二、扩大基础质量检验评定

扩大基础质量检验评定见表6-1-19，砌体基础质量检验评定见表6-1-20。

混凝土养生原始记录

表6-1-18

分项工程：　　　　　　　　　　　　分部工程：

合同段：　　　　　　　　　　　　　项目名称：

结构部位		施工完成日期、时间	
养生开始日期、时间：			
养生记录			
日期、时间	养生时天气情况及天气温度	养生方法	养生工人签字
养生终了日期：			
养生过程及结果描述：			

质检员：　　　　　　质检负责人：　　　　　　技术负责人：　　　　　　日期：

表 6-1-19

扩大基础质量检验评定表

分项工程名称:扩大基础　　所属分部工程名称:　　所属建设项目:　　工程合同段:

工程部位:　　施工单位:　　监理单位:　　编号:

(桩号、墩台号、孔号)

<table>
<tr><td>基本要求</td><td colspan="9">(1)所用的材料质量和规格必须符合有关规范的要求,按规定的配合比施工;(2)不得出现露筋和空洞现象;(3)基础的地基承载力必须满足设计要求;(4)严禁超挖回填虚土</td></tr>
<tr><td>项次</td><td colspan="2">检 查 项 目</td><td>规定值或允许偏差</td><td>检查方法和频率</td><td>权值</td><td>检查实测值</td><td>平均值
代表值</td><td>合格率
(%)</td><td>得分</td></tr>
<tr><td>1△</td><td colspan="2">混凝土强度(MPa)</td><td>在合格标准内</td><td>按附录 D 检查</td><td>3</td><td></td><td></td><td></td><td></td></tr>
<tr><td>2</td><td colspan="2">平面尺寸(mm)</td><td>±50</td><td>尺量:长、宽各检查 3 处</td><td>2</td><td></td><td></td><td></td><td></td></tr>
<tr><td rowspan="2">3△</td><td rowspan="2">基础底面高程
(mm)</td><td>土质</td><td>±50</td><td rowspan="2">水准仪:测量 5 ~ 8 点</td><td rowspan="2">2</td><td></td><td></td><td></td><td rowspan="2"></td></tr>
<tr><td>石质</td><td>+50, -200</td><td></td><td></td><td></td></tr>
<tr><td>4</td><td colspan="2">基础顶面高程(mm)</td><td>±30</td><td>水准仪:测量 5 ~ 8 点</td><td>1</td><td></td><td></td><td></td><td></td></tr>
<tr><td>5</td><td colspan="2">轴线偏位(mm)</td><td>25</td><td>全站仪或经纬仪:纵、横各检查 2 点</td><td>2</td><td></td><td></td><td></td><td></td></tr>
<tr><td colspan="5">分项工程得分</td><td></td><td colspan="4"></td></tr>
<tr><td colspan="2">外观鉴定</td><td colspan="4">混凝土表面应平整,无明显施工接缝。不符合要求时,减 1 ~ 3 分</td><td>减分</td><td></td><td rowspan="2">监理
意见</td><td rowspan="2"></td></tr>
<tr><td colspan="2">质量保证资料</td><td colspan="4">资料、图表残缺,缺乏最基本数据,有伪造涂改者,不予检验和评定。资料不全者,视情况每款减 1 ~ 3 分</td><td>减分</td><td></td></tr>
<tr><td colspan="2">分项工程质量等级评定</td><td colspan="8">评分值:　　质量等级:</td></tr>
</table>

检测负责人:　　检测:　　记录:　　复核:　　年　月　日

表 6-1-20

砌体基础质量检验评定表

分项工程名称:砌体基础　　所属分部工程名称:　　所属建设项目:　　工程合同段:

工程部位:　　施工单位:　　监理单位:　　编号:

(桩号、墩台号、孔号)

<table>
<tr><td>基本要求</td><td colspan="9">(1)石料和混凝土预制块的质量和规格必须符合有关规范的要求;(2)砂浆所用的材料质量必须符合有关规定的要求,按规定的配合比施工;(3)地基承载力应满足设计要求,严禁超挖回填虚方;(4)砌石应错缝、坐浆挤紧,嵌缝料和砂浆饱满,无空洞、宽缝、大堆砂浆填隙和假缝</td></tr>
<tr><td>项次</td><td colspan="2">检 查 项 目</td><td>规定值或允许偏差</td><td>检查方法和频率</td><td>权值</td><td>检查实测值</td><td>平均值代表值</td><td>合格率(%)</td><td>得分</td></tr>
<tr><td>1△</td><td colspan="2">砂浆强度(MPa)</td><td>在合格标准内</td><td>按附录 F 检查</td><td>3</td><td></td><td></td><td></td><td></td></tr>
<tr><td>2</td><td colspan="2">轴线偏位(mm)</td><td>25</td><td>经纬仪:纵、横各测量 2 点</td><td>2</td><td></td><td></td><td></td><td></td></tr>
<tr><td>3</td><td colspan="2">平面尺寸(mm)</td><td>±50</td><td>尺量:长、宽各 3 处</td><td>2</td><td></td><td></td><td></td><td></td></tr>
<tr><td>4</td><td colspan="2">顶面高程(mm)</td><td>±30</td><td>水准仪:测 5 ~ 8 点</td><td>1</td><td></td><td></td><td></td><td></td></tr>
<tr><td rowspan="2">5△</td><td rowspan="2">基础底面高程(mm)</td><td>土质</td><td>±50</td><td rowspan="2">水准仪:测量 5 ~ 8 点</td><td rowspan="2">2</td><td></td><td></td><td></td><td rowspan="2"></td></tr>
<tr><td>石质</td><td>+50, −200</td><td></td><td></td><td></td></tr>
<tr><td colspan="5">分项工程得分</td><td></td><td colspan="4"></td></tr>
<tr><td>外观鉴定</td><td colspan="4">砌体表面应平整,砌缝不应有裂隙。不符合要求时,减 1 ~ 3 分</td><td>减分</td><td></td><td rowspan="2">监理意见</td><td colspan="2" rowspan="2"></td></tr>
<tr><td>质量保证资料</td><td colspan="4">资料、图表残缺,缺乏最基本数据,有伪造涂改者,不予检验和评定。资料不全者,视情况每款减 1 ~ 3 分</td><td>减分</td><td></td></tr>
<tr><td>分项工程质量等级评定</td><td colspan="9">评分值:　　质量等级:</td></tr>
</table>

检测负责人:　　检测:　　记录:　　复核:　　年　月　日

小　结

扩大基础是桥涵工程中通常采用的基础形式，本节主要介绍了钢筋混凝土扩大基础从开始施工到最后完工，在此过程中所做的检测内容，使学生对扩大基础施工的检测有一个系统的掌握。

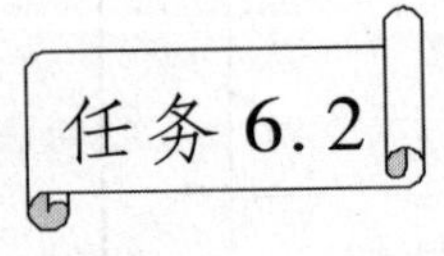

桩基础检测

6.2.1　任务引入

当地基浅层土质不良时，采用浅基础无法满足结构物对地基强度、变形和稳定性方面的要求时，常采用桩基础。混凝土钻孔灌注桩是桥梁及建筑结构物常用的基桩形式之一，这主要是由于桩能将上部结构的荷载传递到深层稳定的土层上去，从而大大减少基础沉降和建筑物的不均匀沉降，实践也证明它的确是一种极为有效、安全可靠的基础形式。但是，灌注桩的成桩过程是在桩位处的地面下或水下完成，施工工序多，质量控制难度大，稍有不慎极易产生断桩等严重缺陷。据统计国内外钻孔灌注桩的事故率高达5%～10%。因此，灌注桩的质量检测就显得格外重要。

桩基础施工中，按照施工阶段和竣工验收阶段进行试验检测评定，避免不合格的材料和产品流入下一道工序，只有保证施工中每一道工序的质量才能保证整个工程的质量。

6.2.2　任务实施

一、桩基础施工阶段检测

（一）检测项目

桩基础施工阶段的检测项目除了按试验检测频率对准备阶段的项目进行检测外，还需对表6-2-1中的项目进行检测。

桩基础施工阶段的检测项目　　表6-2-1

序号	检测项目	采用规程（标准）
1	钢筋加工及安装质量检测	《公路工程质量检验评定标准》（JTG F80/1—2004）、《金属材料室温拉伸试验方法》（GB 228—2002）、《金属材料弯曲试验方法》（GB/T 232—1999）、《钢筋焊接及验收规程》（JGJ 18—2003）、《公路桥涵施工技术规范》（JTJ 041—2000）
2	护筒检验	
3	泥浆性能指标检测	
4	清孔的质量检测	
5	成孔质量检验	
6	基桩完整性检测	《公路工程基桩动测技术规程》（JTG/T F81-01—2004）
7	基桩承载力检测	《建筑基桩检测技术规范》（JGJ 106—2003）

(二)检测方法

1. 钢筋加工及安装质量检测

同单元6.1。

2. 护筒检验

在钻孔前应先检验筑岛或护筒、泥浆。

检验筑岛：筑岛的面积应按钻孔方法、机具大小等要求决定；高度应高于最高施工水位0.5～1.0m；筑岛材料及岛面与地基承载力应满足设计要求；岛体应稳定。

检验护筒：应检验护筒内径、护筒中心竖直线、护筒高度、埋置深度及护筒的连接处。护筒位置应埋设准确和稳定；旱地、筑岛处护筒与坑壁之间用黏土分层回填夯实；护筒与桩位中心线偏差不得大于50mm；倾斜度不大于1%；高度宜高出地面0.3m或水面1.0～2.0m。护筒埋置深度应根据设计要求或水文地质情况定，旱地、筑岛处一般超过杂填土埋藏深度0.2m；在黏性土中不宜小于1m；在砂土中不宜小于1.5m，同时应保持孔内泥浆面高出地下水位1m以上；有冲刷影响的河床，沉入冲刷线不小于1.0～1.5m。

3. 泥浆性能指标检测

钻孔灌注桩调制的护壁泥浆一般由水、黏土（或膨润土）和添加剂按适当配合比配制而成，应根据钻孔方法和地层情况采用不同的性能指标，具体指标可参照表6-2-2选用。

泥浆性能指标 表6-2-2

钻孔方法	地层情况	泥浆性能指标							
		相对密度	黏度（Pa·s）	含砂率（%）	胶体率（%）	失水率（mL/30min）	泥皮厚（mm/30min）	静切力（Pa）	酸碱度（pH）
正循环	一般地层	1.05～1.20	16～22	8～4	≥96	≤25	≤2	1.0～2.5	8～10
	易坍地层	1.20～1.45	19～28	8～4	≥96	≤15	≤2	3～5	8～10
反循环	一般地层	1.02～1.06	16～20	≤4	≥95	≤20	≤3	1.0～2.5	8～10
	易坍地层	1.06～1.10	18～28	≤4	≥95	≤20	≤3	1.0～2.5	8～10
	卵石土	1.10～1.15	20～35	≤4	≥95	≤20	≤3	1.0～2.5	8～10
推钻冲抓	一般地层	1.10～1.20	18～24	≤4	≥95	≤20	≤3	1.0～2.5	8～11
冲击	易坍地层	1.20～1.40	22～30	≤4	≥95	≤20	≤3	3～5	8～11

注：1. 地下水位高或其流速大时，指标取高限，反之取低限。

2. 地质状态较好，孔径或孔深较小的取低限，反之取高限。

3. 在不易坍塌的黏质土层中，使用推钻、冲抓、反循环回转钻进时，可用清水提高水头（≥2m）维护孔壁。

4. 若当地缺乏优良黏质土，远运膨润土亦很困难，调制不出合格泥浆时可掺用添加剂改善泥浆性能。

5. 直径大于2.5m的大直径钻孔灌注桩对泥浆的要求较高，泥浆的选择应根据钻孔的工程地质情况、孔位、钻机性能、泥浆材料条件等确定。在地质复杂，覆盖层较厚，护筒下沉不到岩层的情况下，宜使用丙烯酰胺即PHP泥浆，此泥浆的特点是不分散、低固相、高黏度。

(1)相对密度

泥浆的相对密度可用泥浆相对密度计测定（图6-2-1）。将要量测的泥浆装满泥浆杯，加盖并洗净从小孔溢出的泥浆，然后置于支架上，移动游码，使杠杆呈水平状态（即水平泡位于中央），读出游码左侧所示刻度，即为泥浆的相对密度γ_x。

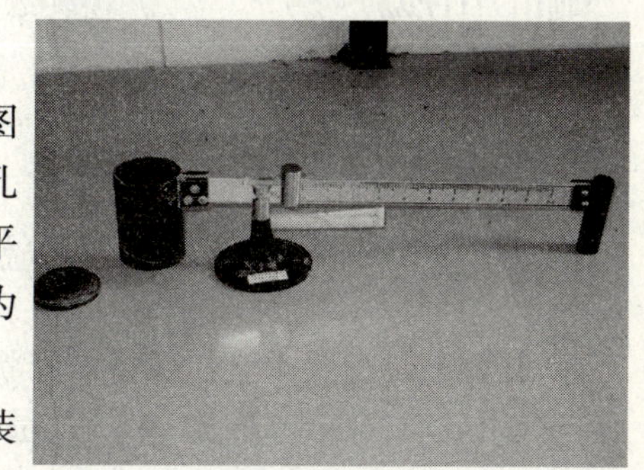

图6-2-1 泥浆相对密度计

若工地无以上仪器，可用一口杯先称其质量m_1，再装满清水称其质量m_2。再倒去清水，装满泥浆并擦去杯周溢出的泥浆，称其质量 m_3，则：

$$\gamma_x = \frac{m_3 - m_1}{m_2 - m_1} \tag{6-2-1}$$

工地上有时用泥浆比重计这一简易方法测泥浆相对密度。

(2)黏度

泥浆的黏度用工地标准漏斗黏度计测定，黏度计如图 6-2-2 所示。用两端开口量杯分别量取 200mL 和 500mL 泥浆，通过滤网滤去大砂粒后，将泥浆 700mL 均注入漏斗，然后使泥浆从漏头流出，流满 500mL 量杯所需时间(s)，即为所测泥浆的黏度。

校正方法：漏斗中注入 700mL 清水，流出 500mL，所需时间应是 15s，其偏差如超过 ±1s，测量泥浆黏度时应校正。

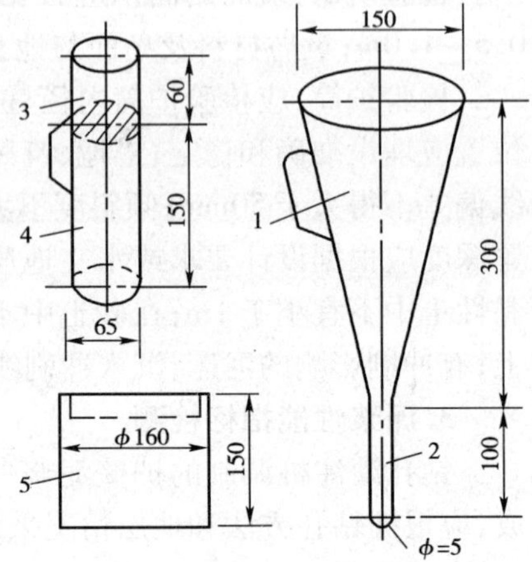

图 6-2-2 黏度计(尺寸单位：mm)

1-漏斗；2-管子；3-200mL 量杯；4-500mL 量杯；5-筛网及杯

(3)静切力 θ

静切力在工地可用浮筒切力计测定(图 6-2-3)。测量泥浆切力时，可用下式表示：

$$\theta = \frac{G - \pi d\delta h\gamma}{2\pi dh + \pi d\delta} \tag{6-2-2}$$

式中：G——铝制浮筒质量(g)；

d——浮筒的平均直径(cm)；

h——浮筒的沉没深度(cm)；

γ——泥浆密度(g/cm^3)；

δ——浮筒壁厚(cm)。

量测时，先将约 500mL 泥浆搅匀后，立即倒入切力计中，将切力筒沿刻度尺垂直向下移至与泥浆接触时，轻轻放下，当它自由下降到静止不动时，即静切力与浮筒重力平衡时，读出浮筒上泥浆面所对的刻度，即为泥浆的初切力。取出切力筒，按净黏着的泥浆，用棒搅动筒内泥浆后，静止 10min，用上述方法量测，所得即为泥浆的终切力。它们的单位均为 Pa，此切力计如买不到可自制。

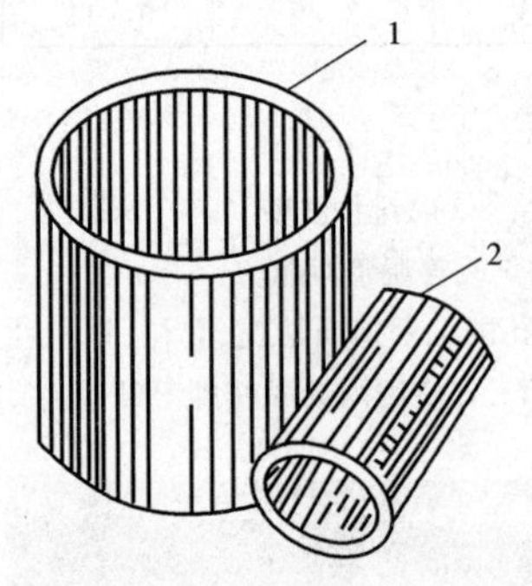

图 6-2-3 浮筒切力计

1-泥浆筒；2-切力浮筒

(4)含砂率(%)

含砂率在工地可用含砂率计(图 6-2-4)测定。量测时，把调好的泥浆 50mL 倒进含砂率计，然后再倒进 450mL 清水，将仪器口塞紧摇动 1min，使泥浆与水混合均匀。再将仪器垂直静放 3min，仪器下端沉淀物的体积(由仪器刻度上读出)乘 2 就是含砂率(有一种大型的含砂率计，容积 900mL，从刻度读出的数不乘 2 即为含砂率)。

(5)胶体率(%)

胶体率是泥浆中土粒保持悬浮状态的性能。测定方法可将 100mL 泥浆倒入 100mL 的量杯中，用玻璃片盖上，静置 24h 后，量杯上部泥浆可能澄清为水，测量时其体积如为 5mL，则胶体率为 100 − 5 = 95，即 95%。

(6)失水率(mL/30min)

用一张 12cm×12cm 的滤纸,置于水平玻璃板上,中央画一直径 3cm 的圆,将 2mL 的泥浆滴入圆圈内,30min 后,测量湿圆圈的平均直径减去泥浆摊平的直径(mm),即为失水率。在滤纸上量出泥浆皮的厚度(mm)即为泥皮厚度。泥皮愈平坦、愈薄则泥浆质量愈高,一般不宜厚于 2～3mm。

(7)酸碱度

酸碱度即酸和碱的强度简称,也可简称为酸碱值。pH 值是常用的酸碱标度之一,pH 值等于 7 时为中性,大于 7 时为碱性,小于 7 时为酸性。工地测量 pH 值方法,可取一条 pH 试纸放在泥浆面上,0.5s 后拿出来与标准颜色对比,即可读出 pH 值。也可用 pH 酸碱计,将其探针插入泥浆,直接读出 pH 值。

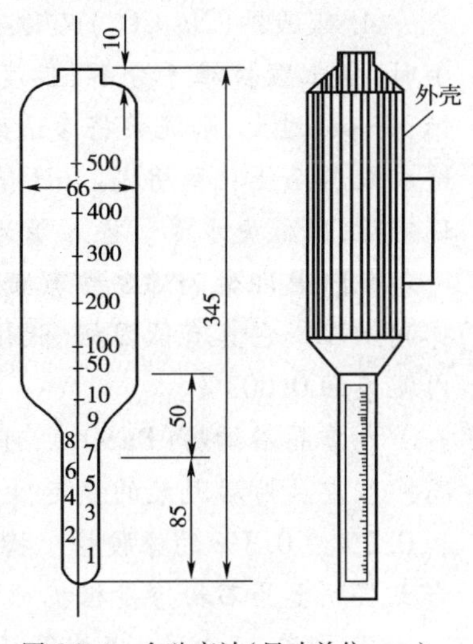

图 6-2-4　含砂率计(尺寸单位:mm)

拓展提高

泥浆原料和外加剂的性能要求及计算方法

(1)泥浆原料黏质土的性能要求

一般可选用塑性指数大于 25,粒径小于 0.074mm 的黏粒含量大于 50% 的黏质土制浆。当缺少上述性能的黏质土时,可用性能略差的黏质土,并掺入 30% 的塑性指数大于 25 的黏质土。当采用性能较差的黏质土调制的泥浆性能指标不符合要求时,可在泥浆中掺入 Na_2CO_3(俗称碱粉或纯碱)、氢氧化钠(NaOH)或膨润土粉末,以提高泥浆性能指标。掺入量与原泥浆性能有关,宜经过试验决定。一般碳酸钠的掺入量约为孔中泥浆土量的 0.1%～0.4%。

(2)泥浆原料膨润土的性能和用量

膨润土分为钠质膨润土和钙质膨润土 2 种。前者质量较好,大量用于炼钢、铸造中,钻孔泥浆中用量也很大。膨润土泥浆具有相对密度低、黏度低、含砂量少、失水量少、泥皮薄、稳定性强、固壁能力高、钻具回转阻力小、钻进率高、造浆能力大等优点。一般用量为水的 8%,即 8kg 的膨润土可掺 100L 的水。对于黏质土地层,用量可降低到 3%～5%。较差的膨润土用量为水的 12% 左右。

(3)泥浆外加剂及其掺量

①CMC 全名羧甲基纤维素,可增加泥浆黏性,使土层表面形成薄膜而防护孔壁剥落并有降低失水量的作用。掺入量为膨润土的 0.05%～0.1%。

②FCI 又称铬铁木质素磺酸钠盐,为分散剂,可改善因混杂有土、砂粒、碎、卵石及盐分等而变质的泥浆性能,可使上述钻渣等颗粒聚集而加速沉淀,改善护壁泥浆的性能指标,使其继续循环使用。掺量为膨润土的 0.1%～0.3%。

③硝基腐殖碳酸钠(简称煤碱剂),其作用与 FCI 相似。它具有很强的吸附能力,在黏质土表面形成结构性溶剂水化膜,防止自由水渗透,能使失水量降低,使黏度增加。若掺入量少,可使黏度不上升,具有部分稀释作用。掺用量与 FCI 同,两种分散剂可任选一种。

④ 碳酸钠(Na_2CO_3)又称碱粉或纯碱。它的作用可使pH值增大到10。泥浆中pH值过小时，黏土颗粒难于分解，黏度降低，失水量增加，流动性降低，小于7时，还会使钻具受到腐蚀；若pH过大，则泥浆将渗透到孔壁的黏土中，使孔壁表面软化，黏土颗粒之间凝聚力减弱，造成裂解而使孔壁坍塌。pH值以8～10为宜，这时可增加水化膜厚度，提高泥浆的胶体率和稳定性，降低失水量。掺入量为膨润土的0.3%～0.5%。

⑤PHP即聚丙烯酰胺絮凝剂。它的作用是，在泥浆循环中能清除劣质钻屑，保存造浆的膨润土粒。它具有低固相、低相对密度、低失水、低矿化、泥浆触变性能强等特点。掺入量为孔内泥浆的0.003%。

⑥重晶石细粉($BaSO_4$)，可将泥浆的相对密度增加到2.0～2.2，提高泥浆护壁作用。为提高掺入重晶粉后泥浆的稳定性，降低其失水性，可同时掺入0.1%～0.3%的氢氧化钠(NaOH)和0.2%～0.3%的橡胶粉。掺入上述两种外加剂后，最适用于膨胀的黏质塑性土层和泥质页岩土层。重晶石粉掺量根据原泥浆相对密度和土质情况检验决定。

⑦ 纸浆、干锯末、石棉等纤维质物质，其掺量为水量的1%～2%，其作用是防止渗水并提高泥浆循环效果。

以上各种外加剂掺入量，宜先做试配，试验其掺入外加剂后的泥浆性能指标是否有所改善。

各种外加剂宜先制成小剂量溶剂，按循环周期均匀加入，并及时测定泥浆性能指标，防止掺入外加剂过量。每循环周期相对密度差不宜超过0.01。

(4)调制泥浆的原料用量计算

在黏质土层中钻孔，钻孔前只需调制不多的泥浆。以后可在钻进过程中，利用地层黏质土造浆、补浆。

在砂类土、砾石土和卵石土中钻孔时，钻孔前应备足造浆原料，其数量可按以下公式和原则计算：

$$m = V\rho_1 = \frac{\rho_2 - \rho_3}{\rho_1 - \rho_3}\rho_1 \tag{6-2-3}$$

式中：m——每立方米泥浆所需原料的质量(t)；

V——每立方米泥浆所需原料的体积(m^3)；

ρ_1——原料的密度(t/m^3)；

ρ_2——要求的泥浆密度(t/m^3)；

$$\rho_2 = V\rho_1 + (1 - V)\rho_3 \tag{6-2-4}$$

ρ_3——水的密度，取$\rho_3 = 1t/m^3$。

若造成的泥浆的黏度为20～22s时，则各种原料造浆能力为：黄土胶泥1～3m^3/t；白土、陶土、高岭土3.5～8m^3/t；次膨润土为9m^3/t；膨润土为15m^3/t。

从以上资料得知，膨润土的造浆能力为黄土胶泥的5～7倍。

4. 清孔的质量检测

1)清孔的质量要求

摩擦桩：孔底沉淀土的厚度不大于设计规定，当无要求时，对于直径≤1.5m的桩，沉淀厚度≤300mm；对桩径>1.5m或桩长>40m或土质较差的桩，沉淀厚度≤500mm。清孔后的泥浆性能指标应满足下列规定，相对密度：1.03～1.10；黏度：17～20Pa·s；含砂率：>98%。

支承桩：灌注混凝土前，孔底沉淀土的厚度不大于设计规定。

2)沉淀土厚度的检测方法

沉淀土厚度的测算基准面:用平底钻锥和冲击、冲抓锥时,沉淀土厚度从锥头或冲抓锥底部所到达的孔底平面算起;用底部带圆锥的笼式锥头时,沉淀土厚度从锥头下端的圆锥体高度的中点高程算起。

沉淀土厚度的检测方法有如下几种:

(1)取样盒检测法

这是较为通行的方法。具体做法是在清孔后用取样盒(即开口铁盒)吊到孔底,待到灌注混凝土前取出,测量沉淀在盒内的渣土厚度。

(2)测锤法

测锤法是惯用的简单方法。使用测量水下混凝土灌注高(深)度的测锤,慢慢地沉入孔内,凭人的手感探测沉渣顶面的位置,其施工孔深和测量孔深之差,即为沉淀土厚度。

比较先进的检测方法还有声呐法、电阻率法和电容法等。

5. 成孔质量检验

钻、挖孔在终孔和清孔后,应进行孔位、孔深、孔径、孔形和倾斜度等检查。

1)孔径与孔形检测

孔径检测是在桩孔成孔后、下钢筋笼前进行的,是根据设计桩径制作笼式井径器入孔检测。笼式井径器用中 $\phi8 \sim \phi12$mm 的钢筋制作,其外径等于钻孔的设计孔径,长度等于孔径的 3 ~ 4 倍(如正、反循环回转钻成孔法)或 4 ~ 6 倍(如冲击钻成孔法)。检测时,将井径器吊起,使笼的中心、孔的中心与起吊钢绳保持一致,慢慢放入孔内,上下通畅无阻表明孔径大于给定的笼径;遇阻则有可能在遇阻部位有缩径或孔斜现象。

孔形检测目前常采用的方法是开挖检查和超声波检测。开挖检测一般在工程试桩结束,直接观察桩身形状在相应土层中的变化,为工程桩施工控制孔形提供直观依据。

2)孔深和孔底沉渣检测

孔深和孔底沉渣普遍采用标准测锤检测,测锤一般采用锥形锤,锤底直径 13 ~ 15cm,高 20 ~ 22cm,质量 4 ~ 6kg。

3)桩孔竖直度检测

竖直度检测方法常用钻杆测斜法,将带有钻头的钻杆放入孔内到底,在孔口处的钻杆上装一个与孔径或护筒内径一致的导向环,使钻杆柱保持在桩孔中心线位置上。然后将带有扶正圈的钻孔测斜仪下入钻杆内,分点测斜,并将各点数值在坐标纸上描点作图,检查桩孔偏斜情况。也可以用圆球检测法和电子水平仪测斜法。

4)桩位检测

复测桩位时,桩位测点选在新鲜桩头面的中心点,然后测量该点偏移设计桩位的距离,并按坐标位置,分别标明在桩位复测平面图上。测量仪器选用精密经纬仪或红外测距仪。

钻、挖孔成孔的质量标准见表 6-2-3。

钻、挖孔成孔质量标准 表 6-2-3

项 目	允 许 偏 差
孔的中心位置(mm)	群桩:100;单排桩:50
孔径(mm)	不小于设计桩径
倾斜度	钻孔:小于 1%;挖孔:小于 0.5%

续上表

项　目	允许偏差
孔深	摩擦桩:不小于设计规定 支承桩:比设计深度超深不小于50mm
沉淀厚度(mm)	摩擦桩:符合设计要求,当设计无要求时,对于直径≤1.5m的桩,≤300mm;对桩径>1.5m或桩长>40m或土质较差的桩,≤500mm 支承桩:不大于设计规定
清孔后泥浆指标	相对密度:1.03~1.10;黏度:17~20Pa·s;含砂率:<2%;胶体率:>98%

注:清孔后的泥浆指标,是从桩孔的顶、中、底部分别取样检验的平均值。本项指标的测定,限指大直径桩或有特定要求的钻孔桩。

6. 基桩完整性检测

1)检测目的及方法简介

桩基础在施工中,常见的缺陷有夹泥、断裂、缩径、扩径、混凝土离析及桩顶混凝土密实性较差等,影响桩身完整性,因此要进行基桩完整性检测。随着长、大桩径及高承载力桩基础迅速增加,传统的静压桩试验已很难实施,目前,常用的桩基质量的检测方法有以下几种:

(1)钻芯检验法

由于大直径钻孔灌注桩的设计荷载一般较大,用静力试桩法有许多困难,所以常用地质钻机在桩身上沿长度方向钻取芯样,通过对芯样的观察和测试,确定桩的质量。

这种方法只能反映钻孔范围内的小部分混凝土质量,而且设备庞大、费工费时、价格昂贵,不宜作为大面积检测方法,而只能用于抽样检查,一般抽检总桩量的3%~5%,或作为对无损检测结果的校核手段。

(2)振动检验法(又称动测法)

在桩顶用各种方法(例如锤击、敲击、电磁激振器、电水花等)施加一个激振力,使桩体乃至桩土体系产生振动,或在桩内产生应力波,通过对波动及振动参数的种种分析,以推定桩体混凝土质量及总体承载力的方法。这类方法主要有以下4种:

①敲击法和锤击法。

用力棒或锤子打击桩顶,在桩内激励振动,用加速度传感器接收桩头的响应信号,信号经处理后被显示或记录,通过对信号的时域及频域分析,可确定桩尖或缺陷的反射信号,据此可判断桩内是否存在缺陷。

②稳态激振机械阻抗法。

在桩顶用电磁激振器激振,该激振力是一幅值恒定,频率从20~1 000Hz变化的简谐力。量测桩顶的速度响应信号。作用在简谐振动体系上的作用力F,与该体系上某点的速度之比,称为机械阻抗,机械阻抗的倒数称为导纳(Mobility),可用所谓记录的力和速度经仪器合成,描绘出导纳曲线,还可求得应力波在桩身混凝土中的波速、特征导纳、实测导纳及动刚度等动参数。据此,可判断是否有断桩、缩径、鼓肚、桩底沉渣太厚等缺陷,并可由动刚度估算单桩容许承载力。

③瞬态激振机械阻抗法。

用力棒等对桩顶施加一个冲击脉冲力,这个脉冲力包含了丰富的频率成分。通过力传感器和加速度传感器,记录力信号和加速度信号,然后把2种信号输入信号处理系统,进行快速傅立叶变换,把时域变成频域,信号合成后同样可得到桩的导纳曲线,从而判断桩的质量。

④水电效应法。

在桩顶安装一高约 1m 的水泥圆筒，筒内充水，在水中安放电极和水听器。电极高压放电，瞬时释放大电流产生声学效应，给桩顶一冲击能量，由水听器接收桩土体系的响应信号。对信号进行频谱分析，根据频谱曲线所含有的桩基质量信息，判断桩的质量和承载力。

(3)超声脉冲检验法

该法是在检测混凝土缺陷技术的基础上发展起来的。其方法是在桩的混凝土灌注前沿桩的长度方向平行预埋若干根检测用管道，作为超声发射和接收换能器的通道。检测时探头分别在 2 个管子中同步移动，沿不同深度逐点测出横截面上超声脉冲穿过混凝土时的各项参数，并按超声测缺原理分析每个断面上混凝土的质量。

(4)射线法

该法是以放射性同位素辐射线在混凝土中的衰减、吸收、散射等现象为基础的一种方法。当射线穿过混凝土时，因混凝土质量不同或因存在缺陷，接收仪所记录的射线强弱发生变化，据此来判断桩的质量。

由于射线的穿透能力有限，一般用于单孔测量，采用散射法，以便了解孔壁附近混凝土的质量，扩大钻芯法检测的有效半径。

2)反射波法检测基桩完整性

该方法适用于检测桩身混凝土的完整性，推定缺陷类型及其在桩身中的位置，也可以对桩长进行校核，对桩身混凝土强度等级作出估计。

(1)基本原理

反射波法源于应力波理论，基本原理是在桩顶进行竖向激振，弹性波沿着桩身向下传播，在桩身存在明显波阻抗界面(如桩底、断桩或严重离析等部位)或桩身截面积变化(如缩径或扩径)部位，将产生反射波。经接收、放大滤波和数据处理，可识别来自桩身不同部位的反射信息。据此计算桩身波速、判断桩身完整性和混凝土强度等级。

(2)仪器设备及要求

仪器由传感器、放大器、滤波器、记录、处理、监视系统以及激振设备和专用附件组成，见图 6-2-5 ~ 图 6-2-7。

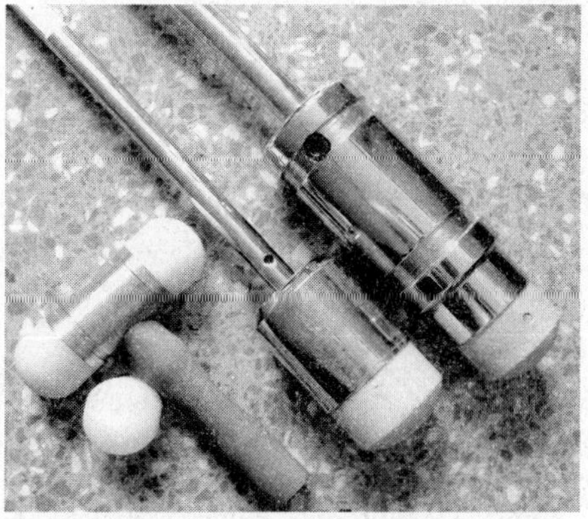

图 6-2-5　反射波法检测仪器

低应变反射波法基桩完整性检测可选用的传感器：恒流源加速度计(图 6-2-8)、高阻尼速度计(图 6-2-9)。二者可以单独使用，也可以同时使用。现场测试示意图见图 6-2-10，反射波法检测系统见图 6-2-11。

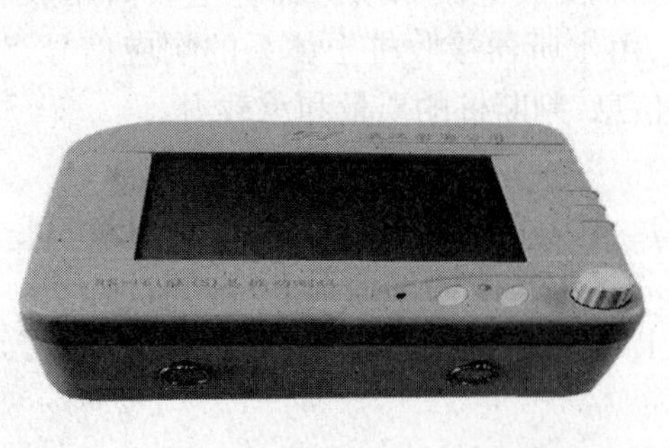

图 6-2-6　动测仪前面板

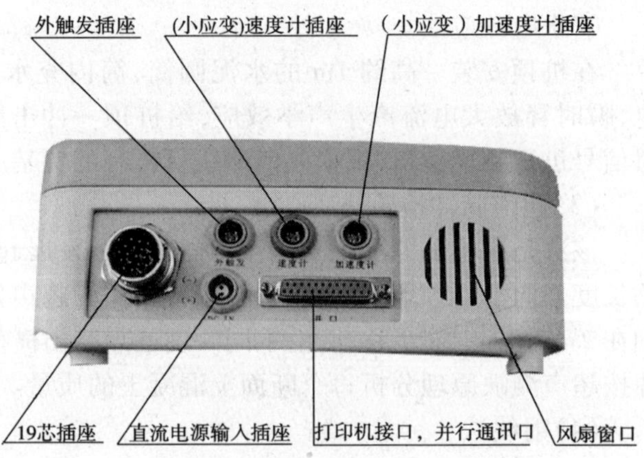

图 6-2-7　动测仪后面板

图 6-2-8　恒流源加速度计

图 6-2-9　高阻尼速度计

(3)现场检测及注意事项

①被测桩应凿去浮浆,桩头平整。

②检测前应对仪器设备进行检查,性能正常方可使用。

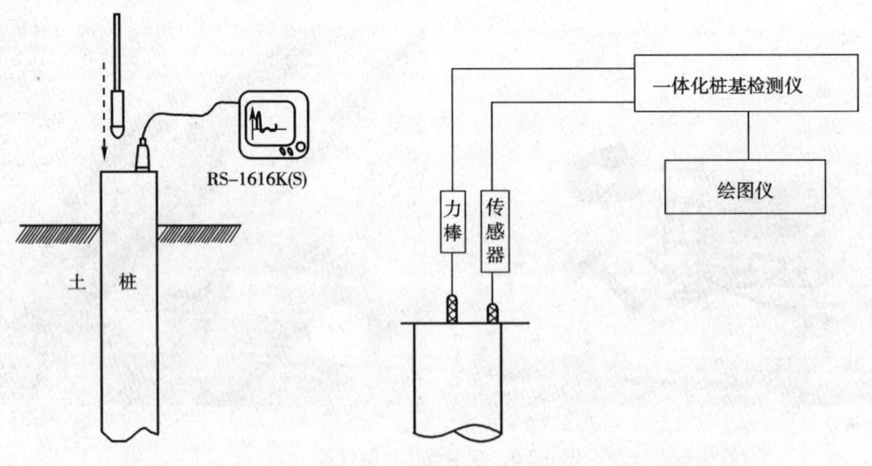

图 6-2-10　现场测试示意图　　图 6-2-11　反射波法检测系统

③每个检测工地均应进行激振方式和接收条件的选择试验,确定最佳激振方式和接收条件。

④激振点宜选择在桩头中心部位,传感器应稳固地安置在桩头上,对于大直径的桩可安置2个或多个传感器。

⑤当随机干扰较大时,可采用信号增强方式,进行多次重复激振与接收。

⑥为提高检测的分辨率,应使用小能量激振,并选用高截止频率的传感器和放大器。

⑦判别桩身浅部缺陷,可同时采用横向激振和水平速度型传感器接收,进行辅助判定。

⑧每一根被检测的单桩均应进行2次及以上重复测试。出现异常波形应在现场及时研究,排除影响测试的不良因素后再重复测试。重复测试的波形与原波形具有相似性。

(4)实测曲线判读解释的基本方法

由于桩身缺陷种类复杂,实测曲线判读人员的技术水平所限,实测资料的解释是一项较为困难的工作。下面通过对桩身各种常见缺陷的反射波特征,结合一些典型的实测波形,对反射波法的实测曲线的解释方法加以归纳,见表6-2-4,图6-2-12~图6-2-14。

不同缺陷反射波典型记录曲线 表6-2-4

缺陷类别	典型记录曲线	说明
完整	D R	1. 短桩桩底反射波 R 与直达波 D 频率相近振幅略小; 2. 长桩 R 振幅小频率低; 3. R 与 D 初动相位相同
扩颈	D R′ R	1. 情况与完整桩相近; 2. 扩颈反射波 R'初动相位与直透 D 相反; 3. R'的振幅与扩颈尺寸相关
缩颈	D R′ R R' 与D初动相位相同	1. 缩颈反射波 R'其振幅大小与缩颈尺寸有关; 2. 缩颈尺寸越大 R'振幅大而桩底反射 R 振幅变小
夹泥微裂空洞	D R′ R	1. 夹泥、微裂空洞三者情况相近,缺陷反射波 R'初动相位与 D 相同; 2. 桩底反射 R 的频率随缺陷严重程度有所降低
离析	D R′ R	1. 离析反射 R'一般不明显; 2. 桩底反射 R 的频率有所下降
局部断裂	D R R′ R″ R‴	1. 局部断裂也会出现缺陷的多次反射 R'、R''、R'''; 2. 桩底反射振幅小,频率往往降低
断桩	D R R′ R″ R‴	断桩无桩底反射,只有断桩部位的多次反射 R'、R''、R'''

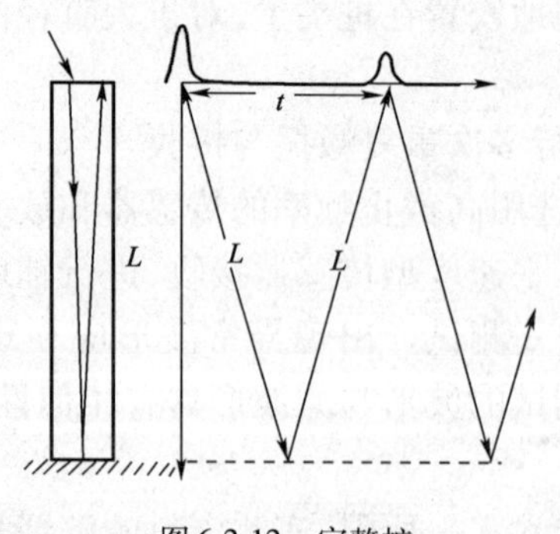

图 6-2-12 完整桩

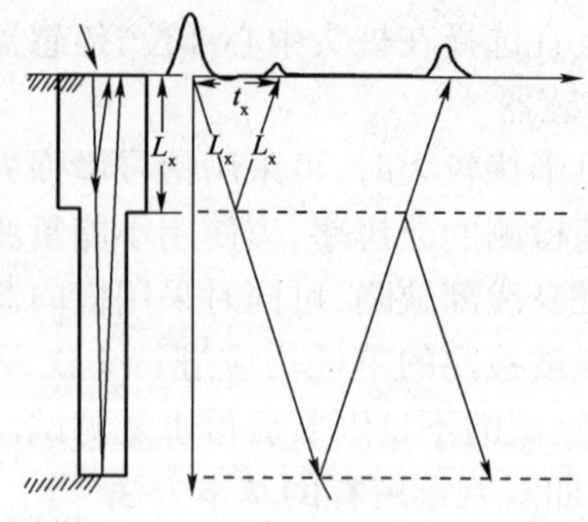

图 6-2-13 变截面

(5)检测结果评价

①Ⅰ类桩:桩身混凝土结构完整。

桩底反射合理,实测波速在合理范围内,桩底反射波到达前,无同相反射信号出现。

②Ⅱ类桩:桩身混凝土结构基本完整,存在轻微缺陷。

桩底反射基本合理,实测波速在合理范围之内,缺陷反射波幅值相对较弱。

③Ⅲ类桩:桩身混凝土结构完整性介于Ⅱ类和Ⅳ类之间,一般存在明显缺陷,宜采用钻芯法或声波透射法等其他方法进一步判断或直接进行处理。

记录到多个同相反射信号,形成复杂波列,且无合理的桩底反射信号。依反射信号和提供桩长计算的波速明显偏离同类完整桩平均波速;时域信号存在较强的异常同相反射;嵌岩端承型桩的桩底反射波与入射波相位相同。

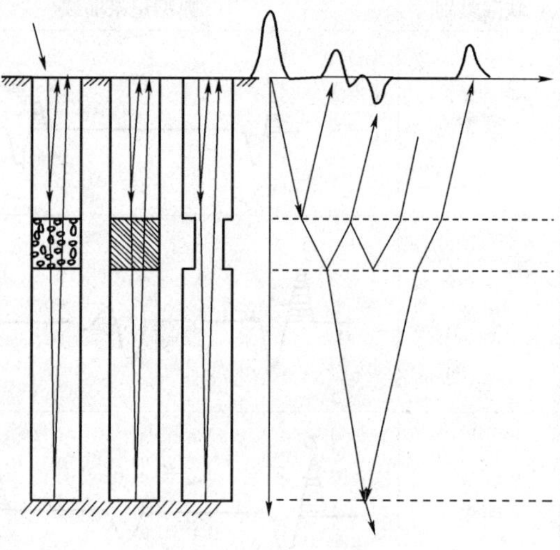
图 6-2-14 离析、夹泥、缩颈

④Ⅳ类桩:桩身混凝土结构存在严重缺陷,就其结构完整性而言不能使用。

未见桩底反射。出现多次幅值较强的同相、等间距反射信号;信号幅值明显较强并以大低频形式出现,当振源脉冲宽度极窄时,同时伴有连续的时间间隔很小的同相反射(频域为双峰),此为典型的浅部断桩特征(原则上浅部缺陷应在现场予以处理,这类缺陷一般无须出现在结果表中,但可加以说明)。

拓展提高

超声脉冲检验法

(1)检测方式

为了使超声脉冲能横穿各不同深度的横截面,必须使超声探头深入桩体内部,为此,须事先预埋声测管,作为探头进入桩内的通道。根据声测管埋置的不同情况,可以有如下 3 种检测方法：

①双孔检测。

在桩内预埋2根以上的管道，把发射探头和接收探头分别置于2根管道中，见图6-2-15a)。检测时超声脉冲穿过2管道之间的混凝土，实际有效范围即为超声脉冲从发射到接收探头所扫过的面积。为了尽可能扩大在桩横截面上的有效检测控制面积，必须使声测管的布置合理。

双孔测量时根据2探头相对高程的变化，又可分为平测、斜测、扇形扫测等方式，在检测时视实际需要灵活运用。

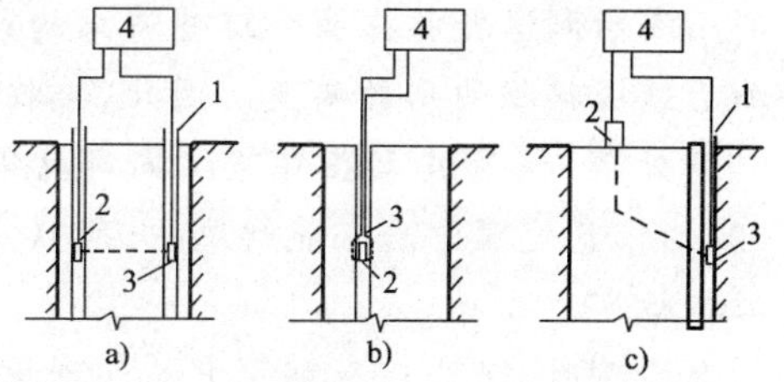

图6-2-15 钻孔灌注桩超声脉冲检测方式

a)双孔检测；b)单孔检测；c)桩外孔检测

1-声测管；2-发射探头；3-接收探头；4-超声波检测仪

②单孔检测。

在某些特殊情况下，只有一个孔道可供检测使用，例如在钻孔取芯后需进一步了解芯样周围混凝土的质量，以扩大取芯检测后的观察范围，这时可采用单孔测量方式，见图6-2-15b)。换能器放置在一个孔中，探头之间用隔声材料隔离。这时声波从水中及混凝土中分别绕射到接收换能器，接收信号为从水及混凝土等不同声通路传播而来的信号的叠加，分析这一叠加信号，并测出不同声通路的声时及波高等物理量，即可分析孔道周围混凝土的质量。

运用这一检测方式时，必须运用信号分析技术，排除管中的混响干扰。当孔道内有钢质套管时，不能用此法检测。

③桩外孔检测。

当桩的上部结构已施工，或桩内未预埋管道时，可在桩外的土基中钻一孔作为检测通道。检测时在桩顶上放置一较强功率的低频平探头，向下沿桩身发射超声脉冲，接收探头从桩外孔中慢慢放下。超声脉冲沿桩身混凝土并穿过桩与测孔之间的土进入接收探头，逐点测出声时波高等参数，作为判断依据，见图6-2-15c)。这种方式的可测深度受仪器发射功率的限制，一般只能测到10m左右。

以上3种方式中，双孔检测是桩基超声脉冲检测的基本形式，其他两种方式在检测和结果分析上都比较困难，只能作为特殊情况下的补救措施。

(2)判断桩内缺陷的基本物理量

①声时值。

由于钻孔桩的混凝土缺陷主要是由于灌注时混入泥浆或混入自孔壁坍落的泥、砂所造成的，故缺陷区的夹杂物声速较低，或声阻抗明显低于混凝土的声阻抗。因此，超声脉冲穿过缺陷或绕过缺陷时，声时值增大。增大的数值与缺陷尺度大小有关，所以声时值是判断缺陷有无和计算缺陷大小的基本物理量。

②波幅(或衰减)。

当波束穿过缺陷区时，部分声能被缺陷内含物所吸收，部分声能被缺陷的不规则表面反射和散射，到达接收探头的声能明显减少，反映为波幅降低。实践证明，波幅对缺陷的存在非常敏感，是在桩内判断缺陷有无的重要参数。

③接收信号的频率变化。

当超声脉冲穿过缺陷区时，声脉冲中的高频部分首先被衰减，导致接收信号主频下降，即所谓频漂，其下降百分率与缺陷的严重程度有关。接收频率的变化实质上是缺陷区声能衰减作用的反映，它对缺陷也较敏感，而且测量值比较稳定，因此，也可作为桩内缺陷判断的重要依据。

④接收波形的畸变。

接收波形产生畸变的原因较复杂，一般认为是由于缺陷区的干扰，部分超声脉冲波被多次反射而滞后到达接收探头。这些波束的前锋到达接收探头的时间参差不齐，相位也不尽一致，叠加后造成接收波形的畸变。因此，接收波形上带有混凝土内部的丰富信息。如能对波形进行信息处理，搞清波束在混凝土内部反射和叠加机理，则可确切地进行缺陷定量分析。但目前，波形信息处理方法未能解决，一般只能将波形畸变作为缺陷定性分析依据以及判断缺陷的参考指标。

在检测时，探头在声测管中逐点测量各深度的声时、波幅(或衰减)、接收频率及波形畸变位置等，然后，可绘成“声时—深度曲线”、“波幅—深度曲线”及“接收频率变化率—深度曲线”等，供分析使用。

(3)钻孔灌注桩超声脉冲检测法主要设备

目前常用的检测装置以下有2种。

①用一般超声检测仪和发射及接收探头所组成。探头在声测管内的移动由人工操作，数据读出后再输入计算机处理。这套装置与一般超声检测装置通用，但检测速度慢、效率较低。

②全自动智能化测桩专用的检测装置，如图6-2-16所示。它由超声发射及接收装置、探头自动升降装置、测量控制装置、数据处理计算机系统等4大部分所组成。

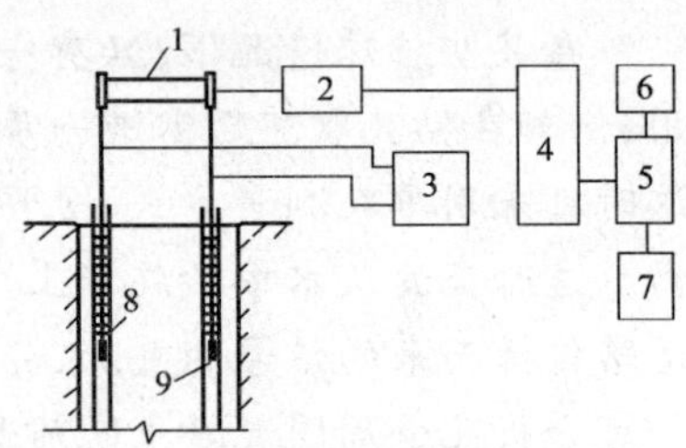

图6-2-16 全自动智能化测桩专用检测装置原理框图

1-探头升降机构；2-步进电机驱动电源；3-超声发射与接收装置；4-测控接口；5-计算机；6-磁带机；7-打印机；8、9-发射、接收探头

数据处理计算机系统是测控装置的主控部件，具有人机对话、发布各类指令、进行数据处理等功能。它通过总线接口与测量控制装置连接，发出测量的控制命令，以及进行信息交换；升降机构根据指令通过步进电机进行上升、下降及定位等动作，移动探头至各测量点；超声发射和接收装置发射并接收超声波，取得测量数据，传送到数据处理计算机，进行数据处理、存储、显示和打印。由于测试系统由计算机控制，测量过程无需人工干预，因此可自动、迅速地完成全桩测量工作。

(4)现场检测

①预埋检测管应符合下列规定：

桩径小于1.0m时应埋设双管；桩径在1.0～2.5m应埋设3根管；桩径2.5m以上应埋设4根管，如图6-2-17所示。

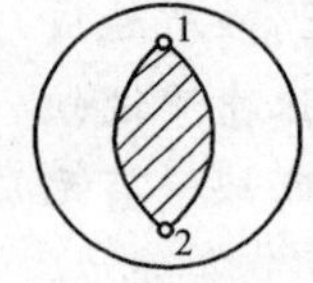

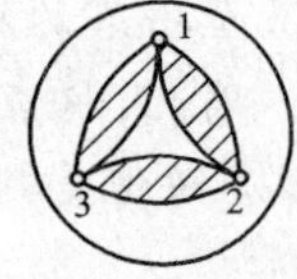

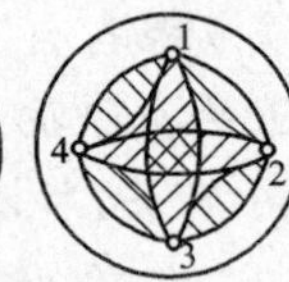

图6-2-17 声波透射埋管编组

注：图中数字为检测管埋设位置

声波检测管宜采用钢管、塑料管或钢质波纹管，其内径宜为50～60mm。钢管宜用螺纹连接，管的下端应封闭，上端应加盖。根据计算和试验，采用钢管时，双孔测量的声能透过率只有0.5%，塑料管则为42%，可见采用塑料管时接收信号比采用钢管时强。但由于在地下水泥水化热不易发散，而塑料温度变形系数较大，当混凝土硬化后塑料管因温度下降而产生纵向和径向收缩，致使混凝土与塑料管局部脱开，容易造成误判。试验证明，钢管的界面损失虽然较大，但仍有足够大的接收信号，而且安装方便，可代替部分钢筋截面，还可作为以后桩底压浆的通道，所以采用钢管作测管是合适的。塑料管的声能透过率较高，当能保证它与混凝土良好黏结的前提下，也可使用。

检测管可焊接或绑扎在钢筋笼的内侧,检测管之间应相互平行。但在实际施工中,由于钢筋骨架刚度不足,对平行度提出过高的要求是不现实的。在检测内部缺陷时,不平行的影响,可在数据处理中予以鉴别和消除,所以对平行度不必苛求,但必须严格控制。

②现场检测前测定声波检测仪发射至接收系统的延迟时间 t。

③在检测管内应注满清水。测量点距 20 ~40cm,当发现读数异常时,应加密测量点距。

④一根桩有多根检测管时,应将每 2 根检测管编为一组,分组进行测试。

⑤每组检测管测试完成后,测试点应随机重复抽测 10% ~20%。其声时相对标准差不应大于 5%;波幅相对标准差不应大于 10%。对声时及波幅异常的部位应重复抽测。

(5)检测数据处理与判定

①概率法。

首先计算出桩基各测点声时的平均值 μ_t 及标准差 σ_t,然后采用声时平均值 μ_t 与声时 2 倍标准差 σ_t 之和作为判定桩身有无缺陷的临界值,并按式(6-2-5)和式(6-2-6)计算:

$$\mu_t = \sum_{i=1}^{n} \frac{t_i}{n} \tag{6-2-5}$$

$$\sigma_t = \sqrt{\frac{\sum_{i=1}^{n}(t_i - \mu_t)^2}{n-1}} \tag{6-2-6}$$

式中:n——测点数;

t_i——混凝土中第 i 测点声波传播时间(μs);

μ_t——声时平均值;

σ_t——声时标准差。

②相邻测点间声时的斜率和差值乘积判据(简称 PSD 判据)。

设测点的深度为 H,相应的声时值为 t,则声时值因混凝土中存在缺陷或其他因素的影响,而随深度变化的关系,可用式(6-2-7)表达:

$$t = f(H) \tag{6-2-7}$$

当桩内存在缺陷时,由于在缺陷与完好混凝土界面处声时值的突变,从理论上说,该函数应是不连续函数。在缺陷的界面上,当深度增量(即测点间距)$\Delta H \to 0$,而且由于缺陷表面的凹凸不平以及孔洞等缺陷是由于波线曲折而引起声时变化的,所以在 $t = f(H)$ 的实测曲线中,在缺陷处只表现为斜率的变化,该斜率可用相邻测点的声时差值与测点间距离之比求得,即:

$$S_i = \frac{t_i - t_{i-1}}{H_i - H_{i-1}} \tag{6-2-8}$$

式中: i——测点位置或序号;

S_i——第 $i-1$ 至 i 测点之间的斜率;

t_i、t_{i-1}——相邻两测点的声时值;

H_i、H_{i-1}——相邻两测点的深度。

但是,斜率只反映了相邻两测点声时值的变化速率。实测时往往采用不同的测点间距,因此,虽然所求出的 S_i 相同,但所对应的声时差值可能是不同的。正如图 6-2-18 中所示的 2 条 t-H 曲线,在 M 和 M' 点的 S_i 相同,但声时差值不同,而声时差值是与缺陷大小有关

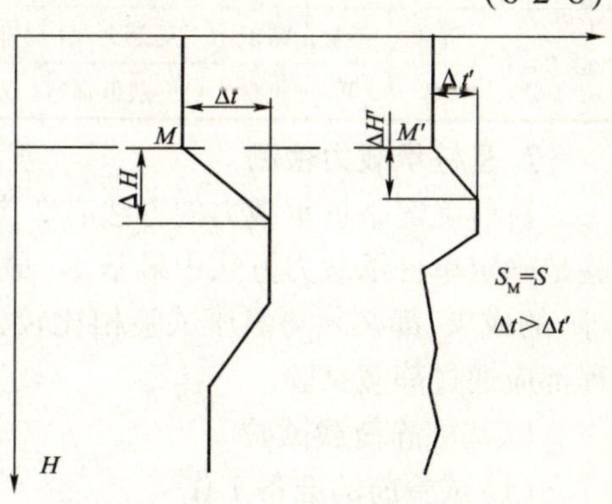

图 6-2-18 t-H 曲线

的参数。

为了使判据进一步反映缺陷的大小，就必须加大声时差值在判据中的权数。因此判据可写成：

$$K_i = S_i(t_i - t_{i-1}) = \frac{(t_i - t_{i-1})^2}{H_i - H_{i-1}} \tag{6-2-9}$$

式中：K_i——i 点的 PSD 判据值；

其余符号意义同前。

③多因素概率分析法。

以上 2 种判据多是采用声时或波幅等单一指标作为判别的基本依据，但检测时可同时读出声时、波幅、接收波频率等参数，若能综合运用这些参数作为判断依据，则可提高判断的可靠性。多因素的概率法就是运用声时、频率、波幅或声速、频率、波幅等参数，通过其总体的概率分布特征，获得一个综合判断值 NFP，来判断缺陷的一种方法。

各测点的综合判据值 NFP 按式（6-2-10）计算：

$$\mathrm{NFP}_i = \frac{v'_i F'_i A'_i}{\frac{1}{n}\sum_{i=1}^{n}(v'_i F'_i A'_i) - ZS} \tag{6-2-10}$$

式中：NFP_i——第 i 测点的综合判据；

v'_i、F'_i、A'_i——第 i 点的声速、频率、波幅的相对值，即分别除以该桩各测点中最大声速、频率、波幅后所得的值；

S——上述 3 个参数相对值之积为样本的标准差；

Z——概率保证系数，它是根据与样本相拟合的夏里埃（Charliar）分布率幂函数及样本的偏移系数、峰凸系数及其保证率所决定的。

根据 NFP 判据的性质可知，当 NFP_i 越大，则混凝土质量越好；当 $\mathrm{NFP}_i < 1$ 时，该点应判为缺陷。同时根据实践经验所得的表 6-2-5 可作为判断缺陷性质的参考。

NFP 法判断缺陷性质的参考表

表 6-2-5

判断依据				缺陷性质	判断依据				缺陷性质
NPF	v	f	a		NPF	v	f	a	
≥1				无缺陷	0.35～0.5	正常	正常	较低	较严重的夹泥、夹砂较严重的低强区或缩径
						低	低	较低	
0.5～1	正常	正常	略低	局部夹泥（局部缺陷）	0～0.35	低	低	较低	砂、石堆积断层
	低	低	正常	一般低强区（局部缺陷）		很低	很低	很低	夹泥、砂断层

7. 基桩承载力检测

目前确定基桩承载力的方法有 2 类，一是静荷载试验，二是各种桩的动测方法。静荷载试验是确定单桩承载力方法中最基本、最可靠的方法，其他各种测定方法（如静力触探、动测法等）的成果，都必须与静压试验相比较，才能判明其准确性。国内外规范一致规定，对重要工程都应通过静载试验。

1）基桩静荷载试验

（1）试验前的准备工作

①试桩的桩顶如有破损或强度不足时，应将破损和强度不足段凿除后，修补平整。

②做静推试验的桩,如系空心桩,则应在直接受力部位填充混凝土。

③做静压、静拔试验的桩,为便于在原地面处施加荷载,在承台底面以上部分或局部冲刷线以上部分设计不能考虑的摩擦力应予扣除。

④做静压、静拔试验的桩,桩身需通过尚未固结新近沉积的土层或湿陷性黄土、软土等土层,对桩侧产生向上的负摩擦力部分,应在桩表面涂设涂层或设置套管等方法予以消除。

⑤在冰冻季节试桩时,应将桩周围的冻土全部融化,其融化范围:静压、静拔试验时,离试桩周围不小于1m;静推试验时,不小于2m。融化状态应保持到试验结束。

⑥在结冰的水域做试验时,桩与冰层间应保持不小于100mm的间隙。

(2)静压试验

①试验目的:通常用来确定单桩承载力和荷载与位移的关系,以及校核动力公式的准确程度。

②试验方法:采用慢速维持荷载法,若设计无特殊要求时,用单循环加载试验。

③试验时间:静压试验应在冲击试验后立即进行。对于钻(挖)孔灌注桩,须待混凝土达到能承受设计要求荷载后,才可进行试验。

④试验加载装置:一般采用油压千斤顶加载。

⑤测量位移装置:测量仪表必须精确,一般使用1/20mm光学仪器或力学仪表,如水平仪、挠度仪、位移计等。支承仪表的基准架应有足够的刚度和稳定性。基准梁的一端在其支承上可以自由移动,不受温度影响引起上拱或下挠。基准桩应埋入地基表面以下一定深度,不受气候条件等影响。基准桩中心与试桩、锚桩中心(或压重平台支承边缘)之间的距离应符合表6-2-6的规定。

基准桩中心至试桩、锚桩中心(或压重平台点承边)的距离 表6-2-6

反力系统	基准桩与试桩	基准桩与锚桩(或压重平台支承边)
锚桩承载梁反力装置	$\geq 4d$	$\geq 4d$
压重平台反力装置	≥2.0m	≥2.0m

注:表中为试桩的直径或边长 $d \leq 800$mm 的情况;若试桩直径 $d > 800$mm 时,基准桩中心至试桩中心(或压重平台直承边)的距离不宜小于4.0mm。

⑥加载方法:

a. 加载重心应与试桩轴线相一致。加载时应分级进行,使荷载传递均匀,无冲击。加载过程中,荷载不能超过每级的规定值。

b. 加载分级:每级加载量为预估最大荷载的1/10~1/15。当桩的下端埋入巨粒土、粗粒土以及坚硬的黏质土时,第一级可按2倍的分级荷载加载。

c. 预估最大荷载:对施工检验性试验,一般可采用设计荷载的2.0倍。

⑦沉降观测:

a. 下沉未达到稳定状态不得进行下一级加载。

b. 每级加载的观测时间规定为:每级加载完毕后,每隔15min观测一次;累计1h后,每隔30min观测一次。

⑧稳定标准:

每级加载下沉量,在下列时间内如不大于0.1mm即可认为稳定。

a. 桩端下为巨粒土、砂类土、坚硬黏质土,最后30min。

b. 桩端下为半坚硬和细粒土,最后1h。

⑨加载终止及极限荷载取值：

a. 总位移量大于或等于加 40mm，本级荷载的下沉量大于或等于前一级荷载下沉量的 5 倍时，加载即可终止。取此终止时荷载小一级的荷载为极限荷载。

b. 总位移量大于或等于 40mm，本级荷载加上后 24h 未达稳定，加载即可终止。取此终止时荷载小一级的荷载为极限荷载。

c. 巨粒土、密实砂类土以及坚硬的黏质土中，总下沉量小于 40mm，但荷载已大于或等于设计荷载设计规定的安全系数，加载即可终止。取此时的荷载为极限荷载。

d. 施工过程中的检验性试验，一般加载应继续到桩的 2 倍的设计荷载为止。如果桩的总沉降量不超过 40mm，及最后一级加载引起的沉降不超过前一级加载引起的沉降的 5 倍，则该桩可以停止试验。

e. 极限荷载的确定有时比较困难，应绘制荷载—沉降曲线（P-S 曲线）、沉降—时间曲线（S-t 曲线）确定，必要时还应绘制 S-lg$t$ 曲线、S-lg$P$ 曲线（单对数法）、S-$[1-P/P_{max}]$ 曲线（百分率法）等综合比较，确定比较合理的极限荷载值。

⑩桩的卸载和回弹量观测：

a. 卸载应分级进行，每级卸载量为 2 个加载级的荷载值。每级荷载卸载后，应观测桩顶的回弹量，观测办法与沉降相同，直到回弹稳定后，再卸下一级荷载。回弹稳定标准与下沉稳定标准相同。

b. 卸载到零后，至少在 2h 内每 30min 观测一次；如果桩尖下为砂类土，则开始 30min 内，每 15min 观测一次；如果桩尖下为黏质土，第一小时内，每 15min 观测一次。

⑪试验记录：

所有试验数据应按表 6-2-7 及时填写记录，绘制静压试验曲线，如图 6-2-19 所示，并编写试验报告。

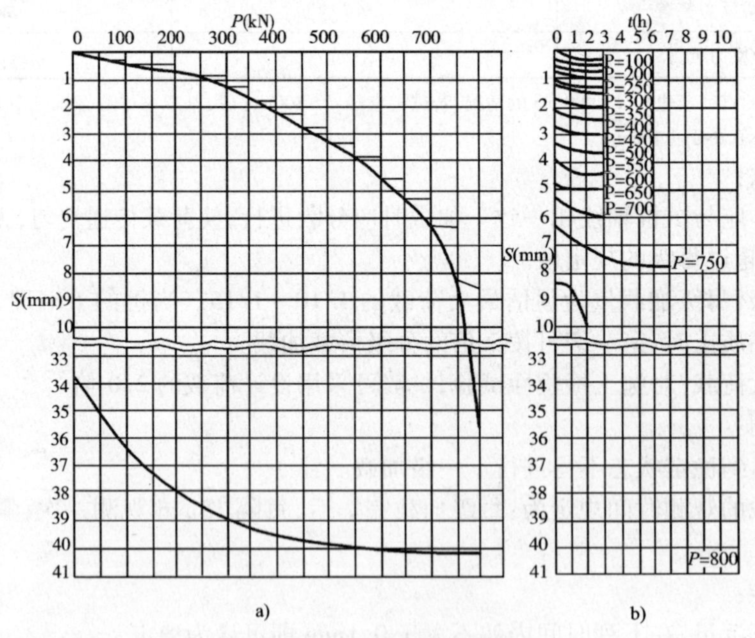

图 6-2-19 静压试验曲线

a）P-S 曲线；b）S-t 曲线

表 6-2-7

静压试验记录表

____线____桥____号试桩　　　　地质情况____

沉桩方法及设备型号____　　　　桥的类型、截面尺寸及长度____

桩的入土深度____(m),设计荷载____(kN)　　　　最终贯入度____(mm/击)

加载方法____　　　　加载顺序____________

荷载编号	起止时间			间歇时间(min)	每级荷载	各表读数(mm)		平均读数(min)	位移(mm)			温度(℃)	备注
	日	时	分			1号	2号		下沉	上拔	水平		

其他记录：

静荷载试验现场见图 6-2-20。

(3)注意问题

①加载装置要安全可靠,保证有足够的加载量,不能发生加载量达不到要求而中途停止试验的事故。

②设置基准点时应满足以下条件:基准点本身不变动,没有被接触或遭破损的危险,附近没有振源,不受直射阳光与风雨等干扰,不受试桩下沉的影响。

③当量测桩位移用的基准梁采用钢梁时,为保证测试精度需采取下述措施:基准梁的一端固定,另一端必须自由支承,防止基准梁受日光直接照射;基准梁附近不设照明及取暖炉,必要时基准梁可用聚苯乙烯等隔热材料包裹起来,以消除温度影响。

④测量仪器安装前应予校验,擦干润滑。

2)高应变动力检测法(图 6-2-21)

随着我国基本建设事业的飞速发展,桩基工程日益增多,桩的检测工作量很大。传统的静荷试验方法,由于其费用高,时间长,通常检测数量只能达到总桩数的 1% 左右;而且随着桩径、桩长的增大,静载试验从其实施规模、消耗资金和需要时间来看,均已到了难以接受的程度。而高应变动力检测法以其技术相对先进,操作较为简便,占用时间较短,所需费用较低等优点,近年来得到了广泛的推广和应用。检测仪器及设备见图 6-2-22 ~ 图 6-2-23。

图 6-2-20　静荷载试验现场

重锤

桩

基桩动测仪

图 6-2-21　高应变动力试桩现场测试示意图

(1)基本原理

用重锤冲击桩顶,使桩—土产生足够的相对位移,以充分激发桩周土阻力和桩端支承力,通过安装在桩顶以下桩身两侧的力和加速度传感器接收桩的应力波信号,应用应力波理论分析处理力和速度时程曲线,从而判定桩的承载力和评价桩身质量完整性。

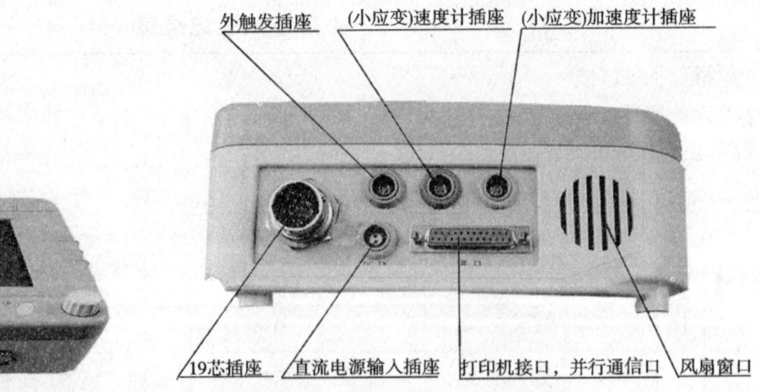

图 6-2-22　动测仪前面板　　图 6-2-23　动测仪后面板

高应变动力检测现场操作照片如图6-2-24所示。

图 6-2-24　高应变动力检测现场操作

a)距离桩顶不小于 2 倍桩径深度处打膨胀螺栓；b)传感器安装(应力传感器线头朝下、加速度传感器线头朝上)；c)整体锤敲击；d)不同的吊锤工具；e)组合锤

(2)现场检测前的准备工作

①基桩开挖方法:基桩两侧对称开挖 2 个土坑(其深度为不小于 2 倍桩径,大小为要足以让人下去打冲击钻)。

②重量为桩极限承载力的 1% ~1.5% 的大锤。

③桩顶要剔除浮浆及露头钢筋,保证桩顶面平整。

④冲击钻(不是电钻)钻头 ϕ8mm,膨胀螺丝 ϕ6mm。

⑤拧 ϕ6mm 膨胀螺丝小固定扳手 2 把。

⑥老虎钳 1 把,家用铁锤 2 把。

⑦打磨机(切割片为金刚片,不能用砂轮的)。

⑧3cm 左右厚的三合板(作为锤垫使用)。

⑨桩周围有积水涌出时要准备水泵抽水(一般施工方配合)。

⑩吊车(布置好吊车进场环境)或其他吊锤机械。

⑪力传感器的两孔距为 7.6cm,如图 6-2-25 所示。

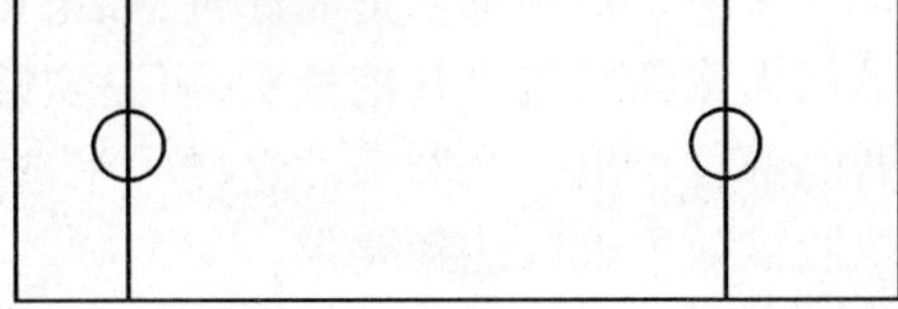

图 6-2-25　传感器的两孔间距示意图

(3)现场准备与桩身处理

针对不同桩型,可采用下列几种办法。

①接长桩头(帽),传感器安放在桩帽上。

桩帽的做法一般应注意以下几点:

a. 接头处一定要清理干净,以保证上下衔接时,无接缝影响,其处理办法应比静压桩桩帽的处理更细致。

b. 桩帽和桩身的截面积应尽量一致。

c. 桩帽和桩身的强度应当接近,这种举措也是为了减小接头对测试信号的影响。

d. 桩帽混凝土集料应尽可能细,以保证冲击钻的打入和传感器安装。

e. 为防止测试时桩帽开裂或被砸乱,桩帽应多加钢筋并绕丝,桩帽的头部应加钢筋网并用钢筋缠绕。

f. 帽的上方和侧面应刷平,前者便于锤击时不偏心或连击,后者则有利于传感器的安装。

g. 桩帽不应偏心,为确保这一点,做桩帽时,应开挖桩头一定深度让桩帽截面和桩身截面重合。

h. 由于传感器安装在桩帽上,桩帽应当足够长,既应保证传感器的安装位置离桩帽顶端 1.5 ~3d,又应保证传感器与接头处的距离大于 60cm。

i. 桩帽应于测试前一周以上时间做好,时间较短时应用早强水泥,确保在测试时强度符合要求。

②接短桩头,传感器安装在本桩上。

这种处理方法,利用桩帽来承受锤击时的不均匀打击力,以防止桩头的开裂。因传感器安装在本桩上,故接头处的处理比上一方式要求低。

本方法的缺点是工程桩桩侧难以有一安装传感器的平整面,当桩头在地表以下时,要进行大量开挖以保证传感器的安装。

此方法的注意事项与上一方法基本相同。但桩帽一般仅几十厘米,施工难度不大,对强度和截面积没有过多要求。如静压桩桩帽便可作为这种桩帽进行测试,当上一方法中桩帽不符合要求时也可按此方法进行。由于桩帽较薄,锤击时有时会导致桩头开裂。因此在处理时应视桩身强度等情形适当在桩头处绕丝。

③在桩头缠绕几圈钢筋(钢板),并在桩顶刷约10cm厚的早强水泥。

箍钢筋(钢板更佳)的目的是为了防止桩头开裂,这是一种比较简单的处理办法,自然为施工单位和甲方所钟爱,但是这种方法难以保证桩头不开裂。当开裂的缝隙过深穿过应力环时,极易将应力环拉坏,桩头开裂后进一步的测试自然不可能。

对于工期较紧的小桩,可以采取这种办法。因为打击力一般不大,当桩头强度较高、垫有足够厚的桩垫且锤击不偏心时,桩头不会开裂(影响测试)。大桩和强度较低的桩最好不要用这种办法。

为了防止传感器拉坏,传感器的安装位置应尽量靠下。一般来说,不处理桩头或极草率地处理一下就进行测试是不允许的,这样测试很难保证得到一个正确的信号。

④基坑开挖。

无论是预制桩还是灌注桩,如果传感器必须安装在地表以下,那么挖出桩头就很有必要。虽然大家都知道要开挖桩头,可是实际工作中对开挖的要求往往并不严格,有的仅在安装传感器的部位挖出一个洞来。这样一来选择的余地太小,很难找出适合传感器安装的平整面来,自然测试效果难以达到要求。

传感器的安装位置以距桩顶$1.5\sim3d$为佳,多为$1.5d$,加上传感器离坑底必须有50cm,故一般开挖深度以距桩顶($1.5d+0.5$m)为宜。为便于寻找平整面和安装传感器,必须将离桩侧50cm范围内的土挖掉,或者说一般要求开挖$(1.00+d)\times(1.00+d)\times(1.5d+0.5)\text{m}^3$的矩形坑。基坑应当堵漏并将渍水抽干,至少应在测试时抽净。由于有些锤击系统的锤体导向架须坐落在坑中,因此尺寸可能会更大些,坑底也有必要垫上碎石和砂。当使用百分表测贯入度时,还应根据百分表基准梁的尺寸在基坑的边缘挖出台阶来。

⑤其他事项。

灌注桩的侧面与周围土犬牙交错,因此桩头出露后,有必要清洗或用钢刷清除桩侧杂土,特别是在准备安装传感器的部位,清理桩侧有利于寻找平整面和传感器安装。如果桩的成型较差,清理桩侧时有必要利用地质锤进行敲打,将一些过于出露的集料和深陷的杂土敲掉。

使用吊车起吊自由锤时,为使吊车入场,应铺设一个路面。路面的铺设可用碎石、钢板、枕木等等材料。

测试仪器有些可用直流电工作,但使用冲击钻打孔时非用交流电不可,因此现场的准备工作也应包括照明电的准备。

(4)传感器的选择与安装

①加速度计的选择。

通常以高g值(低灵敏度)、宽频响、重量轻的传感器为宜,可选用扬无二厂106、107、138等型号。

②应力环(工具式应变计)的选择。

首选传感器是冶金部建研总院的力传感器。测量速度可用高g值(量程1 000~1 500g)、体积小、重量轻、抗干扰能力强、低频特性较好(高频一般没问题)的加速度计;应力测量测选用自振频率高、敏感栅长、抗干扰能力强、制作精良的工具式应变计,不得已选用应变片时,则应选用胶基、阻值离散度低、敏感栅长或抗干扰能力强(敏感栅短)的。

③膨胀螺栓和冲击钻的选择。

通常应力环和加速度计都是通过膨胀螺栓与桩相连的，所用膨胀螺栓一般为 ϕ6mm。加速度计的孔座比较厚，膨胀螺栓穿过此孔座与桩相连，因此安装加速度计的膨胀螺栓应长些（60mm）；而安装应力环的膨胀螺栓可略短（40mm）。若膨胀螺栓为 ϕ8mm，则冲击钻钻头选用 ϕ6mm，但有些地方如北京、天津、上海因膨胀头和套筒较大，则用 ϕ10mm 的钻头。套筒与螺杆间空隙较多的膨胀螺栓不好，生锈或强度不够、尺寸不规则的螺栓也不好。在湖北、广东、山东等地使用过的几种青铜色金属膨胀螺栓，强度较高、套杆紧凑、尺寸适于安装。由于膨胀螺栓的选择比较重要，不少单位自己定做膨胀螺栓，PID 还提供专门的膨胀螺栓测桩。打孔应用带电锤的冲击钻，手钻是不行的，常用的有西德或瑞士产冲击钻（如 Boch 冲击钻），价值约1 300 元。

④安装面的选择与处理。

安装面应对称地选在桩两侧相同高度处，其尺寸可为 100mm × 100mm。选择安装面时，应在适合传感器安装高度的桩周围反复用地质锤敲挖，寻找较少凸出物、较少砂浆而又平整的平面来。对于大多数灌注桩，这种面较难寻找，因此一定要将桩头全部挖出便于寻找，只对称挖两侧的做法是不合理的。桩成型较差时只能找到相对较好的侧面，对于这些侧面，必须有专人进行人工处理。具体做法如下：

应将传感器的安装面凿平，特别是灌注桩，常用的凿平工具是平口凿子和地质锤。平口凿子可在工地上就地取材，利用螺纹钢车出或买成品，这是一个非常有用的凿平桩头桩侧用工具，比打磨机有效得多，在碰到凸出的粗集料时非用它不可，可令工人像石匠一样精细作业，将出露物凿平。对于加速度计和应力环，凿过的平面一般不用打磨机磨光，安装面的平整度必须保证加速度计及其底座紧贴桩壁无缝隙（防止悬背梁振荡干扰），应力环四脚应在同一个平面，中间无使应力环产生预应变的障碍物。安装面的强度也必须能反映桩身强度，曾有测试人员因安装处软泥未清理干净而测不出信号的记录。总之，安装面的处理是一项复杂而细致的工作，非熟练工人不可。预制桩和桩帽侧面较平整，安装面较易处理，这也正是预制桩方便测和人们偏爱传感器装在桩帽上的原因。

⑤定位与打孔。

用冲击钻打孔时，一定要量好尺寸并在被钻处作好鲜艳的标记。钻孔位置应按规定设置，即应力环和应力环对称，加速度计和加速度计对称，同一侧面加速度和应力环间的间距应不超过 8cm。当然也不应影响到 2 个传感器的安装。安装加速度计的膨胀螺栓（图 6-2-26）应在应力环 2 膨胀螺栓的平均高度处。钻孔不能太浅，使得膨胀螺栓的膨胀筒不能完全进入桩内，但也不宜过长，一般以膨胀筒能够全部埋入桩中为宜。因此打孔前应先量好要打的深度。有的冲击钻有一个卡尺来保证深度。

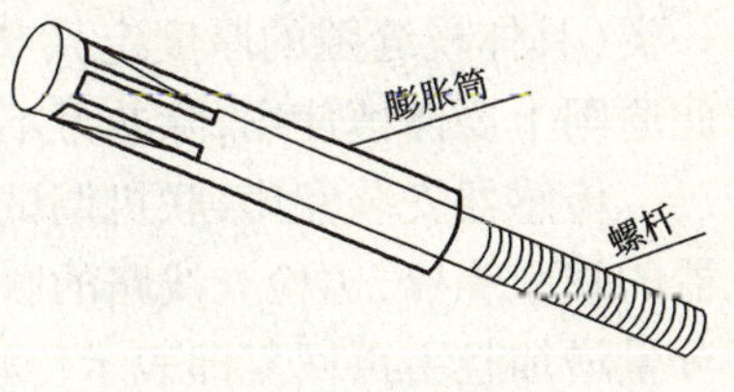

图 6-2-26　膨胀螺栓

当桩身强度很高（或很差）时，ϕ8 钻头极易将入孔处打破碎，因此有必要用一小直径钻头引孔，以确保表面完整，这种工作往往不太引起人们的重视。

冲击钻打入后，成孔一般会有些偏移或倾斜，因此在打应力环的第二个安装孔时，应重新定位，两孔间的标准距离为 76mm，可用尺子量一下或用应力环的套片重新比划。为确保第二孔的位置，可以引孔或先稍加试打，待打出的凹痕位置准确时再用力打进去。

打孔时极易碰上钢筋或粗硬集料，此时能打则打，不能打时就只能重新定位了。在预应力管桩上打孔时，最好不要将管壁打穿，因为那样一来螺栓很难固定。应尽量防止斜孔和孔口破裂的现象发生。

⑥传感器安装与局部调整。

传感器的安装是所有现场实验技术中关键中的关键,稍有不慎即可能会前功尽弃。

a. 加速度计的安装。

加速度计的底座应紧贴桩侧面。拧紧膨胀螺栓时不可用力过猛,以免使底座破裂。加速度计的传感方向必须与桩轴向平行,安装好的加速度计用手摇碰时应当不能晃动。

b. 应力环的安装。

应力环的安装最为讲究,现场测试难获成功的主要原因便是应力环安装不成功。预制桩和桩帽上应力环较易安装,只要膨胀螺栓孔距合适,表面平整,螺栓又生根紧密,即可获得满意的安装来;而在灌注桩本桩上安装,当桩侧平整,螺栓间距合适,生根紧凑时尚可,否则必须进行一些技术处理。

当螺栓斜入或间距不合时,可用铁锤在其根部轻轻敲正,而当外套出露时,亦可用改锥或凿子打击使其与螺杆贴紧,以保证应力环能够贴近桩面,所有螺栓均应固死不易晃动。

将应力环带有四角的一面朝向桩面,顺螺杆贴到桩上,一般联线朝下安装,当坑里有积水或离坑太近时,联线可以朝上。

反复用手上下左右移动应力环,感觉到 4 个支点在同一平面时(即用力按下,没有翻翘,亦无明显变形)即按住不动,然后上垫圈和螺帽,并用扳手将其拧紧。在拧紧的过程中,一方面安装人员要密切注视应力环中间的传感环,防止其出现可见的变形(一旦变形应松开处理);另一方面最好用测桩仪监控或用万用表监控,小的不平衡,一般的仪器均能完成自动平衡,有的仪器还具有手动平衡(如 RS 仪),从而使得可调范围更大。从测试角度看应力环自然是拧得越紧越好,但是,过紧容易对应力环造成伤害。

c. 传感器的固定与检查。

为保证正确传感,原则上讲传感器特别是应力环应紧贴桩面。加速度计未贴紧时,容易产生悬背梁效应,产生寄生振荡和传感偏差;应力环未贴紧时信号容易失真。应力环主要是通过测量上下脚间的相对变形来完成应变和应力测量的,哪一个脚不紧都不可能测到正确的变形,力传感器不是通过膨胀螺栓传感的。

现场安装情况非常复杂,有时候应力环的 4 只脚很难保证在一个平面上。有时采用"垫脚"的方法处理,所谓"垫脚"就是在不能靠近桩侧的一侧脚下方塞些"垫片、木片、硬香烟盒"一类(具体视缝隙的厚度定),垫好后再将螺栓上紧。这种处理方法多少要影响测试效果,因此原则上要谨慎使用,除非万不得已,一般不要轻易用它。

传感器安装完毕,联机调试,检查应力环的平衡程度并调平衡。用扳手竖直敲击固定传感器的膨胀螺栓,边检查线路的联通情况,边注意应力环是否装紧,如果一击之下应力环的直流分量增加且不再回复即表示传感器未装紧有待继续拧紧。

由于打击力较大,产生的振荡频率亦较高,加速度计和应力环亦较重,因此这两种传感器一般不适合于石膏等粘贴法安装。

d. 贯入度测量装置的安装。

高应变测试时,最好应有测贯入度的设备或传感器,其所测值一方面用来准确测定桩的贯入度,确信阻力是否得到了充分发挥;另一方面可用所测贯入度来修正加速度所测位移和速度信号,使测试信号更加可靠、结果分析特别是波形拟合分析更加准确。常用测沉降的工具有百分表、水准仪、经纬仪,后两种只需在桩上用鲜艳的粉笔等画好刻度(0.5cm 或更精度),然后远距离对准测量即可；而用百分表测量时则应在基坑处先安装好一个基准梁（条件好时可以对称装2个），梁的两端放在基坑壁上固定紧实，然后将百分表的磁性座置于梁上合适位置，调节连杆高度和角度，使百分表的触针抵死加速度计底座或另行安装的底座后调零。基准梁的固定点离本桩越远越好，没有基坑时，可以利用这个原则安装基准梁。测位移时一定要注意安全，条件不适宜时可以不测，因为CASE法对位移曲线的正确性无过高要求，只要桩打动且曲线较为合理即可。

⑦锤击系统的选择与使用。

本节所述不包括柴油锤的选择，因为柴油锤无法选择，仅介绍国内试桩工作中常见的几种锤及各自的优缺点与使用注意事项。

国内的自由锤大体上可分为两大类，即组合锤和整体锤，如图6-2-27所示。所谓组合锤就是为便于装卸和搬运将一数吨重的铁锤，分割为一片片的铁片，每一铁片重100～200kg，3～4人可以抬动，根据桩重或桩的承载力大小选择不同数量的铁片，由铁杆穿过各铁片的孔位相串联构成不同重量的锤体进行测试。整体锤则顾名思义，为一不能分开的实心锤体，组合锤可以分开人工搬运，安装与起吊时亦可无吊车，而整体锤则不同，非吊车和卡车不可，这也正是组合锤与整体锤相比的优点。但是，从测试效果、打击力、能量利用率等诸因素看，组合锤由于连杆上的螺丝很难拧紧，锤片与锤片的空隙较大，锤击时有松垮现象发生，因而锤片越多，测试效果往往越差（振荡、连击、力信号平坦、锤击力不够等），组合锤只要没安装好，远较整体锤差；另外组合锤需要人工搬运、人工安装、人工起吊，虽然提高了机动灵活性，降低了测试成本，但却占用大量时间，容易给测试人员带来疲劳，进而影响测试效果。

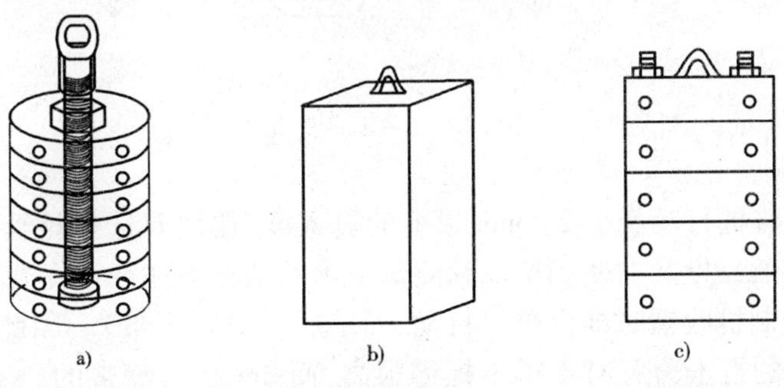

图6-2-27　锤的类型

a）组合；b）整体；c）组合

整体锤一般为铸铁锻打，多为一方形截面积的长方体，其下方平整，上方则焊一耳环便于起吊。不同重量的整体锤尺寸不同，一般分2t、4t、8t、10t、12t等几种。有些较大重量的锤，可由较小锤体组合而成，每个小锤既可单独使用，又可组合为大的锤体。如我们委托加工的铁锤由2t、4t、6t组成三锤既可单独使用，又可合为几种整体锤，如8t、10t、12t来完成测试，这是一种较为经济的组合方法。为保证尺寸和重心偏下，设计时采用了挖空或空留处理。

组合锤视材料和加工方便程度之不同，有圆锤和方锤，一般上下2片为铸钢，中间为铸铁（节省开支），最下一块底面略有弧度，每一片的周围均有3～4个预留孔供人们插销搬卸。为了耦合得更好，片与片之间上下面可加工凸凹形态来嵌固。必要时上下2锤片或其他锤片两侧相同位置处还应对称地焊上滑槽，以利于锤体在导向杆中上下移动。有3种方式用来连接锤片与锤片，构成一个锤体。其一为在每片锤的相同部位对称钻了3个孔（有人用4个），安装时螺杆自下而上穿上，然后用螺帽固死；其二为在所有锤片的中心部位钻一较粗孔，由单根粗螺杆自下而上穿过，上下拧紧；其三为在锤体的侧面车出 3 ~4 个凹槽（要上车床，较贵）。3 种方法中前 2 个办法须待螺杆就位后再放锤片，后 1 种方法可待锤片装好后再上螺杆，第 2 种方法的锤杆还可用作起吊用。

3 种方法都要求锤体底面不能有突出物，而顶面应有起吊耳环。固紧螺杆时必须最大限度地拧紧，防止滑丝。在装卸锤体时，可以在底部垫几块厚木块以便于螺杆的松动与调整。

⑧脱钩的选择。

托钩的类型如图 6-2-28 所示，前 4 种多见于组合锤，后面 2 种多为整体锤。d）的构成比较简单，在不得已的情况下就地取材焊接后临时使用；f）更为少见。由于需人工敲落或拉脱，a）、b）、c）、d）4 种脱钩在脱开时存在较强力矩，导致落锤偏心，从而影响测试质量，这往往也是自由锤测试信号较差的原因之一；e）、f）必须借助于吊车（也可改装为适合于葫芦钩的情形）。e）为当吊车上升到一定高度后中心杆相连的钢绳被固定在导向架上，吊车开始下落时钢绳绷紧，锤体的重量自两侧开始转移到中心杆上，最终侧杆承受的拉力足够小以至于脱钩处承受不了锤的自重，从而使锤体下落击桩。这一动作既没有偏心力存在，又减轻吊车吊臂反弹，故而常用，但是其重量较 a）、b）、c）重。

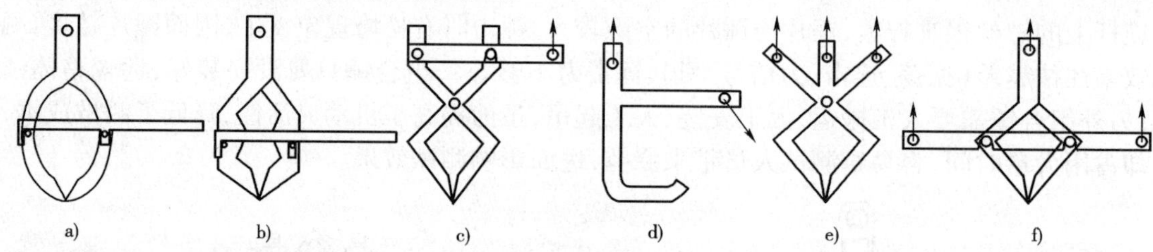

图 6-2-28　托钩的类型

⑨导向架的选择。

高应变测试时，将桩打动产生 2.5mm 以上的贯入度，往往要选择足够的锤重（1% 预计极限荷载）并提升足够的高度。在使用柴油锤测试点火的情况下往往要提到 3.5m 高（满程），才有可能将桩打动（预制桩收锤时即已难以打动，而歇后一般则更难）。因此使用自由锤时要保证打动桩，产生足够的打击力有时不得不提得很高，而 2m 高是经常的。鉴于锤的提升高度，没有导向架是很危险的，一方面容易伤人、砸坏传感器和联线；另一方面偏心易使桩头开裂影响测试效果或拉坏传感器；没有导向架还会使得测试人员出于安全考虑而降低提升高度，草率测试，胡乱提高结果。

常用导向架有如图 6-2-29 所示前两种。图 a）为组合锤所常用的导向架，由上下 2 个方框和 2 根导向杆组成。安装时先将下方框置于坑底中心位置垫稳后，用长铁销将四角（有孔）钉死，然后套上导向杆，并在上方反盖上上方框；调整后将四角用钢丝绳牵引在地上钉牢，工作时自由锤上焊好的滑槽顺着导向杆上下移动。这种导向架的优点是安装和携带方便，只要够得着，导向杆可以很长。但实际上，由于安装上的原因，导向杆长不了，上方框的安装有时是站在锤体上进行，有时则需借助三角架完成。导向杆的刚度也使得它不能很长，在锤击偏心及多次使用后导向杆往往发生弯曲变形。这种导向架不能

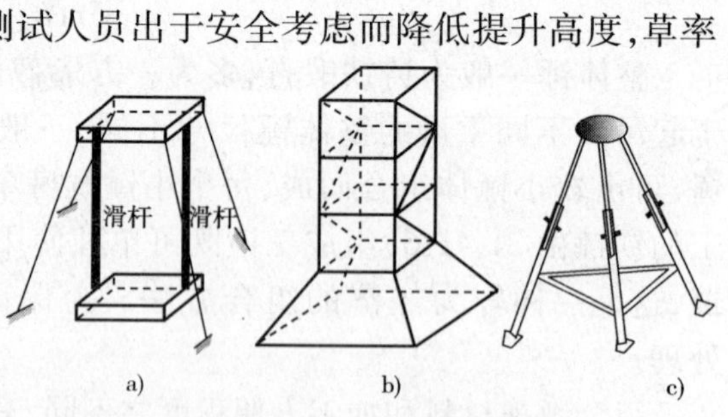

滑杆　滑杆

a)　b)　c)

图 6-2-29　导向架及支架的类型

承力，也是其一大缺点，它另外还须三角架来承力，完成起吊作业。

图 b）所示导向架为整体锤所常用，塔架的内框略大于锤体，使得锤体正好自上而下移动又不至于偏心，脱钩用的钢绳亦在架上安装。不同尺寸和重量的锤体塔架尺寸是不同的，1 ~ 2t锤所对应的塔架，可以分成几大块现场组合安装。塔架导向非常稳。

⑩起吊装置的选用与安装。

除用吊车起吊外，还有 2 种起吊装置可用于测桩，其一为卷扬机，可以加大图 6-2-29b）所示的导向架，改装为既受力又导向的结构，或采用一种类似于龙门吊的结构来既导向又受力；其二为葫芦钩（电动、手动），利用一尺寸可调的三角架［图 6-2-29c）］承力。电动葫芦钩较重，搬上不太方便，特别是较大吨位的。手动葫芦钩，起吊时非常费事，必须有几个民工交换拉动。为了便于安装葫芦钩，常在三角架的一根杆上焊上云梯供人上下，三角架的每个腿最好是可分档伸缩的，以利于升降高度的调节。为了使三角架稳定，常常在三角架的底部装上三根等长度的横梁，防止相互打滑，也防止不能形成等边三角形。安装三角架时其架下受力处一般用碎石、沙包、枕木或砖块垫实，以防止其沉降。如果三角架高度不够，可以在底下垫大量枕木和沙包，但必须绝对保证安全。三角架的对中也是安装时的关键，因为只有对中才能保证锤击时不至于偏心乃至翻倒。

组合锤的安装次序一般先为锤体，次为三角架，然后才是导向架，导向架的上方框必须通过三角架安装。安装锤击系统时必须保证锤有足够的提升空间。

⑪桩垫的选择与使用。

一个合适的桩垫既可延缓高频冲击，保护桩头，又可降低高频成分的不良影响（如锤体的相互碰撞），还可使得测试信号更符合传感器的测量范围（钢桩时，尤需如此）。但桩垫太厚时，可能使信号脉冲过于平缓，打击力下降。目前常用的桩垫为：10mm 厚橡皮、三夹板（数块）、毛毡、10mm 厚木板等。在桩垫的下方还常常铺一层潮湿的细砂以弥补桩头的不平影响。实际工作中木板最易获得，但橡皮和毛毡测试效果最好。桩垫的选用原则以测试质量的好坏为准，因而有时有桩帽无桩垫也能测到较好信号。

锤击系统的选择与安装常常费神、费事且较危险，弄不好还劳而无功，因此在处理时一定要谨小慎微。

（5）信号采集与信号质量的判断

①室内准备。

在进入现场从事高应变试验以前，应于室内系统地检查仪器各个部位包括传感器的标定值等，确信无误方可进场。

②干扰防治。

高应变测量特别是用应变片测量时，交流干扰的防治是极为重要的，与小应变测桩法不同，高应变测量是一种定量测量，因而叠加的交流干扰危害程度很大，不仅产生一些违背物理现象的信号，而且会使计算完全不可靠。发现交流干扰的办法很简单，将仪器置“稳态触发”，待接收到信号后，检查信号的背景噪声，分析其频谱，如噪声较大，频谱中出现 50Hz 或其倍频的主峰即有交流干扰。

a. 采样时参数的设置。

正确的高应变测试，其应变幅值一般为几百个微应变，加速度达数百个 g，因此采集时仪器的增益不可太高。如 RS 仪本身的增益可达 10 000 倍，但高应变测量时常在 10 倍以下，多为 1 倍和 2 倍。

b. 信号质量的判断与曲线特征。

现场测试时应仔细分析桩型,以及土层分布特点,尤其是持力层特点,只有这样才能对信号的质量作出恰当的判断。

③正确测试时,这些曲线及结果一般具有如下特征:

a. 信号没有不规则的毛刺或振荡不削顶,也即没有各种干扰。

b. 应力和速度尾部归零,表明桩已静止。

c. $F(t)$ 和 $ZV(t)$ 起始段重合几乎共同达到峰值点,说明传感器锤击系统和桩头上部基本正常。

d. FMX,FVX,FHM 3 值接近。

e. 除个别情况下,有极小负值(拉应力)出现外,力值不应当有负值出现,因在桩顶附近应力应当为零或受压,当然传感器离桩顶较远而入射波波长较短时,桩底反射上来的拉应力也能使测试信号出现负值。有时候应力信号尾部会出现一稳定的正值或负值,表明桩头有一侧已经开裂产生不可恢复的残余变形(进而换算成力)或传感器安装不紧。力信号还应光滑较少毛刺,这些毛刺大多因传感器安装和锤击系统不好所致,它们较易区别。锤击系统所致的,速度信号上亦应出现,一般高频毛刺可以平滑掉但平滑有时会使承载力偏低,唯有改善锤击系统方为上策。使用应变片时毛刺较多,不易排除。

f. 没有缺陷和负摩阻时,在桩底反射信号出现以前,$ZV(t)$ 应在 $F(t)$ 的下方,它们的差值为对应时刻接收到的阻力波值。少有负摩阻情形曲线,缺陷的反映一般也是一个突然起跳的尖峰容易区别。如果没有上述特征说明测试信号有误,有些试验细节未处理好。

g. 速度信号出现负值的时间不能太早,负值亦不能太大,速度出现负值一方面表示质点出现振荡,另一方面表示土层开始卸载。较早出现卸载意味着土的极限阻力没有充分发挥,与这种现象相对应的是由于向下的动位移值较小,土层没有进入塑性变形,桩体易于反弹,甚至出现负值位移的反弹,当视土为完全弹性体时,很容易证明这种反弹的存在。打击力不够,极限阻力未得到充分发挥的另外几个特征是,桩底反射不明显,没有残余位移,最大打击力与预计极限荷载相差甚远,$F(t)$ 与 $ZV(t)$ 间的差值相对较大等等,解决的办法便是增加锤的落距,加大打击力。

h. 上行波一般可清晰地反映土层变化、阻力发挥情况、缺陷和桩底反射情况。当上行波与下行波最大值之比较小时,意味着桩被打动,土阻力得到充分发挥(但真实幅值比未打动时更大)。阻力的作用,使上行波产生正值,而出现缺陷或桩底反射时,则突然下拐,可以利用光标查找对应的完整性指数。上行波的大部分曲线应在轴线的上方且前沿段为零。下行波出现负值表示桩头质点的反向振荡使得传感器截面的入射波(下行波)产生拉应力,但这并不意味着传感器处真实的应力为拉应力。下行波的起始沿与上行波中桩底反射引起的下降沿时差与 $2L/C$ 对应,下行波的峰值与上行波最小值对应的时差亦与 $2L/C$ 对应。

i. 正确的位移曲线应当是先急剧上升,后突然下降(反弹),下降到最小值(有时为负)后又缓缓上升,直至最后出现一固定的平台。其最大值就是最大动位移,而后方平面则与残余位移(贯入度)对应,由于测量上的原因,二者可能不相等(但亦不应相差太远),可进行调整,使其相等。位移曲线的尾部不是平台,要么因采样时间不够,要么加速度计安装有误;而位移曲线出现较大负值则可能是因为桩未打动、采样时间不够或加速度计安装不好。位移曲线与土层静阻力的发挥关系密切,最大动位移与残余位移的差值往往与土层弹限对应,因此如果位移曲线不合理,其曲线拟合法所得值误差将加大,在 CAPWAP 程序中常要修正位移曲线就是这个道理。位移曲线不合时，利用海利打桩公式和工程新闻公式所得的承载力也会离奇。一般来说残余位移必须大于2.5mm，最大动位移亦应在5mm以上，初打桩甚至应当更高。

j. 极限承载力曲线及所对应计算诸值，不仅能反映 J_c 值的选取及承载力情形，同样也能反映测试信号的好坏。当极限承载力曲线 T_1 处速度成分偏多时说明 J_c 值取低了，所提承载力比真正击发出来的静阻力高；而出现负值时，则说明 J_c 取高了，只有当自 T_1 开始往后有一段较平坦的极限承载力曲线，所对应的 J_c 值才合理，提供的承载力也代表了真正激发出来的值，如果此时的值比预计的极限阻力低而动位移或残余位移又不够，说明桩未被打动，需要提高再测。另外当利用几种自动法（RAU、RA1′、RA2′）计算出的承载力值偏小或不合理时，一般也是桩未打动或传感器安装不好所致。

信号的重复性也是高应变测试时所追求的，但高应变测试中的信号重复与小应变不同，由于锤的高矮及有效率不同，土阻力的发挥与扰动各异，一根桩上出现完全一致的高应变信号是不可能的。这里所说的重复性仍指其主要特性，包括缺陷一致，土层阻力分布情形大体一致等。高应变测试时如系自由锤，一般以最大提升高度值为准，如系柴油锤，初打时以收锤前一阵锤中的某击值为准，而复打时往往待锤打热达到最大效率后，才在本桩试验以其开始打的第二或第三锤值为准。

高应变测试是一项复杂的现场实验技术，疏忽一个细节都有可能得到失败的无用信号，不少测试人员随意的测试给高应变法的信誉带来了极大伤害。社会上许多高应变测试，许多现场实验和提交结果是经不起推敲的。某些地区所见高应变测桩报告以及听到的现场试验办法有些就非常可笑，有的对一个1m直径、4m长的“桩”进行高应变测试，有的将充满交流干扰或出现严重拉应力的曲线作为提交报告。高应变本身是一个仍在发展中的技术，尚有许多问题有待解决，因而提交承载力时或多或少有些人为因素与误差，再加上测试信号质量的低劣，所提承载力要想可信自是笑话。测试人员多练内功提高测试水平是当务之急，否则高应变的应用将陷入死胡同。总的来说，现场试验、桩身处理、传感器安装、锤击系统的安装、桩垫的选用、干扰防治以及试验参数的选择与信号质量的判断，每个环节都必须加倍注意，只有细心的工作，才能得到正确的数据，给出合理的解释。

二、桩基础质量检验评定（表6-2-8～表6-2-10）

钻、挖孔成孔质量标准　　　表6-2-8

项　目	允许偏差
孔的中心位置（mm）	群桩：100；单排桩：50
孔径（mm）	不小于设计桩径
倾斜度	钻孔：小于1%；挖孔：小于0.5%
孔深	摩擦桩：不小于设计规定； 支承桩：比设计深度超深不小于50mm
沉淀厚度（mm）	摩擦桩：符合设计要求，当设计无要求时，对于直径≤1.5m的桩，≤300mm；对桩径>1.5m或桩长>40m或土质较差的桩，≤500mm； 支承桩：不大于设计规定
清孔后泥浆指标	相对密度：1.03～1.10；黏度：17～20Pa·s；含砂率：<2%；胶体率：>98%

注：清孔后的泥浆指标，是从桩孔的顶、中、底部分别取样检验的平均值。本项指标的测定，限指大直径桩或有特定要求的钻孔桩。

钻孔灌注桩质量检验评定表

表 6-2-9

项目名称：　　　　工程合同段：　　　　（子）分项工程名称：　　　　工程部位：

施工单位：　　　　监理单位：　　　　使用者类别：

项次	检查项目		规定值或允许偏差	检查方法和频率	权值	检查实测值	平均值代表值	合格率（%）	得分
基本要求	桩身混凝土所用的材料的质量和规格必须符合有关规范的要求，按规定的配合比施工；成孔后必须清孔，测量孔径、孔深、孔位和沉淀层厚度，确认满足设计或施工技术规范要求后，方可灌注水下混凝土；水下混凝土应连续灌注，严禁有夹层和断桩；嵌入承台的锚固钢筋长度不得低于设计规范规定的最小锚固长度要求；应选择有代表性的桩用无破损法进行检测，重要工程或重要部位的桩宜逐根进行检测。设计有规定或对桩的质量有怀疑时，应采取芯样法对桩进行检测；凿除桩头预留混凝土后，桩顶应无残余的松散混凝土								
1△	混凝土强度（MPa）		在合格标准内	按附录 D 检查	3				
2△	桩位（mm）	群柱	100	全站仪或经纬仪：每桩检查	2				
		排架桩	50						
3△	孔深（m）		不小于设计	测绳量：每桩测量	3				
4△	孔径（mm）		不小于设计	探孔器：每桩测量	3				
5	钻孔倾斜度（mm）		1% 桩长，且不大于 500	用测壁（斜）仪或钻杆垂线法：每桩检查	1				
6△	沉淀厚度（mm）	摩擦桩	符合设计规定，设计未规定时按施工规范要求	沉淀盒或标准测锤：每桩检查	2				
		支承桩	不大于设计规定						
7	钢筋骨架底面高程（mm）		±50	水准仪：测每桩骨架顶面高程后反算	1				
8	清孔后泥浆指标	相对密度	1.03～1.10	查清孔资料	1				
		黏度	17～20Pa·S						
		含砂率	<2%						
		胶体率	>98%						
9	（子）分项工程得分								
10	外观鉴定		桩的质量有缺陷，但经设计单位确认仍可用，减 3 分		检查结果				
			桩顶面应平整，桩柱连接处应平顺且无局部修补。不符合要求时，减 1～3 分						
11	质量保证资料		资料、图表残缺，缺乏最基本数据，有伪造涂改者，不予检验和评定。资料不全者，视情况每款减 1～3 分						
12	（子）分项工程评分值								
13	质量等级								

监理工程师：　　　日期：　　　检测人：　　　日期：　　　承包人：　　　日期：

表 6-2-10

挖孔桩质量检验评定表

项目名称：　　工程合同段：　　（子）分项工程名称：　　工程部位：

施工单位：　　监理单位：　　使用者类别：

<table>
<tr><td>基本要求</td><td colspan="10">桩身混凝土所用材料的质量和规格必须符合有关规范的要求，按规定的配合比施工挖孔达到设计深度后，应及时进行孔底处理，必须做到无松渣、淤泥等扰动软土层，使孔底情况满足设计要求；嵌入承台的锚固钢筋长度不得小于设计规范规定的最小锚固长度要求</td></tr>
<tr><td>项次</td><td colspan="3">检 查 项 目</td><td>规定值或允许偏差</td><td>检查方法和频率</td><td>权值</td><td>检查实测值</td><td>平均值
代表值</td><td>合格率
（%）</td><td>得分</td></tr>
<tr><td>1△</td><td colspan="3">混凝土强度（MPa）</td><td>在合格标准内</td><td>按附录 D 检查</td><td>3</td><td></td><td></td><td></td><td></td></tr>
<tr><td rowspan="3">2△</td><td rowspan="3">桩位
（mm）</td><td colspan="2">群柱</td><td>100</td><td rowspan="3">全站仪或经纬仪：每桩检查</td><td rowspan="3">2</td><td></td><td></td><td></td><td rowspan="3"></td></tr>
<tr><td rowspan="2">排架桩</td><td>允许</td><td>50</td><td rowspan="2"></td><td rowspan="2"></td><td rowspan="2"></td></tr>
<tr><td>极值</td><td>100</td></tr>
<tr><td>3△</td><td colspan="3">孔深（m）</td><td>不小于设计值</td><td>测绳量：每桩测量</td><td>3</td><td></td><td></td><td></td><td></td></tr>
<tr><td>4△</td><td colspan="3">孔径（mm）</td><td>不小于设计值</td><td>探孔器：每桩测量</td><td>3</td><td></td><td></td><td></td><td></td></tr>
<tr><td>5</td><td colspan="3">孔的倾斜度（mm）</td><td>0.5% 桩长，且不大于 200</td><td>垂线法：每桩检查</td><td>1</td><td></td><td></td><td></td><td></td></tr>
<tr><td>6</td><td colspan="3">钢筋骨架底面高程（mm）</td><td>±50</td><td>水准仪测骨架顶面高程后反算：每桩检查</td><td>1</td><td></td><td></td><td></td><td></td></tr>
<tr><td>7</td><td colspan="4">（子）分项工程得分</td><td colspan="6"></td></tr>
<tr><td rowspan="2">8</td><td colspan="3" rowspan="2">外观鉴定</td><td colspan="2">无破损检测桩的质量有缺陷，但经设计单位确认仍可用，减 3 分</td><td rowspan="3">检查
结果</td><td></td><td></td><td></td><td rowspan="3"></td></tr>
<tr><td colspan="2">桩顶面应平整，桩柱连接处应平顺且无局部修补。不符合要求时，减 1～3 分</td><td></td><td></td><td></td></tr>
<tr><td>9</td><td colspan="3">质量保证资料</td><td colspan="2">资料、图表残缺，缺乏最基本数据，有伪造涂改者，不予检验和评定。资料不全者，视情况每款减 1～3 分</td><td></td><td></td><td></td></tr>
<tr><td>10</td><td colspan="3">（子）分项工程评分值</td><td colspan="7"></td></tr>
<tr><td>11</td><td colspan="3">质量等级</td><td colspan="7"></td></tr>
</table>

监理工程师：　　日期：　　检测人：　　日期：　　承包人：　　日期：

小　结

目前,桩基础在工程基础中应用广泛,但桩基础在施工中容易出现各种质量问题,因此桩基工程的试验、检测非常重要。本节主要介绍了桩基从开始施工到最后完工,在此过程中所做的检测内容,使学生对桩基础施工的检测有一个系统的掌握。桩基完整性检测方法较多,应用最广泛的是反射波法,其次是声波透射法。反射波法易于理解,但对桩身缺陷的准确判定有赖于检测人员的经验;声波透射法对缺陷判定准确,但成本较高,检测效率较低;对桩基承载力检测,静载试验至今仍是最可靠的一种检测法,但静载试验费力费时,故读者还应了解目前比较成熟的动测试验方法。

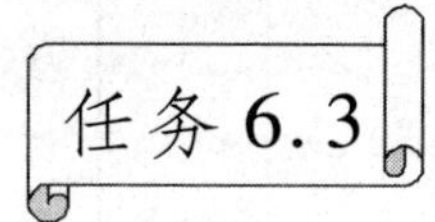

墩、台身和盖梁施工检测

6.3.1　任务引入

当基础施工完成后,接下来应该进行墩、台身和盖梁施工。客观、准确、规范、及时的试验检测数据,是指导、控制和评定工程质量的科学依据。

桥梁墩、台身和盖梁施工在施工准备阶段、施工阶段、竣工验收阶段的试验检测任务有哪些内容呢?让我们来学一学吧。

墩、台身和盖梁施工中,按照施工阶段和竣工验收阶段进行试验检测评定,避免不合格的材料和产品流入下一道工序,只有保证施工中每一道工序的质量才能保证整个工程的质量。

6.3.2　任务实施

一、墩、台身和盖梁施工阶段检测

(一)检测项目

墩、台身和盖梁施工阶段的检测项目除了按试验检测频率对准备阶段的项目进行检测外,还需对表6-3-1中的项目进行检测。

墩、台身和盖梁施工阶段的检测项目　　表6-3-1

序号	检测项目	采用规程(标准)
1	钢筋加工及安装质量检测	《公路工程质量检验评定标准》(JTG F80/1—2004)、《金属材料室温拉伸试验方法》(GB 228—2002)、《金属材料弯曲试验方法》(GB/T 232—1999)、《钢筋焊接及验收规程》(JGJ 18—2003)、《公路桥涵施工技术规范》(JTJ 041—2000)
2	模板、支架、拱架制作及安装检测	《公路桥涵施工技术规范》(JTJ 041—2000)
3	混凝土浇筑质量检测	《公路桥涵施工技术规范》(JTJ 041—2000)、《公路工程水泥及水泥混凝土试验规程》(JTG E30—2005)

(二)检测方法

检测方法同单元6.1,见表6-3-2、表6-3-3。

承台、系梁、基础工程检查记录表 表6-3-2

承包单位： 合同号： 编号：

监理单位： 工程部位：

工程名称及桩号		
施工部位		
断面尺寸(mm)		
平面尺寸(mm)检查结果		
轴线偏位(mm)检查结果		
基础埋置深度(m)	设计	
	实际	
基础顶面高程(m)	设计	
	实际	
施工日期		
检查意见		
外观鉴定		

质检员： 质检负责人： 技术负责人： 日期

墩、台帽、盖梁检查记录表 表6-3-3

承包单位： 合同号：

监理单位： 编号： 年 月 日

工程名称： 工程部位：

工 程 项 目		断面尺寸(mm)	轴线偏位(mm)	顶面高程(mm)	支座位置(mm)	预埋件位置(mm)
序号	位置	设计或允许值				
		±20	10	±10	5	10
		实测值				
预埋件安装位置描述						
外观鉴定						

质检员： 质检负责人： 技术负责人：

二、墩、台身和盖梁质量检验评定

见表6-3-4～表6-3-11。

承台的质量检验标准 表6-3-4

项目	允许偏差(mm)	项目	允许偏差(mm)
混凝土强度(MPa)	符合设计要求	平面尺寸	±30
轴线偏位	15	顶面高程	±20

墩、台砌体位置及外形尺寸允许偏差 表6-3-5

项目		允许偏差(mm)
名称	类别	
轴线偏位		10
墩台宽度与长度	片石	+40,-10
	块石	+30,-10
	粗料石	+20,-10
大面积平整度(2m直尺检查)	片石	30
	块石	20
	粗料石	10
竖直度或坡度	片石	0.5%*H*
	块石、粗料石	0.3%*H*
墩台顶面高程		±10

注:1. *H*——墩台高度。

2. 混凝土预制砌体允许偏差可按粗料石标准执行。

墩、台安装允许偏差 表6-3-6

检查项目	允许偏差(mm)	检查项目	允许偏差(mm)
轴线平面位置	10	倾斜度	0.3%墩、台高,且不大于20
顶面高程	±10	相邻墩、台柱间距	±5

承台质量检验评定表

表 6-3-7

项目名称： 工程合同段： （子）分项工程名称： 工程部位：

施工单位： 监理单位： 使用者类别：

基本要求	所用材料的质量和规格必须符合有关技术规范的要求，按规定的配合比施工；必须采取措施控制水化热引起的混凝土内最高温度及内外温差在允许范围内，防止出现温度裂缝；不得出现露筋和空洞现象							
项次	检 查 项 目	规定值或允许偏差	检查方法和频率	权值	检查实测值	平均值 代表值	合格率 （%）	得分
1△	混凝土强度（MPa）	在合格标准内	按附录 D 检查	3				
2	尺寸（mm）	±30	尺量：长、宽、高检查各 2 点	1				
3	顶面高程（mm）	±20	水准仪：检查 5～8 处	2				
4	轴线偏位（mm）	15	全站仪或经纬仪：纵、横各测量 2 点	2				
5	（子）分项工程得分							
6	外观鉴定	混凝土表面平整，棱角平直，无明显施工接缝。不符合要求时，每处减 1～3 分		监理 意见				
		混凝土蜂窝、麻面面积不超过该面总面积的 0.5%；深度超过 1cm 必须处理。不符合要求时，每超过 0.5% 减 3 分						
		混凝土表面无非受力裂缝；混凝土表面出现非受力裂缝减 1～3 分，裂缝宽度超过设计规定或设计未规定时超过 0.15mm 必须处理						
7	质量保证资料	资料、图表残缺，缺乏最基本数据，有伪造涂改者，不予检验和评定。资料不全者，视情况每款减 1～3 分						
8	（子）分项工程评分值							
9	质量等级							

监理工程师： 日期： 检测人： 日期： 承包人： 日期：

墩、台身砌体质量检验评定表

表 6-3-8

项目名称：　　工程合同段：　　（子）分项工程名称：　　工程部位：

施工单位：　　监理单位：　　使用者类别：

<table>
<tr><td>基本要求</td><td colspan="9">石料或混凝土预制块的质量和规格必须符合有关规范的要求；砂浆所用的水泥、砂和水的质量必须符合有关规范的要求，按规定的配合比施工；砌块应错缝、坐浆挤紧，嵌缝料和砂浆饱满，无空洞、宽缝、大堆砂浆填隙和假缝</td></tr>
<tr><td>项次</td><td colspan="2">检查项目</td><td>规定值或允许偏差</td><td>检查方法和频率</td><td>权值</td><td>检查实测值</td><td>平均值代表值</td><td>合格率（%）</td><td>得分</td></tr>
<tr><td>1△</td><td colspan="2">砂浆强度（MPa）</td><td>在合格标准内</td><td>按附录 F 检查</td><td>3</td><td></td><td></td><td></td><td></td></tr>
<tr><td>2</td><td colspan="2">轴线偏位（mm）</td><td>20</td><td>全站仪或经纬仪：纵、横各测量 2 点</td><td>1</td><td></td><td></td><td></td><td></td></tr>
<tr><td rowspan="3">3</td><td rowspan="3">墩台长、宽（mm）</td><td>料石</td><td>+20，-10</td><td rowspan="3">尺量：检查 3 个断面</td><td rowspan="3">1</td><td></td><td></td><td></td><td rowspan="3"></td></tr>
<tr><td>块石</td><td>+30，-10</td><td></td><td></td><td></td></tr>
<tr><td>片石</td><td>+40，-10</td><td></td><td></td><td></td></tr>
<tr><td rowspan="2">4</td><td rowspan="2">竖直度或坡度（%）</td><td>料、块石</td><td>0.3</td><td rowspan="2">垂线或经纬仪：纵、横各测量 2 处</td><td rowspan="2">1</td><td></td><td></td><td></td><td rowspan="2"></td></tr>
<tr><td>片石</td><td>0.5</td><td></td><td></td><td></td></tr>
<tr><td>5△</td><td colspan="2">墩、台顶面高程（mm）</td><td>±10</td><td>水准仪：测量 3 点</td><td>2</td><td></td><td></td><td></td><td></td></tr>
<tr><td rowspan="3">6</td><td rowspan="3">大面积平整度（mm）</td><td>料石</td><td>10</td><td rowspan="3">2m 直尺：检查竖直、水平两个方向，每 20m² 测 1 处</td><td rowspan="3">1</td><td></td><td></td><td></td><td rowspan="3"></td></tr>
<tr><td>块石</td><td>20</td><td></td><td></td><td></td></tr>
<tr><td>片石</td><td>30</td><td></td><td></td><td></td></tr>
<tr><td>7</td><td colspan="4">（子）分项工程得分</td><td colspan="5"></td></tr>
<tr><td rowspan="3">8</td><td colspan="2" rowspan="3">外观鉴定</td><td colspan="2">砌体直顺，表面平整。不符合要求时，减 1～3 分</td><td rowspan="4">检查结果</td><td colspan="3"></td><td></td></tr>
<tr><td colspan="2">勾缝平顺，无开裂、脱落现象。不符合要求时，减 1～3 分</td><td colspan="3"></td><td></td></tr>
<tr><td colspan="2">砌缝不应有裂隙，裂隙宽度超过 0.5mm 时必须处理。不符合要求时，减 1～3 分</td><td colspan="3"></td><td></td></tr>
<tr><td>9</td><td colspan="2">质量保证资料</td><td colspan="2">资料、图表残缺，缺乏最基本数据，有伪造涂改者，不予检验和评定。资料不全者，视情况每款减 1～3 分</td><td colspan="3"></td><td></td></tr>
<tr><td>10</td><td colspan="2">（子）分项工程评分值</td><td colspan="7"></td></tr>
<tr><td>11</td><td colspan="2">质量等级</td><td colspan="7"></td></tr>
</table>

监理工程师：　　日期：　　检测人：　　日期：　　承包人：　　日期：

表 6-3-9

混凝土墩、台身质量检验评定表

项目名称：　　　　工程合同段：　　　　（子）分项工程名称：　　　　工程部位：

施工单位：　　　　监理单位：　　　　使用者类别：

项次	检查项目	规定值或允许偏差	检查方法和频率	权值	检查实测值	平均值 代表值	合格率（%）	得分
基本要求	混凝土所用材料的质量和规格必须符合有关技术规范的要求，按规定的配合比施工；不得出现空洞和露筋现象							
1△	混凝土强度（MPa）	在合格标准内	按附录 D 检查	3				
2	断面尺寸（mm）	±20	尺量：检查 3 个断面	2				
3	竖直度或斜度（mm）	0.3%H 且不大于 20	吊垂线或经纬仪：测量 2 点	2				
4	顶面高程（mm）	±10	水准仪：测量 3 处	2				
5△	轴线偏位（mm）	10	全站仪或经纬仪：纵、横各测量 2 点	2				
6	节段间错台	5	尺量：每节检查 4 处	1				
7	大面积平整度（mm）	5	2m 直尺：检查竖直、水平两个方向，每 20m^2 测 1 处	1				
8	预埋件位置（mm）	符合设计规定，未规定时：10	尺量：每件	1				
9	（子）分项工程得分							
10	外观鉴定	混凝土表面平整，施工缝平顺，棱角线平直，外露色泽一致。不符合要求时，每处减 1～3 分		检查结果				
		混凝土蜂窝麻面面积不得超过该面面积 0.5%，深度超过 10mm 必须处理。不符合要求时，每超过 0.5% 减 3 分						
		混凝土表面无非受力裂缝；混凝土表面出现非受力裂缝减1～3 分，裂缝宽度超过设计规定或设计未规定时超过 0.15 mm者必须处理						
		施工临时预埋件或其他临时设施未清除处理，减 1～2 分						
11	质量保证资料	资料、图表残缺，缺乏最基本数据，有伪造涂改者，不予检验和评定。资料不全者，视情况每款减 1～3 分						
12	（子）分项工程评分值							
13	质量等级							

监理工程师：　　　　日期：　　　　检测人：　　　　日期：　　　　承包人：　　　　日期：

表 6-3-10

柱或双壁墩身质量检验评定表

项目名称：　　　　工程合同段：　　　　（子）分项工程名称：　　　　工程部位：

施工单位：　　　　监理单位：　　　　使用者类别：

基本要求	混凝土所用材料的质量和规格必须符合有关技术规范的要求，按规定的配合比施工；不得出现空洞和露筋现象								
项次	检 查 项 目	规定值或允许偏差	检查方法和频率	权值	设计值	检查实测值	平均值 代表值	合格率 （%）	得分
1△	混凝土强度（MPa）	在合格标准内	按附录 D 检查	3					
2	相邻间距（mm）	±20	尺或全站仪测量：检查顶、中、底 3 处	1					
3	竖直度（mm）	0.3%H 且不大于 20	垂线或经纬仪：横、纵各测量 2 点	2					
4	柱（墩）顶高程（mm）	±10	水准仪：测量 3 处	2					
5△	轴线偏位（mm）	10	全站仪或经纬仪：纵、横各测量 2 点	2					
6	断面尺寸（mm）	±15	尺量：检查 3 个断面	1					
7	节段间错台（mm）	3	尺量：各节检查 2～4 处	1					
8	（子）分项工程得分								
9	外观鉴定	混凝土表面平整，施工缝平顺，棱角线平直，外露色泽一致。不符合要求时，每处减 1～3 分		检查结果					
		混凝土蜂窝、麻面面积不得超过该面面积的 0.5%，深度超过 10mm 必须处理。不符合要求时，每超过 0.5% 减 3 分							
		混凝土表面无非受力裂缝；混凝土表面出现非受力裂缝减 1～3 分，裂缝宽度超过设计规定或设计未规定时超过 0.15 mm 者必须处理							
		施工临时预埋件或其他临时设施未清除处理，减 1～2 分							
10	质量保证资料	资料、图表残缺，缺乏最基本数据，有伪造涂改者，不予检验和评定。资料不全者，视情况每款减 1～3 分							
11	（子）分项工程评分值								
12	质量等级								

监理工程师：　　　　日期：　　　　检测人：　　　　日期：　　　　承包人：　　　　日期：

表 6-3-11

墩、台帽或盖梁质量检验评定表

项目名称：　　　　工程合同段：　　　　（子）分项工程名称：　　　　工程部位：

施工单位：　　　　监理单位：　　　　使用者类别：

基本要求	混凝土所用的材料的质量和规格必须符合有关技术规范的要求，按规定的配合比施工；不得出现空洞和露筋现象							
项次	检 查 项 目	规定值或允许偏差	检查方法和频率	权值	检查实测值	平均值 代表值	合格率（%）	得分
1△	混凝土强度（MPa）	在合格标准内	按附录 D 检查	3				
2	断面尺寸（mm）	±20	尺量：检查 3 个断面	2				
3△	轴线偏位（mm）	10	全站仪或经纬仪：纵、横各测量 2 点	2				
4△	顶面高程（mm）	±10	水准仪：检查 3～5 点	2				
5	支座垫石预留位置（mm）	10	尺量：每个	1				
6	预埋件位置（mm）	5	用尺量	1				
7	（子）分项工程得分			11				
8	外观鉴定	混凝土表面平整、光洁，棱角线平直。不符合要求时，每处减 1～3 分		检查结果				
		不得出现蜂窝、麻面。混凝土蜂窝、麻面必须进行修整并减 1～4 分						
		混凝土表面无非受力裂缝；混凝土表面出现非受力裂缝减 1～3 分，裂缝宽度超过设计规定或设计未规定时超过 0.15 mm 必须处理						
9	质量保证资料	资料、图表残缺，缺乏最基本数据，有伪造涂改者，不予检验和评定。资料不全者，视情况每款减 1～3 分						
10	（子）分项工程评分值							
11	质量等级							

监理工程师：　　　日期：　　　检测人：　　　日期：　　　承包人：　　　日期：

小　结

本章主要介绍了墩、台身和盖梁从开始施工到最后完工，在此过程中所做的检测内容，使学生对墩、台身和盖梁施工的检测有一个系统的掌握。

附录一

浅基础主要施工图纸

校对
描图
立面
Ⅱ
Ⅰ
2482.60
800
800
348
349
K1+747.59
K1+772.42
K1+760.00
桥中心
开发区⇦
⇨高立房
0.064%
0.067%
1:150
1:150
71.500
70.500
71.500
Ⅰ—Ⅰ
450
1 500
450
1.00%
2.00%
2.00%
1.00%
75
75
Ⅱ—Ⅱ
450
1 500
450
1.00%
2.00%
2.00%
1.00%
75
75
平面
1:150
1:150
开发区⇩
2400
K1+752.00
76.590
K1-760.00
76.595
90°
K1+768.00
76.600
⇨高立房
1:150
1:150
注：1. 本图尺寸除高程以米计外，其余均以厘米为单位。
2. 本桥上部结构为简支钢筋混凝土空心板，下部结构为重力式墩台。
3. 台后填筑透水性材料 800m³，用小型振动夯分层夯实，每层填筑厚度为20cm。
××× 设计院
××× 桥
K1+760.00
小桥桥型布置图
设计
复核
专业组
组长
审核
图号

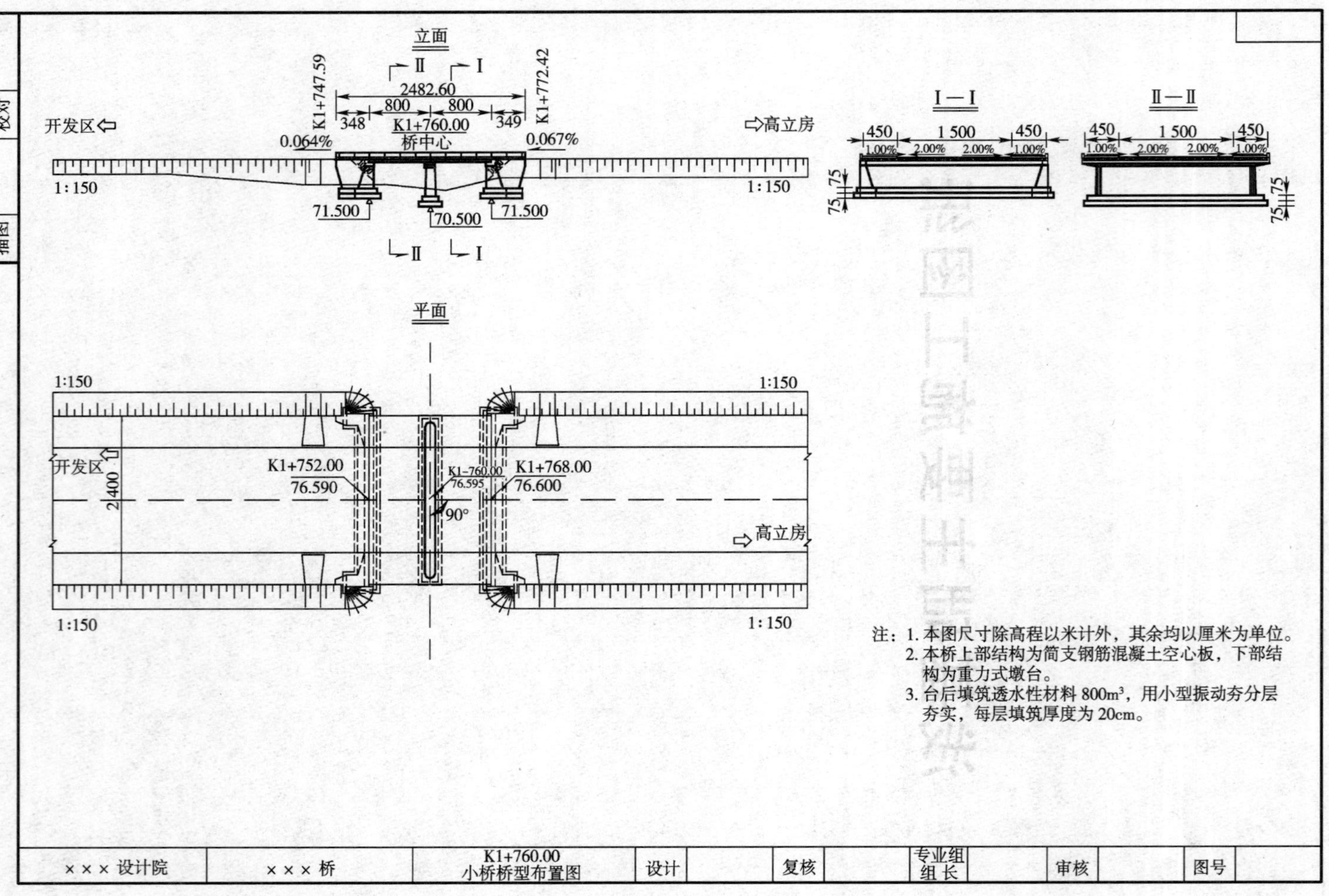

附图1　小桥桥型布置图

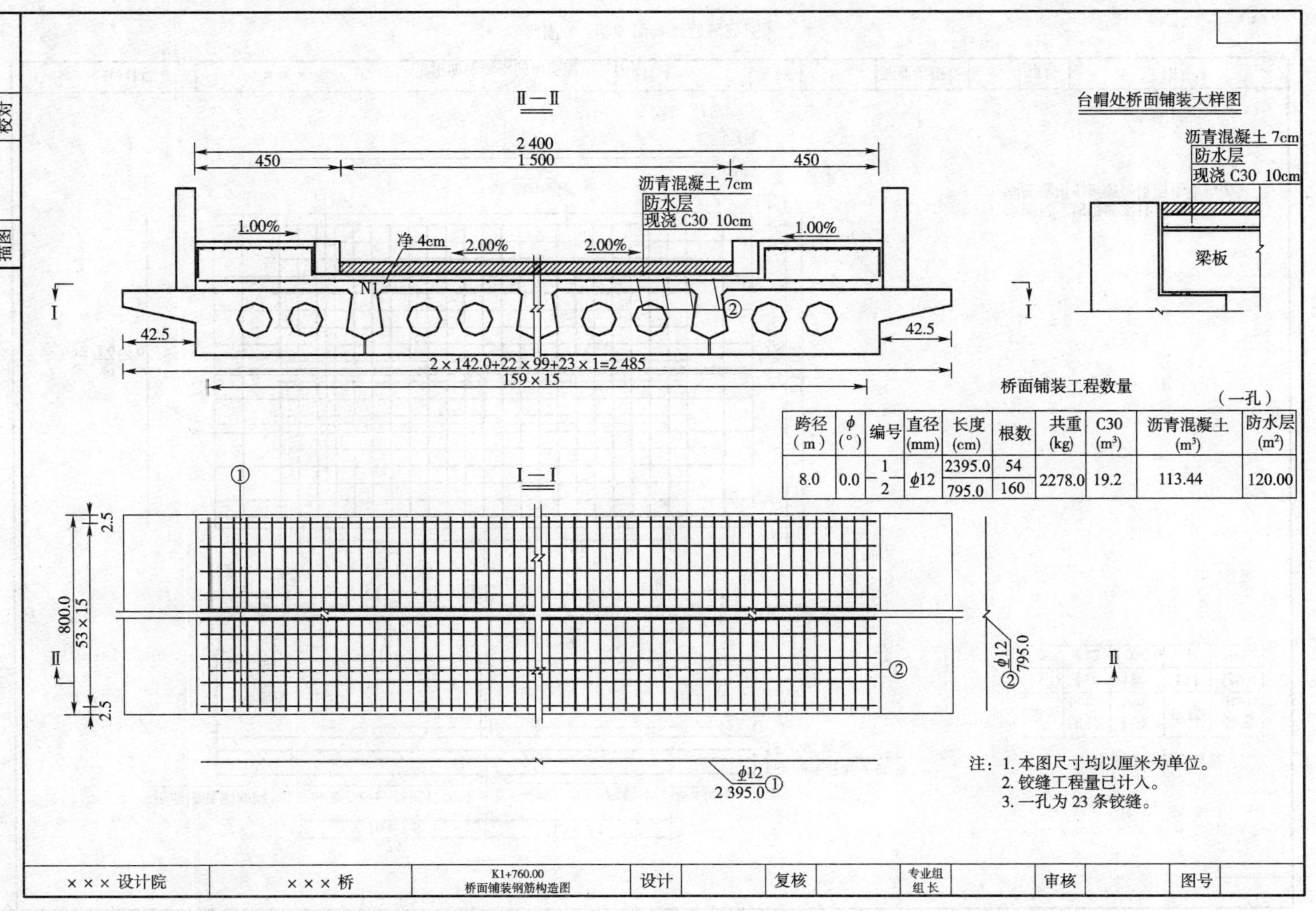

桥面铺装工程数量

（一孔）

跨径（m）	ϕ（°）	编号	直径(mm)	长度(cm)	根数	共重(kg)	C30 (m^3)	沥青混凝土 (m^3)	防水层 (m^2)
8.0	0.0	1	ϕ12	2395.0	54	2278.0	19.2	113.44	120.00
		2		795.0	160				

附图 2　桥面铺装钢筋构造图

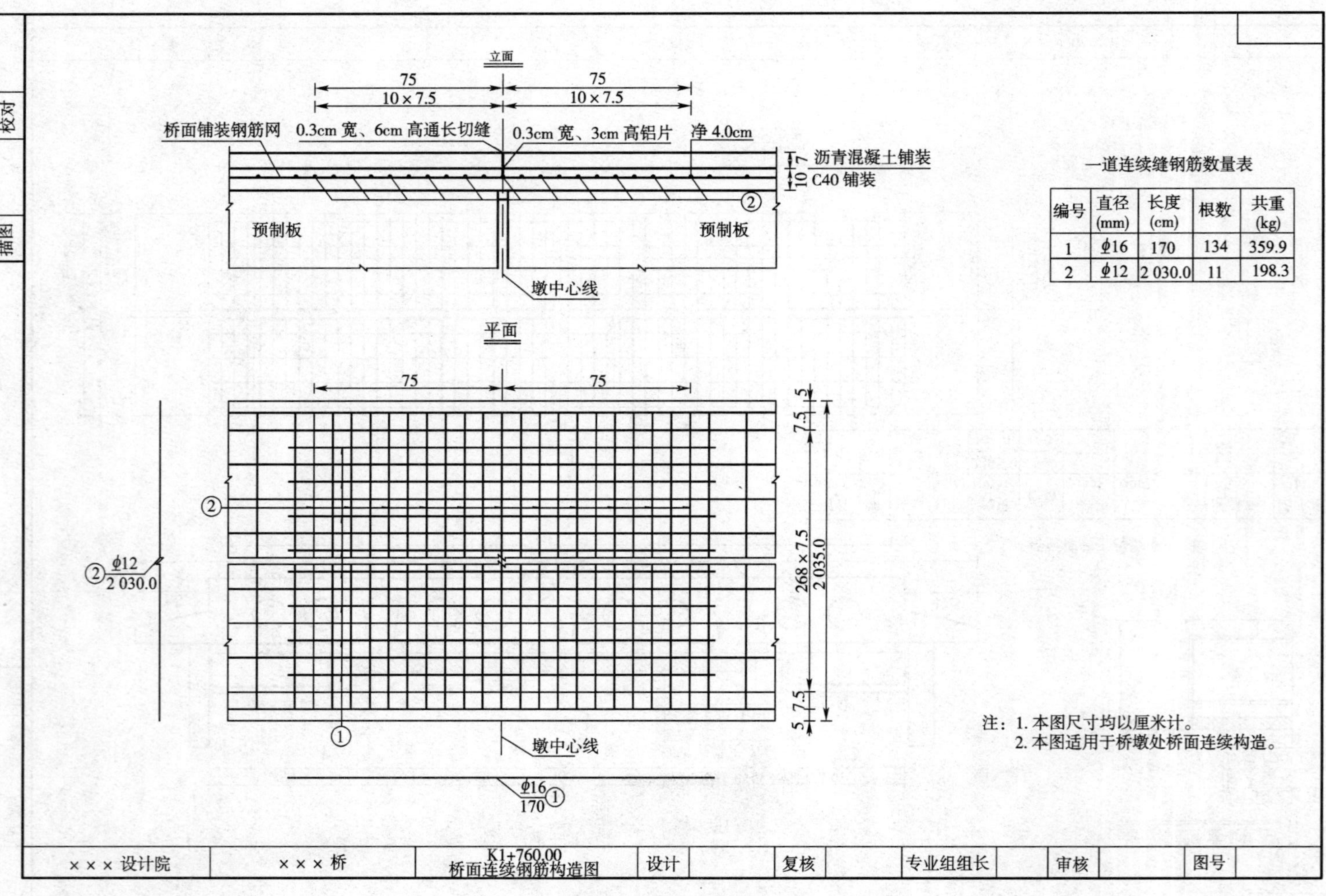

一道连续缝钢筋数量表

编号	直径 (mm)	长度 (cm)	根数	共重 (kg)
1	ϕ16	170	134	359.9
2	ϕ12	2 030.0	11	198.3

附图 3　桥面连续钢筋构造图

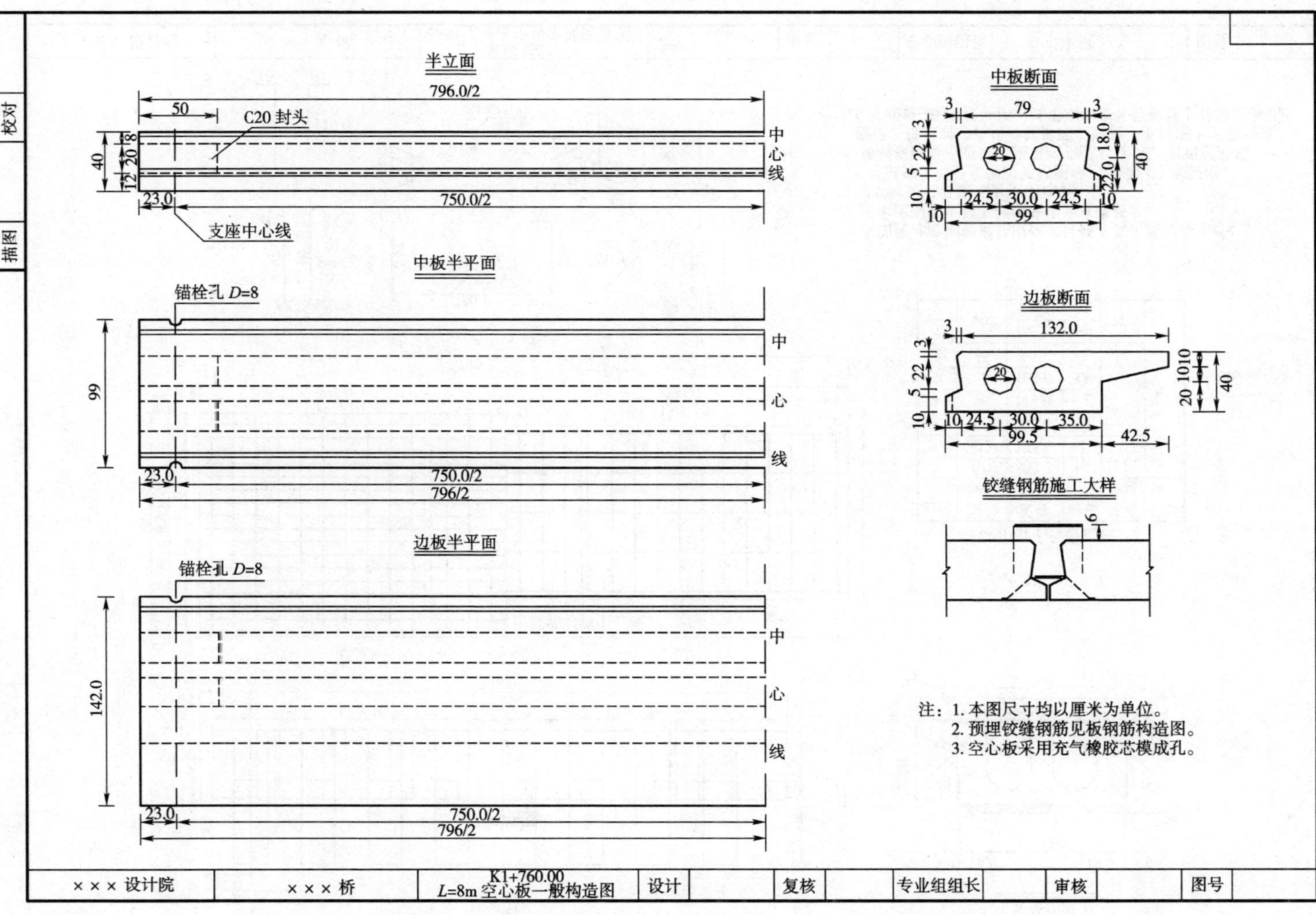

附图4 空心板一般构造图

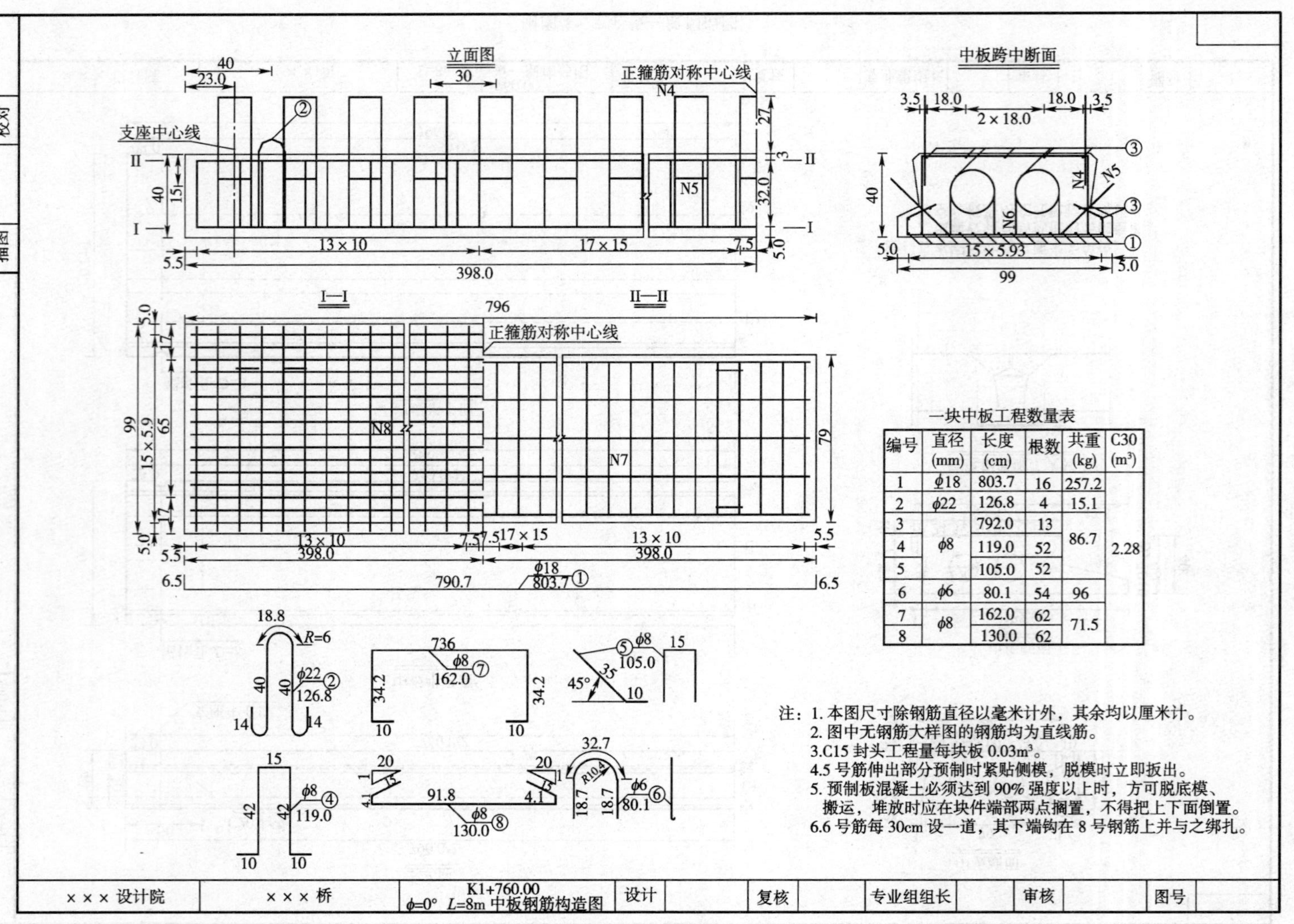

一块中板工程数量表

编号	直径 (mm)	长度 (cm)	根数	共重 (kg)	C30 (m^3)
1	φ18	803.7	16	257.2	2.28
2	φ22	126.8	4	15.1	
3	φ8	792.0	13	86.7	
4		119.0	52		
5		105.0	52		
6	φ6	80.1	54	96	
7	φ8	162.0	62	71.5	
8		130.0	62		

注：1. 本图尺寸除钢筋直径以毫米计外，其余均以厘米计。
2. 图中无钢筋大样图的钢筋均为直线筋。
3.C15 封头工程量每块板 $0.03m^3$。
4.5 号筋伸出部分预制时紧贴侧模，脱模时立即扳出。
5. 预制板混凝土必须达到 90% 强度以上时，方可脱底模、搬运，堆放时应在块件端部两点搁置，不得把上下面倒置。
6.6 号筋每 30cm 设一道，其下端钩在 8 号钢筋上并与之绑扎。

×××设计院	×××桥	K1+760.00 φ=0° L=8m 中板钢筋构造图	设计		复核		专业组组长		审核		图号	

校对 描图

附图 5　中板钢筋构造图

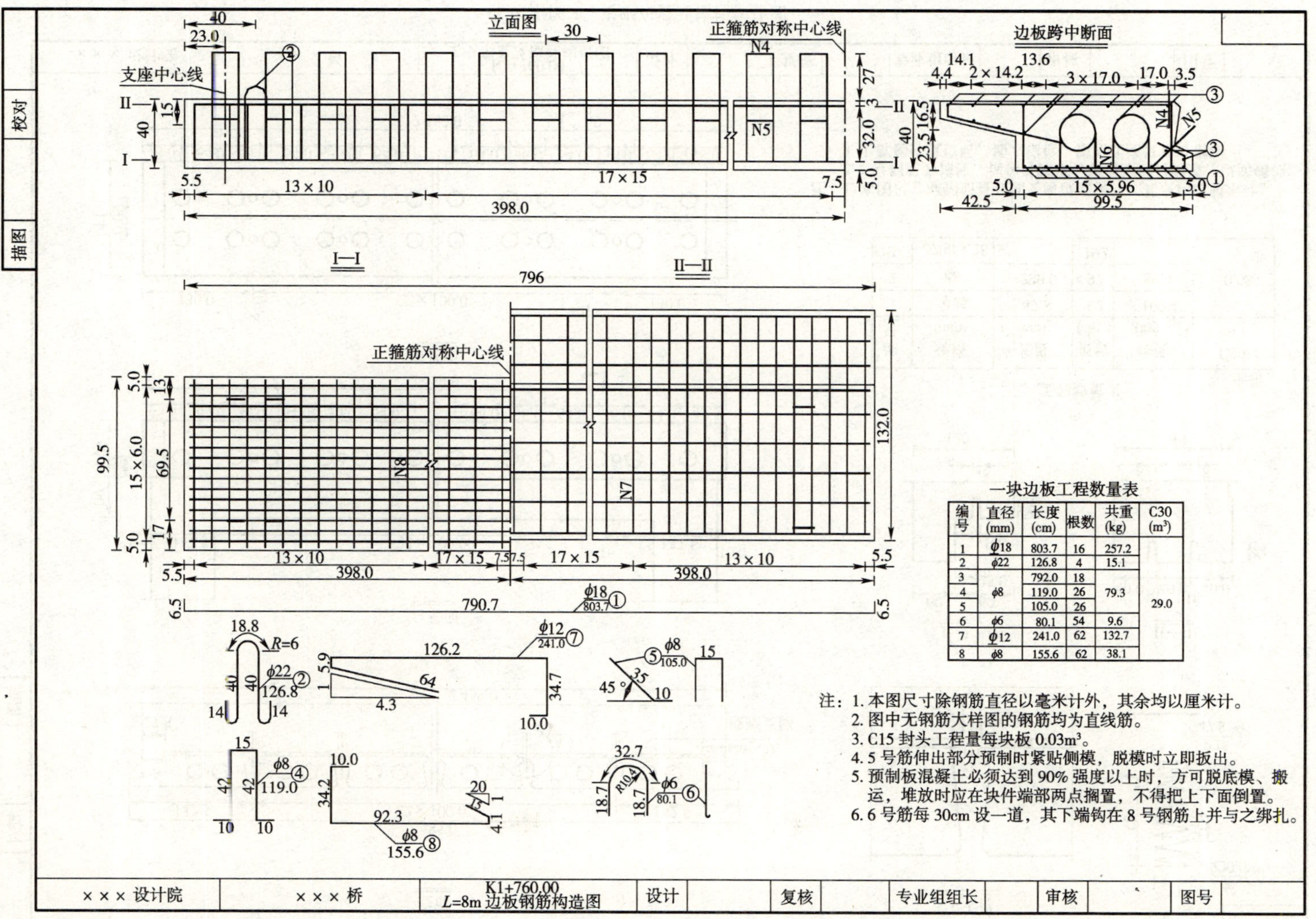

一块边板工程数量表

编号	直径(mm)	长度(cm)	根数	共重(kg)	C30(m^3)
1	φ18	803.7	16	257.2	29.0
2	φ22	126.8	4	15.1	
3	φ8	792.0	18	79.3	
4		119.0	26		
5		105.0	26		
6	φ6	80.1	54	9.6	
7	φ12	241.0	62	132.7	
8	φ8	155.6	62	38.1	

注：1. 本图尺寸除钢筋直径以毫米计外，其余均以厘米计。
2. 图中无钢筋大样图的钢筋均为直线筋。
3. C15 封头工程量每块板 0.03m^3。
4. 5 号筋伸出部分预制时紧贴侧模，脱模时立即扳出。
5. 预制板混凝土必须达到 90% 强度以上时，方可脱底模、搬运，堆放时应在块件端部两点搁置，不得把上下面倒置。
6. 6 号筋每 30cm 设一道，其下端钩在 8 号钢筋上并与之绑扎。

附图 6　边板钢筋构造图

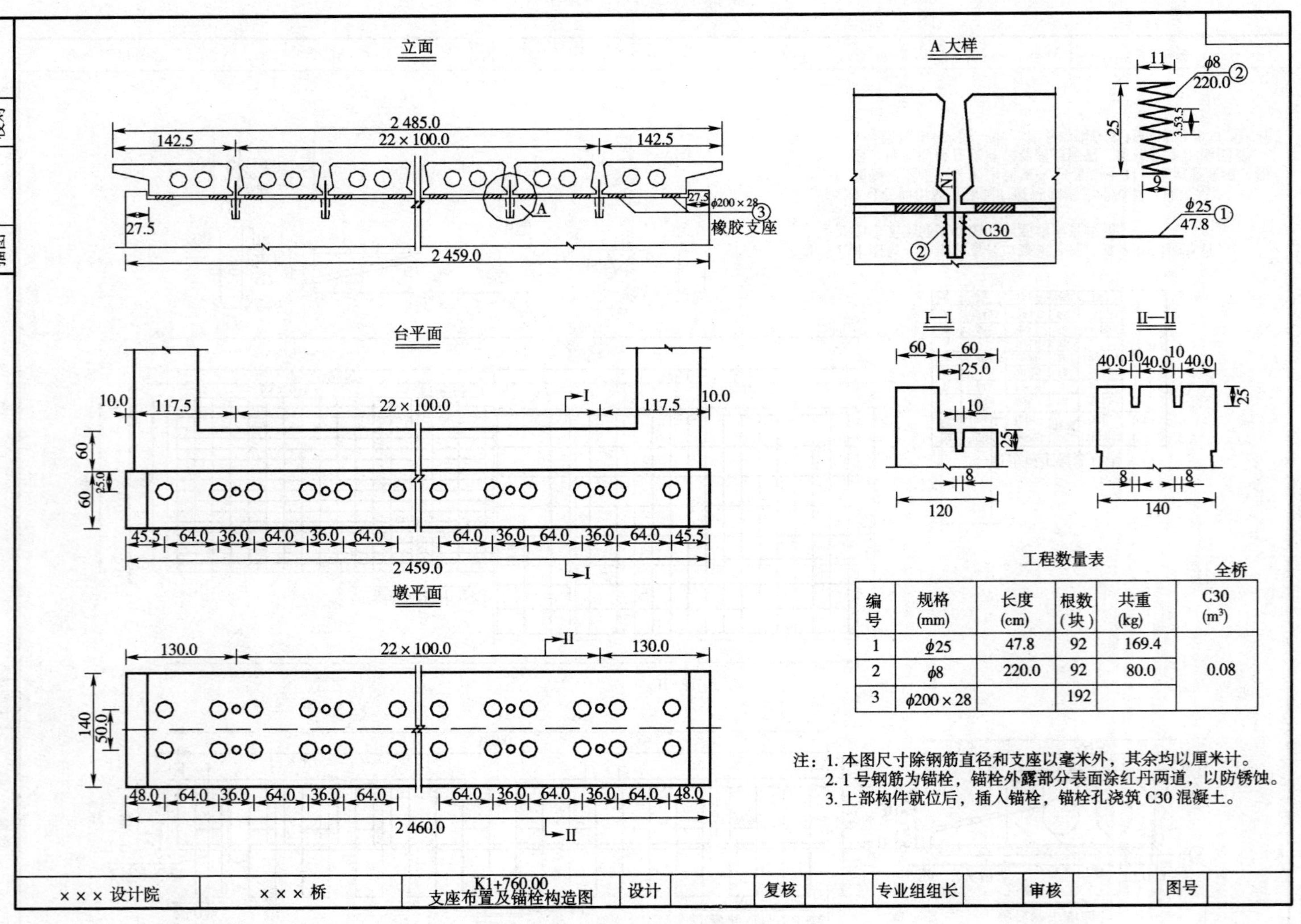

工程数量表

全桥

编号	规格 (mm)	长度 (cm)	根数 (块)	共重 (kg)	C30 (m^3)
1	φ25	47.8	92	169.4	0.08
2	φ8	220.0	92	80.0	
3	φ200 × 28		192		

注：1. 本图尺寸除钢筋直径和支座以毫米外，其余均以厘米计。
2. 1 号钢筋为锚栓，锚栓外露部分表面涂红丹两道，以防锈蚀。
3. 上部构件就位后，插入锚栓，锚栓孔浇筑 C30 混凝土。

附图 7　支座布置及锚栓构造图

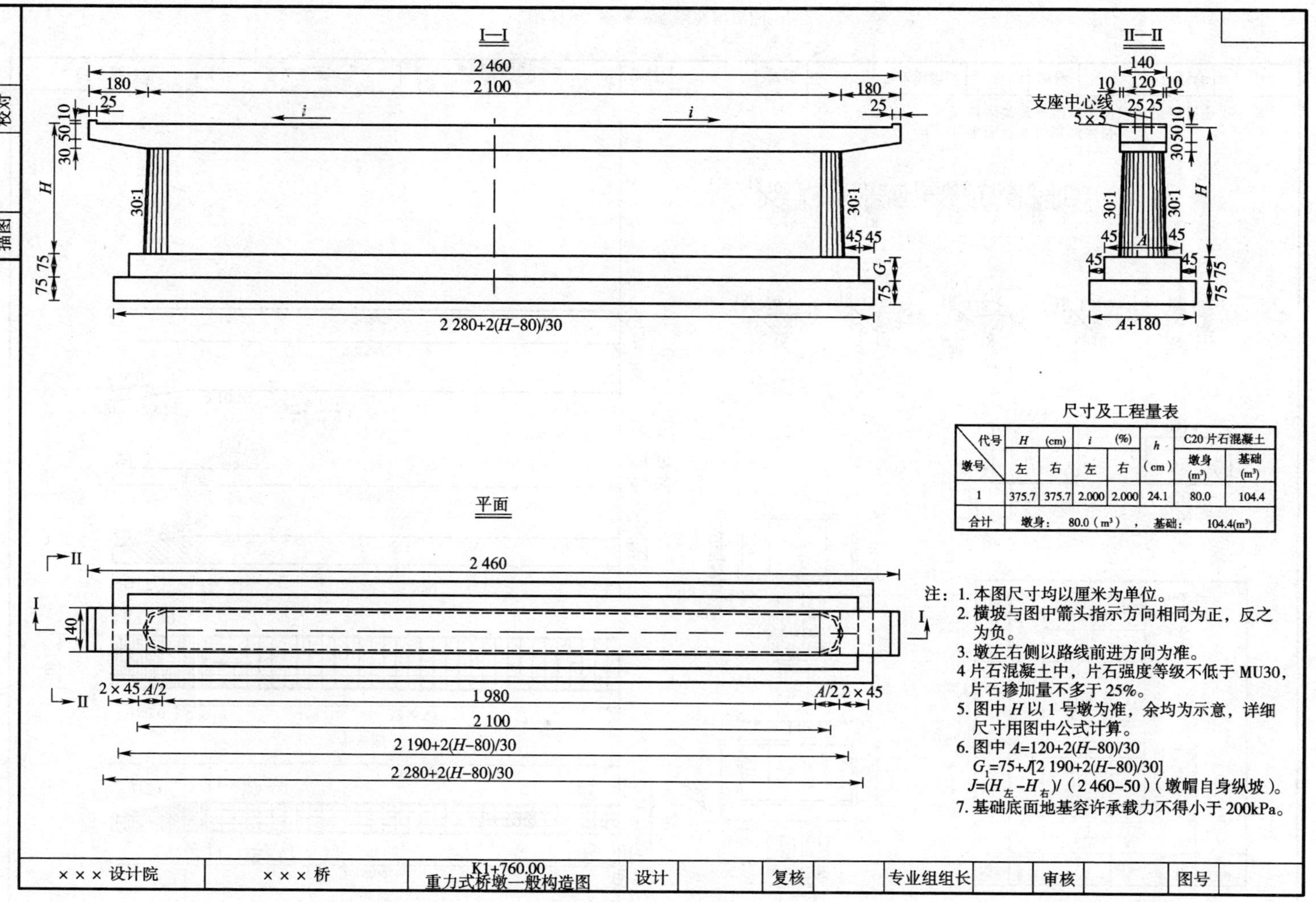

尺寸及工程量表

墩号 \ 代号	H (cm) 左	H (cm) 右	i (%) 左	i (%) 右	h (cm)	C20 片石混凝土 墩身 (m³)	C20 片石混凝土 基础 (m³)
1	375.7	375.7	2.000	2.000	24.1	80.0	104.4
合计	墩身：80.0（m³），基础：104.4(m³)						

注：1. 本图尺寸均以厘米为单位。
2. 横坡与图中箭头指示方向相同为正，反之为负。
3. 墩左右侧以路线前进方向为准。
4 片石混凝土中，片石强度等级不低于 MU30，片石掺加量不多于 25%。
5. 图中 H 以 1 号墩为准，余均为示意，详细尺寸用图中公式计算。
6. 图中 $A=120+2(H-80)/30$
$G_1=75+J[2\,190+2(H-80)/30]$
$J=(H_{左}-H_{右})/(2\,460-50)$（墩帽自身纵坡）。
7. 基础底面地基容许承载力不得小于 200kPa。

××× 设计院	××× 桥	K1+760.00 重力式桥墩一般构造图	设计		复核		专业组组长		审核		图号	

附图 8　重力式桥墩一般构造图

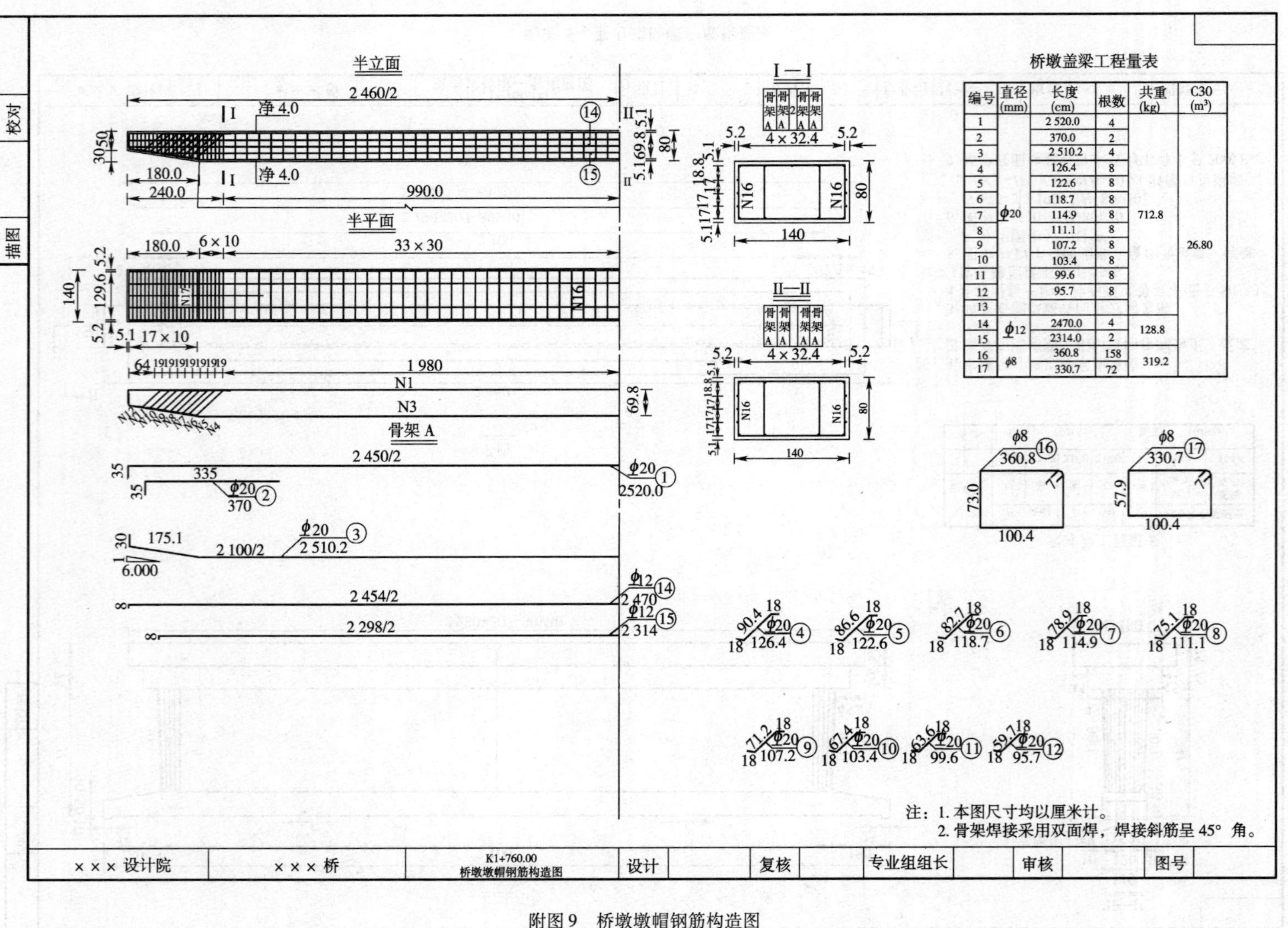

桥墩盖梁工程量表

编号	直径(mm)	长度(cm)	根数	共重(kg)	C30(m³)
1		2 520.0	4		
2		370.0	2		
3		2 510.2	4		
4		126.4	8		
5		122.6	8		
6		118.7	8		
7	φ20	114.9	8	712.8	
8		111.1	8		
9		107.2	8		26.80
10		103.4	8		
11		99.6	8		
12		95.7	8		
13					
14	φ12	2470.0	4	128.8	
15		2314.0	2		
16	φ8	360.8	158	319.2	
17		330.7	72		

注：1. 本图尺寸均以厘米计。
2. 骨架焊接采用双面焊，焊接斜筋呈 45° 角。

附图 9　桥墩墩帽钢筋构造图

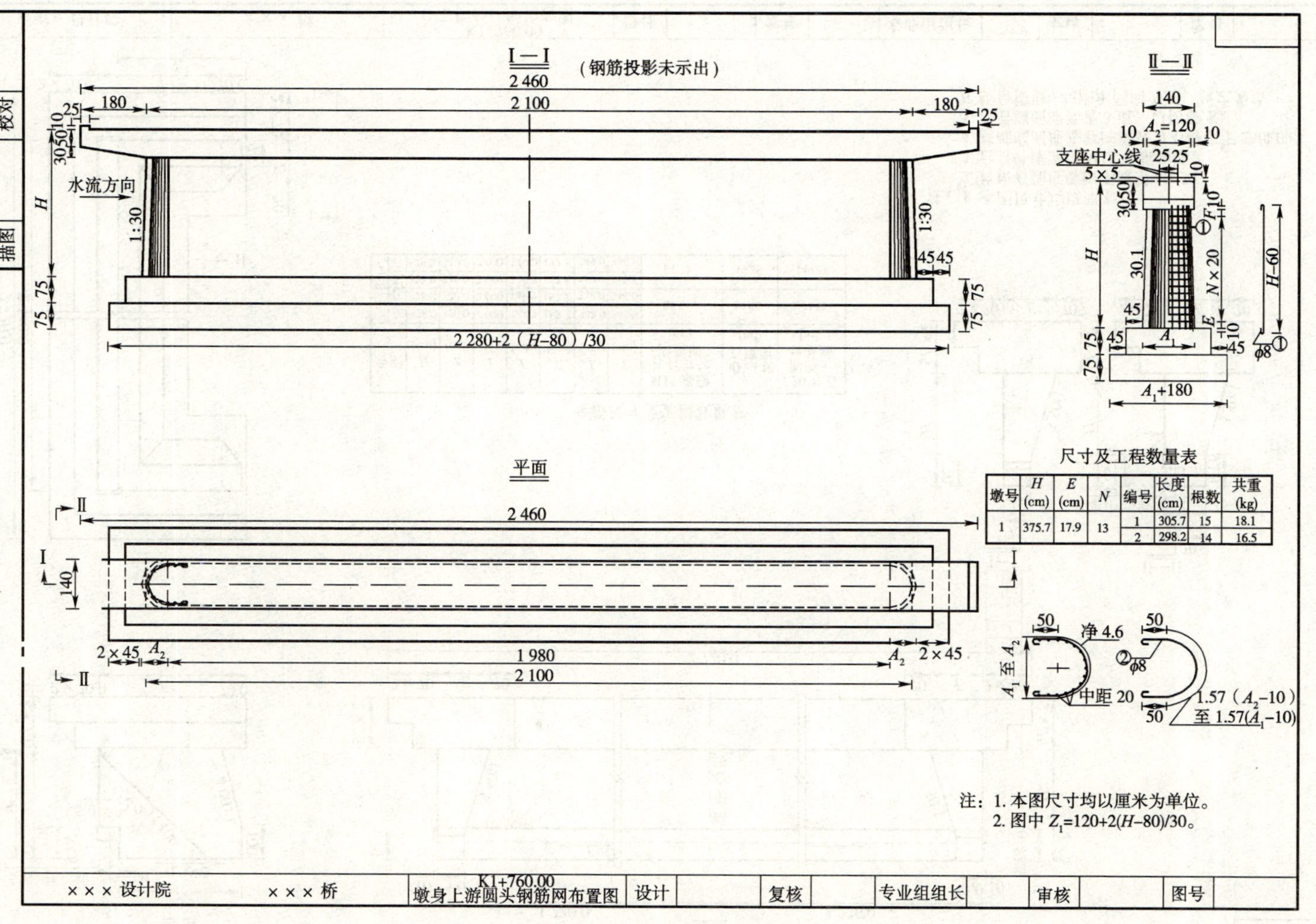

尺寸及工程数量表

墩号	H (cm)	E (cm)	N	编号	长度 (cm)	根数	共重 (kg)
1	375.7	17.9	13	1	305.7	15	18.1
				2	298.2	14	16.5

附图 10　墩身上游圆头钢筋网布置图

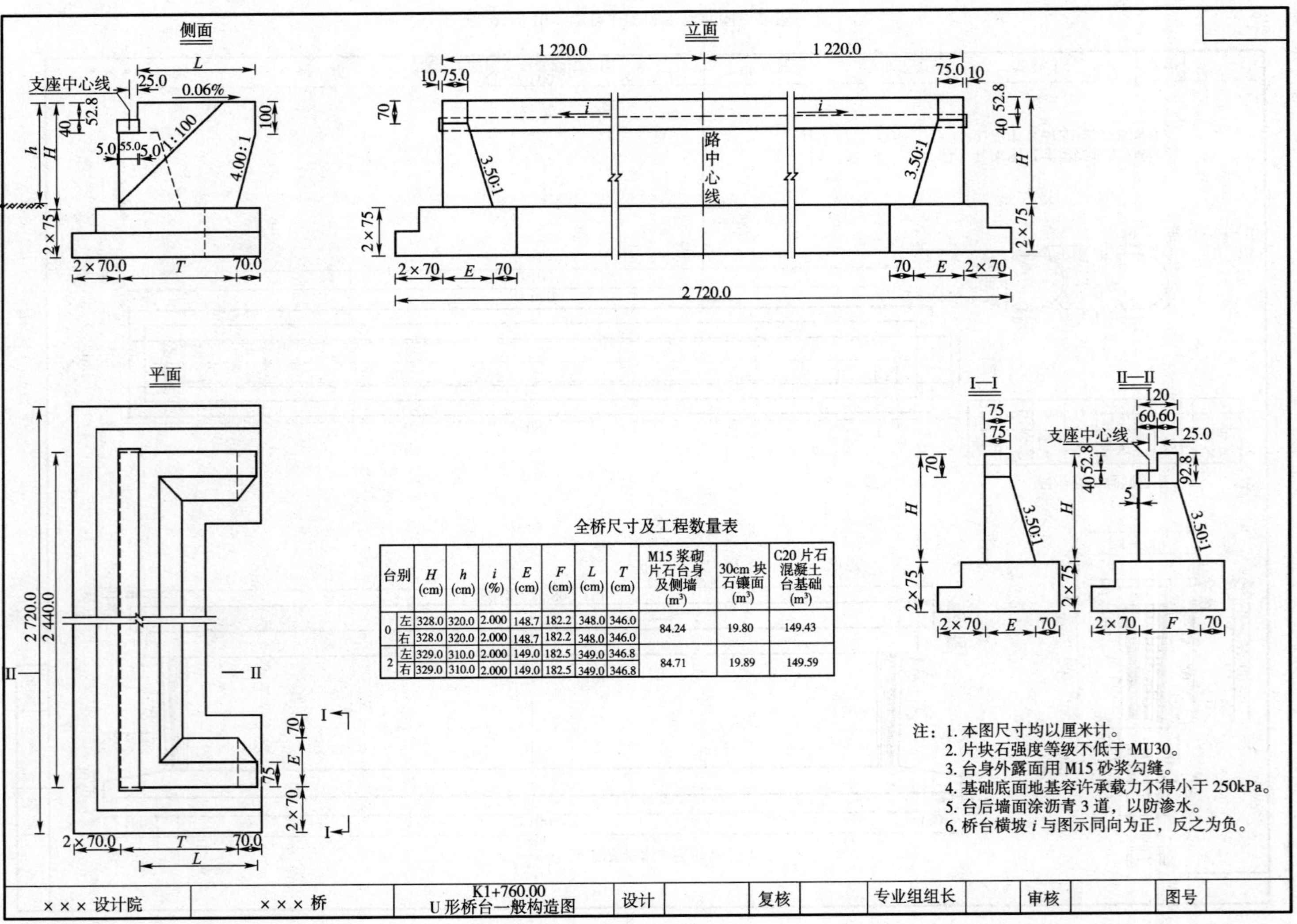

全桥尺寸及工程数量表

台别		H (cm)	h (cm)	i (%)	E (cm)	F (cm)	L (cm)	T (cm)	M15 浆砌片石台身及侧墙 (m^3)	30cm 块石镶面 (m^3)	C20 片石混凝土台基础 (m^3)
0	左	328.0	320.0	2.000	148.7	182.2	348.0	346.0	84.24	19.80	149.43
	右	328.0	320.0	2.000	148.7	182.2	348.0	346.0			
2	左	329.0	310.0	2.000	149.0	182.5	349.0	346.8	84.71	19.89	149.59
	右	329.0	310.0	2.000	149.0	182.5	349.0	346.8			

注：1. 本图尺寸均以厘米计。
2. 片块石强度等级不低于 MU30。
3. 台身外露面用 M15 砂浆勾缝。
4. 基础底面地基容许承载力不得小于 250kPa。
5. 台后墙面涂沥青 3 道，以防渗水。
6. 桥台横坡 i 与图示同向为正，反之为负。

附图 11　U 形桥台一般构造图

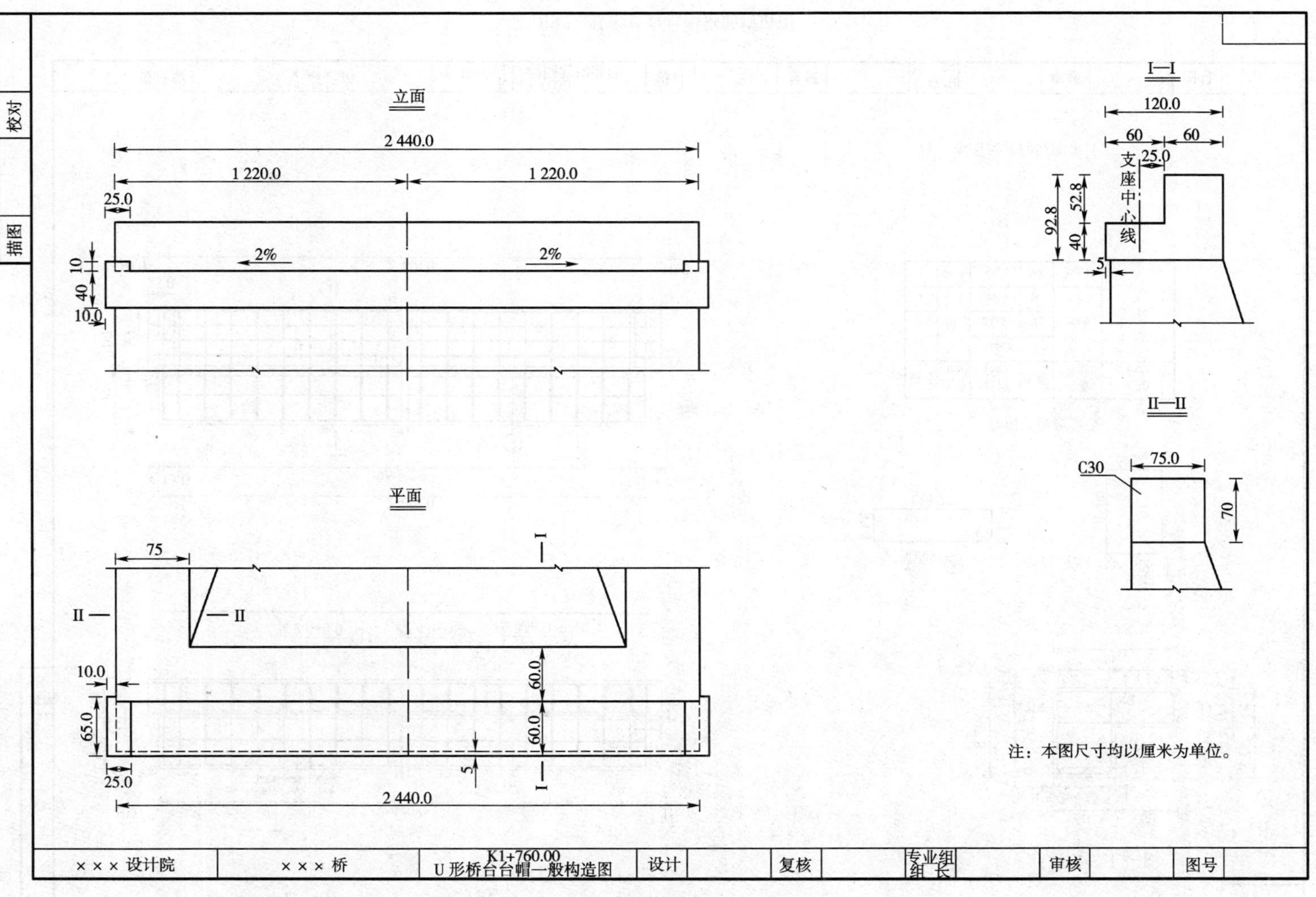

附图12 U形桥台台帽一般构造图

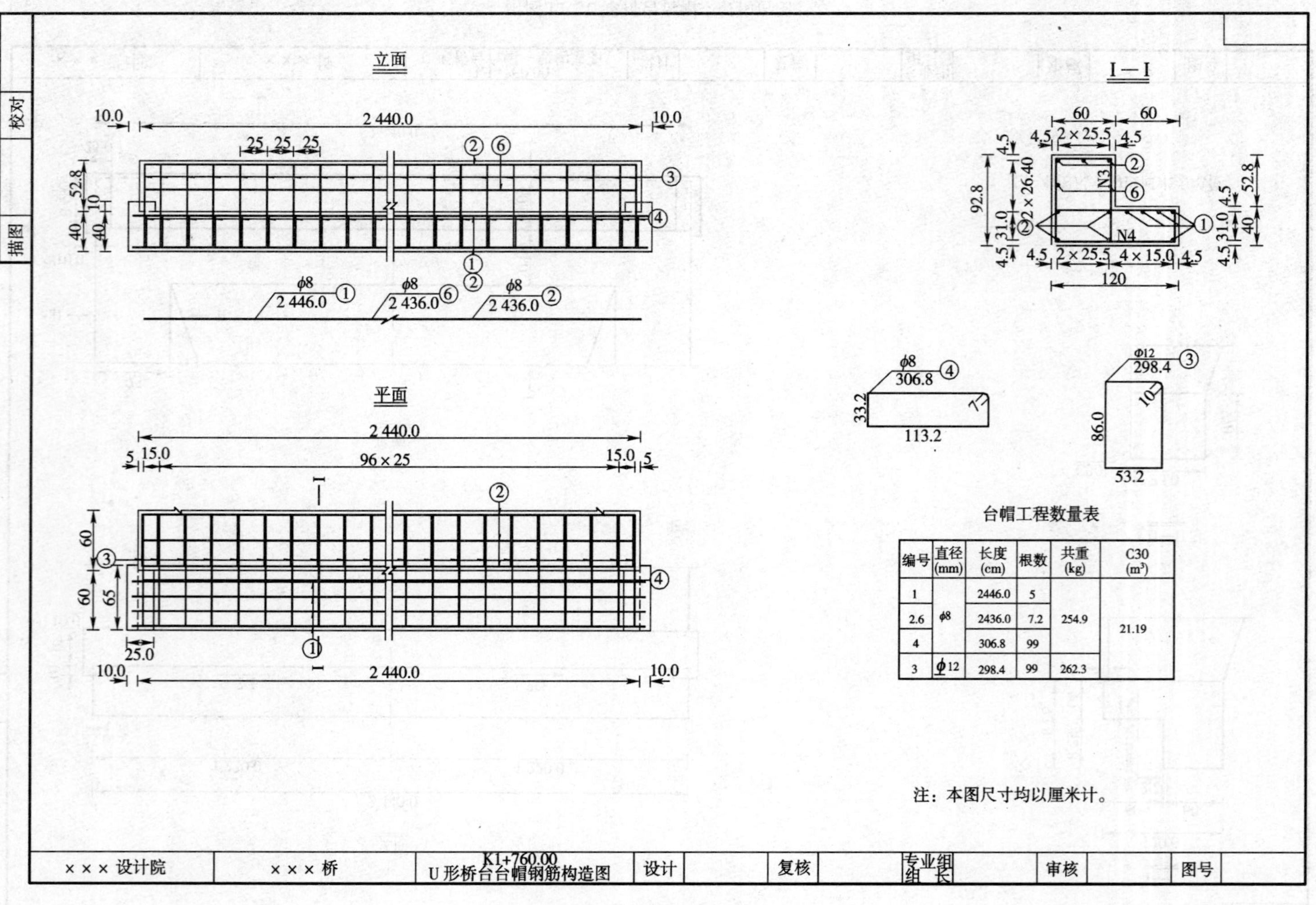

台帽工程数量表

编号	直径(mm)	长度(cm)	根数	共重(kg)	C30(m³)
1	ϕ8	2446.0	5	254.9	21.19
2.6		2436.0	7.2		
4		306.8	99		
3	ϕ12	298.4	99	262.3	

注：本图尺寸均以厘米计。

附图 13　U 形桥台台帽钢筋构造图

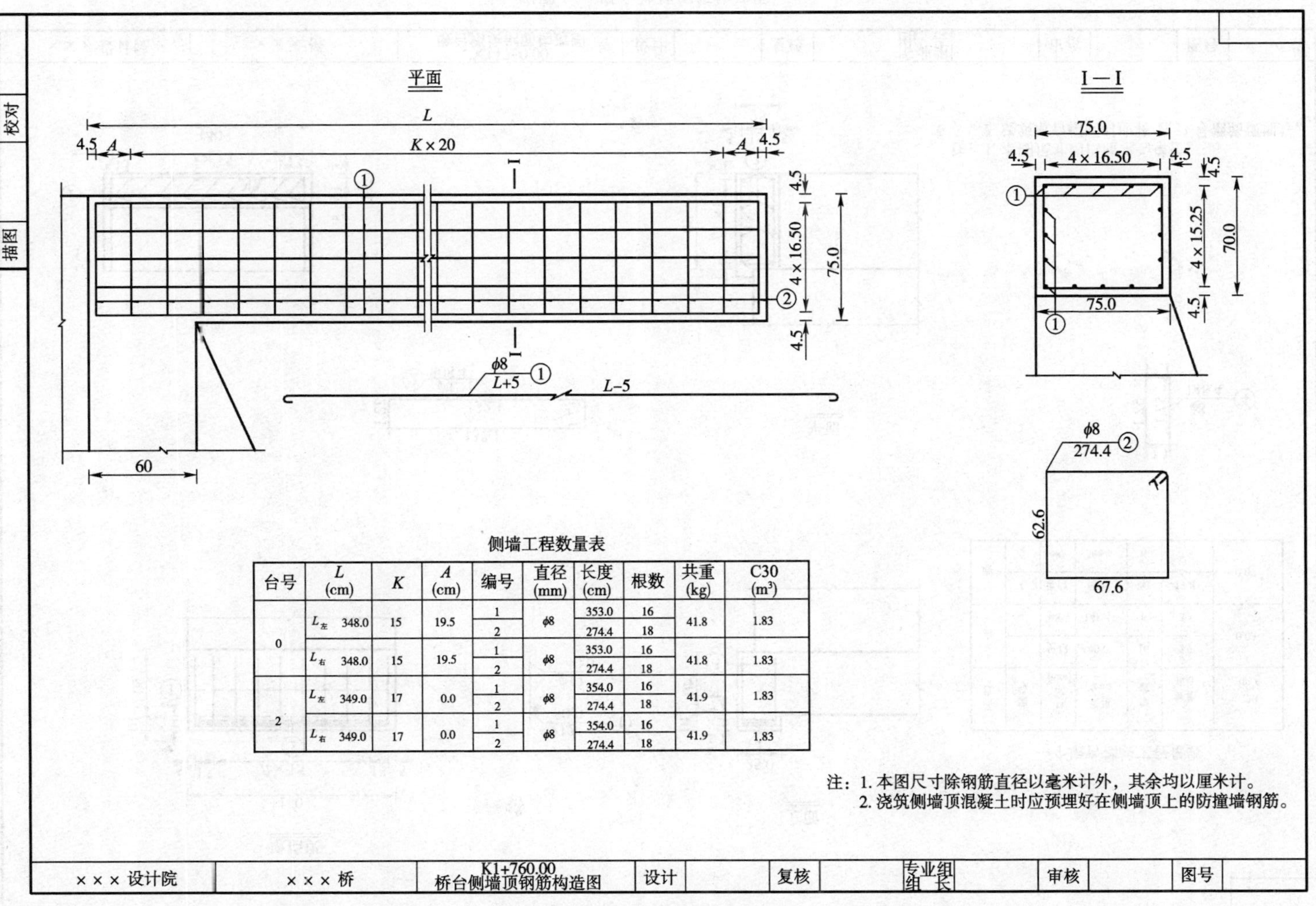

侧墙工程数量表

台号	L (cm)	K	A (cm)	编号	直径 (mm)	长度 (cm)	根数	共重 (kg)	C30 (m^3)
0	$L_{左}$ 348.0	15	19.5	1	ϕ8	353.0	16	41.8	1.83
				2		274.4	18		
	$L_{右}$ 348.0	15	19.5	1	ϕ8	353.0	16	41.8	1.83
				2		274.4	18		
2	$L_{左}$ 349.0	17	0.0	1	ϕ8	354.0	16	41.9	1.83
				2		274.4	18		
	$L_{右}$ 349.0	17	0.0	1	ϕ8	354.0	16	41.9	1.83
				2		274.4	18		

注：1. 本图尺寸除钢筋直径以毫米计外，其余均以厘米计。
2. 浇筑侧墙顶混凝土时应预埋好在侧墙顶上的防撞墙钢筋。

×××设计院	×××桥	K1+760.00 桥台侧墙顶钢筋构造图	设计		复核		专业组组长		审核		图号	

校对

描图

附图 14　桥台侧墙顶钢筋构造图

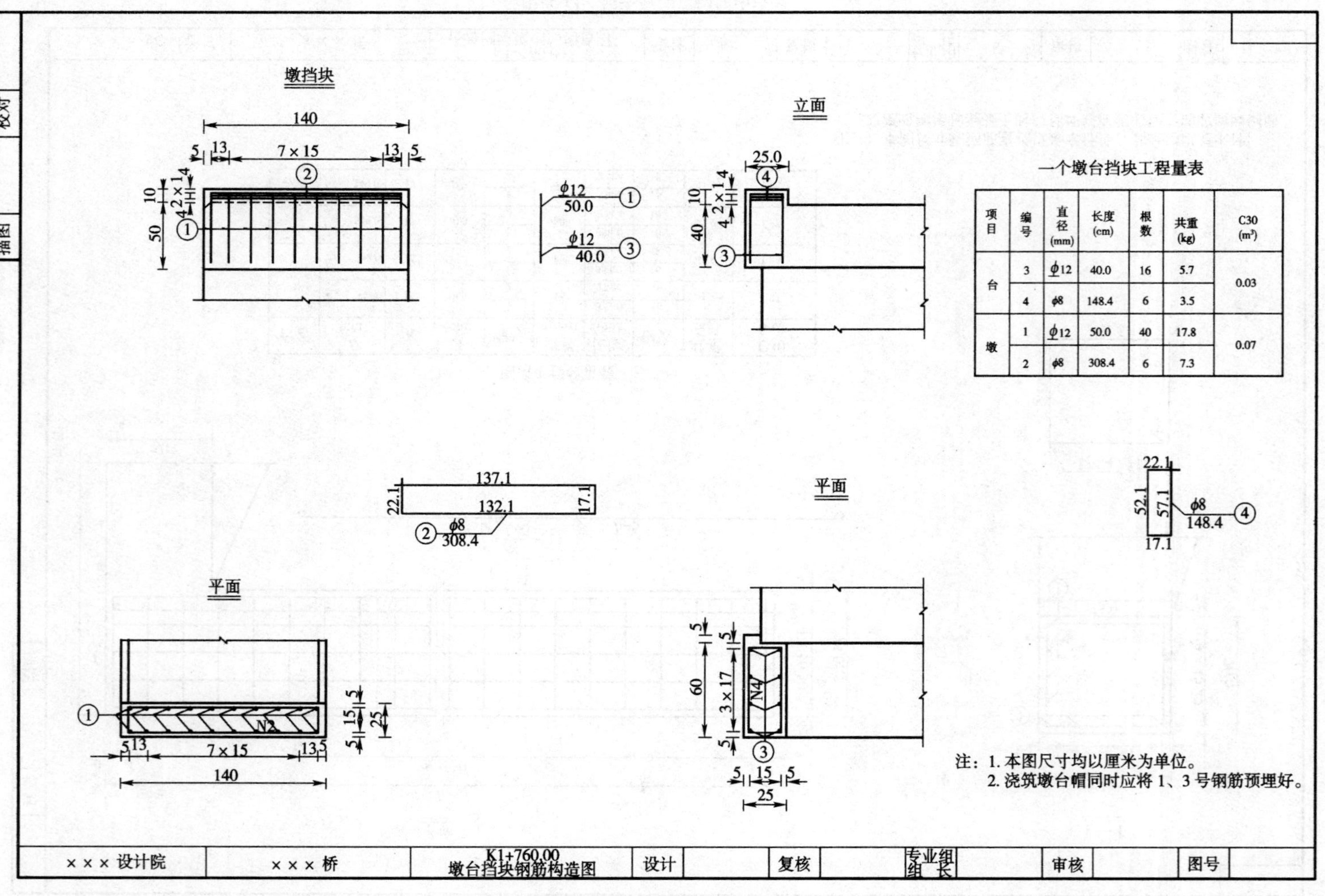

一个墩台挡块工程量表

项目	编号	直径(mm)	长度(cm)	根数	共重(kg)	C30(m³)
台	3	ϕ12	40.0	16	5.7	0.03
	4	φ8	148.4	6	3.5	
墩	1	ϕ12	50.0	40	17.8	0.07
	2	φ8	308.4	6	7.3	

注：1. 本图尺寸均以厘米为单位。
2. 浇筑墩台帽同时应将 1、3 号钢筋预埋好。

××× 设计院	××× 桥	K1+760.00 墩台挡块钢筋构造图	设计		复核		专业组组长		审核		图号	

附图 15　墩台挡块钢筋构造图

附录二

桩基础主要施工图纸

立面
15 300
4×2 500
2 500
300
K0+667.00
建平
阜朝线
1:1.50
1:1.63
0 号墩
1 号墩
2 号墩
3 号墩
4 号墩
5 号墩
6 号墩
386.500
362.500
387.783
370.783
中砂
角砾
碎石
片麻岩
K0+670.00
K0+720.00
K0+771.04
平面
K0+672.873
396.748
K0+670.00
396.811
K0+667.142
396.605
K0+695.00
397.436
K0+692.142
397.230
K0+697.873
397.373
K0+720.00
398.061
K0+717.142
397.855
K0+722.873
397.998
K0+745.00
398.686
K0+742.142
398.480
K0+747.873
398.623
K0+770.00
399.311
K0+767.142
399.105
K0+772.873
399.248
K0+795.00
399.936
K0+792.142
399.730
K0+797.873
399.873
K0+82.00
400.562
K0+817.142
400.355
K0+822.873
400.498
坡度(%)
坡长(m)
2.500
845
设计标高
396.811
397.436
398.061
398.686
399.311
399.936
400.562
地面标高
387.110
387.120
387.190
386.940
387.370
387.250
387.470
387.490
桩号
+680.00
+700.00
+720.00
+740.00
+760.00
+780.00
+800.00
+820.00
××× 设计院
××× 线
建兴大桥
桥型布置图(一)
设计
复核
校审
图号
描图
校对
附图 16 桥型布置图(一)

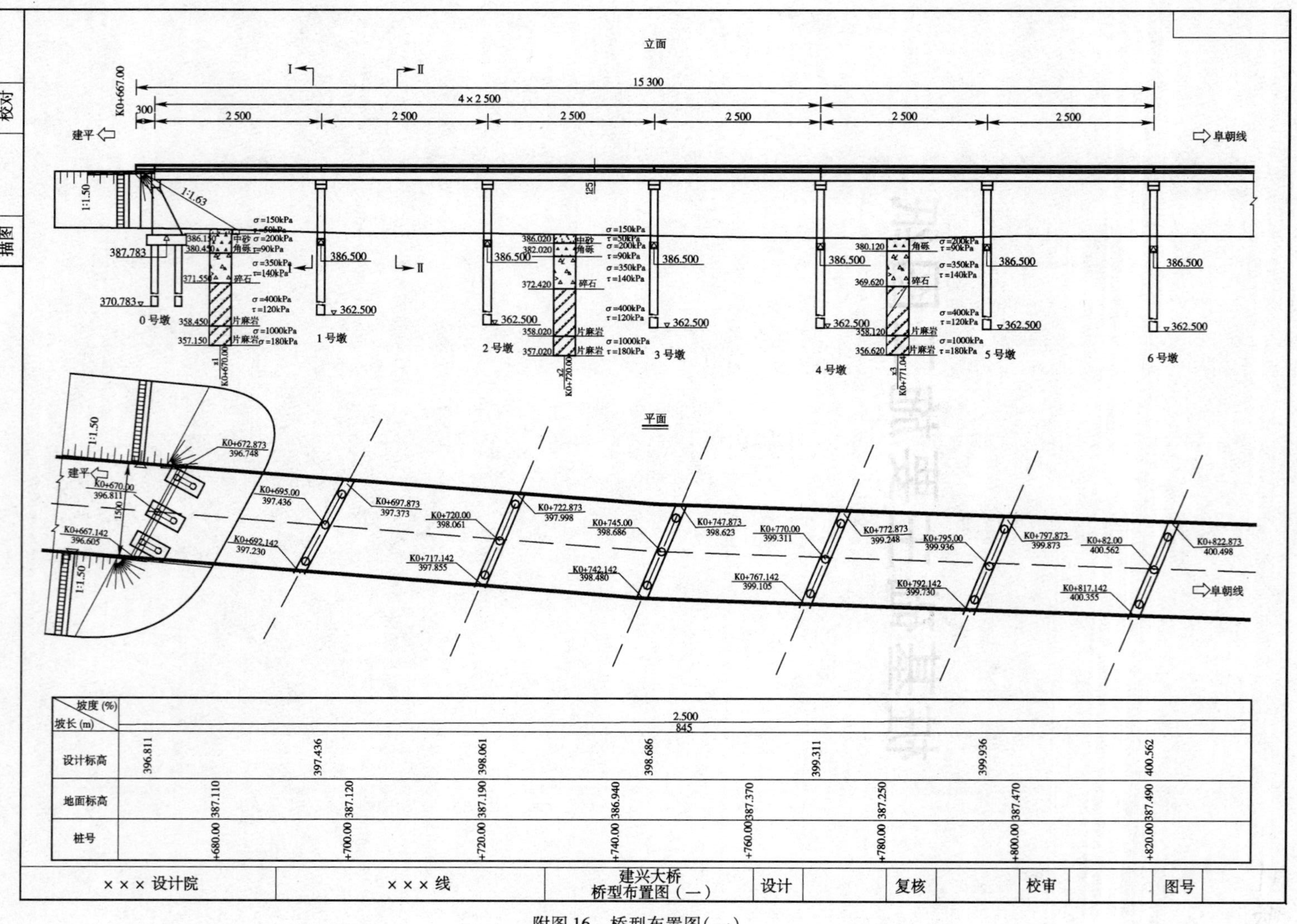

立面
15 000
5×25 000
5×25 000
2 500
2 500
2 500
2 500
2 500
2 500
建平
阜朝线
设计水位 H=388.25
6 号墩
7 号墩
8 号墩
9 号墩
10 号墩
11 号墩
12 号墩
平面
K0+829.133
圆曲线终点
××× 设计院
××× 线
建兴大桥
桥型布置图(二)
设计
复核
校审
图号
校对
描图

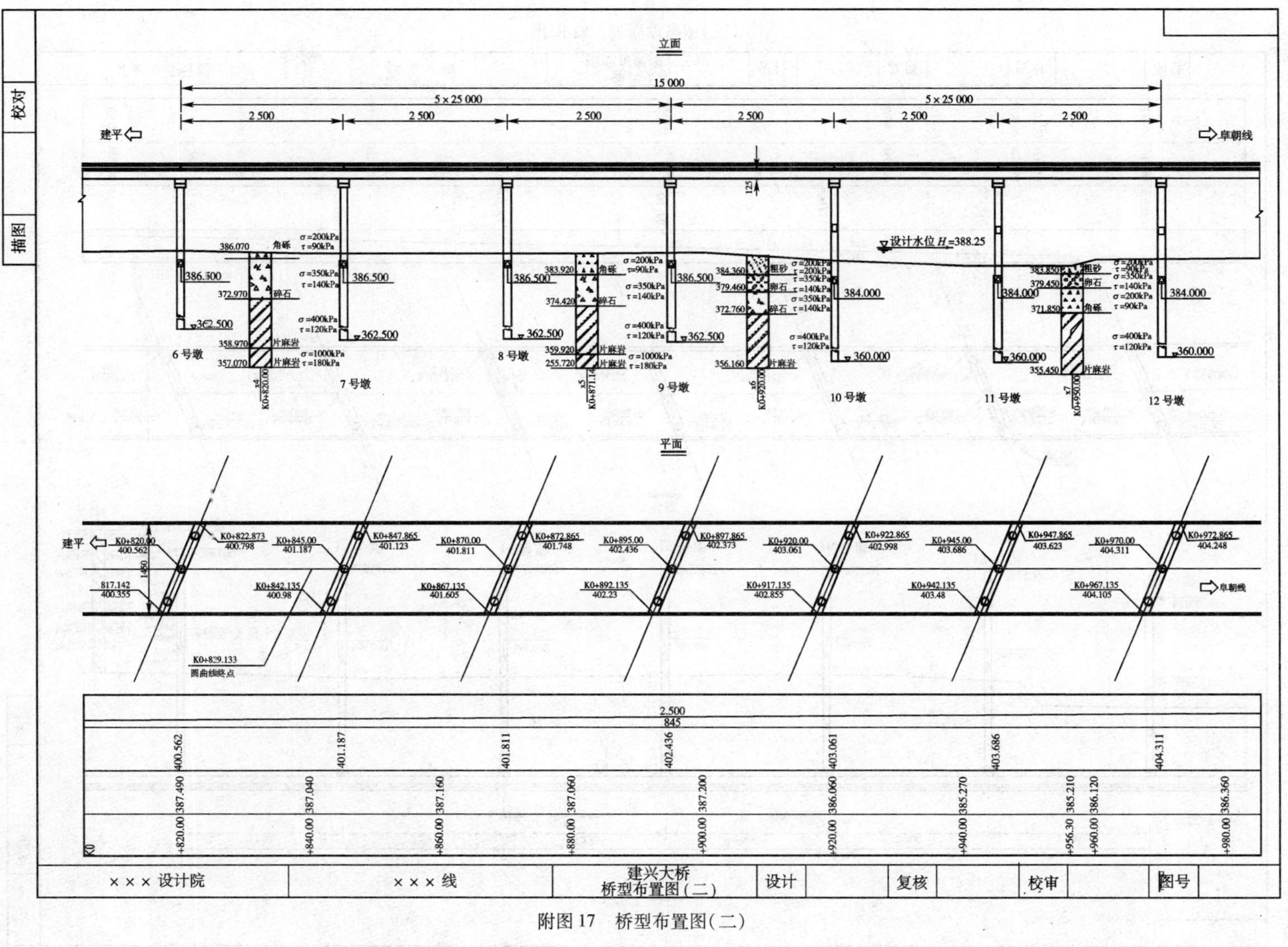

附图 17　桥型布置图(二)

立面
15 000
5×2 500
2 500
K1+20.00
桥中心
建平
阜朝线
12 号墩
13 号墩
14 号墩
15 号墩
16 号墩
17 号墩
18 号墩
卵石
亚黏土
全风化片麻岩
强风化片麻岩
弱风化片麻岩
平面
缓和曲线起点
××× 设计院
××× 线
建兴大桥
桥型布置图(三)
设计
复核
校审
图号
描图
校对

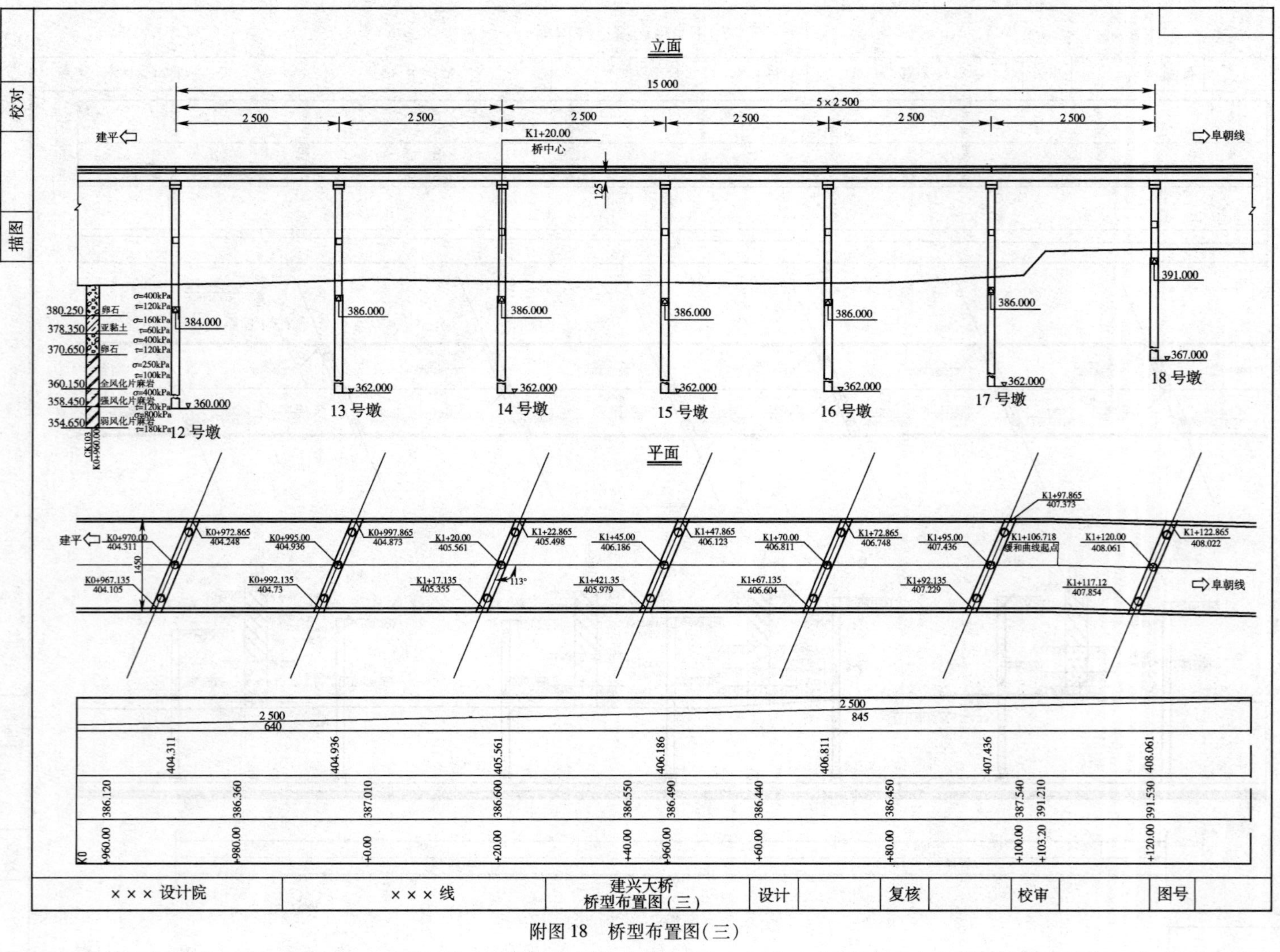

附图 18　桥型布置图(三)

立面
15 000
5×2 000
2 500
建平
朝阳
125
锦承铁路
18 号墩
19 号墩
20 号墩
21 号墩
22 号墩
23 号墩
24 号墩
391.000
367.000
392.000
368.000
393.000
369.000
393.500
369.500
394.500
370.500
396.000
372.000
平面
阜朝线
2 500
845
×××设计院
×××线
建兴大桥
桥型布置图（四）
设计
复核
校审
图号
校对
描图

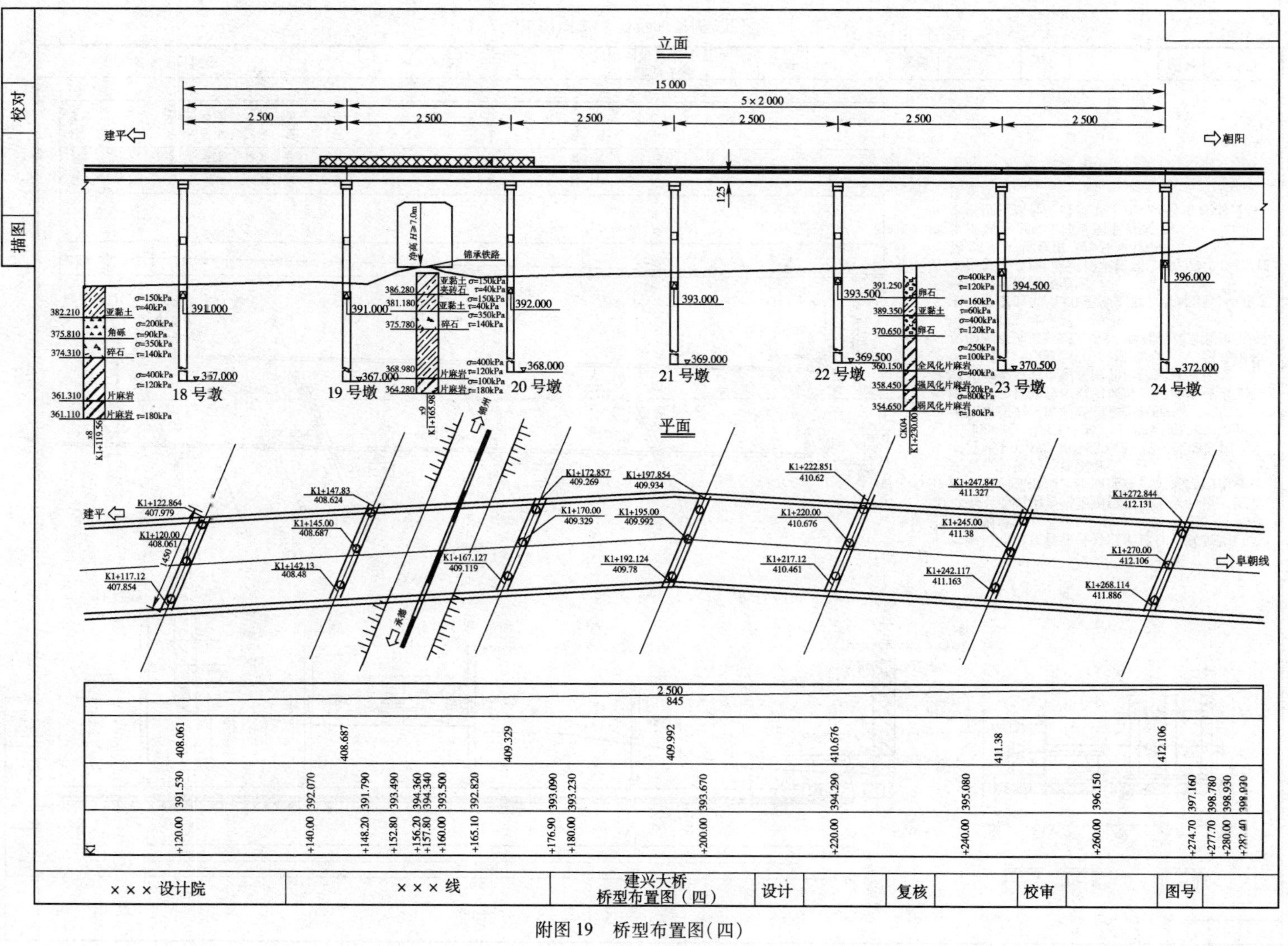

附图19 桥型布置图(四)

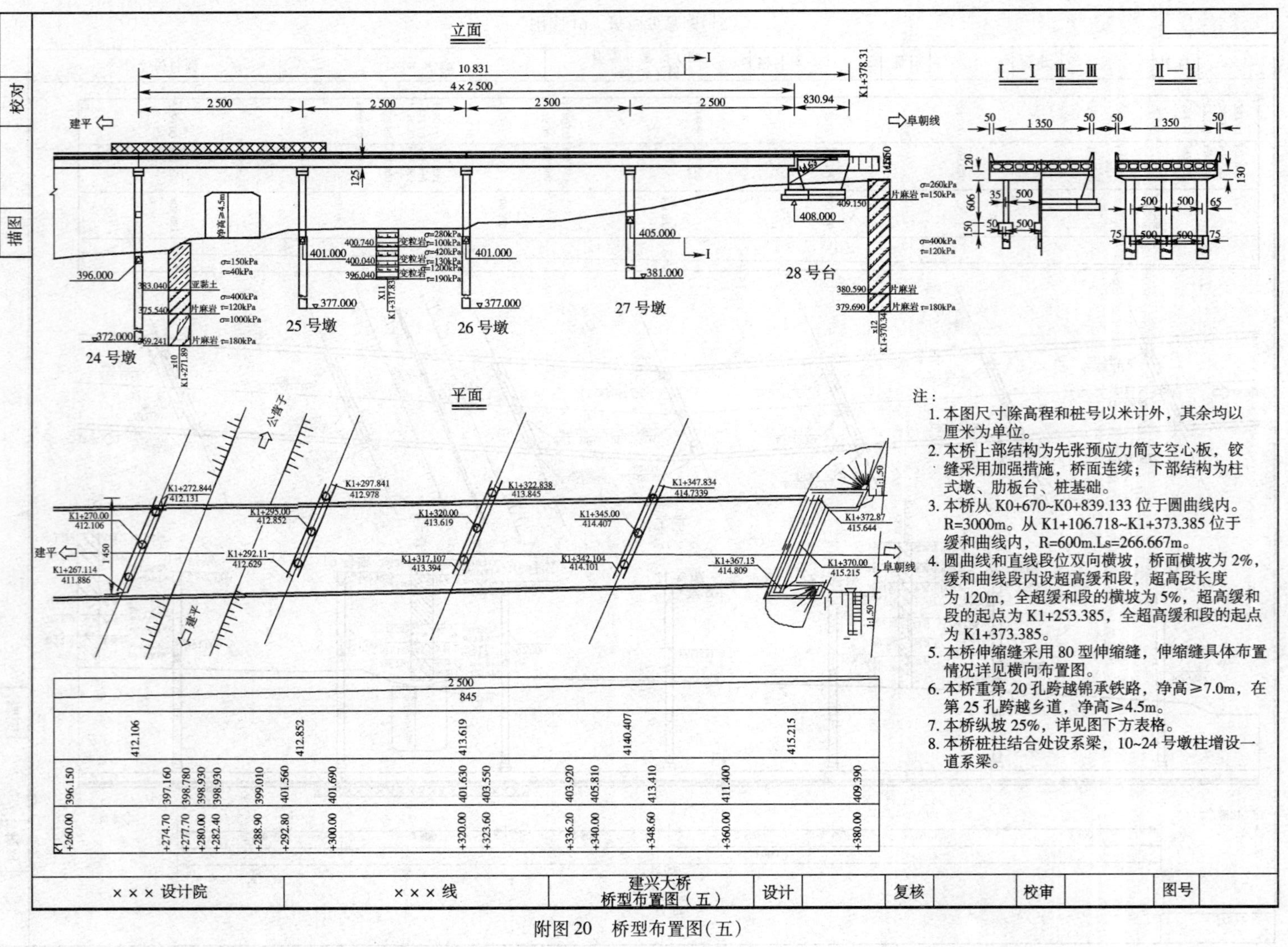
立面
10 831
4×2 500
2 500
2 500
2 500
2 500
830.94
K1+378.31
建平
阜朝线
24 号墩
25 号墩
26 号墩
27 号墩
28 号台
I—I
Ⅲ—Ⅲ
Ⅱ—Ⅱ
平面
公营子
建平
阜朝线
注：
1. 本图尺寸除高程和桩号以米计外，其余均以厘米为单位。
2. 本桥上部结构为先张预应力简支空心板，铰缝采用加强措施，桥面连续；下部结构为柱式墩、肋板台、桩基础。
3. 本桥从 K0+670~K0+839.133 位于圆曲线内。R=3000m。从 K1+106.718~K1+373.385 位于缓和曲线内，R=600m.Ls=266.667m。
4. 圆曲线和直线段位双向横坡，桥面横坡为 2%，缓和曲线段内设超高缓和段，超高段长度为 120m，全超缓和段的横坡为 5%，超高缓和段的起点为 K1+253.385，全超高缓和段的起点为 K1+373.385。
5. 本桥伸缩缝采用 80 型伸缩缝，伸缩缝具体布置情况详见横向布置图。
6. 本桥重第 20 孔跨越锦承铁路，净高≥7.0m，在第 25 孔跨越乡道，净高≥4.5m。
7. 本桥纵坡 25%，详见图下方表格。
8. 本桥桩柱结合处设系梁，10~24 号墩柱增设一道系梁。
×××设计院
×××线
建兴大桥
桥型布置图（五）
设计
复核
校审
图号
校对
描图

附图 20　桥型布置图(五)

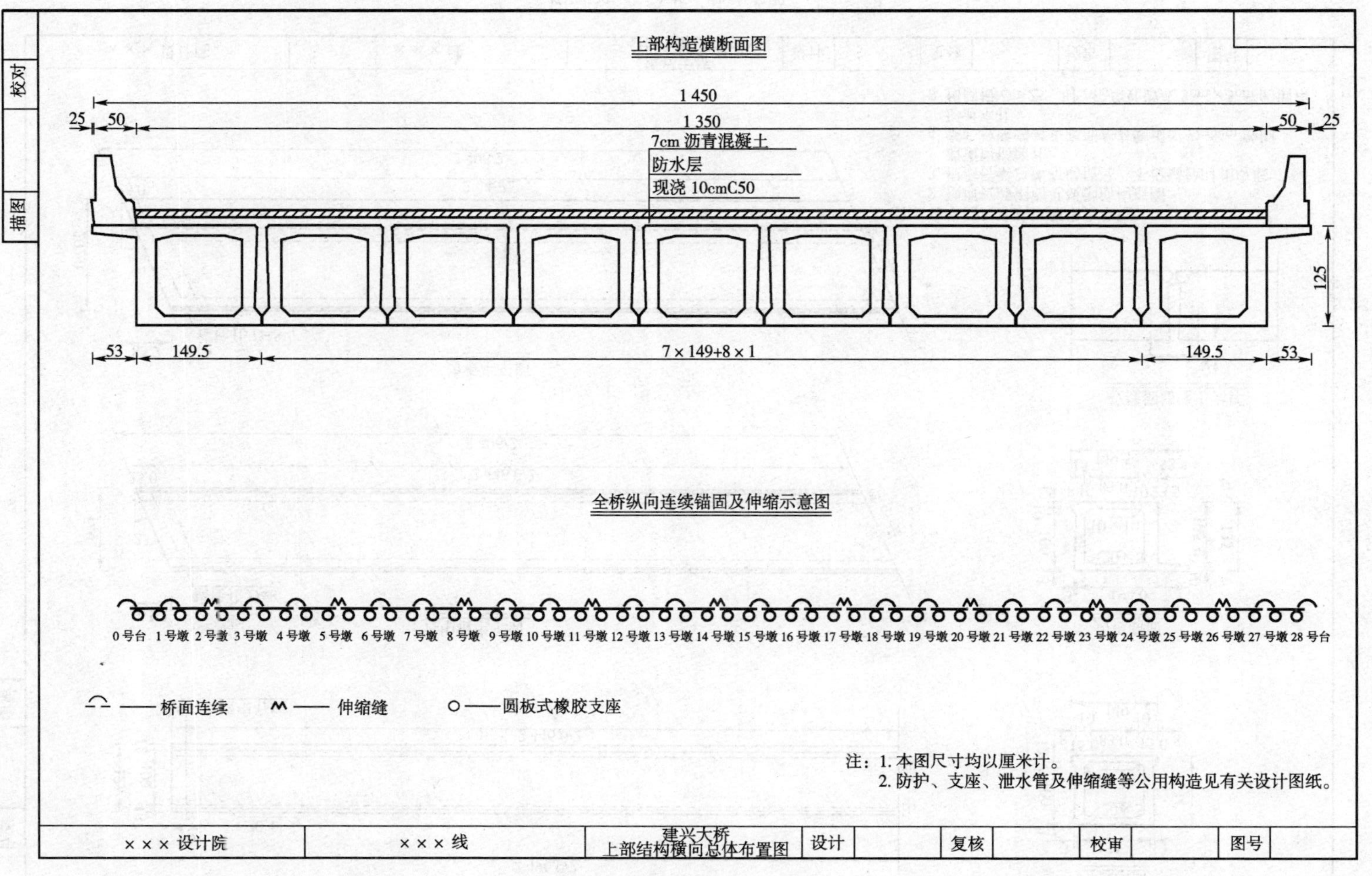

附图 21 上部结构横向总体布置图

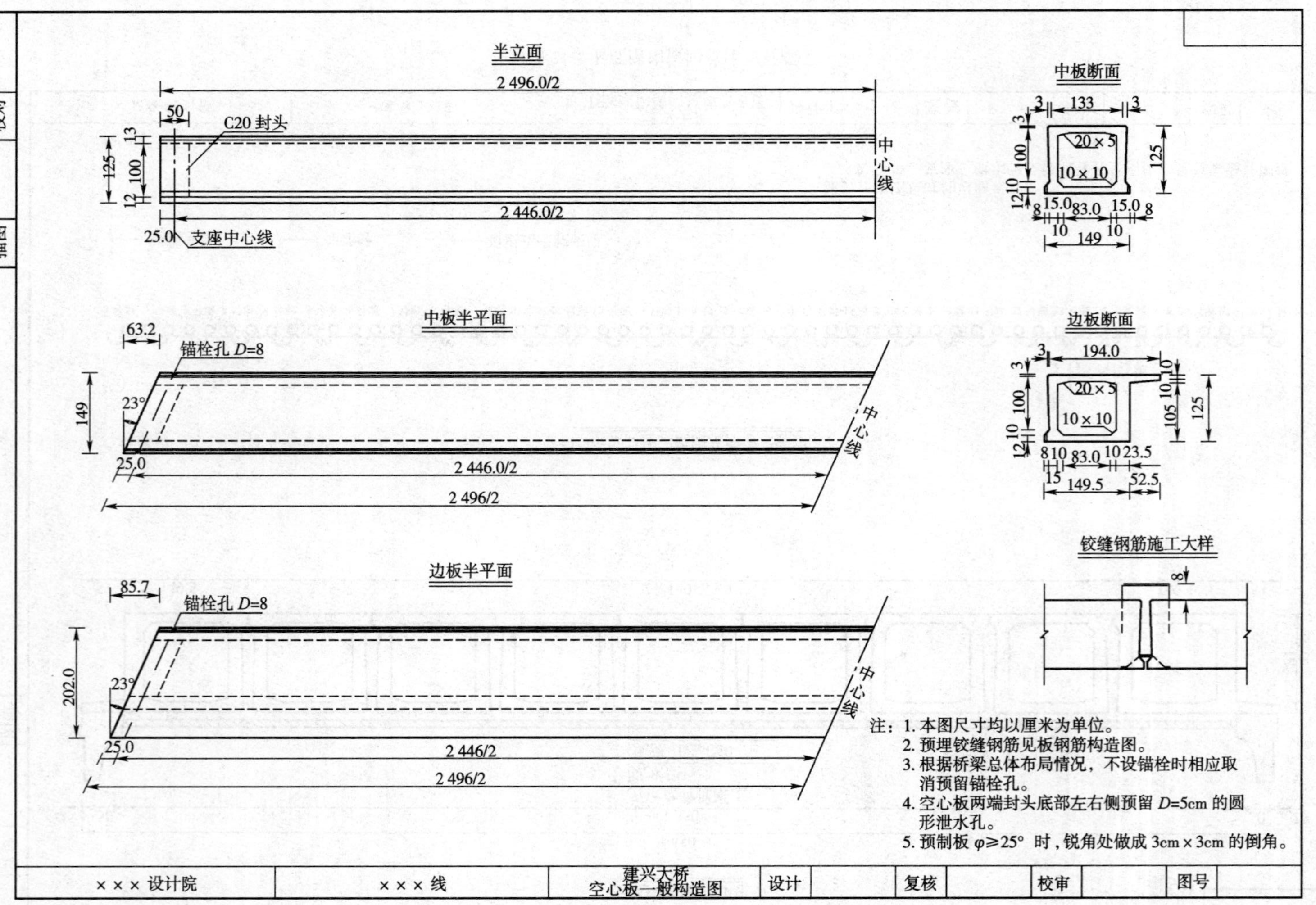

附图 22　空心板一般构造图

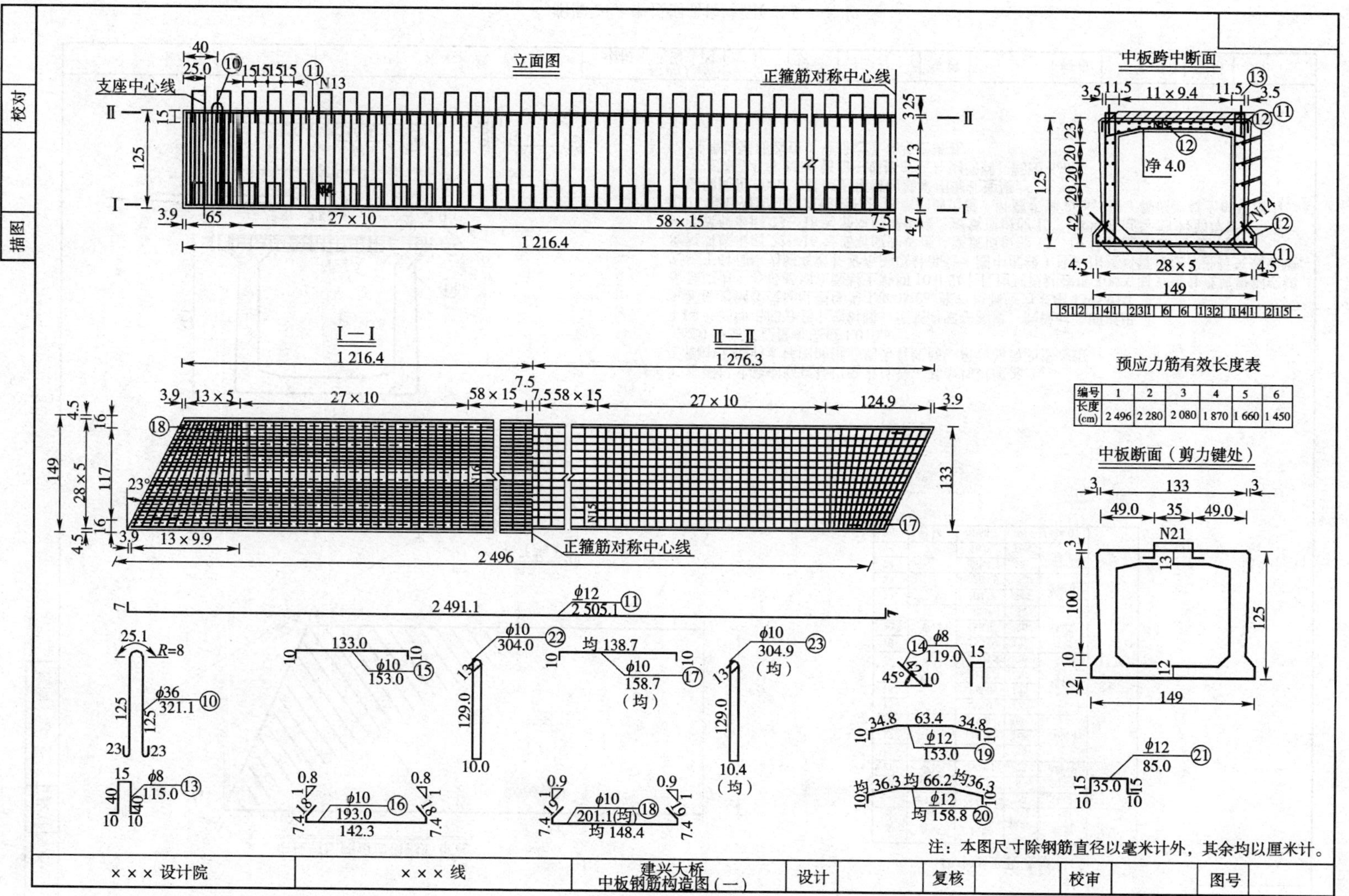

编号	1	2	3	4	5	6
长度(cm)	2 496	2 280	2 080	1 870	1 660	1 450

附图 23　中板钢筋构造图(一)

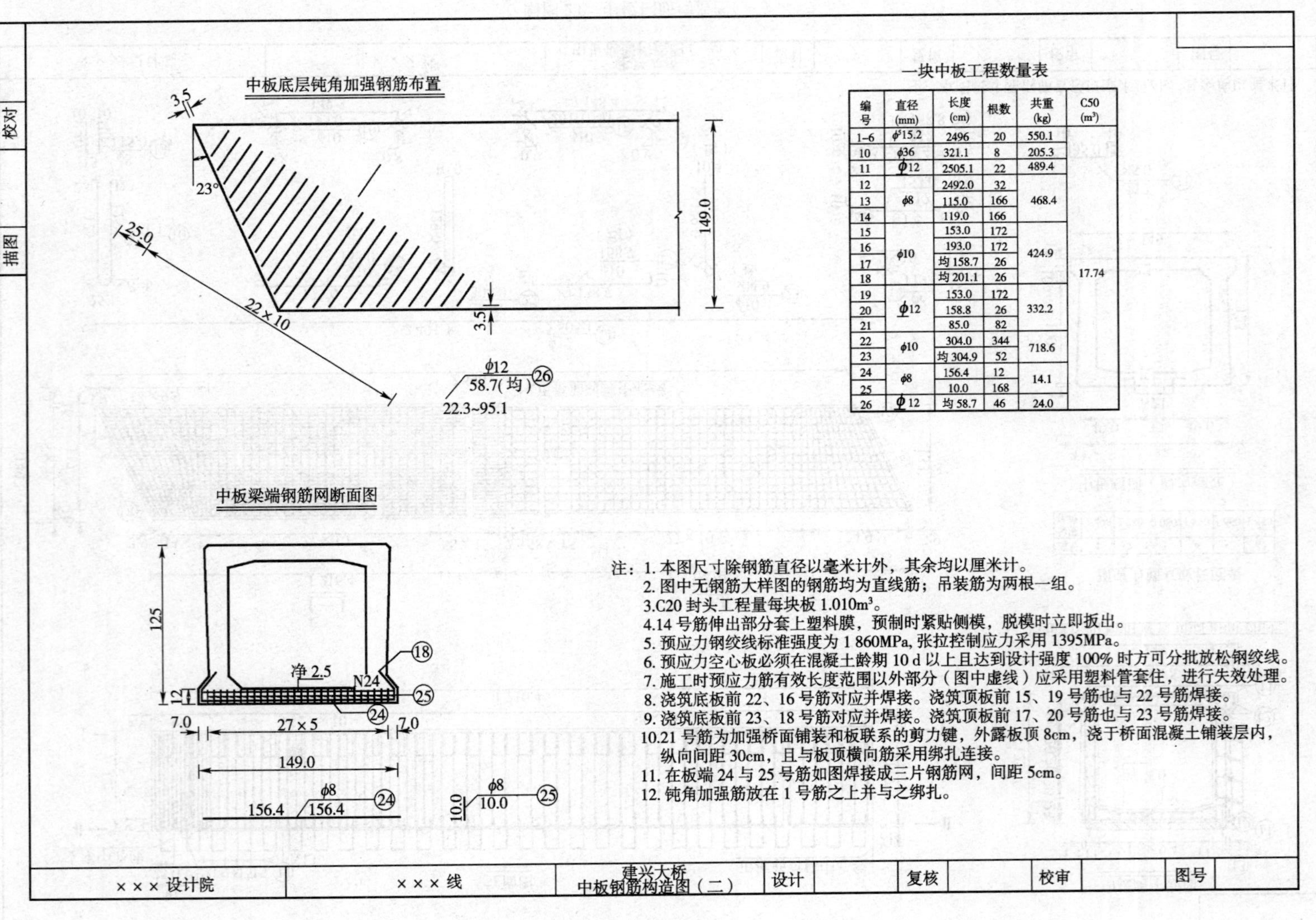

一块中板工程数量表

编号	直径 (mm)	长度 (cm)	根数	共重 (kg)	C50 (m^3)
1~6	ϕ15.2	2496	20	550.1	17.74
10	ϕ36	321.1	8	205.3	
11	ϕ12	2505.1	22	489.4	
12	ϕ8	2492.0	32	468.4	
13		115.0	166		
14		119.0	166		
15	ϕ10	153.0	172	424.9	
16		193.0	172		
17		均 158.7	26		
18		均 201.1	26		
19	ϕ12	153.0	172	332.2	
20		158.8	26		
21		85.0	82		
22	ϕ10	304.0	344	718.6	
23		均 304.9	52		
24	ϕ8	156.4	12	14.1	
25		10.0	168		
26	ϕ12	均 58.7	46	24.0	

注：1. 本图尺寸除钢筋直径以毫米计外，其余均以厘米计。
2. 图中无钢筋大样图的钢筋均为直线筋；吊装筋为两根一组。
3.C20 封头工程量每块板 1.010m^3。
4.14 号筋伸出部分套上塑料膜，预制时紧贴侧模，脱模时立即扳出。
5. 预应力钢绞线标准强度为 1 860MPa, 张拉控制应力采用 1395MPa。
6. 预应力空心板必须在混凝土龄期 10 d 以上且达到设计强度 100% 时方可分批放松钢绞线。
7. 施工时预应力筋有效长度范围以外部分（图中虚线）应采用塑料管套住，进行失效处理。
8. 浇筑底板前 22、16 号筋对应并焊接。浇筑顶板前 15、19 号筋也与 22 号筋焊接。
9. 浇筑底板前 23、18 号筋对应并焊接。浇筑顶板前 17、20 号筋也与 23 号筋焊接。
10.21 号筋为加强桥面铺装和板联系的剪力键，外露板顶 8cm，浇于桥面混凝土铺装层内，纵向间距 30cm，且与板顶横向筋采用绑扎连接。
11. 在板端 24 与 25 号筋如图焊接成三片钢筋网，间距 5cm。
12. 钝角加强筋放在 1 号筋之上并与之绑扎。

附图 24　中板钢筋构造图(二)

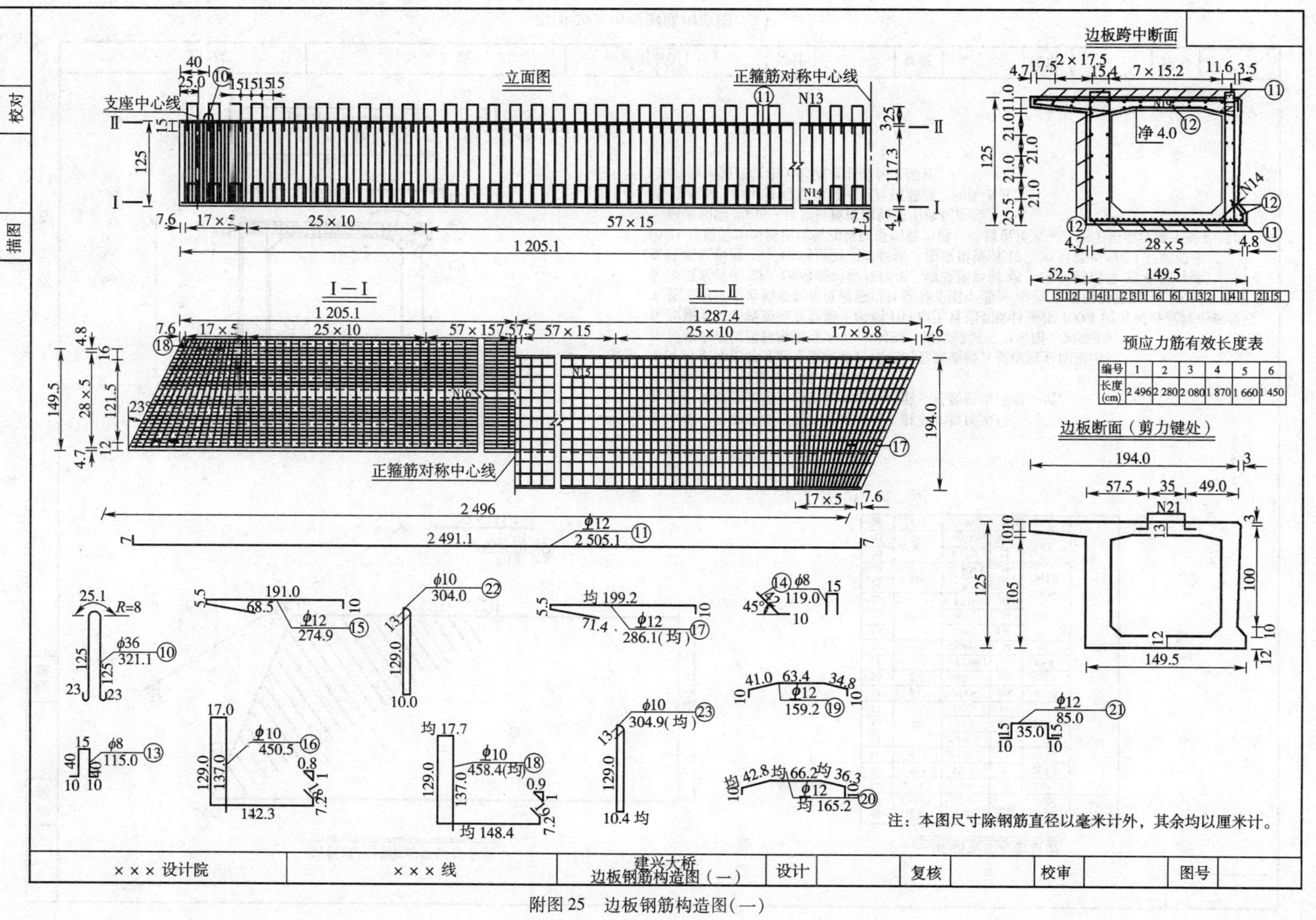

编号	1	2	3	4	5	6
长度(cm)	2 496	2 280	2 080	1 870	1 660	1 450

附图25 边板钢筋构造图（一）

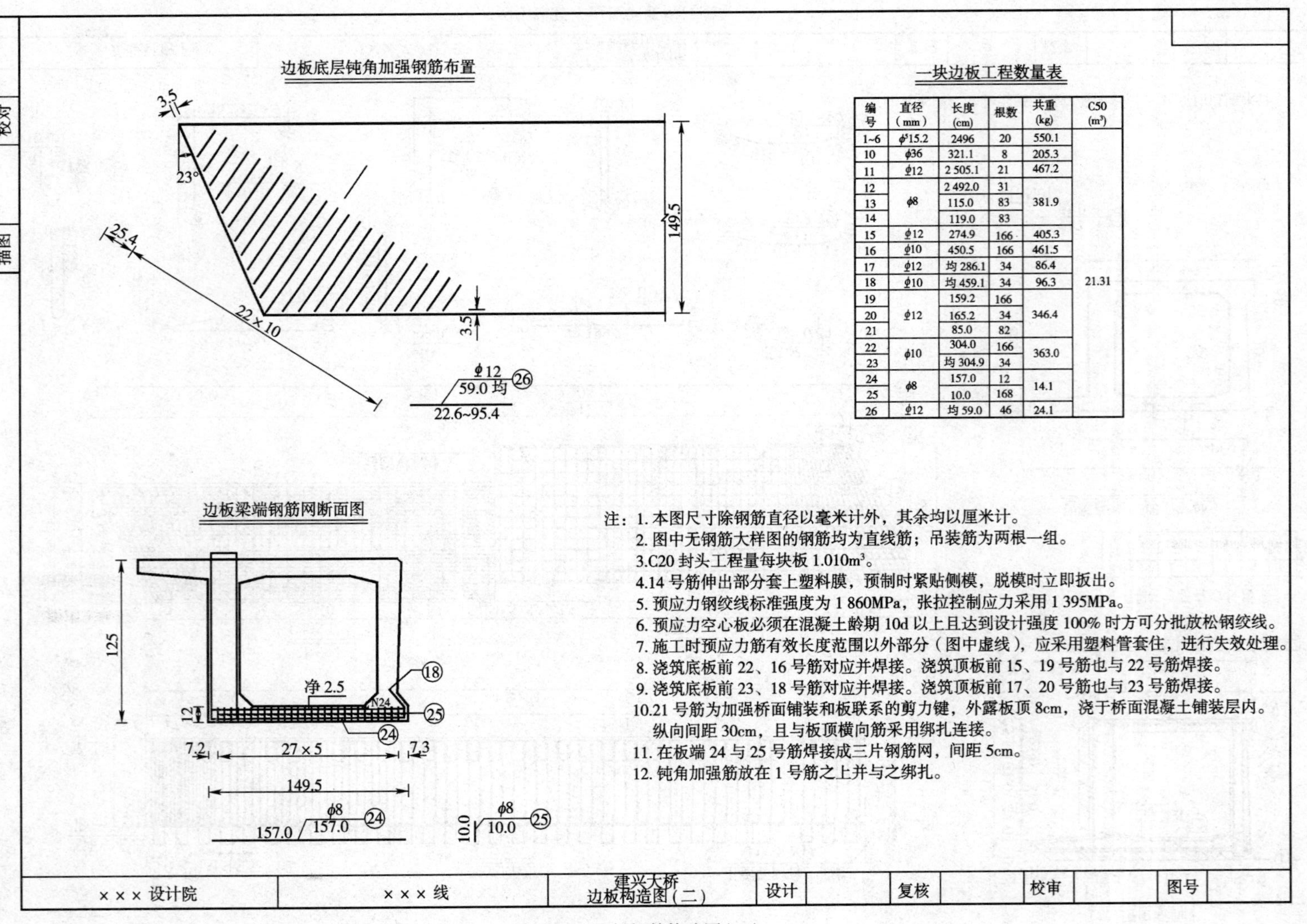

一块边板工程数量表

编号	直径(mm)	长度(cm)	根数	共重(kg)	C50(m^3)
1~6	ϕ^s15.2	2496	20	550.1	21.31
10	ϕ36	321.1	8	205.3	
11	ϕ12	2 505.1	21	467.2	
12	ϕ8	2 492.0	31	381.9	
13		115.0	83		
14		119.0	83		
15	ϕ12	274.9	166	405.3	
16	ϕ10	450.5	166	461.5	
17	ϕ12	均 286.1	34	86.4	
18	ϕ10	均 459.1	34	96.3	
19	ϕ12	159.2	166	346.4	
20		165.2	34		
21		85.0	82		
22	ϕ10	304.0	166	363.0	
23		均 304.9	34		
24	ϕ8	157.0	12	14.1	
25		10.0	168		
26	ϕ12	均 59.0	46	24.1	

注：1. 本图尺寸除钢筋直径以毫米计外，其余均以厘米计。
2. 图中无钢筋大样图的钢筋均为直线筋；吊装筋为两根一组。
3.C20 封头工程量每块板 1.010m^3。
4.14 号筋伸出部分套上塑料膜，预制时紧贴侧模，脱模时立即扳出。
5. 预应力钢绞线标准强度为 1 860MPa，张拉控制应力采用 1 395MPa。
6. 预应力空心板必须在混凝土龄期 10d 以上且达到设计强度 100% 时方可分批放松钢绞线。
7. 施工时预应力筋有效长度范围以外部分（图中虚线），应采用塑料管套住，进行失效处理。
8. 浇筑底板前 22、16 号筋对应并焊接。浇筑顶板前 15、19 号筋也与 22 号筋焊接。
9. 浇筑底板前 23、18 号筋对应并焊接。浇筑顶板前 17、20 号筋也与 23 号筋焊接。
10.21 号筋为加强桥面铺装和板联系的剪力键，外露板顶 8cm，浇于桥面混凝土铺装层内。纵向间距 30cm，且与板顶横向筋采用绑扎连接。
11. 在板端 24 与 25 号筋焊接成三片钢筋网，间距 5cm。
12. 钝角加强筋放在 1 号筋之上并与之绑扎。

附图 26　边板钢筋构造图(二)

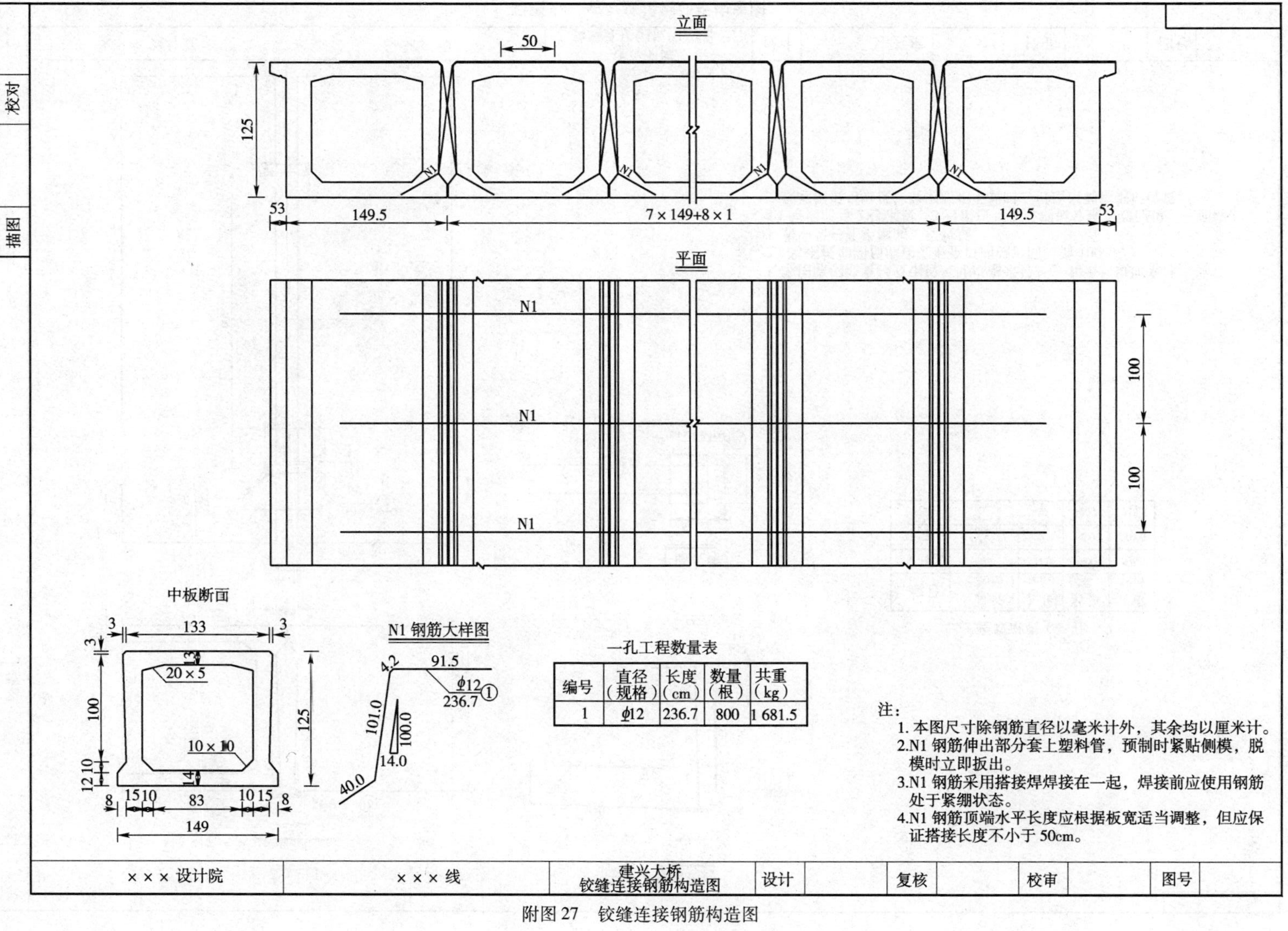

一孔工程数量表

编号	直径（规格）	长度（cm）	数量（根）	共重（kg）
1	ϕ12	236.7	800	1 681.5

注：

1. 本图尺寸除钢筋直径以毫米计外，其余均以厘米计。
2. N1 钢筋伸出部分套上塑料管，预制时紧贴侧模，脱模时立即扳出。
3. N1 钢筋采用搭接焊焊接在一起，焊接前应使用钢筋处于紧绷状态。
4. N1 钢筋顶端水平长度应根据板宽适当调整，但应保证搭接长度不小于 50cm。

附图 27　铰缝连接钢筋构造图

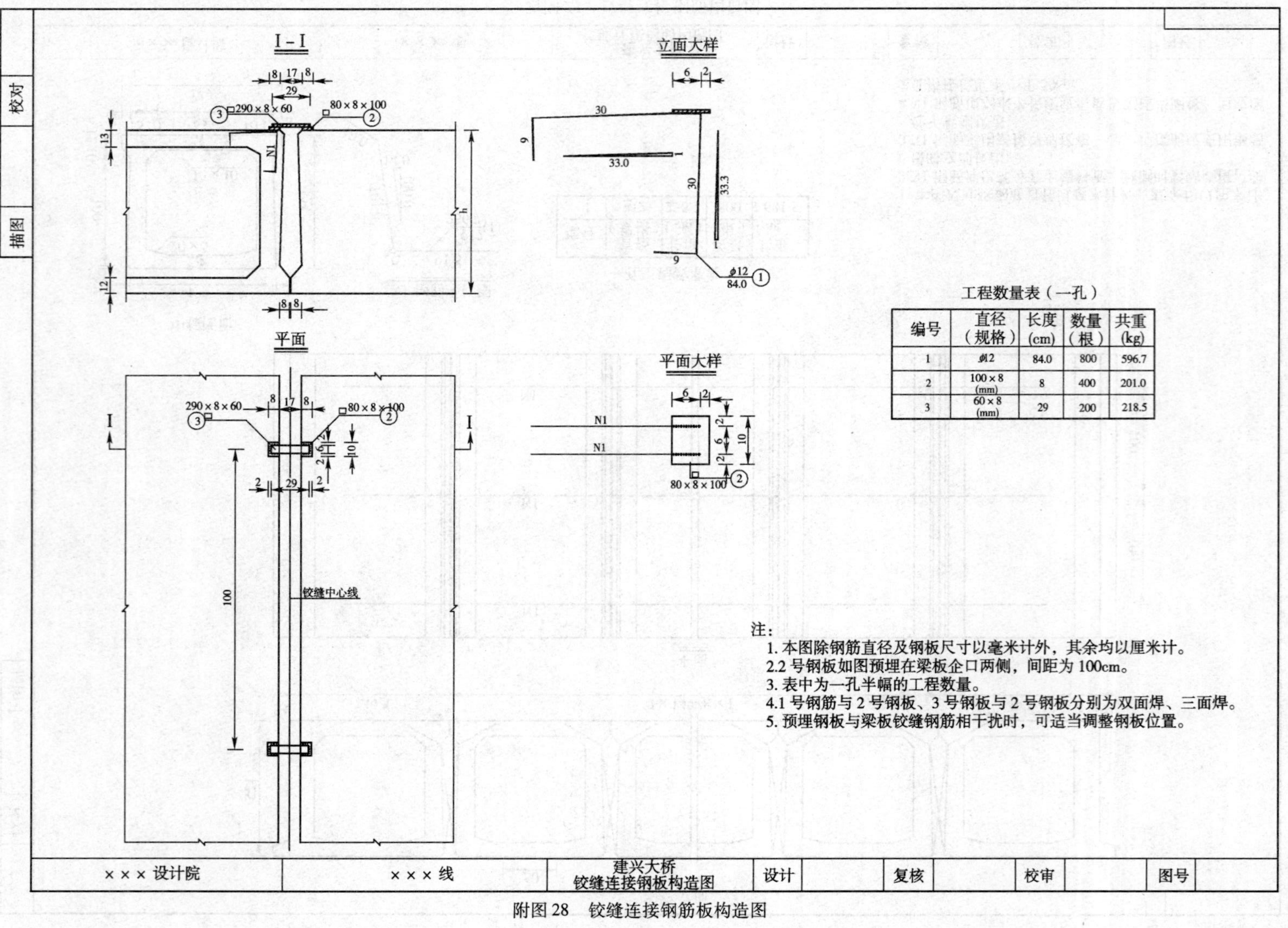

工程数量表（一孔）

编号	直径（规格）	长度(cm)	数量（根）	共重(kg)
1	ϕ12	84.0	800	596.7
2	100×8 (mm)	8	400	201.0
3	60×8 (mm)	29	200	218.5

注：

1. 本图除钢筋直径及钢板尺寸以毫米计外，其余均以厘米计。
2. 2 号钢板如图预埋在梁板企口两侧，间距为 100cm。
3. 表中为一孔半幅的工程数量。
4. 1 号钢筋与 2 号钢板、3 号钢板与 2 号钢板分别为双面焊、三面焊。
5. 预埋钢板与梁板铰缝钢筋相干扰时，可适当调整钢板位置。

附图 28　铰缝连接钢筋板构造图

圆曲线、缓和曲线上各块板板长(m)

桥上圆曲线从 K0 +670 ~ K0 +839.133									
墩台号	1 号板	2 号板	3 号板	4 号板	5 号板	6 号板	7 号板	8 号板	9 号板
0 ~ 1	24.909 9	24.922 4	24.934 9	24.947 4	24.960 0	24.972 4	24.984 9	24.997 4	25.009 9
1 ~ 2	24.909 9	24.922 4	24.934 9	24.947 4	24.960 0	24.972 4	24.984 9	24.997 4	25.009 9
2 ~ 3	24.909 9	24.922 4	24.934 9	24.947 4	24.960 0	24.972 4	24.984 9	24.997 4	25.009 9
3 ~ 4	24.909 9	24.922 4	24.934 9	24.947 4	24.960 0	24.972 4	24.984 9	24.997 4	25.009 9
4 ~ 5	24.909 9	24.922 4	24.934 9	24.947 4	24.960 0	24.972 4	24.984 9	24.997 4	25.009 9
5 ~ 6	24.909 9	24.922 4	24.934 9	24.947 4	24.960 0	24.972 4	24.984 9	24.997 4	25.009 9
6 ~ 7	24.921 7	24.940 6	24.950 2	24.959 8	24.960 0	24.978 9	24.988 5	24.998 0	25.007 6
桥上缓和曲线从 K1 +106.718 ~ K1 +370									
墩台号	1 号板	2 号板	3 号板	4 号板	5 号板	6 号板	7 号板	8 号板	9 号板
17 ~ 18	24.961 8	24.961 3	24.960 9	24.960 4	24.960 0	24.959 6	24.959 1	24.958 7	24.958 2
18 ~ 19	24.984 2	24.978 1	24.972 1	24.966 0	24.960 0	24.954 0	24.947 9	24.941 9	24.935 8
19 ~ 20	25.007 6	24.995 7	24.983 8	24.971 9	24.960 0	24.948 1	24.936 2	24.924 3	24.912 4
20 ~ 21	25.031 1	25.013 3	24.995 5	24.977 8	24.960 0	24.942 2	24.924 5	24.906 7	24.888 9
21 ~ 22	25.054 5	25.030 9	25.007 2	24.983 6	24.960 0	24.936 4	24.912 8	24.889 1	24.865 5
22 ~ 23	25.077 9	25.048 4	25.019 0	24.989 5	24.960 0	24.930 5	24.901 0	24.871 6	24.842 1
23 ~ 24	25.101 4	25.066 0	25.030 7	24.995 3	24.960 0	24.924 7	24.889 3	24.854 0	24.818 6
24 ~ 25	25.124 8	25.083 6	25.042 4	25.001 2	24.960 0	24.918 8	24.877 6	24.836 4	24.795 2
25 ~ 26	25.148 3	25.101 2	25.054 1	25.007 1	24.960 0	24.912 9	24.865 9	24.818 8	24.771 7
26 ~ 27	25.171 7	25.118 8	25.065 9	25.012 9	24.960 0	24.907 1	24.854 1	24.801 2	24.748 3
27 ~ 28	25.195 2	25.136 4	25.077 6	25.018 8	24.960 0	24.901 2	24.842 4	24.783 6	24.724 8

注:1 号板 ~9 号板为:路线前进方向从左到右的排列序号。

××× 设计院	××× 线	建兴大桥 曲线段板长表	设计		复核		校审		图号	

校对

描图

附图 29　曲线段板长表

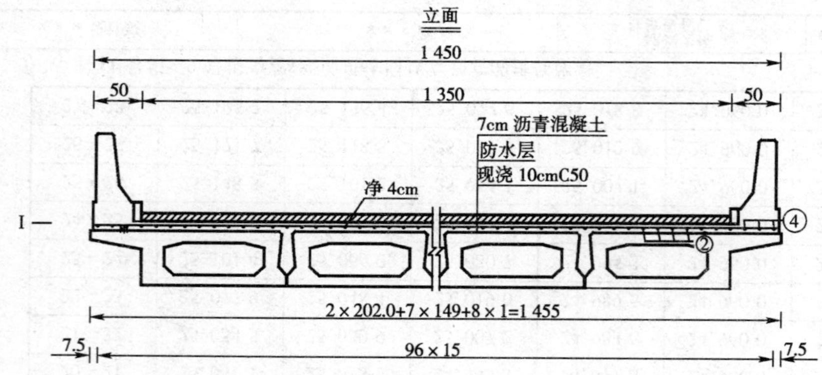

立面

1 450

50 1 350 50

7cm 沥青混凝土
防水层
现浇 10cmC50

净 4cm

I — — I

2×202.0+7×149+8×1=1 455

7.5 96×15 7.5

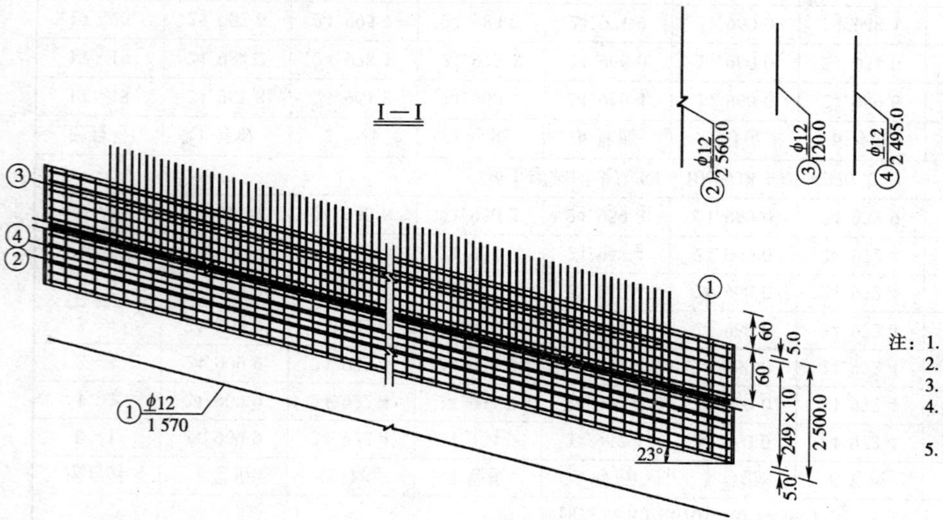

台盖梁处桥面铺装大样图

沥青混凝土 7cm
防水层
现浇 10cmC50

搭板

梁板

I—I

② φ12 2 560.0

③ φ12 120.0

④ φ12 2 495.0

① φ12 1 570

60 60 5.0 249×10 2 500.0 5.0

23°

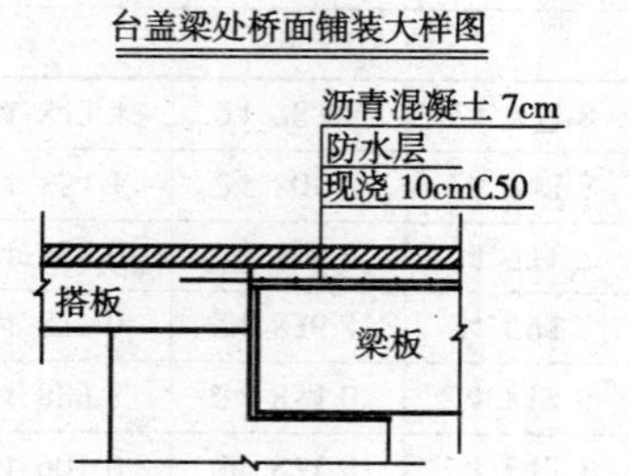

边板桥面铺装工程数量（一孔）

编号	直径 (mm)	长度 (cm)	根数	共重 (kg)	C50 (m^3)	沥青混凝土 (m^3)	防水层 (m^3)
1	φ12	1 570	250	5 780	33.75	23.63	337.50
2		2 560.0	89				
3		120.0	88				
4		2 495.0	8				

注：1. 本图尺寸除钢筋直径以毫米计外，其余均以厘米计。
2. 铰缝工程量已计入。
3. 一孔为 8 条铰缝。
4. 施工中应采用必要措施以保证实际铺装厚度与设计厚度之差不得大于 2cm。
5. 桥面铺装在伸缩缝处相应断开，其余通长设置。

×××设计院	×××线	建兴大桥 桥面铺装钢筋构造图(一)	设计		复核		校审		图号	

描图 校对

附图 30 铺装钢筋构造图(一)

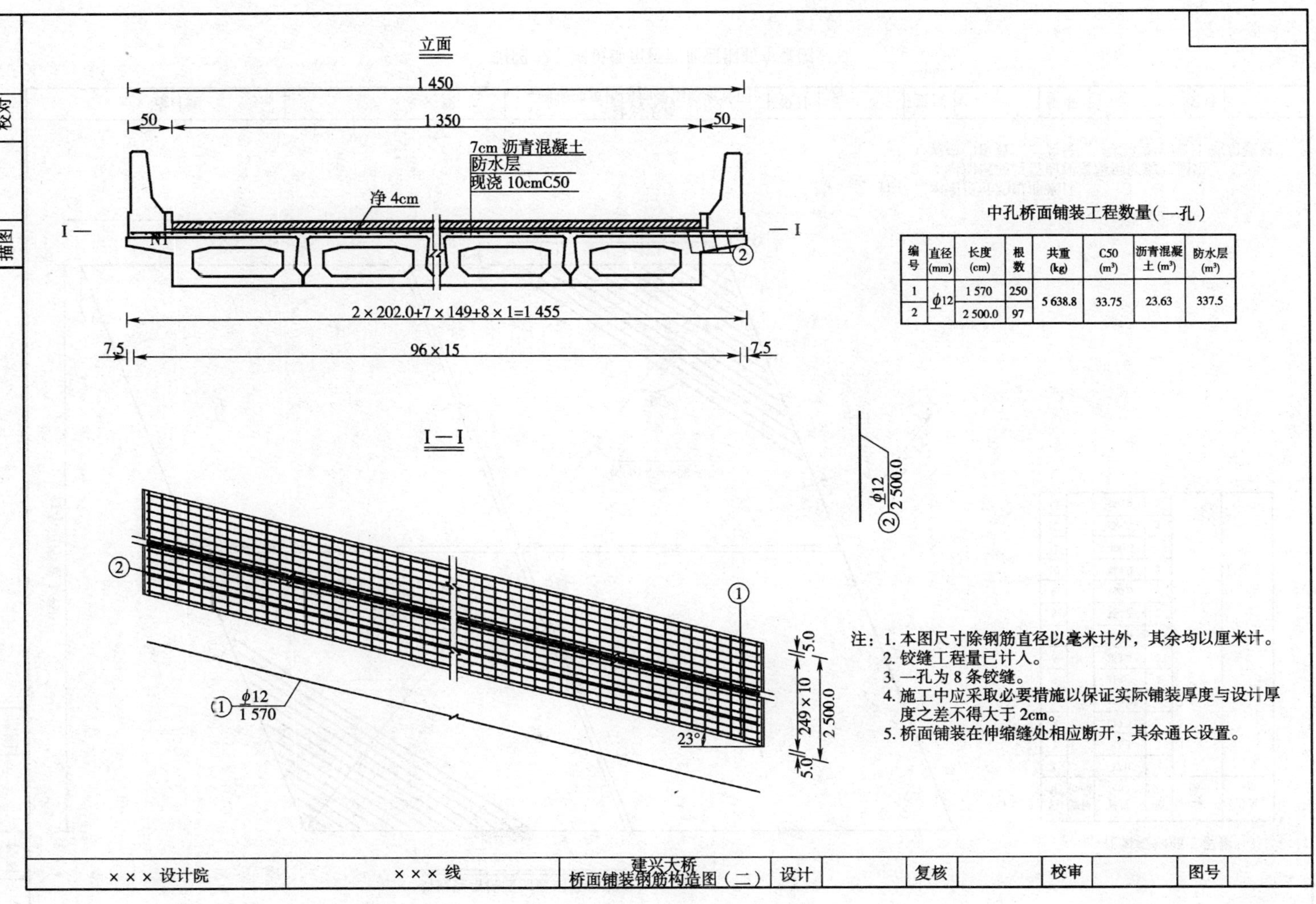

中孔桥面铺装工程数量（一孔）

编号	直径 (mm)	长度 (cm)	根数	共重 (kg)	C50 (m^3)	沥青混凝土 (m^3)	防水层 (m^2)
1	ϕ12	1 570	250	5 638.8	33.75	23.63	337.5
2		2 500.0	97				

注：1. 本图尺寸除钢筋直径以毫米计外，其余均以厘米计。
2. 铰缝工程量已计入。
3. 一孔为 8 条铰缝。
4. 施工中应采取必要措施以保证实际铺装厚度与设计厚度之差不得大于 2cm。
5. 桥面铺装在伸缩缝处相应断开，其余通长设置。

××× 设计院	××× 线	建兴大桥 桥面铺装钢筋构造图（二）	设计		复核		校审		图号	

校对
描图

附图 31　桥面铺装钢筋构造图(二)

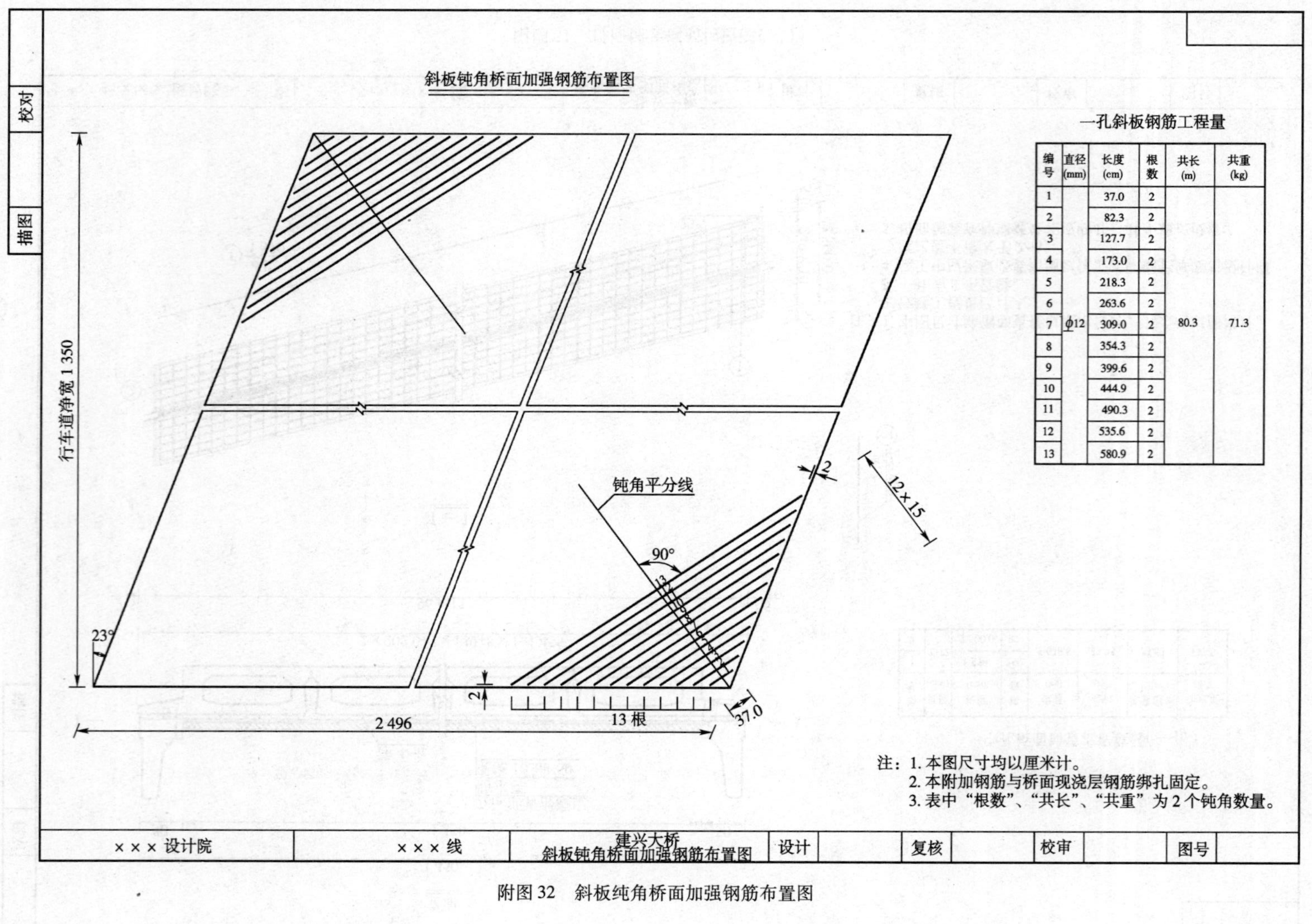

一孔斜板钢筋工程量

编号	直径 (mm)	长度 (cm)	根数	共长 (m)	共重 (kg)
1		37.0	2		
2		82.3	2		
3		127.7	2		
4		173.0	2		
5		218.3	2		
6		263.6	2		
7	ϕ12	309.0	2	80.3	71.3
8		354.3	2		
9		399.6	2		
10		444.9	2		
11		490.3	2		
12		535.6	2		
13		580.9	2		

注：1. 本图尺寸均以厘米计。
2. 本附加钢筋与桥面现浇层钢筋绑扎固定。
3. 表中“根数”、“共长”、“共重”为 2 个钝角数量。

附图 32 斜板钝角桥面加强钢筋布置图

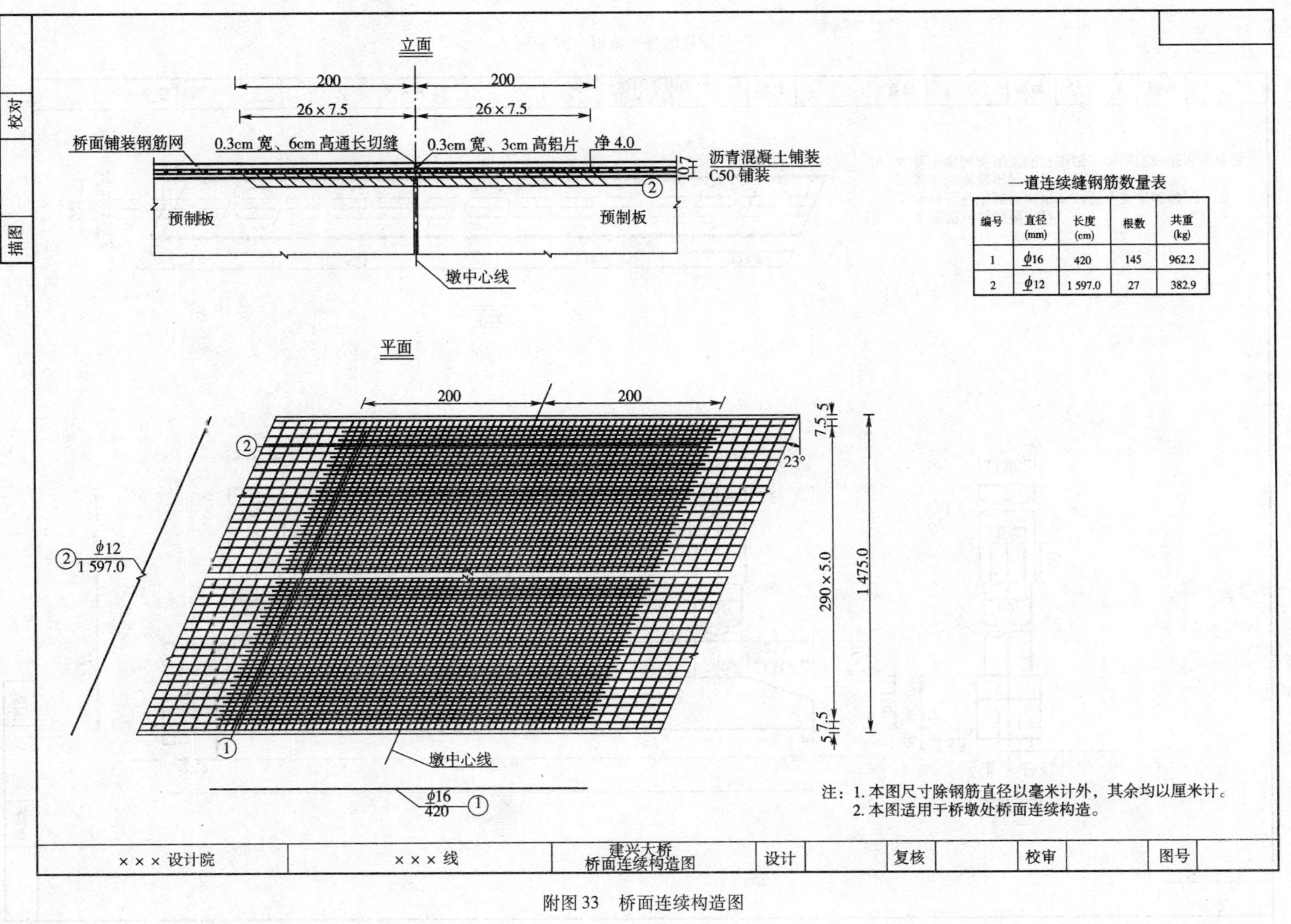

一道连续缝钢筋数量表

编号	直径 (mm)	长度 (cm)	根数	共重 (kg)
1	ϕ16	420	145	962.2
2	ϕ12	1 597.0	27	382.9

注：1. 本图尺寸除钢筋直径以毫米计外，其余均以厘米计。
2. 本图适用于桥墩处桥面连续构造。

附图 33　桥面连续构造图

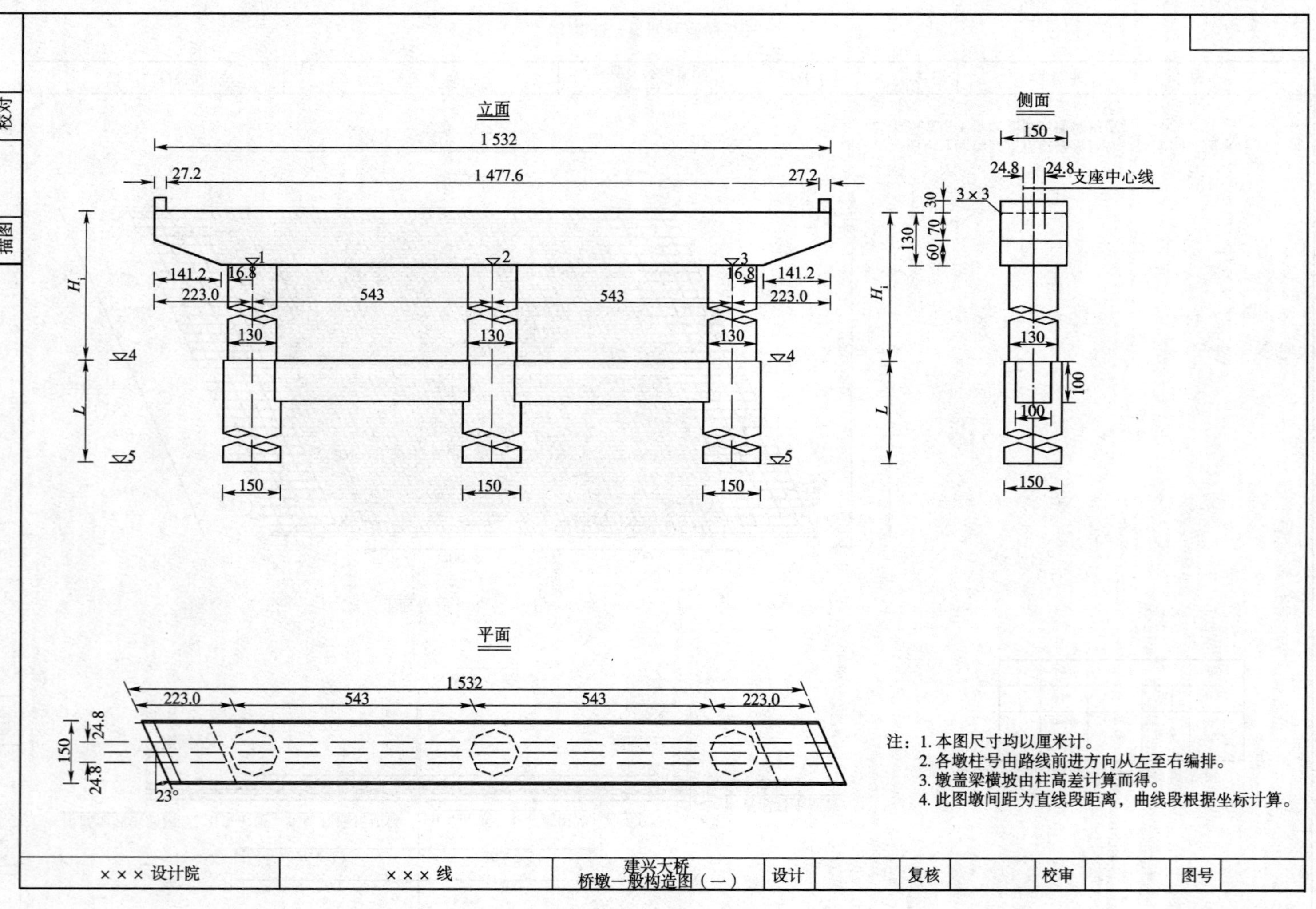

附图 34　桥墩一般构造图(一)

尺 寸 表

墩号 \ 项目	∇1 (m)	∇2 (m)	∇3 (m)	H_i(cm) 1	2	3	∇4 (m)	∇5 (m)	L (cm)	盖梁横坡 (%)	i_1 (%)	i_2 (%)
1	394.442	394.404	394.366	924.2	920.4	916.6	386.500	362.5	2 400	−0.7	1.2	−2.5
2	395.067	395.029	394.991	986.7	982.9	979.1	386.500	362.5	2 400	−0.7	1.1	−2.6
3	395.705	395.562	395.618	1 050.5	1 046.2	1 041.8	386.500	362.5	2 400	−0.8	1.0	−2.6
4	396.343	396.294	396.245	1 114.3	1 109.4	1 104.5	386.500	362.5	2 400	−0.9	1.0	−2.7
5	396.968	396.919	396.870	1 176.8	1 171.9	1 167.0	386.500	362.5	2 400	−0.9	0.9	−2.8
6	397.606	397.552	397.497	1 240.6	1 235.2	1 229.7	386.500	362.5	2 400	−1.0	0.9	−2.8
7	398.231	398.177	398.122	1 303.1	1 297.7	1 292.2	386.500	362.5	2 400	−1.0	0.9	−2.8
8	398.856	398.802	398.747	1 365.6	1 360.2	1 354.7	386.500	362.500	2 400	−1.0	0.9	−2.8
9	399.481	399.427	399.372	1 428.1	1 422.7	1 417.2	386.500	362.500	2 400	−1.0	0.9	−2.8
10	400.106	400.052	399.997	1 740.6	1 735.2	1 729.7	384.000	360.000	2 400	−1.0	0.9	−2.8
11	400.731	400.677	400.622	1 803.1	1 797.7	1 792.2	384.000	360.000	2 400	−1.0	0.9	−2.8
12	401.356	401.302	401.247	1 856.6	1 860.2	1 854.7	384.000	360.000	2 400	−1.0	0.9	−2.8
13	401.981	401.927	401.872	1 925.5	1 728.1	1 722.7	386.000	362.000	2 400	−1.0	0.9	−2.8
14	402.606	402.552	402.497	1 790.6	1 785.2	1 779.7	386.000	362.000	2 400	−1.0	0.9	−2.8

墩号 \ 项目	∇1 (m)	∇2 (m)	∇3 (m)	H_i(cm) 1	2	3	∇4 (m)	∇5 (m)	L (cm)	盖梁横坡 (%)	i_1 (%)	i_2 (%)
15	403.230	403.176	403.121	1 853.0	1 847.6	1 842.1	386.000	362.000	2 400	−1.0	0.9	−2.8
16	403.855	403.801	403.746	1 915.5	1 910.1	1 904.6	386.000	362.000	2 400	−1.0	0.9	−2.8
17	404.480	404.426	404.371	1 978.0	1 972.6	1 967.1	386.000	362.000	2 400	−1.0	0.9	−2.8
18	405.105	405.051	404.996	1 540.5	1 535.1	1 529.6	391.000	367.000	2 400	−1.0	0.9	−2.8
19	405.731	405.677	405.622	1 603.1	1 597.7	1 592.2	391.000	367.000	2 400	−1.0	0.9	−2.8
20	406.370	406.316	406.261	1 567.0	1 561.6	1 556.1	392.000	368.000	2 400	−1.0	0.8	−2.9
21	407.043	406.983	406.924	1 534.3	1 528.3	1 522.4	393.000	369.000	2 400	−1.1	0.8	−2.9
22	407.724	407.664	407.605	1 552.4	1 546.4	1 540.5	393.500	369.500	2 400	−1.1	0.8	−2.9
23	408.426	408.366	408.307	1 522.6	1 516.6	1 510.7	394.500	370.500	2 400	−1.1	0.7	−3.0
24	409.226	409.134	409.041	1 452.6	1 443.4	1 434.1	396.000	372.000	2 400	−1.7	−0.3	−3.0
25	410.058	409.928	409.797	1 035.8	1 022.8	1 009.7	401.000	377.000	2 400	−2.4	−1.7	−3.0
26	410.913	410.745	410.576	1 121.3	1 104.5	1 087.6	401.000	377.000	2 400	−3.1	−3.1	−3.1
27	411.773	411.539	411.306	807.3	783.9	760.6	405.000	381.000	2 400	−4.3	−4.5	−4.2

注：1. i_1 为墩中心至左墩边缘的桥面横坡，i_2 为墩中心至右墩边缘的桥面横坡。
2. 本图中横坡在前进方向上从左到右上坡为正、下坡为负。
3. 本桥桥面横坡由支座垫石和桥面铺装共同实现。

××× 设计院	××× 线	建兴大桥 桥墩一般构造图(二)	设计		复核		校审		图号	

校对

描图

附图 35　桥墩一般构造图(二)

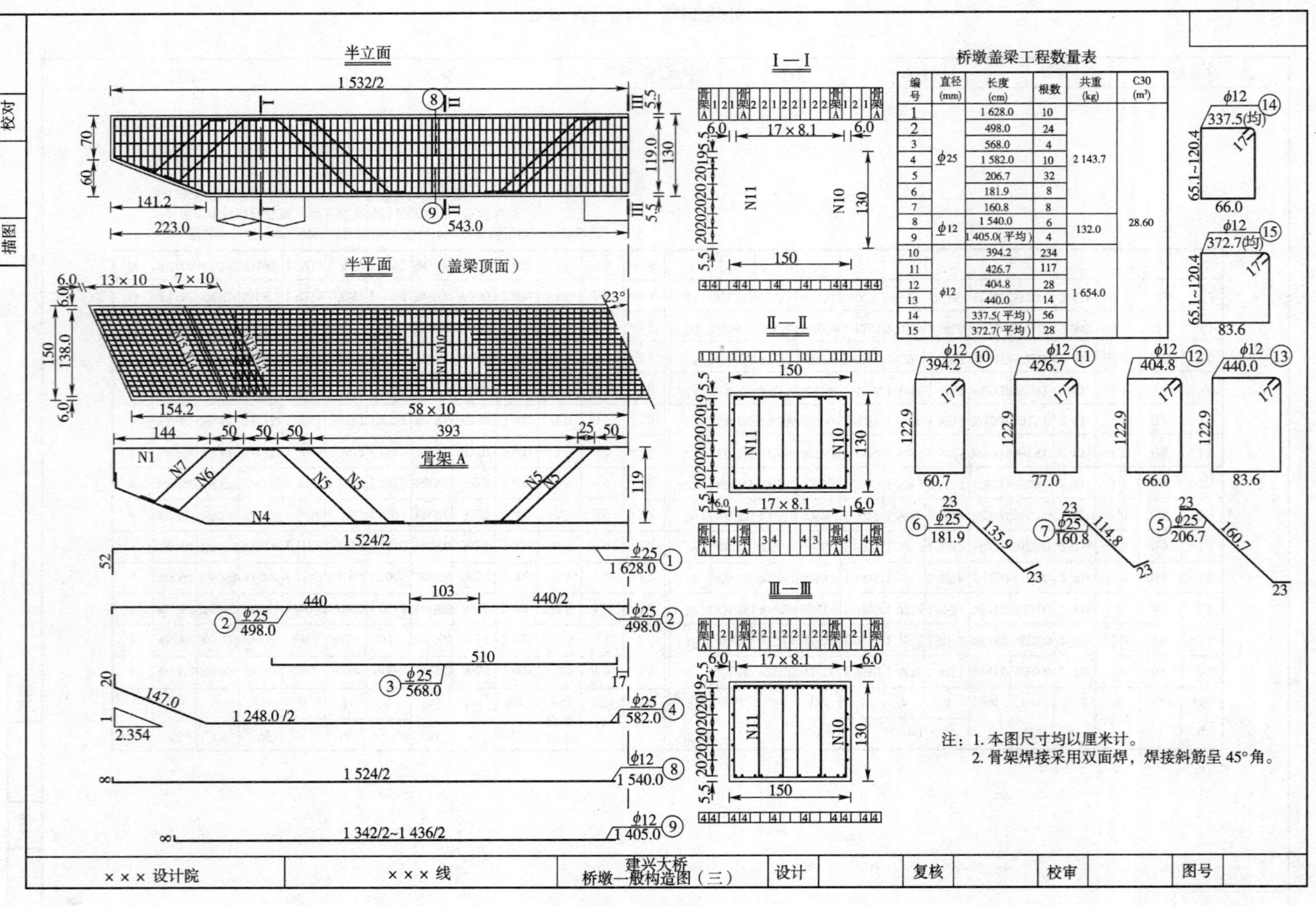

桥墩盖梁工程数量表

编号	直径 (mm)	长度 (cm)	根数	共重 (kg)	C30 (m^3)
1	φ25	1 628.0	10	2 143.7	28.60
2		498.0	24		
3		568.0	4		
4		1 582.0	10		
5		206.7	32		
6		181.9	8		
7		160.8	8		
8	φ12	1 540.0	6	132.0	
9		1 405.0（平均）	4		
10	φ12	394.2	234	1 654.0	
11		426.7	117		
12		404.8	28		
13		440.0	14		
14		337.5（平均）	56		
15		372.7（平均）	28		

注：1. 本图尺寸均以厘米计。
2. 骨架焊接采用双面焊，焊接斜筋呈 45°角。

××× 设计院	××× 线	建兴大桥 桥墩一般构造图（三）	设计	复核	校审	图号

描图　校对

附图 36　桥墩一般构造图（三）

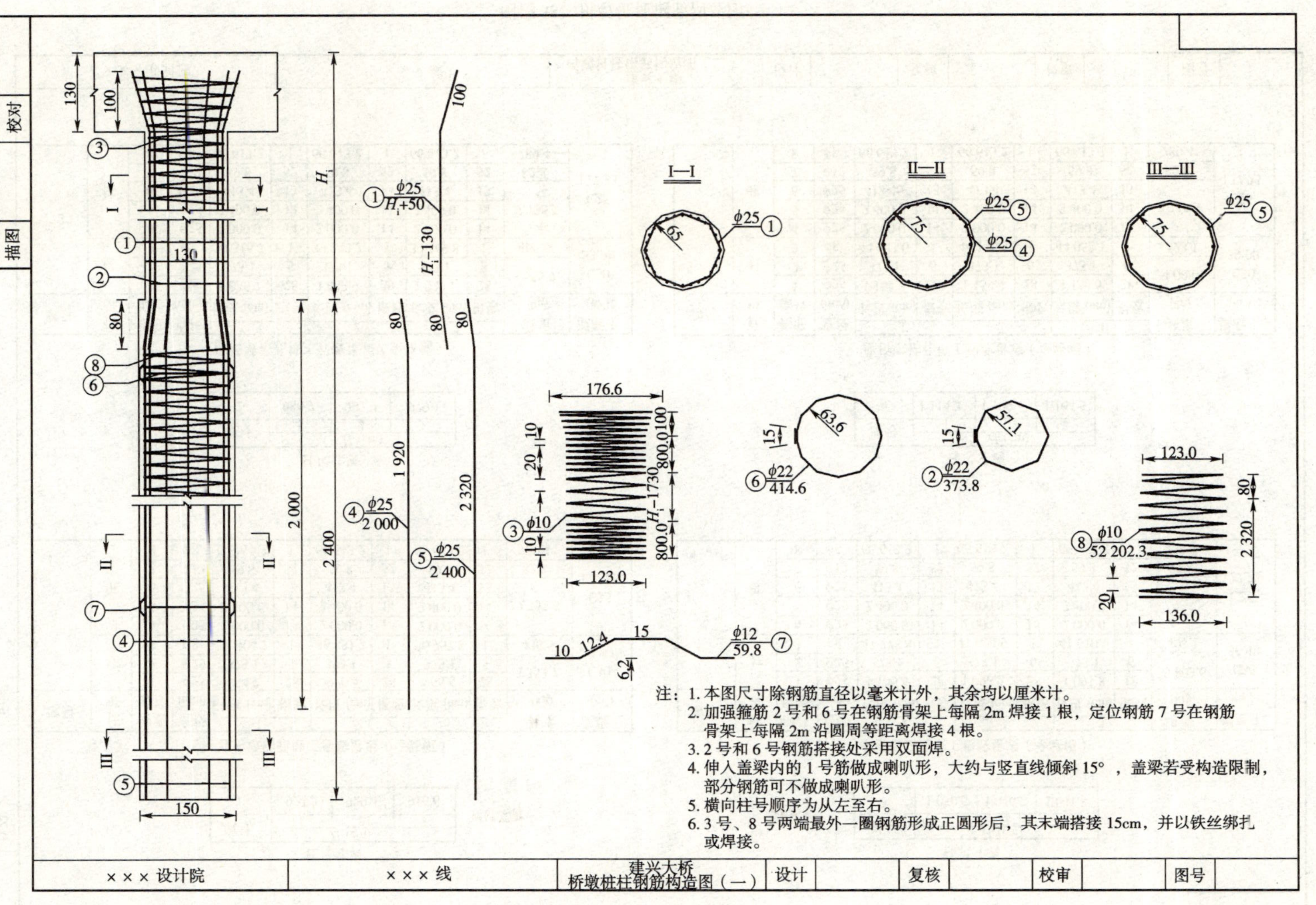

附图 37　桥墩桩柱钢筋构造图（一）

柱尺寸表

墩号	H_i (cm)		
	1	2	3
1	924.2	920.4	916.6

一座桥墩钻孔桩工程数量表（全路幅）

墩号	柱桩	钢筋编号	直径 (mm)	1		2		3		共重 (kg)	混凝土 (m³)
				长度 (cm)	根数	长度 (cm)	根数	长度 (cm)	根数		
1	柱	1	Φ25	974.2	28	970.4	28	966.6	28	3 353.7	C30 31.47
		2	Φ25	373.1	5	373.1	5	373.1	5		
		3	φ8	36 904.7	1	36 831.2	1	36 757.8	1	436.5	
	桩	4	Φ25	2 000.0	14	2 000.0	14	2 000.0	14	7 735.5	C25 127.23
		5	Φ25	2 400.0	14	2 400.0	14	2 400.0	14		
		6	Φ25	413.4	13	413.4	13	413.4	13		
		7	Φ12	59.8	52	59.8	52	59.8	52	82.8	
		8	φ8	6 6613.2	1	66 613.2	1	66 613.2	1	789.4	

柱尺寸表

墩号	H_i (cm)		
	1	2	3
3	1 050.5	1 046.2	1 041.8

一座桥墩钻孔桩工程数量表（全路幅）

墩号	柱桩	钢筋编号	直径 (mm)	1		2		3		共重 (kg)	混凝土 (m³)
				长度 (cm)	根数	长度 (cm)	根数	长度 (cm)	根数		
3	柱	1	Φ25	1 100.5	28	1 096.2	28	1 091.8	28	3 803.6	C30 36.48
		2	Φ25	373.1	6	373.1	6	373.1	6		
		3	φ8	41 778.8	1	41 694.9	1	41 610.9	1	494.1	
	桩	4	Φ25	2 000.0	14	2 000.0	14	2 000.0	14	7 735.5	C25 127.23
		5	Φ25	2 400.0	14	2 400.0	14	2 400.0	14		
		6	Φ25	413.4	13	413.4	13	413.4	13		
		7	Φ12	59.8	52	59.8	52	59.8	52	82.8	
		8	φ8	66 613.2	1	66 613.2	1	66 613.2	1	789.4	

柱尺寸表

墩号	H_i (cm)		
	1	2	3
2	986.7	982.9	979.1

一座桥墩钻孔桩工程数量表（全路幅）

墩号	柱桩	钢筋编号	直径 (mm)	1		2		3		共重 (kg)	混凝土 (m³)
				长度 (cm)	根数	长度 (cm)	根数	长度 (cm)	根数		
2	柱	1	Φ25	1 036.7	28	1 032.9	28	1 029.1	28	3 555.9	C30 33.96
		2	Φ25	373.1	5	373.1	5	373.1	5		
		3	φ8	39 316.7	1	39 243.2	1	39 169.8	1	465.0	
	桩	4	Φ25	2 000.0	14	2 000.0	14	2 000.0	14	7 735.5	C25 127.23
		5	Φ25	2 400.0	14	2 400.0	14	2 400.0	14		
		6	Φ25	413.4	13	413.4	13	413.4	13		
		7	Φ12	59.8	52	59.8	52	59.8	52	82.8	
		8	φ8	66 613.2	1	66 613.2	1	66 613.2	1	789.4	

柱尺寸表

墩号	H_i (cm)		
	1	2	3
4	1 114.3	1 109.4	1 104.5

一座桥墩钻孔桩工程数量表（全路幅）

墩号	柱桩	钢筋编号	直径 (mm)	1		2		3		共重 (kg)	混凝土 (m³)
				长度 (cm)	根数	长度 (cm)	根数	长度 (cm)	根数		
4	柱	1	Φ25	1 164.3	28	1 159.4	28	1 154.5	28	4 008.1	C30 39.00
		2	Φ25	373.1	6	373.1	6	373.1	6		
		3	φ8	44 241.0	1	44 146.5	1	44 052.1	1	523.1	
	桩	4	Φ25	2 000.0	14	2 000.0	14	2 000.0	14	7 735.5	C25 127.23
		5	Φ25	2 400.0	14	2 400.0	14	2 400.0	14		
		6	Φ25	413.45	13	413.4	13	413.4	13		
		7	Φ12	59.8	52	59.8	52	59.8	52	82.8	
		8	φ8	66 613.2	1	66 613.2	1	66 613.2	1	789.4	

××× 设计院	××× 线	建兴大桥 桥墩桩柱钢筋构造图（二）	设计		复核		校审		图号	

描图 | 校对

附图 38　桥墩桩柱钢筋构造图(二)

柱尺寸表

墩号	H_i (cm)		
	1	2	3
5	1 1 76.8	1 171.9	1 167.0

一座桥墩钻孔桩工程数量表（全路幅）

墩号	柱桩	钢筋编号	直径 (mm)	1 长度 (cm)	1 根数	2 长度 (cm)	2 根数	3 长度 (cm)	3 根数	共重 (kg)	
5	柱	1	φ25	1 226.8	28	1 221.9	28	1 217.0	28	4 210.2	41.49
		2	φ25	373.1	6	373.1	6	373.1	6		
		3	φ3	46 652.9	1	46 558.5	1	46 464.1	1	551.7	
	桩	4	φ25	2 000.0	14	2 000.0	14	2 000.0	14	7 735.5	127.23
		5	φ25	2 400.0	14	2 400.0	14	2 400.0	14		
		6	φ25	413.4	13	413.4	13	413.4	13		
		7	φ12	59.8	52	59.8	52	59.8	52	82.8	
		8	φ8	66 613.2	1	66 613.2	1	66 613.2	1	789.4	

柱尺寸表

墩号	H_i (cm)		
	1	2	3
7	1 303.1	1 297.7	1 292.2

一座桥墩钻孔桩工程数量表（全路幅）

墩号	柱桩	钢筋编号	直径 (mm)	1 长度 (cm)	1 根数	2 长度 (cm)	2 根数	3 长度 (cm)	3 根数	共重 (kg)	
7	柱	1	φ25	1 353.1	28	1 347.7	28	1 342.2	28	4 660.0	46.50
		2	φ25	373.1	7	373.1	7	373.1	7		
		3	φ8	51 527.1	1	51 422.2	1	51 317.2	1	609.4	
	桩	4	φ25	2 000.0	14	2 000.0	14	2 000.0	14	7 735.5	127.23
		5	φ25	2 400.0	14	2 400.0	14	2 400.0	14		
		6	φ25	413.4	13	413.4	13	413.4	13		
		7	φ12	59.8	52	59.8	52	59.8	52	82.8	
		8	φ8	66 613.2	1	66 613.2	1	66 613.2	1	789.4	

柱尺寸表

墩号	H_i (cm)		
	1	2	3
6	1 240.6	1 235.2	1 229.7

一座桥墩钻孔桩工程数量表（全路幅）

墩号	柱桩	钢筋编号	直径 (mm)	1 长度 (cm)	1 根数	2 长度 (cm)	2 根数	3 长度 (cm)	3 根数	共重 (kg)	
6	柱	1	φ25	1 290.6	28	1 285.2	28	1 279.7	28	4 443.5	44.01
		2	φ25	373.1	7	373.1	7	373.1	6		
		3	φ8	49 115.1	1	49 010.2	1	48 905.3	1	580.8	
	桩	4	φ25	2 000.0	14	2 000.0	14	2 000.0	14	7 735.5	127.23
		5	φ25	2 400.0	14	2 400.0	14	2 400.0	14		
		6	φ25	413.4	13	413.4	13	413.4	13		
		7	φ12	59.8	52	59.8	52	59.8	52	82.8	
		8	φ8	66 613.2	1	66 613.2	1	66 613.2	1	789.4	

柱尺寸表

墩号	H_i (cm)		
	1	2	3
8	1 365.6	1 360.2	1 354.7

一座桥墩钻孔桩工程数量表（全路幅）

墩号	柱桩	钢筋编号	直径 (mm)	1 长度 (cm)	1 根数	2 长度 (cm)	2 根数	3 长度 (cm)	3 根数	共重 (kg)	
8	柱	1	φ25	1 415.6	28	1 410.2	28	1 404.7	28	4 862.1	48.98
		2	φ25	373.1	7	373.1	7	373.1	7		
		3	φ8	53 939.1	1	53 834.1	1	53729.2	1	637.9	
	桩	4	φ25	2 000.0	14	2 000.0	14	2 000.0	14	7 735.5	127.23
		5	φ25	2 400.0	14	2 400.0	14	2 400.0	14		
		6	φ25	413.4	13	413.4	13	413.4	13		
		7	φ12	59.8	52	59.8	52	59.8	52	82.8	
		8	φ8	66 613.2	1	66 613.2	1	66 613.2	1	789.4	

××× 设计院	××× 线	建兴大桥 桥墩桩柱钢筋构造图（三）	设计		复核		校审		图号	

校对 描图

附图 39　桥墩桩柱钢筋构造图(三)

柱尺寸表

墩号	H_i (cm)		
	1	2	3
9	1 428.1	1 422.7	1 417.2

一座桥墩钻孔桩工程数量表（全路幅）

墩号	柱桩	钢筋编号	直径 (mm)	1		2		3		共重 (kg)	
				长度 (cm)	根数	长度 (cm)	根数	长度 (cm)	根数		
9	柱	1	Φ25	1 478.1	28	1 472.7	28	1 467.2	28	5 064.3	51.47
		2	Φ25	373.1	7	373.1	7	373.1	7		
		3	ϕ8	56 351.0	1	56 246.1	1	56 141.2	1	666.5	
	桩	4	Φ25	2 000.0	14	2 000.0	14	2 000.0	14	7 735.5	127.23
		5	Φ25	2 400.0	14	2 400.0	14	2 400.0	14		
		6	Φ25	413.4	13	413.4	13	413.4	13		
		7	Φ12	59.8	52	59.8	52	59.8	52	82.8	
		8	ϕ8	66 613.2	1	66 613.2	1	66 613.2	1	789.4	

柱尺寸表

墩号	H_i (cm)		
	1	2	3
11	1 803.1	1 797.7	1 792.2

一座桥墩钻孔桩工程数量表（全路幅）

墩号	柱桩	钢筋编号	直径 (mm)	1		2		3		共重 (kg)	
				长度 (cm)	根数	长度 (cm)	根数	长度 (cm)	根数		
11	柱	1	Φ25	1 853.1	28	1 847.7	28	1 842.2	28	6 363.2	66.41
		2	Φ25	373.1	9	373.1	9	373.1	9		
		3	ϕ8	70 822.9	1	70 718.0	1	70 613.1	1	838.0	
	桩	4	Φ25	2 000.0	14	2 000.0	14	2 000.0	14	7 735.5	127.23
		5	Φ25	2 400.0	14	2 400.0	14	2 400.0	14		
		6	Φ25	413.4	13	413.4	13	413.4	13		
		7	Φ12	59.8	52	59.8	52	59.8	52	82.8	
		8	ϕ8	66 613.2	1	66 613.2	1	66 613.2	1	789.4	

柱尺寸表

墩号	H_i (cm)		
	1	2	3
10	1 740.6	1 735.2	1 729.7

一座桥墩钻孔桩工程数量表（全路幅）

墩号	柱桩	钢筋编号	直径 (mm)	1		2		3		共重 (kg)	
				长度 (cm)	根数	长度 (cm)	根数	长度 (cm)	根数		
10	柱	1	Φ25	1 790.6	28	1 785.2	28	1 779.7	28	6 161.1	63.92
		2	Φ25	373.1	9	373.1	9	373.1	9		
		3	ϕ8	68 410.9	1	68 306.0	1	68 201.1	1	809.4	
	桩	4	Φ25	2 000.0	14	2 000.0	14	2 000.0	14	7 735.5	127.23
		5	Φ25	2 400.0	14	2 400.0	14	2 400.0	14		
		6	Φ25	413.4	13	413.4	13	413.4	13		
		7	Φ12	59.8	52	59.8	52	59.8	52	82.8	
		8	ϕ8	66 613.2	1	66 613.2	1	66 613.2	1	789.4	

柱尺寸表

墩号	H_i (cm)		
	1	2	3
12	1 865.6	1 860.2	1 854.7

一座桥墩钻孔桩工程数量表（全路幅）

墩号	柱桩	钢筋编号	直径 (mm)	1		2		3		共重 (kg)	
				长度 (cm)	根数	长度 (cm)	根数	长度 (cm)	根数		
12	柱	1	Φ25	1 915.6	28	1 910.2	28	1 904.7	28	6 608.4	68.89
		2	Φ25	373.1	10	373.1	10	373.1	10		
		3	ϕ8	70 621.0	1	70 516.1	1	70 411.2	1	835.6	
	桩	4	Φ25	2 000.0	14	2 000.0	14	2 000.0	14	7 735.5	127.23
		5	Φ25	2 400.0	14	2 400.0	14	2 400.0	14		
		6	Φ25	413.4	13	413.4	13	413.4	13		
		7	Φ12	59.8	52	59.8	52	59.8	52	82.8	
		8	ϕ8	66 613.2	1	66 613.2	1	66 613.2	1	789.4	

××× 设计院	××× 线	建兴大桥 桥墩桩柱钢筋构造图（四）	设计		复核		校审		图号	

描图 校对

附图 40　桥墩桩柱钢筋构造图(四)

柱尺寸表

墩号	H_i (cm)		
	1	2	3
13	1 728.1	1 722.7	1 717.2

一座桥墩钻孔桩工程数量表（全路幅）

墩号	柱桩	钢筋编号	直径 (mm)	1		2		3		共重 (kg)	
				长度 (cm)	根数	长度 (cm)	根数	长度 (cm)	根数		
13	柱	1	$\phi25$	1 778.1	28	1 772.7	28	1 767.2	28	6 120.6	63.42
		2	$\phi25$	373.1	9	373.1	9	373.1	9		
		3	$\phi8$	67 928.5	1	67 823.6	1	67 718.7	1	803.7	
	桩	4	$\phi25$	2 000.0	14	2 000.0	14	2 000.0	14	7 735.5	127.23
		5	$\phi25$	2 400.0	14	2 400.0	14	2 400.0	14		
		6	$\phi25$	413.4	13	413.4	13	413.4	13		
		7	$\phi12$	59.8	52	59.8	52	59.8	52	82.8	
		8	$\phi8$	66 613.2	1	66 613.2	1	66 613.2	1	789.4	

柱尺寸表

墩号	H_i (cm)		
	1	2	3
15	1 853.0	1 847.6	1 842.1

一座桥墩钻孔桩工程数量表（全路幅）

墩号	柱桩	钢筋编号	直径 (mm)	1		2		3		共重 (kg)	
				长度 (cm)	根数	长度 (cm)	根数	长度 (cm)	根数		
15	柱	1	$\phi25$	1 903.0	28	1 897.6	28	1 892.1	28	6 567.7	68.39
		2	$\phi25$	373.1	10	373.1	10	373.1	10		
		3	$\phi8$	70 377.6	1	70 272.7	1	70 167.8	1	832.7	
	桩	4	$\phi25$	2 000.0	14	2 000.0	14	2 000.0	14	7 735.5	127.23
		5	$\phi25$	2 400.0	14	2 400.0	14	2 400.0	14		
		6	$\phi25$	413.4	13	413.4	13	413.4	13		
		7	$\phi12$	59.8	52	59.8	52	59.8	52	82.8	
		8	$\phi8$	66 613.2	1	66 613.2	1	66 613.2	1	789.4	

柱尺寸表

墩号	H_i (cm)		
	1	2	3
14	1 790.6	1 785.2	1 779.7

一座桥墩钻孔桩工程数量表（全路幅）

墩号	柱桩	钢筋编号	直径 (mm)	1		2		3		共重 (kg)	
				长度 (cm)	根数	长度 (cm)	根数	长度 (cm)	根数		
14	柱	1	$\phi25$	1 840.6	28	1 835.2	28	1 829.7	28	6 322.8	65.91
		2	$\phi25$	373.1	9	373.1	9	373.1	9		
		3	$\phi8$	70 340.5	1	70 235.6	1	70 130.7	1	832.3	
	桩	4	$\phi25$	2 000.0	14	2 000.0	14	2 000.0	14	7 735.5	127.23
		5	$\phi25$	2 400.0	14	2 400.0	14	2 400.0	14		
		6	$\phi25$	413.4	13	413.4	13	413.4	13		
		7	$\phi12$	59.8	52	59.8	52	59.8	52	82.8	
		8	$\phi8$	66 613.2	1	66 613.2	1	66 613.2	1	789.4	

柱尺寸表

墩号	H_i (cm)		
	1	2	3
16	1 915.5	1 910.1	1 904.6

一座桥墩钻孔桩工程数量表（全路幅）

墩号	柱桩	钢筋编号	直径 (mm)	1		2		3		共重 (kg)	
				长度 (cm)	根数	长度 (cm)	根数	长度 (cm)	根数		
16	柱	1	$\phi25$	1 965.5	28	1 960.1	28	1 954.6	28	6 769.8	70.88
		2	$\phi25$	373.1	10	373.1	10	373.1	10		
		3	$\phi8$	71 584.8	1	71 479.9	1	71 375.0	1	847.0	
	桩	4	$\phi25$	2 000.0	14	2 000.0	14	2 000.0	14	7 735.5	127.23
		5	$\phi25$	2 400.0	14	2 400.0	14	2 400.0	14		
		6	$\phi25$	413.4	13	413.4	13	413.4	13		
		7	$\phi12$	59.8	52	59.8	52	59.8	52	82.8	
		8	$\phi8$	66 613.2	1	66 613.2	1	66 613.2	1	789.4	

××× 设计院	××× 线	建兴大桥 桥墩桩柱钢筋构造图（五）	设计		复核		校审		图号	

校对 描图

附图 41　桥墩桩柱钢筋构造图(五)

校对

描图

柱尺寸表

墩号	H_i (cm)		
	1	2	3
17	1 978.0	1 972.6	1 967.1

一座桥墩钻孔桩工程数量表（全路幅）

墩号	柱桩	钢筋编号	直径 (mm)	1		2		3		共重 (kg)	
				长度 (cm)	根数	长度 (cm)	根数	长度 (cm)	根数		
17	柱	1	Φ25	2 028.0	28	2 022.6	28	2 017.1	28	6 971.9	73.37
		2	Φ25	373.1	10	373.1	10	373.1	10		
		3	φ8	72 792.0	1	72 687.1	1	72 582.2	1	861.3	
	桩	4	Φ25	2 000.0	14	2 000.0	14	2 000.0	14	7 735.5	127.23
		5	Φ25	2 400.0	14	2 400.0	14	2 400.0	14		
		6	Φ25	413.4	13	413.4	13	413.4	13		
		7	Φ12	59.8	52	59.8	52	59.8	52	82.8	
		8	φ8	66 613.2	1	66 613.2	1	66 613.2	1	789.4	

柱尺寸表

墩号	H_i (cm)		
	1	2	3
19	1 603.1	1 597.7	1 592.2

一座桥墩钻孔桩工程数量表（全路幅）

墩号	柱桩	钢筋编号	直径 (mm)	1		2		3		共重 (kg)	
				长度 (cm)	根数	长度 (cm)	根数	长度 (cm)	根数		
19	柱	1	Φ25	1 653.1	28	1 647.7	28	1 642.2	28	5 673.3	58.44
		2	Φ25	373.1	8	373.1	8	373.1	8		
		3	φ8	63 104.6	1	62 999.7	1	62 894.7	1	746.5	
	桩	4	Φ25	2 000.0	14	2 000.0	14	2 000.0	14	7 735.5	127.23
		5	Φ25	2 400.0	14	2 400.0	14	2 400.0	14		
		6	Φ25	413.4	13	413.4	13	413.4	13		
		7	Φ12	59.8	52	59.8	52	59.8	52	82.8	
		8	φ8	66 613.2	1	66 613.2	1	66 613.2	1	789.4	

柱尺寸表

墩号	H_i (cm)		
	1	2	3
18	1 540.5	1 535.1	1 529.6

一座桥墩钻孔桩工程数量表（全路幅）

墩号	柱桩	钢筋编号	直径 (mm)	1		2		3		共重 (kg)	
				长度 (cm)	根数	长度 (cm)	根数	长度 (cm)	根数		
18	柱	1	Φ25	1 590.5	28	1 585.1	28	1 579.6	28	5 470.8	55.95
		2	Φ25	373.1	8	373.1	8	373.1	8		
		3	φ8	60 688.7	1	60 583.8	1	60 478.9	1	717.9	
	桩	4	Φ25	2 000.0	14	2 000.0	14	2 000.0	14	7 735.5	127.23
		5	Φ25	2 400.0	14	2 400.0	14	2 400.0	14		
		6	Φ25	413.4	13	413.4	13	413.4	13		
		7	Φ12	59.8	52	59.8	52	59.8	52	82.8	
		8	φ8	66 613.2	1	66 613.2	1	66 613.2	1	789.4	

柱尺寸表

墩号	H_i (cm)		
	1	2	3
20	1 567.0	1 561.6	1 556.1

一座桥墩钻孔桩工程数量表（全路幅）

墩号	柱桩	钢筋编号	直径 (mm)	1		2		3		共重 (kg)	
				长度 (cm)	根数	长度 (cm)	根数	长度 (cm)	根数		
20	柱	1	Φ25	1 617.0	28	1 611.6	28	1 606.1	28	5 556.6	57.00
		2	Φ25	373.1	8	373.1	8	373.1	8		
		3	φ8	61 711.4	1	61 606.5	1	61 501.6	1	730.0	
	桩	4	Φ25	2 000.0	14	2 000.0	14	2 000.0	14	7 735.5	127.23
		5	Φ25	2 400.0	14	2 400.0	14	2 400.0	14		
		6	Φ25	413.4	13	413.4	13	413.4	13		
		7	Φ12	59.8	52	59.8	52	59.8	52	82.8	
		8	φ8	66 613.2	1	66 613.2	1	66 613.2	1	789.4	

××× 设计院	××× 线	建兴大桥 桥墩桩柱钢筋构造图（六）	设计		复核		校审		图号	

附图 42　桥墩桩柱钢筋构造图(六)

柱尺寸表

墩号	H_i (cm)		
	1	2	3
21	1 534.3	1 528.3	1 522.4

一座桥墩钻孔桩工程数量表（全路幅）

墩号	柱桩	钢筋编号	直径 (mm)	1		2		3		共重 (kg)	
				长度 (cm)	根数	长度 (cm)	根数	长度 (cm)	根数		
21	柱	1	Φ25	1 584.3	28	1 578.3	28	1 572.4	28	5 449.1	55.68
		2	Φ25	373.1	8	373.1	8	373.1	8		
		3	Φ8	60 449.5	1	60 334.1	1	60 218.7	1	715.0	
	桩	4	Φ25	2 000.0	14	2 000.0	14	2 000.0	14	7 735.5	127.23
		5	Φ25	2 400.0	14	2 400.0	14	2 400.0	14		
		6	Φ25	413.4	13	413.4	13	413.4	13		
		7	Φ12	59.8	52	59.8	52	59.8	52	82.8	
		8	Φ8	66 613.2	1	66 613.2	1	66 613.2	1	789.4	

柱尺寸表

墩号	H_i (cm)		
	1	2	3
23	1 522.6	1 516.6	1 510.7

一座桥墩钻孔桩工程数量表（全路幅）

墩号	柱桩	钢筋编号	直径 (mm)	1		2		3		共重 (kg)	
				长度 (cm)	根数	长度 (cm)	根数	长度 (cm)	根数		
23	柱	1	Φ25	1 572.6	28	1 566.6	28	1 560.7	28	5 411.2	55.21
		2	Φ25	373.1	8	373.1	8	373.1	8		
		3	Φ8	59 997.9	1	59 882.5	1	59 767.1	1	709.6	
	桩	4	Φ25	2 000.0	14	2 000.0	14	2 000.0	14	7 735.5	127.23
		5	Φ25	2 400.0	14	2 400.0	14	2 400.0	14		
		6	Φ25	413.4	13	413.4	13	413.4	13		
		7	Φ12	59.8	52	59.8	52	59.8	52	82.8	
		8	Φ8	66 613.2	1	66 613.2	1	66 613.2	1	789.4	

柱尺寸表

墩号	H_i (cm)		
	1	2	3
22	1 552.4	1 546.4	1 540.5

一座桥墩钻孔桩工程数量表（全路幅）

墩号	柱桩	钢筋编号	直径 (mm)	1		2		3		共重 (kg)	
				长度 (cm)	根数	长度 (cm)	根数	长度 (cm)	根数		
22	柱	1	Φ25	1 602.4	28	1 596.4	28	1 590.5	28	5 507.6	56.40
		2	Φ25	373.1	8	373.1	8	373.1	8		
		3	Φ8	61 148.0	1	61 032.6	1	60 917.2	1	723.2	
	桩	4	Φ25	2 000.0	14	2 000.0	14	2 000.0	14	7 735.5	127.23
		5	Φ25	2 400.0	14	2 400.0	14	2 400.0	14		
		6	Φ25	413.4	13	413.4	13	413.4	13		
		7	Φ12	59.8	52	59.8	52	59.8	52	82.8	
		8	Φ8	66 613.2	1	66 613.2	1	66 613.2	1	789.4	

柱尺寸表

墩号	H_i (cm)		
	1	2	3
24	1 452.6	1 443.4	1 434.1

一座桥墩钻孔桩工程数量表（全路幅）

墩号	柱桩	钢筋编号	直径 (mm)	1		2		3		共重 (kg)	
				长度 (cm)	根数	长度 (cm)	根数	长度 (cm)	根数		
24	柱	1	Φ25	1 502.6	28	1 493.4	28	1 484.1	28	5 174.3	52.30
		2	Φ25	373.1	8	373.1	8	373.1	8		
		3	Φ8	57 296.5	1	57 118.2	1	56 939.8	1	676.9	
	桩	4	Φ25	2 000.0	14	2 000.0	14	2 000.0	14	7 735.5	127.23
		5	Φ25	2 400.0	14	2 400.0	14	2 400.0	14		
		6	Φ25	413.4	13	413.4	13	413.4	13		
		7	Φ12	59.8	52	59.8	52	59.8	52	82.8	
		8	Φ8	66 613.2	1	66 613.2	1	66 613.2	1	789.4	

××× 设计院	××× 线	建兴大桥 桥墩桩柱钢筋构造图（七）	设计		复核		校审		图号	

校对 描图

附图 43　桥墩桩柱钢筋构造图(七)

校对

描图

柱尺寸表

墩号	H_i (cm)		
	1	2	3
25	1 035.8	1 022.8	1 009.7

一座桥墩钻孔桩工程数量表（全路幅）

墩号	柱桩	钢筋编号	直径 (mm)	1		2		3		共重 (kg)	
				长度 (cm)	根数	长度 (cm)	根数	长度 (cm)	根数		
25	柱	1	Φ25	1 085.8	28	1 072.8	28	1 059.7	28	3 699.2	35.55
		2	Φ25	373.1	6	373.1	5	373.1	5		
		3	φ8	41 211.5	1	60 959.7	1	40 707.9	1	485.4	
	桩	4	Φ25	2 000.0	14	2 000.0	14	2 000.0	14	7 735.5	127.23
		5	Φ25	2 400.0	14	2 400.0	14	2 400.0	14		
		6	Φ25	413.4	13	413.4	13	413.4	13		
		7	Φ12	59.8	52	59.8	52	59.8	52	82.8	
		8	φ8	66 613.2	1	66 613.2	1	66 613.2	1	789.4	

柱尺寸表

墩号	H_i (cm)		
	1	2	3
27	807.3	783.9	760.6

一座桥墩钻孔桩工程数量表（全路幅）

墩号	柱桩	钢筋编号	直径 (mm)	1		2		3		共重 (kg)	
				长度 (cm)	根数	长度 (cm)	根数	长度 (cm)	根数		
27	柱	1	Φ25	857.3	28	833.9	28	810.6	28	2 869.3	26.04
		2	Φ25	373.1	4	373.1	4	373.1	4		
		3	φ8	32 393.3	1	31 942.2	1	31 491.0	1	378.5	
	桩	4	Φ25	2 000.0	14	2 000.0	14	2 000.0	14	7 735.5	127.23
		5	Φ25	2 400.0	14	2 400.0	14	2 400.0	14		
		6	Φ25	413.4	13	413.4	13	413.4	13		
		7	Φ12	59.8	52	59.8	52	59.8	52	82.8	
		8	φ8	66 613.2	1	66 613.2	1	66 613.2	1	789.4	

柱尺寸表

墩号	H_i (cm)		
	1	2	3
26	1 121.3	1 104.5	1 087.6

一座桥墩钻孔桩工程数量表（全路幅）

墩号	柱桩	钢筋编号	直径 (mm)	1		2		3		共重 (kg)	
				长度 (cm)	根数	长度 (cm)	根数	长度 (cm)	根数		
26	柱	1	Φ25	1 171.3	28	1 154.5	28	1 137.6	28	3 992.1	38.80
		2	Φ25	373.1	6	373.1	6	373.1	6		
		3	φ8	44 511.1	1	44 185.9	1	43 860.6	1	523.6	
	桩	4	Φ25	2 000.0	14	2 000.0	14	2 000.0	14	7 735.5	127.23
		5	Φ25	2 400.0	14	2 400.0	14	2 400.0	14		
		6	Φ25	413.4	13	413.4	13	413.4	13		
		7	Φ12	59.8	52	59.8	52	59.8	52	82.8	
		8	φ8	66 613.2	1	66 613.2	1	66 613.2	1	789.4	

××× 设计院	××× 线	建兴大桥 桥墩桩柱钢筋构造图（八）	设计		复核		校审		图号	

附图 44　桥墩桩柱钢筋构造图(八)

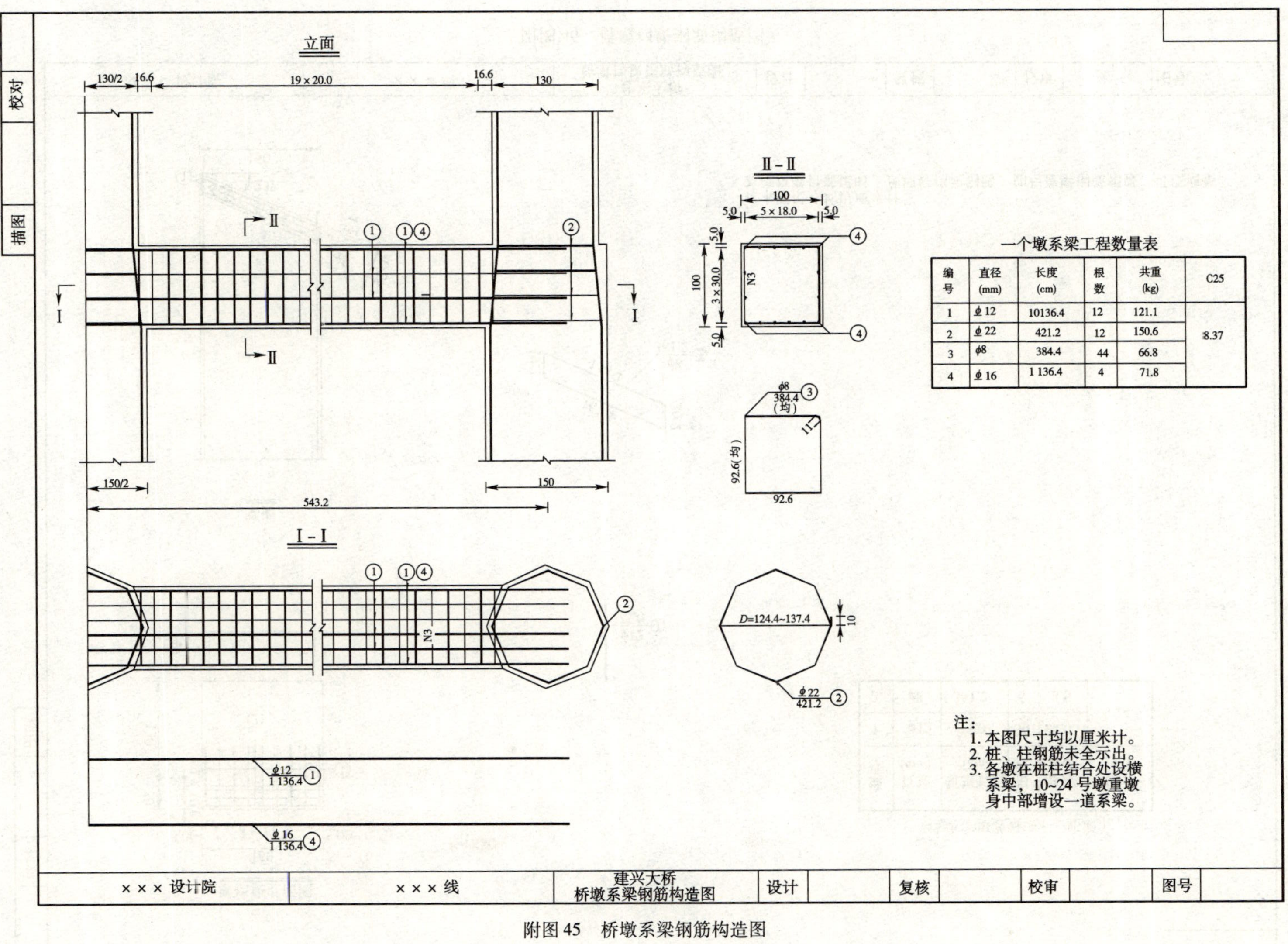

一个墩系梁工程数量表

编号	直径(mm)	长度(cm)	根数	共重(kg)	C25
1	φ12	10136.4	12	121.1	8.37
2	φ22	421.2	12	150.6	
3	φ8	384.4	44	66.8	
4	φ16	1 136.4	4	71.8	

注：
1. 本图尺寸均以厘米计。
2. 桩、柱钢筋未全示出。
3. 各墩在桩柱结合处设横系梁，10~24 号墩重墩身中部增设一道系梁。

附图 45　桥墩系梁钢筋构造图

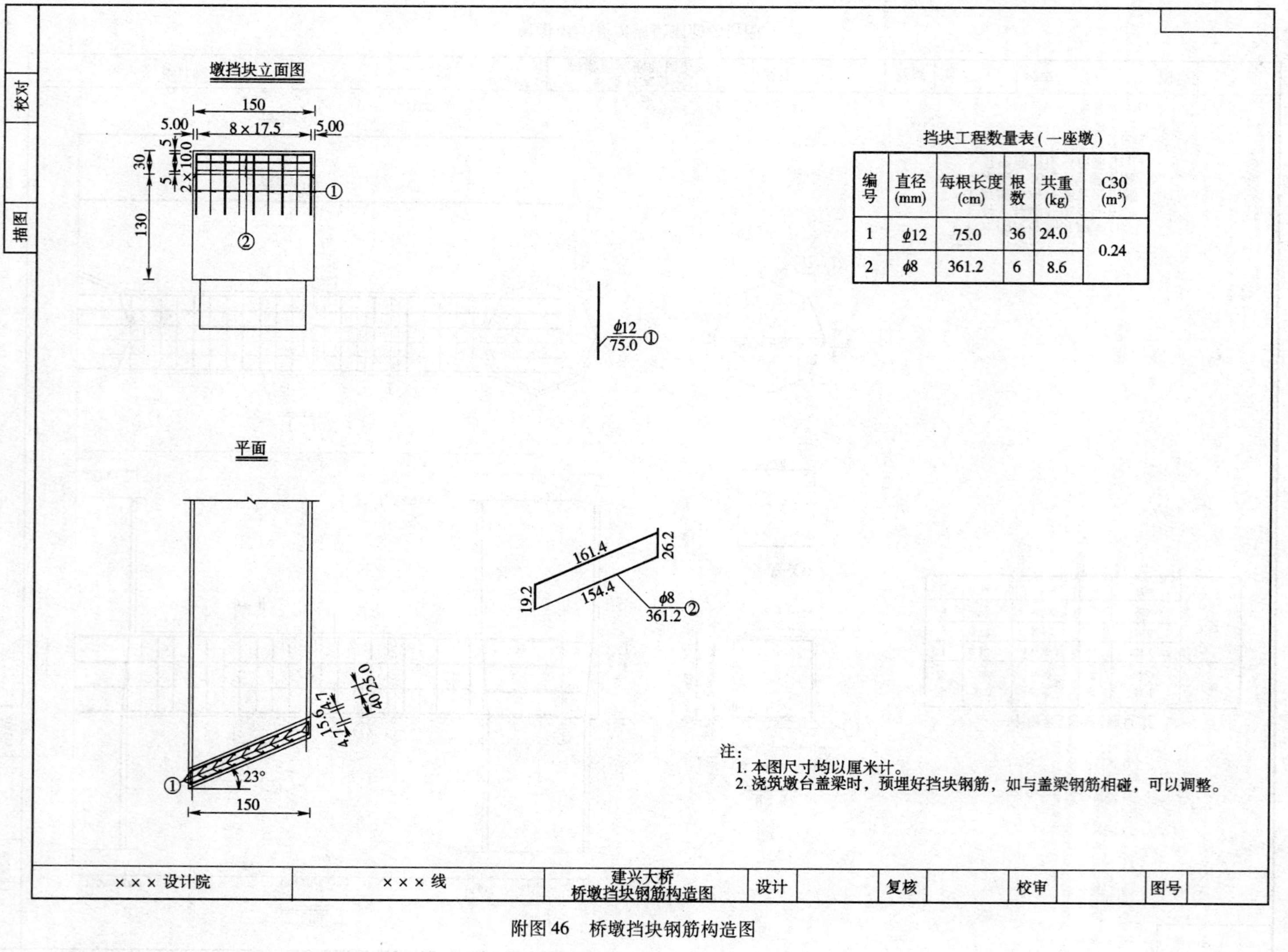

挡块工程数量表（一座墩）

编号	直径 (mm)	每根长度 (cm)	根数	共重 (kg)	C30 (m^3)
1	ϕ12	75.0	36	24.0	0.24
2	ϕ8	361.2	6	8.6	

注：
1. 本图尺寸均以厘米计。
2. 浇筑墩台盖梁时，预埋好挡块钢筋，如与盖梁钢筋相碰，可以调整。

附图 46　桥墩挡块钢筋构造图

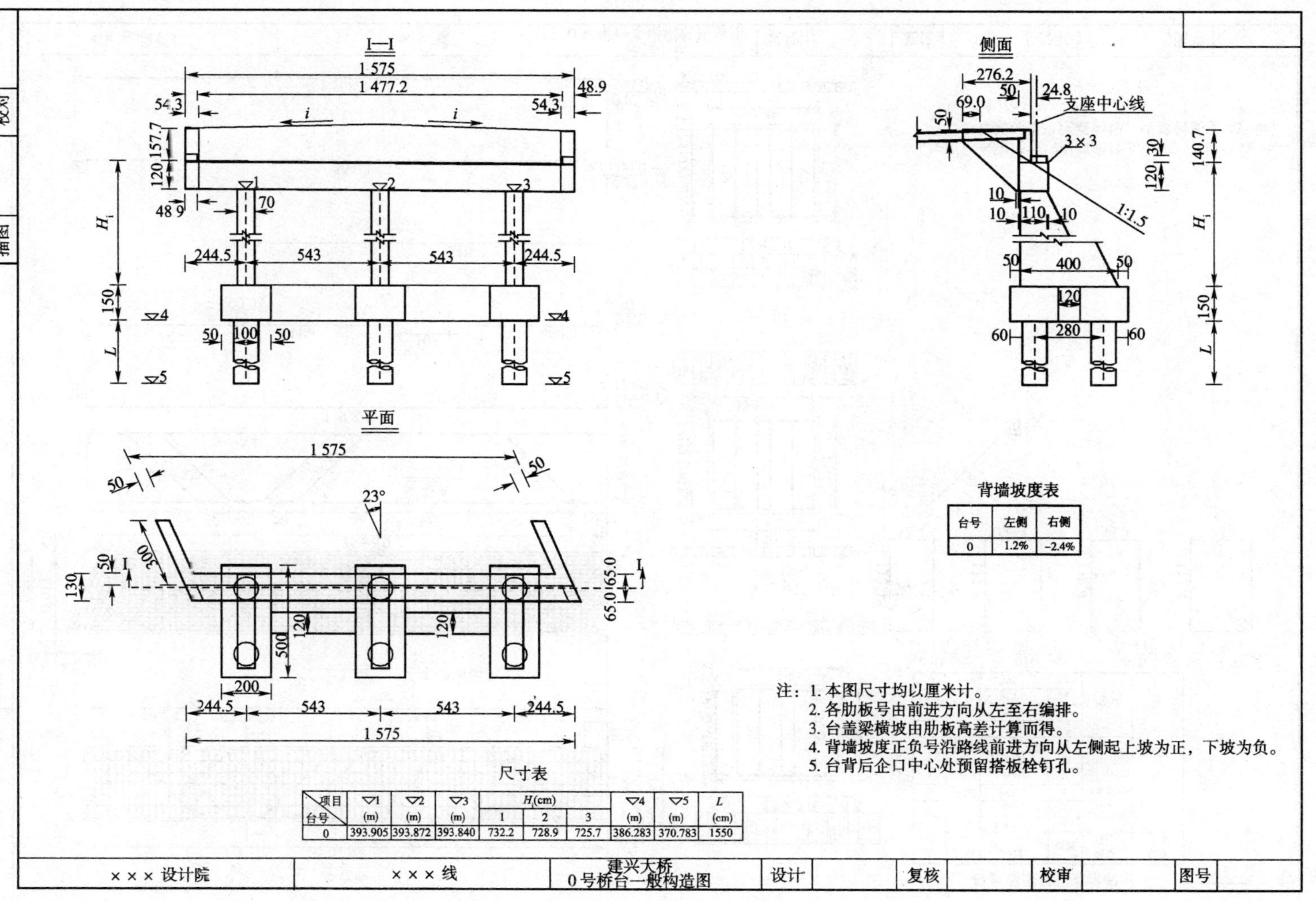

台号＼项目	▽1 (m)	▽2 (m)	▽3 (m)	H_i(cm) 1	H_i(cm) 2	H_i(cm) 3	▽4 (m)	▽5 (m)	L (cm)
0	393.905	393.872	393.840	732.2	728.9	725.7	386.283	370.783	1550

附图 47　0号桥台一般构造图

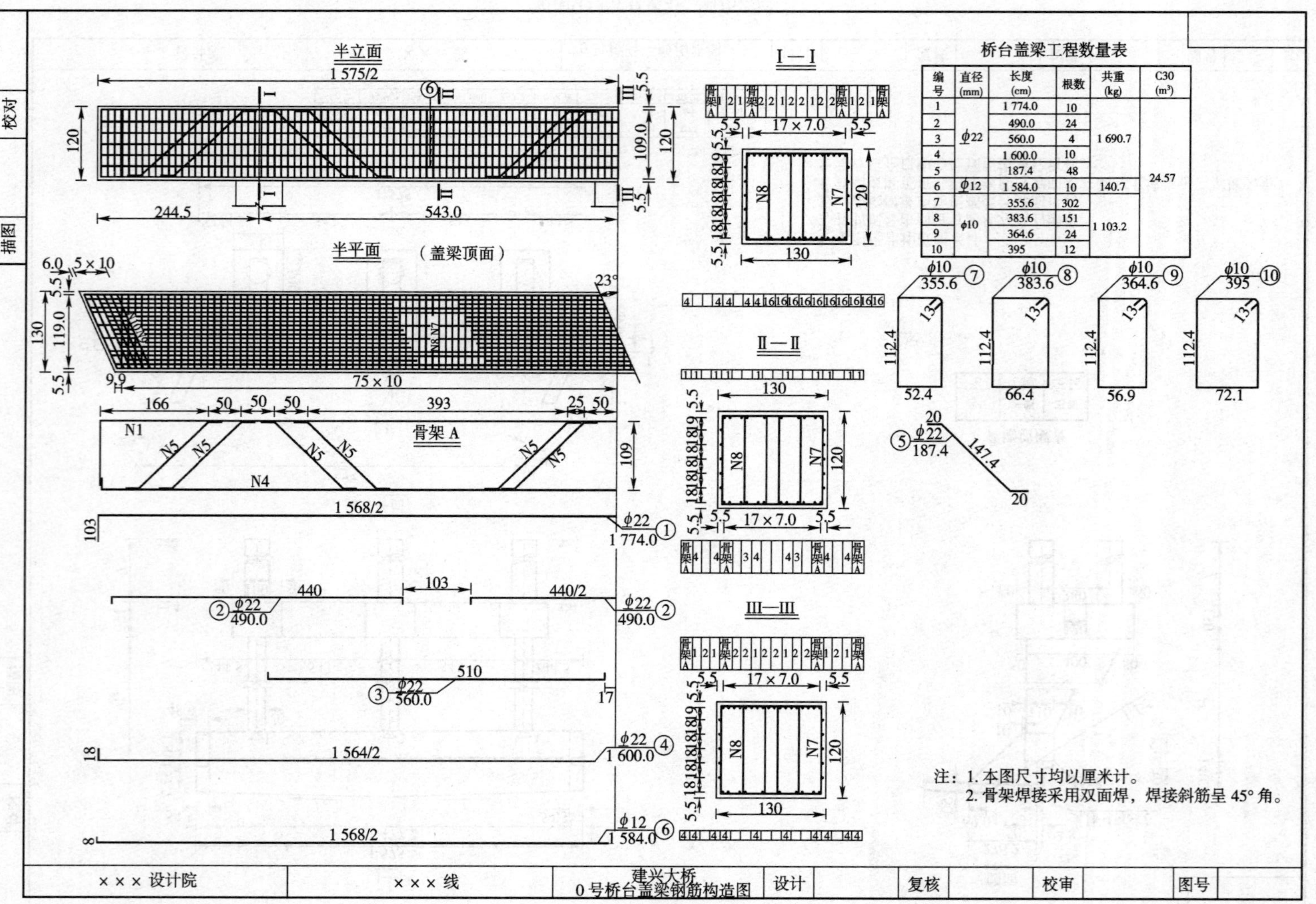

桥台盖梁工程数量表

编号	直径 (mm)	长度 (cm)	根数	共重 (kg)	C30 (m³)
1	ϕ22	1 774.0	10	1 690.7	24.57
2		490.0	24		
3		560.0	4		
4		1 600.0	10		
5		187.4	48		
6	ϕ12	1 584.0	10	140.7	
7	ϕ10	355.6	302	1 103.2	
8		383.6	151		
9		364.6	24		
10		395	12		

注：1. 本图尺寸均以厘米计。
2. 骨架焊接采用双面焊，焊接斜筋呈 45° 角。

附图 48　0 号桥台盖梁钢筋构造图

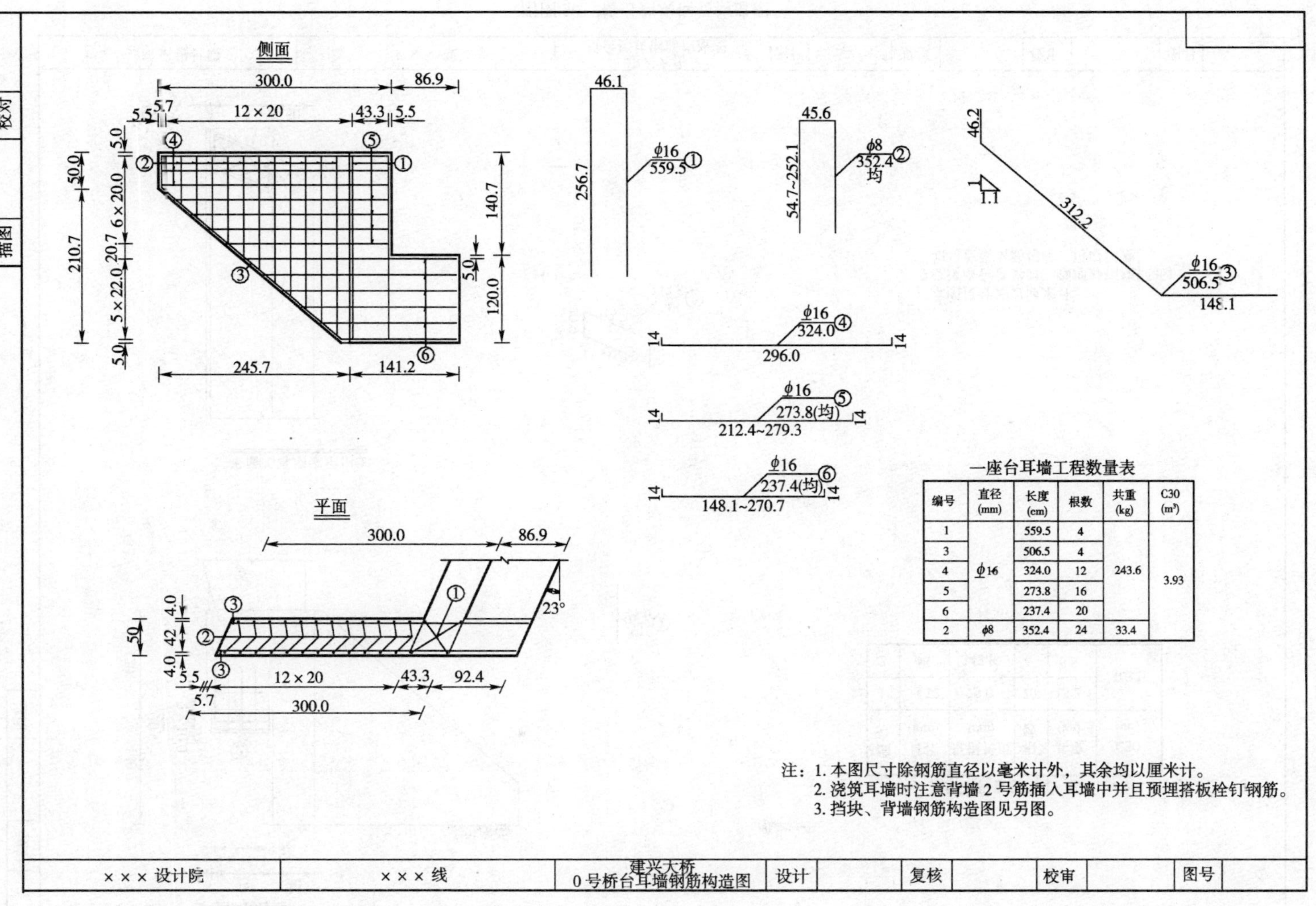

一座台耳墙工程数量表

编号	直径 (mm)	长度 (cm)	根数	共重 (kg)	C30 (m^3)
1	ϕ16	559.5	4	243.6	3.93
3		506.5	4		
4		324.0	12		
5		273.8	16		
6		237.4	20		
2	ϕ8	352.4	24	33.4	

注：1. 本图尺寸除钢筋直径以毫米计外，其余均以厘米计。
2. 浇筑耳墙时注意背墙2号筋插入耳墙中并且预埋搭板栓钉钢筋。
3. 挡块、背墙钢筋构造图见另图。

附图49　0号桥台耳墙钢筋构造图

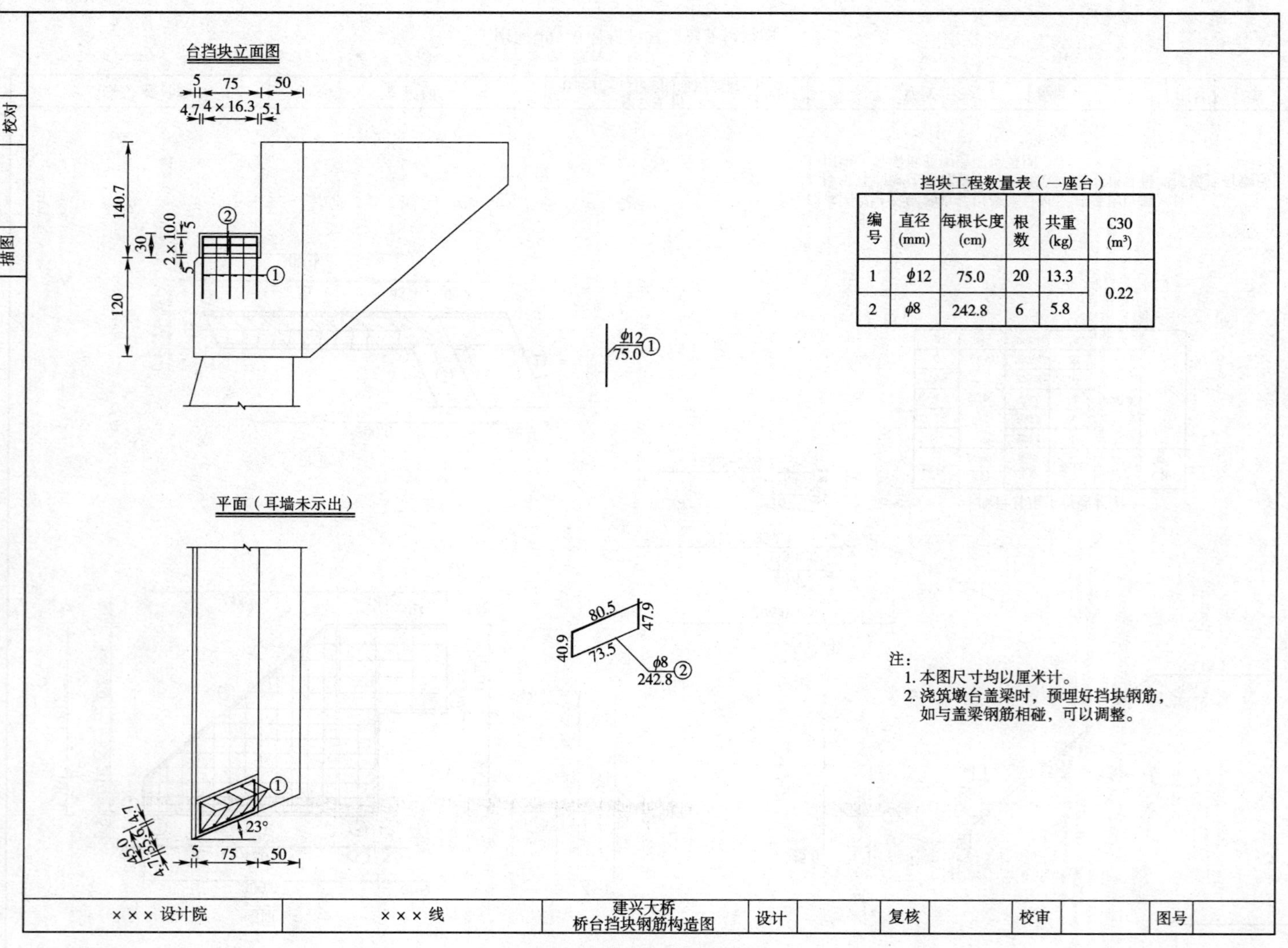

挡块工程数量表（一座台）

编号	直径(mm)	每根长度(cm)	根数	共重(kg)	C30 (m^3)
1	φ12	75.0	20	13.3	0.22
2	φ8	242.8	6	5.8	

注：

1. 本图尺寸均以厘米计。
2. 浇筑墩台盖梁时，预埋好挡块钢筋，如与盖梁钢筋相碰，可以调整。

附图 50　桥台挡块钢筋构造图

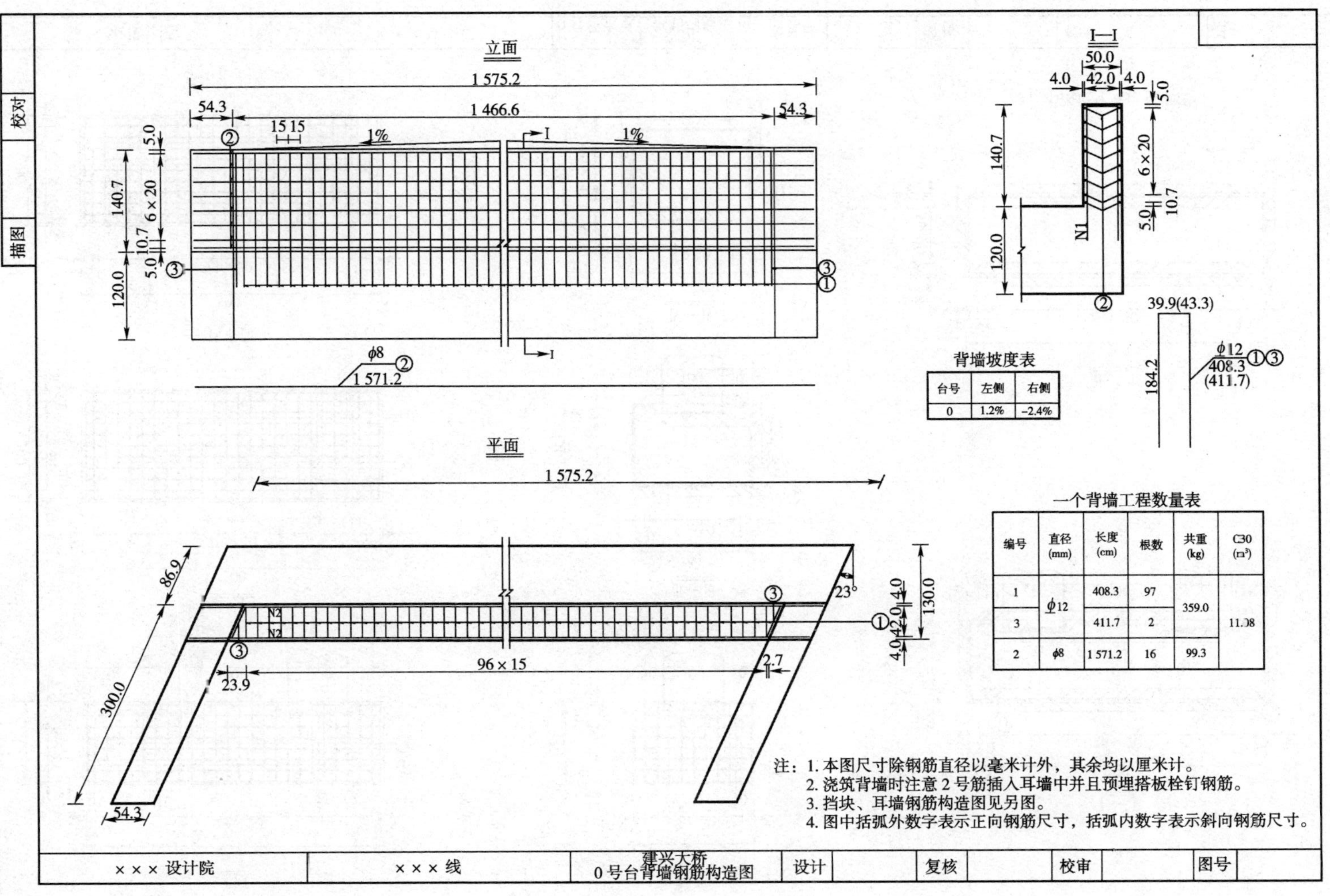

背墙坡度表

台号	左侧	右侧
0	1.2%	-2.4%

一个背墙工程数量表

编号	直径(mm)	长度(cm)	根数	共重(kg)	C30(m^3)
1	ϕ12	408.3	97	359.0	11.08
3		411.7	2		
2	ϕ8	1 571.2	16	99.3	

附图51　0号台背墙钢筋构造图

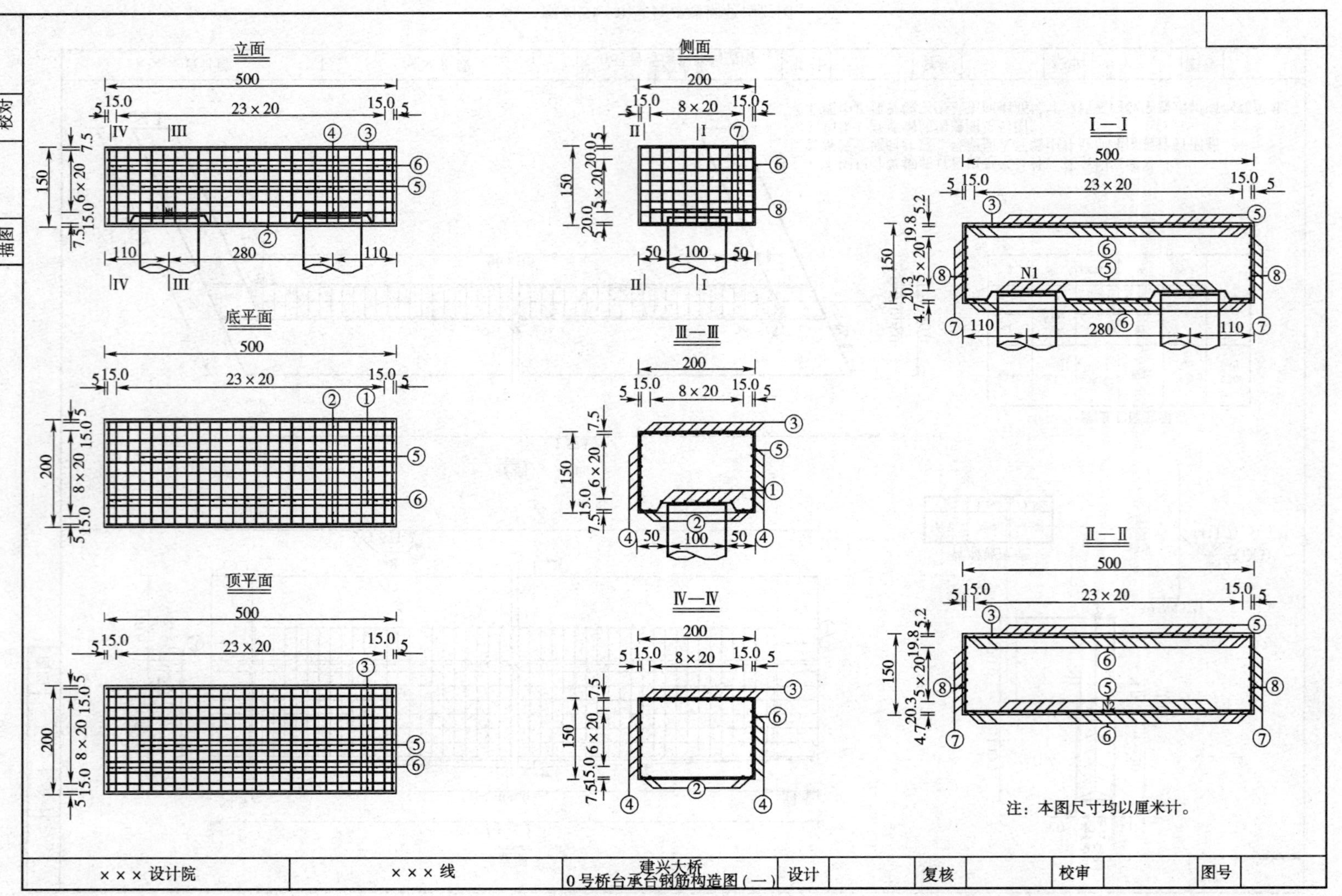

附图52　0号桥台承台钢筋构造图(一)

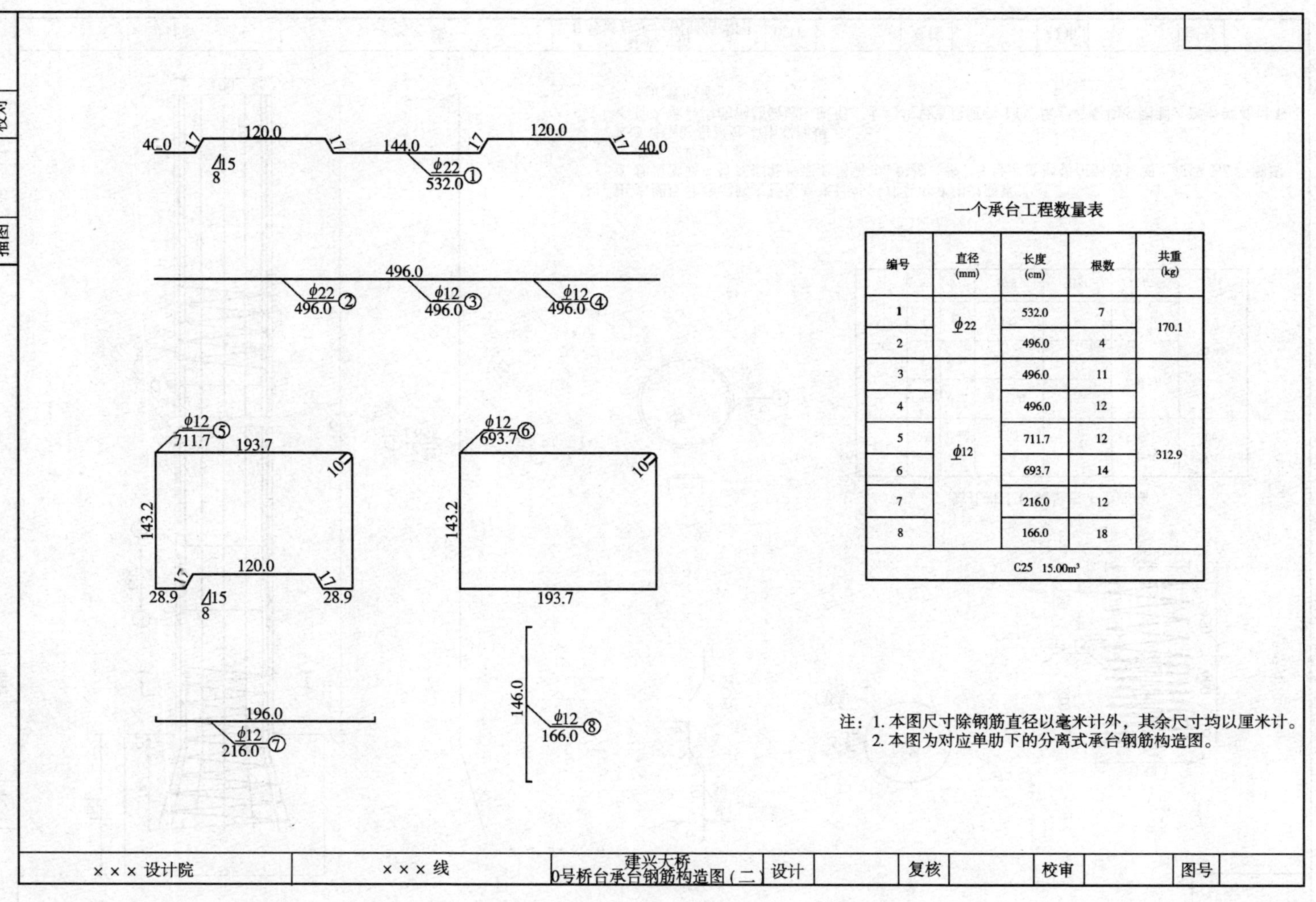

一个承台工程数量表

编号	直径 (mm)	长度 (cm)	根数	共重 (kg)
1	ϕ22	532.0	7	170.1
2		496.0	4	
3	ϕ12	496.0	11	312.9
4		496.0	12	
5		711.7	12	
6		693.7	14	
7		216.0	12	
8		166.0	18	
C25 15.00m³				

注：1. 本图尺寸除钢筋直径以毫米计外，其余尺寸均以厘米计。
2. 本图为对应单肋下的分离式承台钢筋构造图。

附图 53　0 号桥台承台钢筋构造图（二）

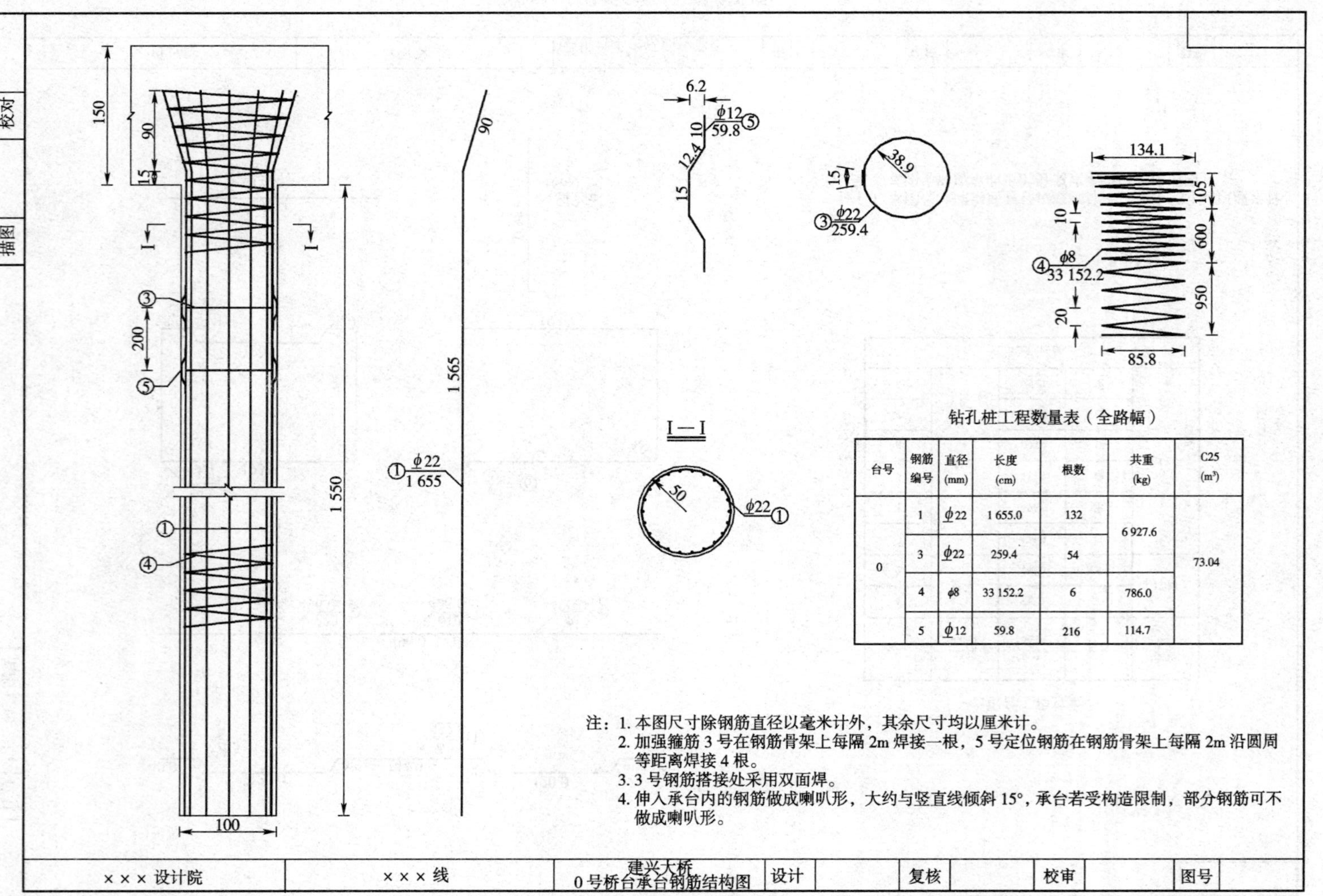

钻孔桩工程数量表（全路幅）

台号	钢筋编号	直径 (mm)	长度 (cm)	根数	共重 (kg)	C25 (m^3)
0	1	φ22	1 655.0	132	6 927.6	73.04
	3	φ22	259.4	54		
	4	φ8	33 152.2	6	786.0	
	5	φ12	59.8	216	114.7	

注：1. 本图尺寸除钢筋直径以毫米计外，其余尺寸均以厘米计。
2. 加强箍筋 3 号在钢筋骨架上每隔 2m 焊接一根，5 号定位钢筋在钢筋骨架上每隔 2m 沿圆周等距离焊接 4 根。
3. 3 号钢筋搭接处采用双面焊。
4. 伸入承台内的钢筋做成喇叭形，大约与竖直线倾斜 15°，承台若受构造限制，部分钢筋可不做成喇叭形。

××× 设计院	××× 线	建兴大桥 0 号桥台承台钢筋结构图	设计		复核		校审		图号	

附图 54　0 号桥台桩基础钢筋构造

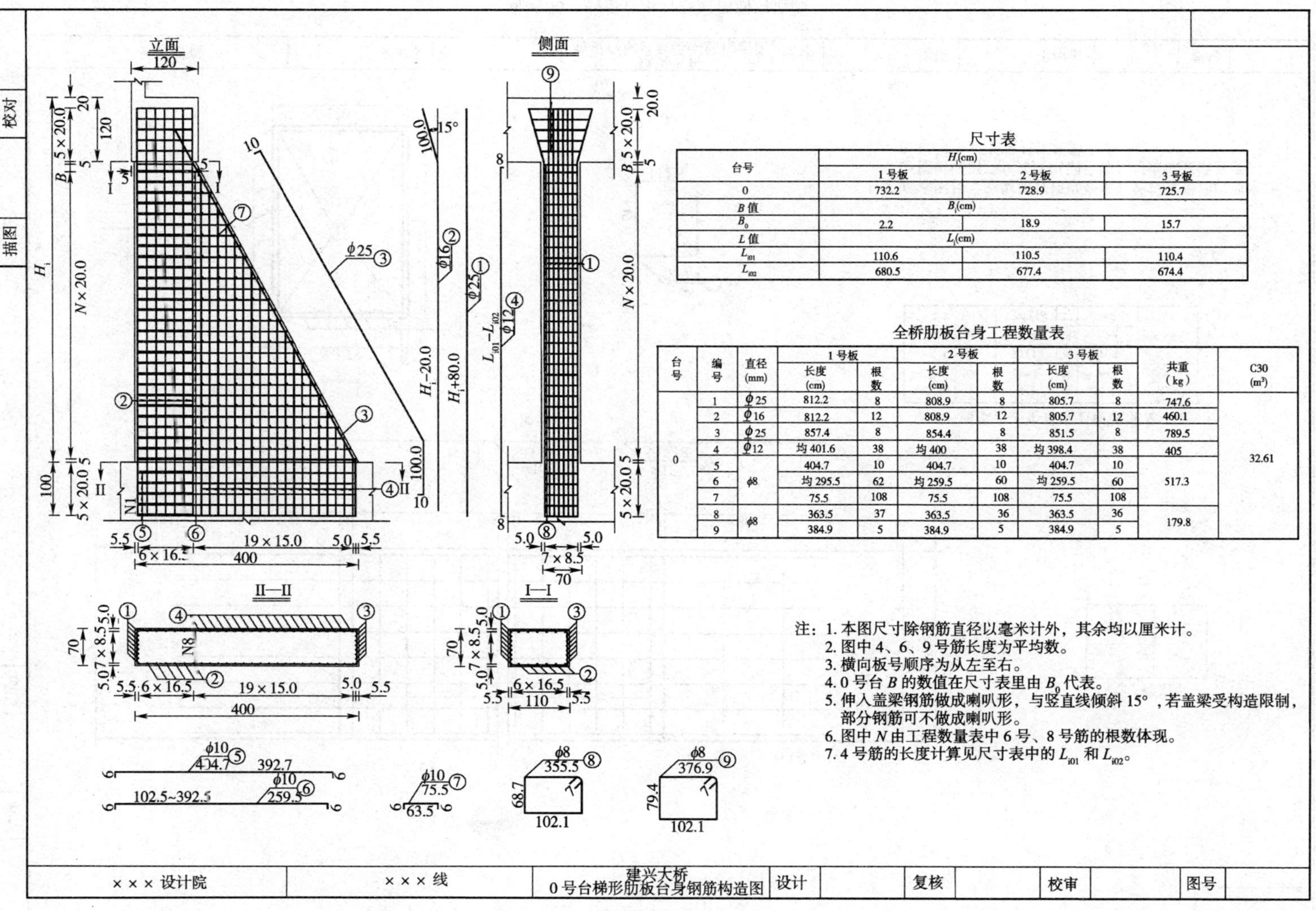

尺寸表

台号	H_i(cm)		
	1号板	2号板	3号板
0	732.2	728.9	725.7
B值	B_i(cm)		
B_0	2.2	18.9	15.7
L值	L_i(cm)		
L_{i01}	110.6	110.5	110.4
L_{i02}	680.5	677.4	674.4

全桥肋板台身工程数量表

台号	编号	直径(mm)	1号板		2号板		3号板		共重(kg)	C30(m³)
			长度(cm)	根数	长度(cm)	根数	长度(cm)	根数		
0	1	Φ25	812.2	8	808.9	8	805.7	8	747.6	32.61
	2	Φ16	812.2	12	808.9	12	805.7	12	460.1	
	3	Φ25	857.4	8	854.4	8	851.5	8	789.5	
	4	Φ12	均401.6	38	均400	38	均398.4	38	405	
	5	φ8	404.7	10	404.7	10	404.7	10	517.3	
	6		均295.5	62	均259.5	60	均259.5	60		
	7		75.5	108	75.5	108	75.5	108		
	8	φ8	363.5	37	363.5	36	363.5	36	179.8	
	9		384.9	5	384.9	5	384.9	5		

注：1. 本图尺寸除钢筋直径以毫米计外，其余均以厘米计。
2. 图中4、6、9号筋长度为平均数。
3. 横向板号顺序为从左至右。
4. 0号台B的数值在尺寸表里由B_0代表。
5. 伸入盖梁钢筋做成喇叭形，与竖直线倾斜15°，若盖梁受构造限制，部分钢筋可不做成喇叭形。
6. 图中N由工程数量表中6号、8号筋的根数体现。
7. 4号筋的长度计算见尺寸表中的L_{i01}和L_{i02}。

×××设计院	×××线	建兴大桥 0号台梯形肋板台身钢筋构造图	设计		复核		校审		图号	

附图55　0号台梯形肋板台身钢筋构造图

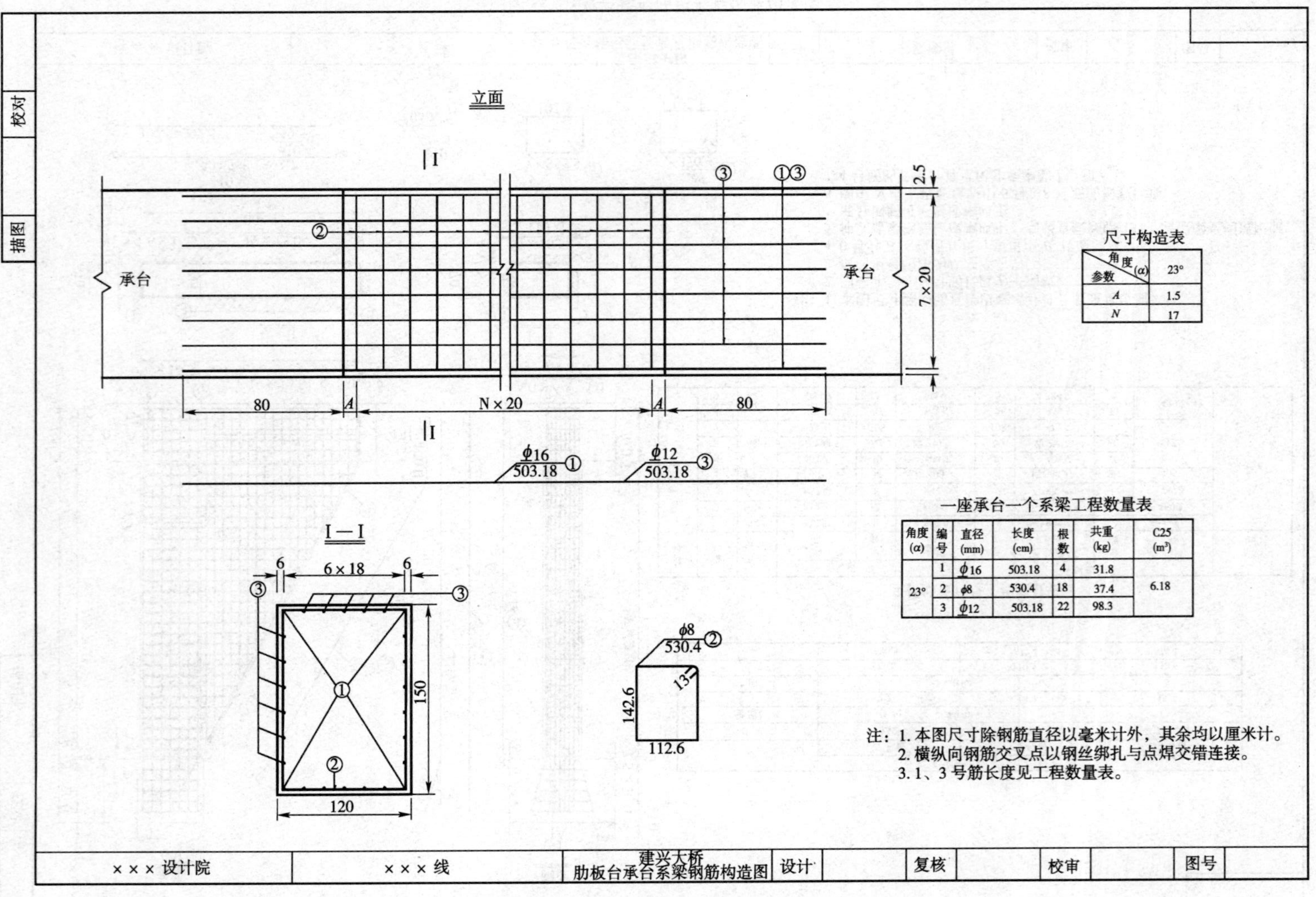

尺寸构造表

参数 \ 角度(α)	23°
A	1.5
N	17

一座承台一个系梁工程数量表

角度(α)	编号	直径(mm)	长度(cm)	根数	共重(kg)	C25 (m^3)
23°	1	φ16	503.18	4	31.8	6.18
	2	φ8	530.4	18	37.4	
	3	φ12	503.18	22	98.3	

注：1. 本图尺寸除钢筋直径以毫米计外，其余均以厘米计。
2. 横纵向钢筋交叉点以钢丝绑扎与点焊交错连接。
3. 1、3 号筋长度见工程数量表。

附图 56　肋板台承台系梁钢筋构造图

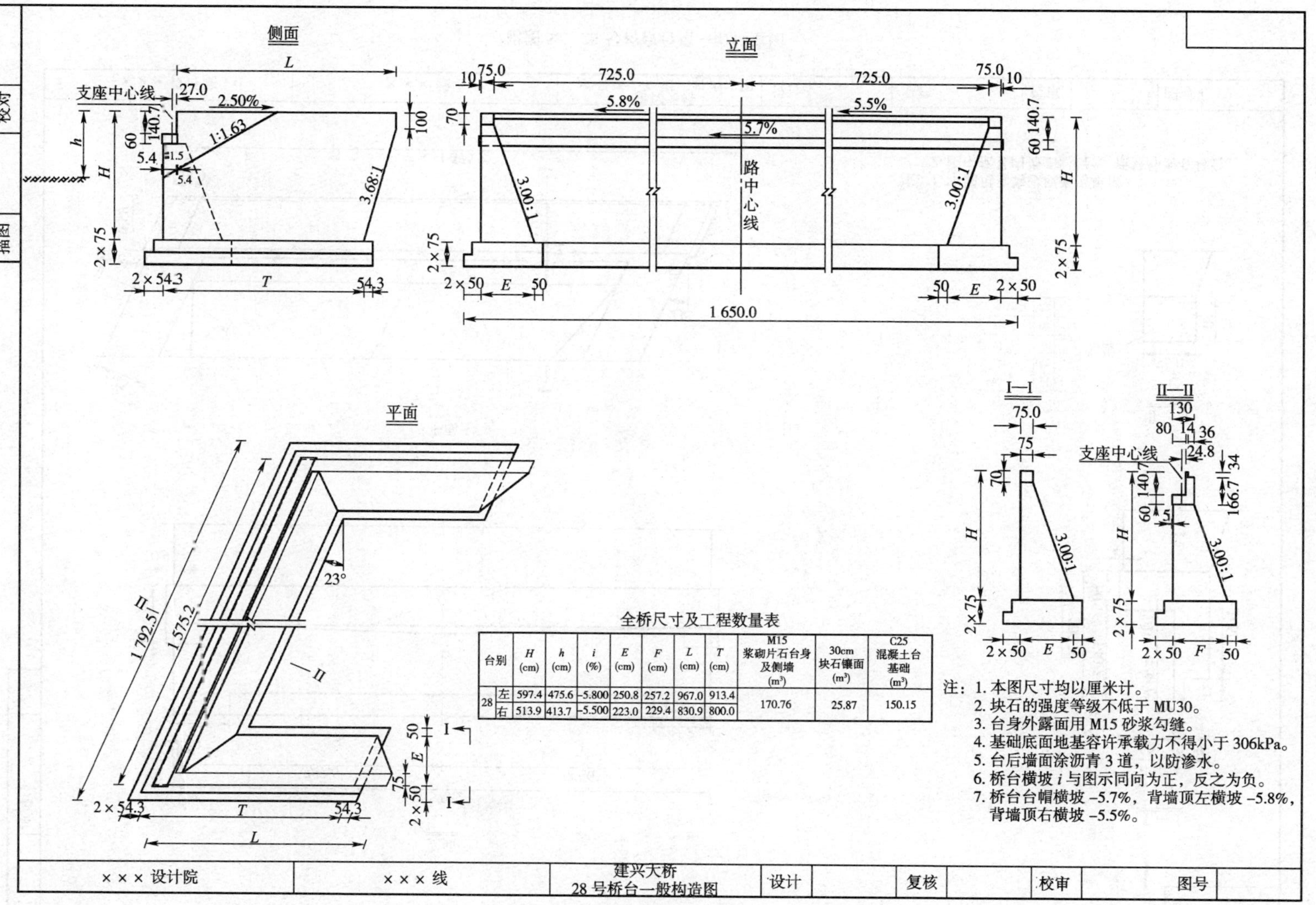

全桥尺寸及工程数量表

台别		H (cm)	h (cm)	i (%)	E (cm)	F (cm)	L (cm)	T (cm)	M15 浆砌片石台身及侧墙 (m^3)	30cm 块石镶面 (m^3)	C25 混凝土台基础 (m^3)
28	左	597.4	475.6	-5.800	250.8	257.2	967.0	913.4	170.76	25.87	150.15
	右	513.9	413.7	-5.500	223.0	229.4	830.9	800.0			

注：1. 本图尺寸均以厘米计。
2. 块石的强度等级不低于 MU30。
3. 台身外露面用 M15 砂浆勾缝。
4. 基础底面地基容许承载力不得小于 306kPa。
5. 台后墙面涂沥青 3 道，以防渗水。
6. 桥台横坡 i 与图示同向为正，反之为负。
7. 桥台台帽横坡 –5.7%，背墙顶左横坡 –5.8%，背墙顶右横坡 –5.5%。

××× 设计院	××× 线	建兴大桥 28 号桥台一般构造图	设计		复核		校审		图号	

附图 57　28 号桥台一般构造图

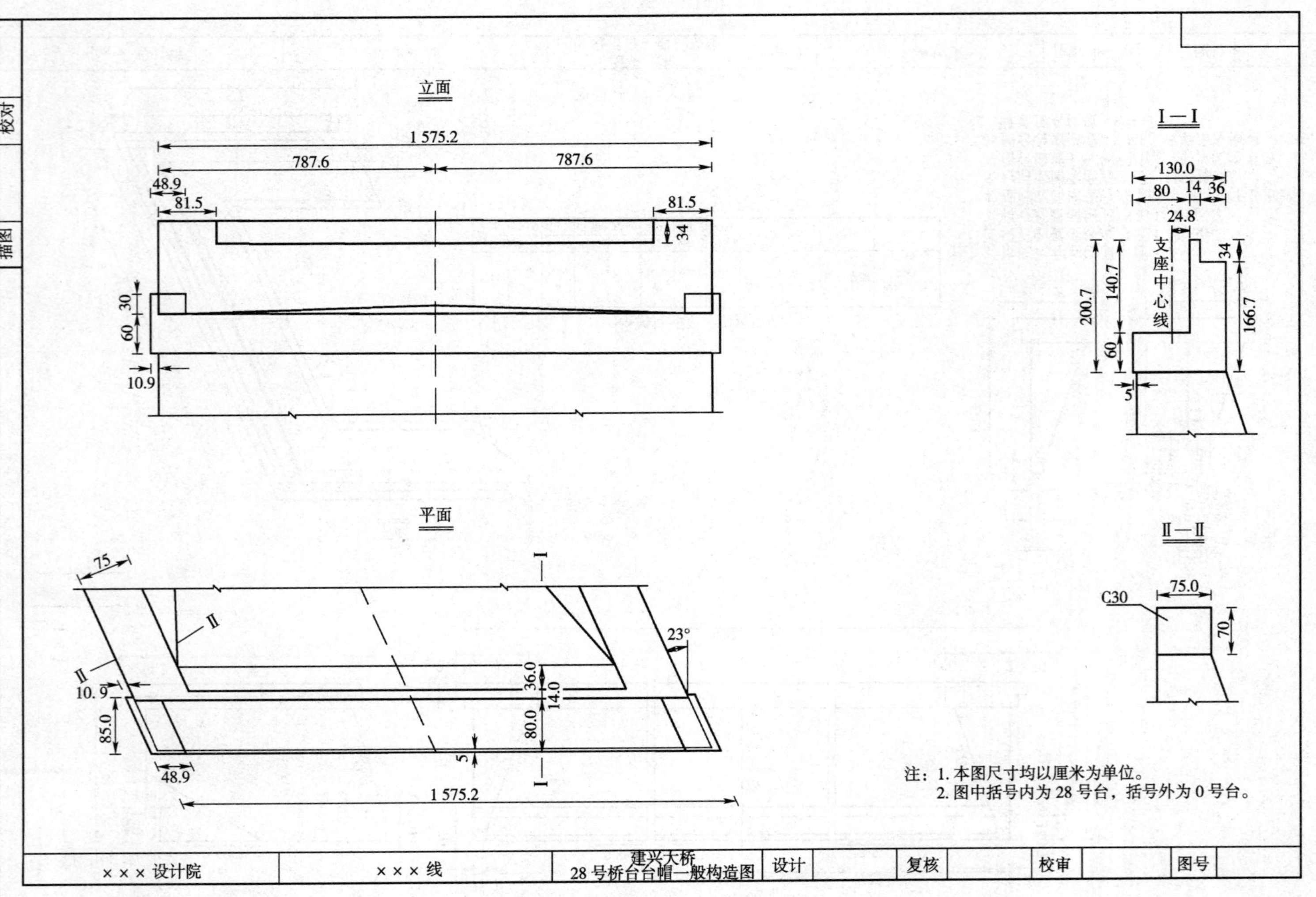

附图 58　28 号桥台台帽一般构造图

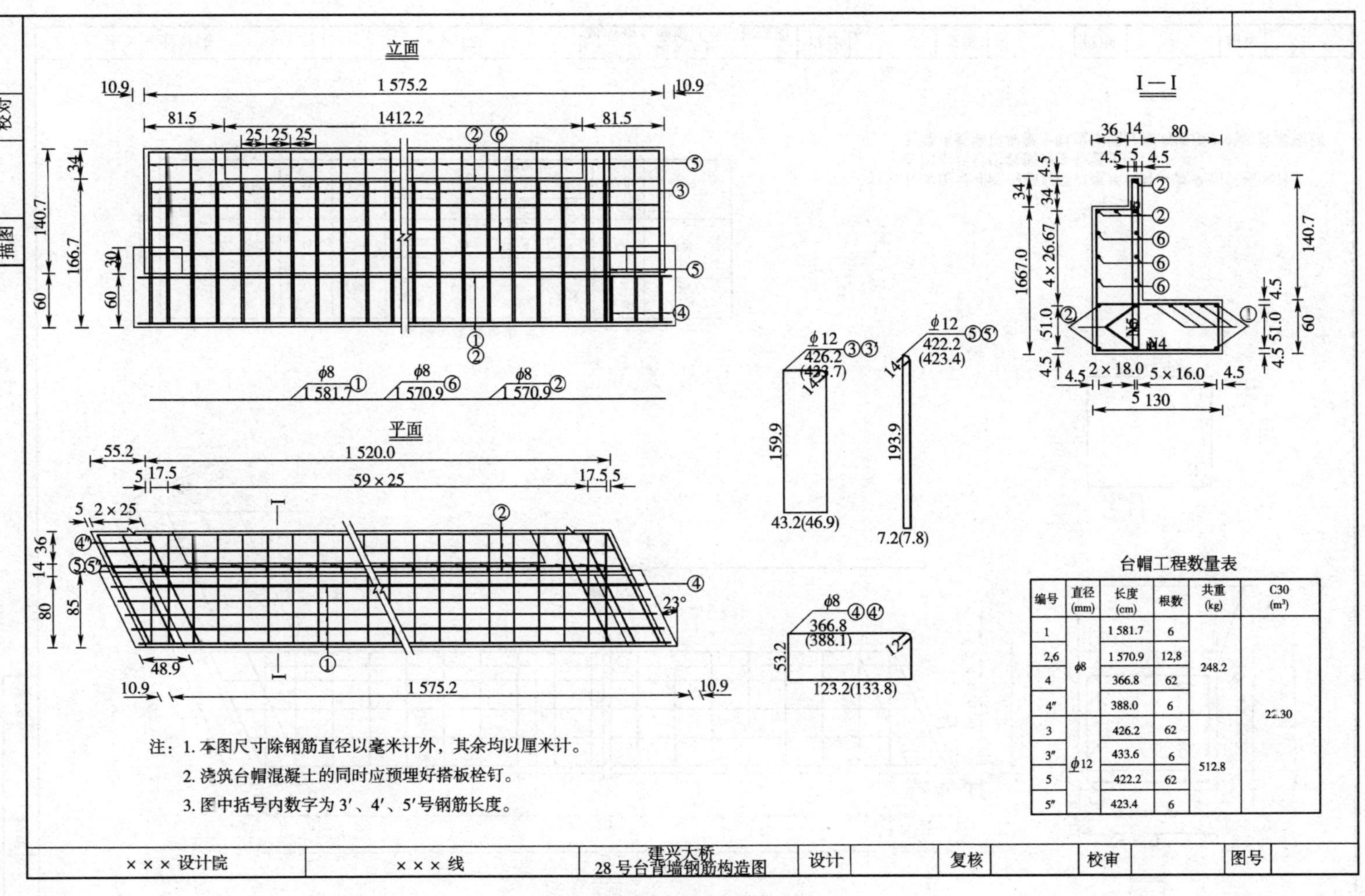

台帽工程数量表

编号	直径 (mm)	长度 (cm)	根数	共重 (kg)	C30 (m³)
1	φ8	1 581.7	6	248.2	22.30
2,6		1 570.9	12,8		
4		366.8	62		
4″		388.0	6		
3	φ12	426.2	62	512.8	
3″		433.6	6		
5		422.2	62		
5″		423.4	6		

附图59　28号台背墙钢筋构造图

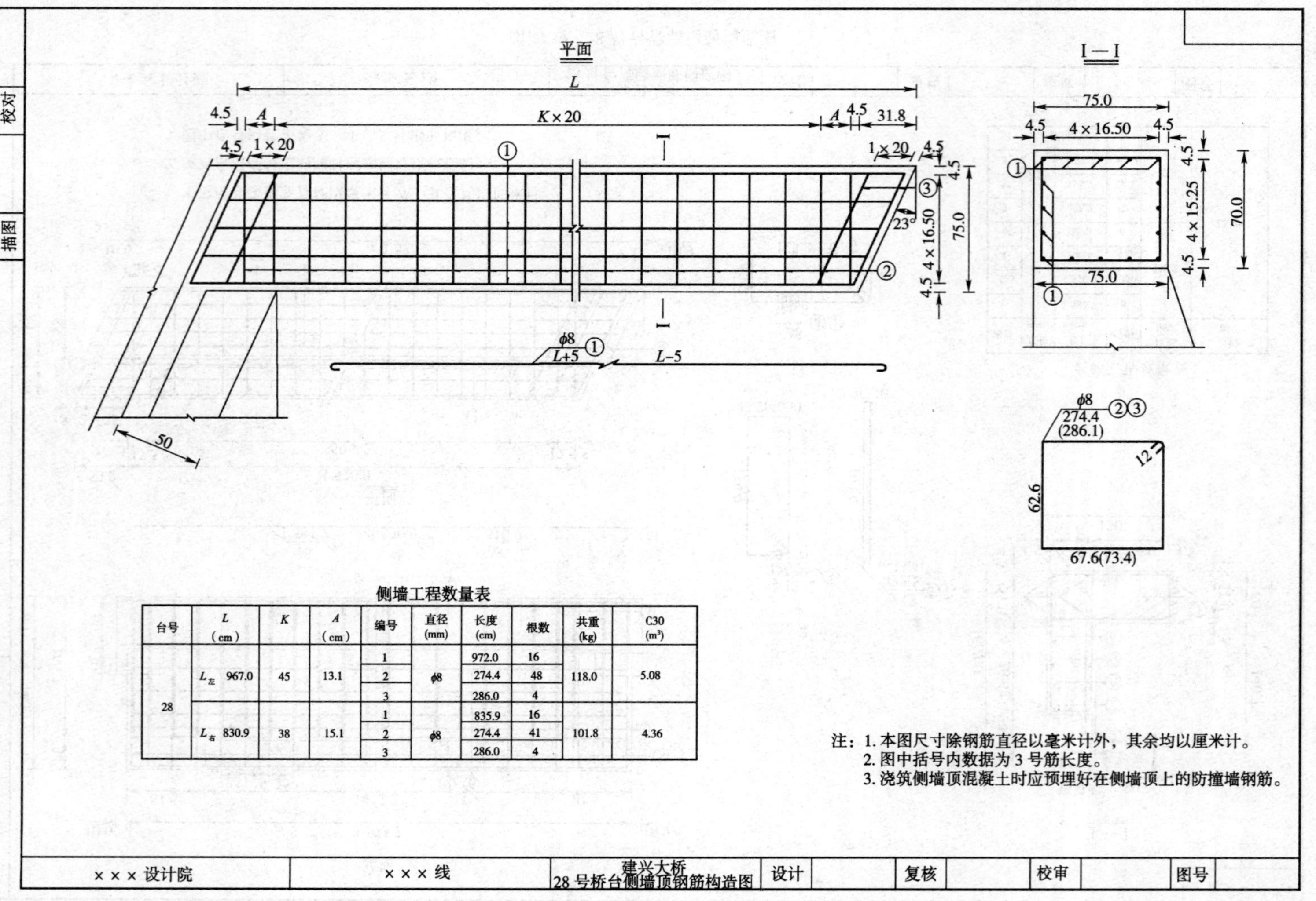

侧墙工程数量表

台号	L (cm)		K	A (cm)	编号	直径 (mm)	长度 (cm)	根数	共重 (kg)	C30 (m^3)
28	$L_左$	967.0	45	13.1	1	ϕ8	972.0	16	118.0	5.08
					2		274.4	48		
					3		286.0	4		
	$L_右$	830.9	38	15.1	1	ϕ8	835.9	16	101.8	4.36
					2		274.4	41		
					3		286.0	4		

注：1. 本图尺寸除钢筋直径以毫米计外，其余均以厘米计。
2. 图中括号内数据为 3 号筋长度。
3. 浇筑侧墙顶混凝土时应预埋好在侧墙顶上的防撞墙钢筋。

××× 设计院	××× 线	建兴大桥 28 号桥台侧墙顶钢筋构造图	设计		复核		校审		图号	

附图 60　28 号桥台侧墙顶钢筋构造图

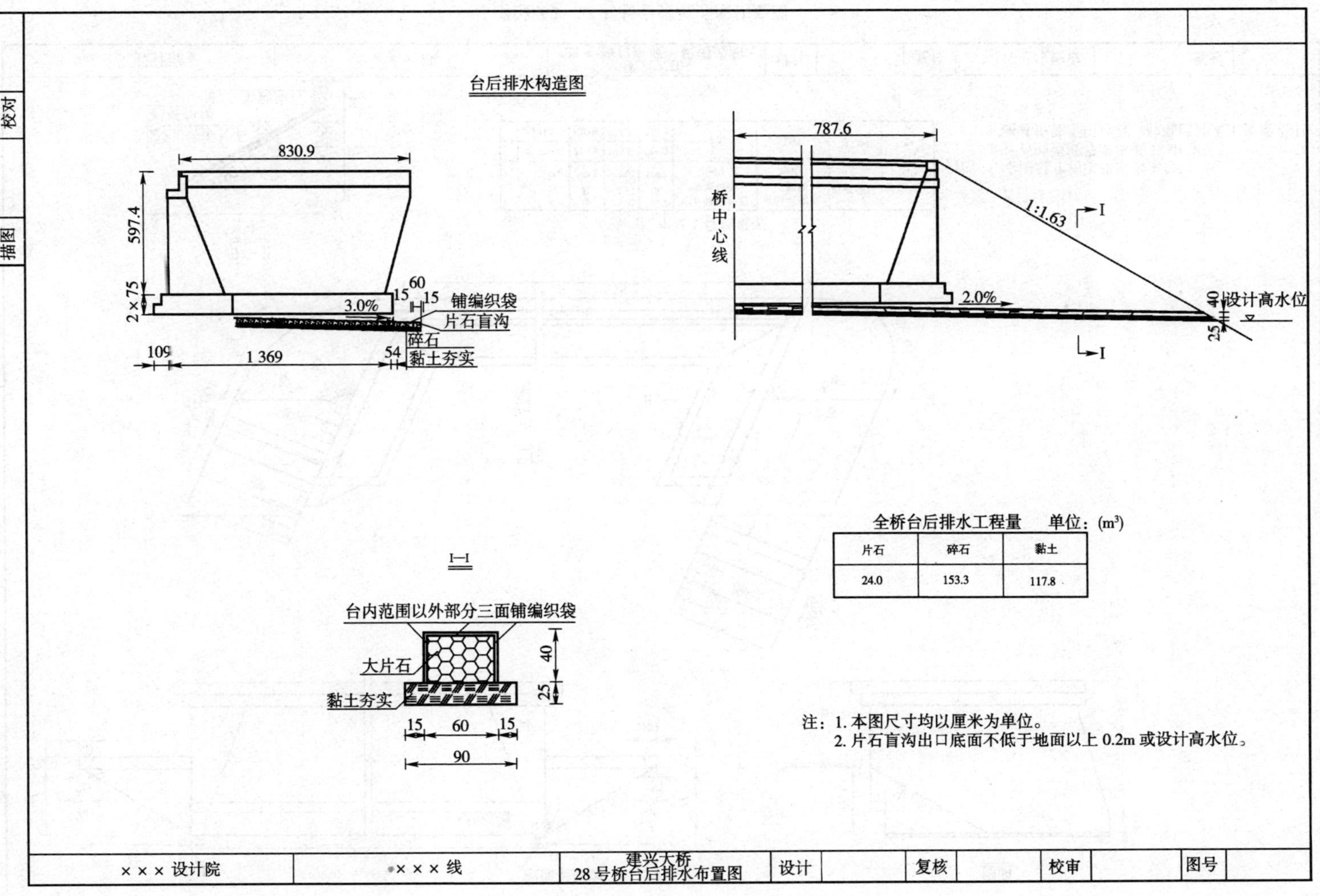

全桥台后排水工程量　　单位：(m³)

片石	碎石	黏土
24.0	153.3	117.8

注：1. 本图尺寸均以厘米为单位。
2. 片石盲沟出口底面不低于地面以上 0.2m 或设计高水位。

附图 61　28 号桥台后排水布置图

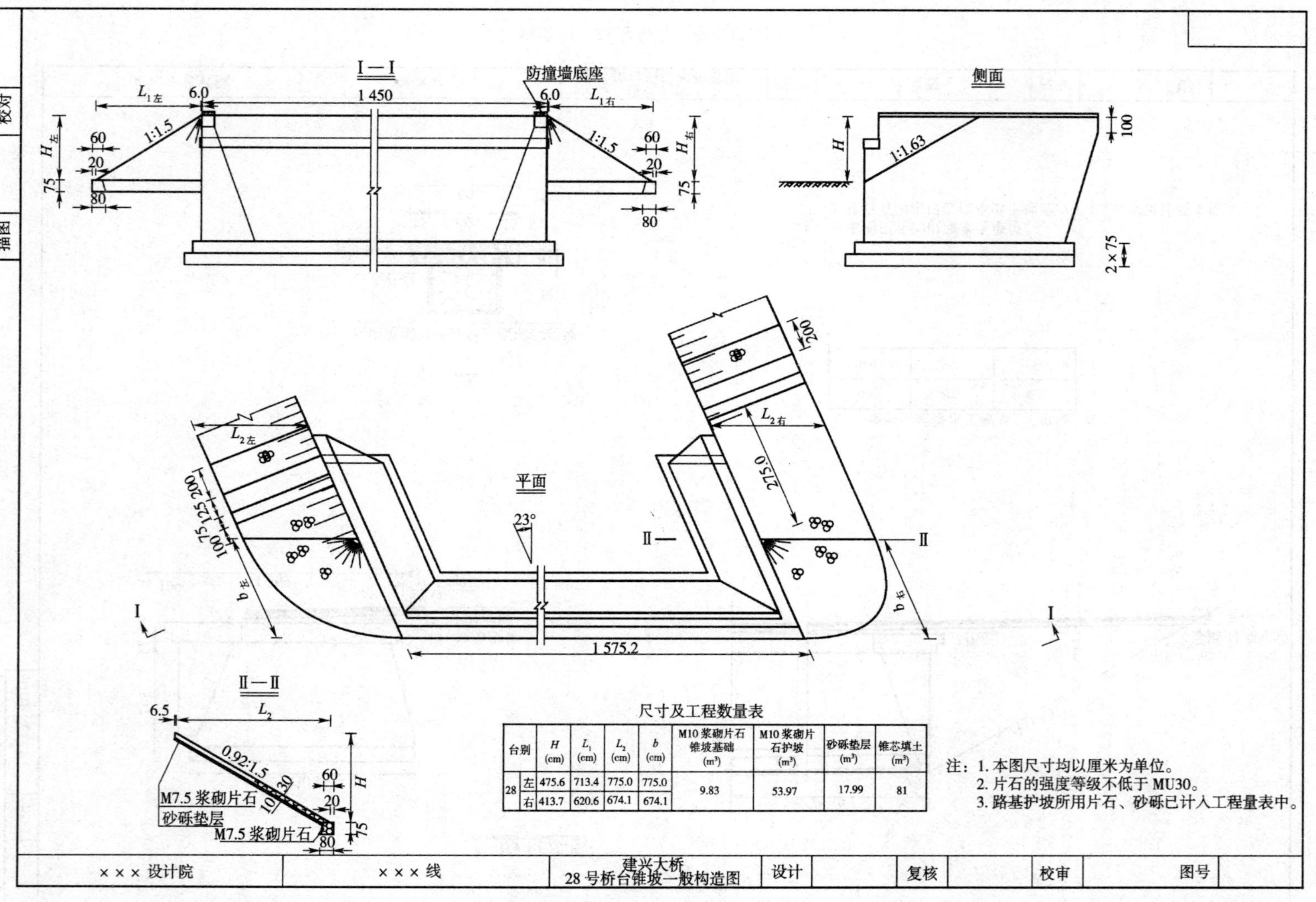

尺寸及工程数量表

台别		H (cm)	L_1 (cm)	L_2 (cm)	b (cm)	M10 浆砌片石锥坡基础 (m^3)	M10 浆砌片石护坡 (m^3)	砂砾垫层 (m^3)	锥芯填土 (m^3)
28	左	475.6	713.4	775.0	775.0	9.83	53.97	17.99	81
	右	413.7	620.6	674.1	674.1				

注：1. 本图尺寸均以厘米为单位。
2. 片石的强度等级不低于 MU30。
3. 路基护坡所用片石、砂砾已计入工程量表中。

附图 62　28 号桥台锥坡一般构造图

参 考 文 献

[1] 中华人民共和国行业标准.公路工程质量检验评定标准(JTG F80/1—2004).北京:人民交通出版社,2004.

[2] 中华人民共和国行业标准.公路桥涵施工技术规范(JTJ041—2000).北京:人民交通出版社,2000.

[3] 中华人民共和国行业标准.公路桥涵设计通用规范(JTG D60—2004).北京:人民交通出版社,2004.

[4] 中华人民共和国行业标准.公路钢筋混凝土及预应力混凝土桥涵设计规范(JTG D62—2004).北京:人民交通出版社,2004.

[5] 中华人民共和国行业标准.公路圬工桥涵设计规范(JTG D61—2005).北京:人民交通出版社,2005.

[6] 中华人民共和国行业标准.公路桥涵地基与基础设计规范(JTG D63—2007).北京:人民交通出版社,2007.

[7] 中华人民共和国行业标准.公路工程岩石试验规程(JTG E41—2005).北京:人民交通出版社,2005.

[8] 中华人民共和国行业标准.公路工程集料试验规程(JTG E42—2005).北京:人民交通出版社,2005.

[9] 中华人民共和国行业标准.公路工程水泥及水泥混凝土试验规程(JTG E30—2005).北京:人民交通出版社,2005.

[10] 中华人民共和国行业标准.公路工程基桩动测技术规程(JTG/T F81-01—2004).北京:人民交通出版社,2004.

[11] 中华人民共和国国家标准.普通混凝土配合比设计规程(JGJ 55—2000).北京:中国建筑工业出版社,2001.

[12] 中华人民共和国国家标准.砌筑砂浆配合比设计规程(JGJ 98—2000).北京:中国建筑工业出版社,2001.

[13] 凌治平,易经武.基础工程.北京:人民交通出版社,1997.

[14] 冯忠居.基础工程.北京:人民交通出版社,2001.

[15] 陈晏松.基础工程.北京:人民交通出版社,2002.

[16] 王晓谋.基础工程.北京:人民交通出版社,2003.

[17] 魏红一.桥梁施工及组织管理(第二版).北京:人民交通出版社,2008.

[18] 王常才.桥梁施工技术(第二版).北京:人民交通出版社,2006.

[19] 王建华,孙胜江.桥涵工程试验检测技术.北京:人民交通出版社,2004.

[20] 卞国炎.公路施工试验与检测.北京:人民交通出版社,2003.

[21] 刘自明.桥梁工程检测手册.北京:人民交通出版社,2002.

[22] 陈开利,王邦楣,林亚超.桥梁工程检测手册.北京:人民交通出版社,2005.

[23] 金桃,张美珍.公路工程工程检测技术.北京:人民交通出版社,2005.
[24] 杨文渊.公路工程质检工程师手册——桥涵工程部分.北京:人民交通出版社,2005.
[25] 孙忠义,王建华.公路工程试验工程师手册.北京:人民交通出版社,2004.
[26] 公路桥梁常用数据手册编写委员会.公路桥梁常用数据手册.北京:人民交通出版社,2005.